U0516010

犯罪防治与社会治理

刘白驹 ● 著

Crime Prevention and
Social Governance

社会科学文献出版社
SOCIAL SCIENCES ACADEMIC PRESS (CHINA)

前　言

2003 年初，经过中国社会科学院和有关主管部门的提名、推荐、协商、审议程序，我担任中国人民政治协商会议第十届（2003～2007）全国委员会委员。之后，又连续担任第十一届（2008～2012）和第十二届（2013～2017）全国政协委员。

根据《中国人民政治协商会议章程》，中国人民政治协商会议是中国人民爱国统一战线的组织，是中国共产党领导的多党合作和政治协商的重要机构，是我国政治生活中发扬社会主义民主的重要形式，是国家治理体系的重要组成部分，是具有中国特色的制度安排。[①]

人民政协的主要职能是政治协商、民主监督和参政议政。政协委员行使民主权利、履行委员职责的主要方式有参加政协会议、参加政协组织的视察、运用政协提案等形式反映意见和向国家有关工作提出建议等。其中，通过提案建言献策是政协委员最重视的一项工作。

---

① 《中国人民政治协商会议章程》，1982 年 12 月 11 日中国人民政治协商会议第五届全国委员会第五次会议通过，根据 1994 年 3 月 19 日中国人民政治协商会议第八届全国委员会第二次会议通过的《中国人民政治协商会议章程修正案》、2000 年 3 月 11 日中国人民政治协商会议第九届全国委员会第三次会议通过的《中国人民政治协商会议章程修正案》、2004 年 3 月 12 日中国人民政治协商会议第十届全国委员会第二次会议通过的《中国人民政治协商会议章程修正案》和 2018 年 3 月 15 日中国人民政治协商会议第十三届全国委员会第一次会议通过的《中国人民政治协商会议章程修正案》修订。

《中国人民政治协商会议全国委员会提案工作条例》指出，提案是政协委员，参加政协的各党派、各人民团体，政协各专门委员会，政协全体会议期间的界别、委员小组，向政协全体会议或者常务委员会提出并交提案审查委员会或者提案委员会审查的书面意见和建议。经审查立案的提案，交承办单位办理并作出书面答复。提案是履行人民政协职能的重要方式，是坚持和完善中国共产党领导的多党合作和政治协商制度的重要载体，是发扬中国特色社会主义民主的重要形式，是协助中国共产党和国家机关实现决策民主化、科学化的重要渠道。①

我任职的十五年，正值我国经济社会发展迅速、取得很大成就的一个时期。在民主法治建设方面，中国特色社会主义法治体系日益完善，社会治理法治化不断加强，一系列重要法律得以制定或者修正。我从一个全国政协委员的角度或者身份，观察和在某种意义上参与了这一进程。十五年中，围绕《刑法》《刑事诉讼法》《治安管理处罚法》《精神卫生法》等法律以及一些法规的制定、修正和实施，我个人一共提出 42 项全国政协提案。② 这些法律的理论与实践问题，在我的学术方向之中，有些问题进行过长期的研究和调查。提案工作和学术研究基本同步进行，相辅相成。提案的内容展示了我对有关法律制定、实施领域问题的建议或意见，也反映了我在学术研究中的思考和收获。

根据规定，委员在提交提案时可以列出希望承办的单位供全国政协有关部门参考，最终的承办单位由全国政协有关部门与有关单位协商确定。我的 40 项立案的提案均得到有关部门的答复，多数是由一个单位答复，有的提案是由多个部门分别答复，有的提案是由一个单位在征求其他单位意见或者与其他单位协商之后答复。大约是从 2009 年起，由承办单位确定是

---

① 《中国人民政治协商会议全国委员会提案工作条例》，1991 年 1 月 11 日政协第七届全国委员会常务委员会第十二次会议通过，1994 年 10 月 8 日政协第八届全国委员会常务委员会第八次会议修订，2000 年 2 月 29 日政协第九届全国委员会常务委员会第八次会议修订，2005 年 2 月 28 日政协第十届全国委员会常务委员会第八次会议修订，2011 年 2 月 28 日政协第十一届全国委员会常务委员会第十二次会议修订，2018 年 11 月 29 日政协第十三届全国委员会常务委员会第四次会议修订。

② 其中有 2 项未立案，被转送有关部门参考。

否可以公开复函。我有 10 项提案，承办单位不同意公开复函。

　　大多数提案得到有关部门的重视，产生了不同程度的立法或者社会、学术影响。例如，2008 年我首先在全国政协会议上提出《关于修订刑法，将"嫖宿幼女"按强奸罪论处的提案》，引发法律界和社会关于嫖宿幼女罪存废问题持续多年的大讨论。2015 年全国人大常委会通过《刑法修正案（九）》，该提案和我历年提出的将同性性侵犯行为列为犯罪、加大对收买被拐卖妇女儿童犯罪的处罚力度、扩大虐待罪主体范围、加大对组织强迫引诱未成年人卖淫等犯罪惩处力度等提案的主要意见被该修正案采纳或者吸收。又如，2009 年《完善看守所管理制度，制定〈看守所法〉的提案》直陈现行看守所管理制度弊端，主张加以改革，并且建议升格修改属于行政法规的《看守所条例》，由全国人大常委会制定《看守所法》。该提案获得较大反响和支持。目前，《看守所法》正在起草制定过程中。在履职期间，我对精神卫生立法也十分关注，除了通过中国社会科学院或其他渠道向有关部门报送对《精神卫生法》征求意见稿、草案、审议稿的修改意见，还提出 10 多项政协提案，积极推动《精神卫生法》的制定。

　　为反映这一时期我国社会发展和法治建设成就，保留与共享一些对国家立法产生过一定作用和对以后他人的学术研究可能有参考价值的资料（绝大多数提案和复函没有全文公开发表），也为了总结我担任全国政协委员期间的建言议政工作，我借鉴其他一些委员的做法，撰著了《犯罪防治与社会治理》一书。本书以我担任三届全国政协委员期间的 40 项个人提案①和有关部门的复函为线索，重点从刑事立法、精神卫生立法、社会领域立法（后两部分可称为"社会治理立法"）三个方面，记录我国一些重要法律的制定、修正历程；在此基础上，以主要篇幅评析诸多热点、难点问题，并且探讨有关法律的进一步完善，提出新的立法建议。

　　全书总共有七章。除前两章外，各章大体按法律部门（学科）划分。

---

　　① 其中包括 2 项未立案但已被媒体报道的提案。另有 2 项提案，作了特殊处理：2004 年《关于研究制定〈哲学社会科学事业促进法〉的提案》列入本书附录；2010 年《关于不宜使用"非正常上访"概念的提案》因系具体工作建议且当时我即注明不公开而没有收入。

每章中的各专题以提案时间排序，与立法进程基本吻合，自成体系。同性性侵犯和废除嫖宿幼女罪专题，可归入刑法部分，但因有关论述展开得多了一些，故予分别单列。强制医疗即刑事性非自愿住院，虽与精神卫生法有关，但主要属于刑事法领域，而且是刑事法上的特殊问题，亦单列一章。精神卫生法在我国法律体系中属于行政法，但其内容亦与刑事法、民事法、社会法有关，并且是社会治理的内容。鉴于其特殊性和重要性，同时因为我提出多个有关提案，我将其列为独立一章。

每项提案专题由"提案"、"复函摘要"和"阐述"三个部分构成（同性性侵犯和废除嫖宿幼女罪专题不限于此）。对各提案文本仅作了体例上的统一和个别文字的订正，增补一些页下注释。复函是摘要，但摘录的内容保持原貌。对承办单位不同意公开的复函，记录承办单位名称和复函日期，内容以"略"标示。"阐述"主要是说明撰写提案的目的、背景，介绍媒体的报道和学术界的讨论，跟踪有关法律的修正和发展（包括一些外国法律，如法国刑法在 2018 年 8 月的增订和英国性犯罪法在 2019 年 2 月的增订），并且对有关问题展开进一步研究。

另须说明，本书在引述中国（包括台湾地区）法律、法规和司法解释等文件时，不改变条文序号和条文中的数字表述方式，不改为阿拉伯数字；个别规范性文件，依照原文使用阿拉伯数字。引述日本法律时，也是如此。引述西方国家法律，则使用阿拉伯数字。

刘白驹

2019 年 6 月 2 日

目 录

第一章
强奸和猥亵犯罪刑法规制的发展

第一节　强奸罪法定范围的扩张趋势

中国古代法律所规定的性犯罪，主要是"和奸"与"强奸"。《尚书大传》云："男女不以义交者，其刑宫。"[①] 古人又云："以义交，谓依六礼而婚者。"[②] 而男女不以义交，"即后世所谓奸也"。[③] 和奸，"谓彼此和同者"。[④] "不和谓之强"，[⑤] 强奸即不和之奸。

1975 年湖北云梦睡虎地出土的秦墓竹简中有"臣强与主奸，可（何）论？比殴主"、"同母异父相与奸，可（何）论？弃市"和"甲、乙交与女子丙奸，甲、乙以其故相刺伤，丙弗智（知），丙论可（何）殴（也）？毋论"的法律答问，还有"某里士五（伍）甲诣男子乙、女子丙，告曰：

---

① （汉）郑玄注、（清）王闿运补注《尚书大传》，商务印书馆，1937，第48页。《尚书大传》是一部解释《尚书》的著作，作者和成书时间不能完全确定，旧说为汉代人伏胜（伏生）撰。"男女不以义交者，其刑宫"系伏胜对《尚书》的注释，非《尚书》原文。

② （汉）郑玄注、（唐）贾公彦疏《周礼注疏》，赵伯雄整理，北京大学出版社，2000，第1108页。"以义交，谓依六礼而婚者"系贾疏。

③ （清）薛允升：《唐明律合编》，商务印书馆，1937，第599页。清沈家本亦有此语，见沈氏《历代刑法考》第四册，邓经元、骈宇骞点校，中华书局，1985，第1886页。

④ （唐）长孙无忌等撰《唐律疏议》，刘俊文点校，中华书局，1983，第496页。

⑤ （唐）房玄龄等撰《晋书》，卷三十，志第二十刑法，魏晋张斐注《晋律》，中华书局，1974，第928页。

'乙、丙相与奸，自昼见某所，捕校上来诣之'"的案例，①说明秦国晚期或者秦朝已有惩处强奸、和奸的规定。男奴强奸女主人，与殴打主人同样论处（当是死刑）。同母异父者相奸，处以弃市（死刑）。发现他人通奸可以捕获并加木械送官。②

完整的"强奸"罪名最早见于汉代文献。以往认为，《汉律》整体亡佚，"其散见于史传者百不存一"③，"强奸"之罪名仅有后人间接记载，即《汉书·王子侯表》记庸釐侯刘谈之子刘端事："侯端嗣，永光二年，坐强奸人妻，会赦，免。"④但是，1983~1984年在湖北江陵张家山汉墓出土大批竹简，其中有《二年律令》，使西汉初年的《汉律》得以重现。《二年律令》规定："主婢奸，若为它家奴妻，有子，子畀婢主，皆为奴婢。""奴与庶人奸，有子，子为庶人。""奴取（娶）主、主之母及主妻、子以为妻，若与奸，弃市，而耐其女子以为隶妾。其强与奸，除所强。""同产相与奸，若取（娶）以为妻，及所取（娶）皆弃市。其强与奸，除所强。""诸与人妻和奸，及其所与皆完为城旦舂。其吏也，以强奸论之。""强与人奸者，府（腐）以为宫隶臣。"⑤兄弟姊妹相奸或婚娶，处以弃市，如系强奸，被强奸者可免于处罚；庶人与他人妻子和奸，处以城旦舂（劳役或徒刑），如系官吏，按强奸处罚；强奸他人，处以宫刑并入宫为奴。

《汉律》对《唐律》有重要影响，而《唐律》又极大地影响了后世法律。《唐律》规定："诸奸者，徒一年半；有夫者，徒二年。部曲、杂户、

---

① 睡虎地秦墓竹简整理小组：《睡虎地秦墓竹简》，文物出版社，1978，第183、225、278页。

② 《睡虎地秦墓竹简·法律答问》还有一条"内奸，赎耐"，整理小组认为"内奸"应作"纳奸"，指容使坏人进入，但也有学者认为"内奸"之"奸"指性关系方面犯罪。对此，整理小组在1990年版《睡虎地秦墓竹简》后记中加以补充说明。参见睡虎地秦墓竹简整理小组《睡虎地秦墓竹简》，文物出版社，1990。还有学者认为"内奸"是帮助通奸。参见武汉大学简帛研究中心、湖北省博物馆、湖北省文物考古研究所编，陈伟主编《秦简牍合集：释文注释修订本》（壹），武汉大学出版社，2016，第208页。

③ （清）沈家本：《汉律摭遗》，载沈氏《历代刑法考》第三册，邓经元、骈宇骞点校，中华书局，1985，第1366页。

④ （汉）班固撰、（唐）颜师古注《汉书》，卷十五下，王子侯表第三下，中华书局，1962，第500页。

⑤ 张家山二四七号汉墓竹简整理小组：《张家山汉墓竹简〔二四七号墓〕：释文修订本》，文物出版社，2006，第34页。

官户奸良人者，各加一等。即奸官私婢者，杖九十；奴奸婢，亦同。""奸他人部曲妻，杂户、官户妇女者，杖一百。强者，各加一等。折伤者，各加斗折伤罪一等。""诸奴奸良人妇女者，徒二年半；强者，流；折伤者，绞。虽有夫，亦同。"① 《宋刑统》有关规定基本承袭《唐律》。② 南宋《庆元条法事类》规定："诸强奸者，流三千里，配远恶州；未成，配五百里；折伤者，绞。先强后和，男从强法，妇女减一等。即因盗而强奸者，绞。"③ 《元律》规定："诸和奸，无夫妇人，决七十七下；诸强奸，无夫妇人，决一百七下；有夫妇人，处死。妇人不坐。强奸十岁以上幼女，决一百七下；十岁以下幼女，处死。"④ "强奸幼女者，谓十岁以下，虽和，亦同强奸，拟合依例处死。"《大明律》规定："凡和奸，杖八十；有夫，杖九十。刁奸，杖一百。强奸者，绞。未成者，杖一百，流三千里。奸幼女十二岁以下者，虽和，同强论。其和奸、刁奸者，男女同罪。"⑤ 对《大明律》此条，《大清律》予以袭用。顺治三年（1646），《大清律》这一律文"流三千里"之后加入小注，对强奸成立的客观要件和侵害对象作出说明，主要是："凡问强奸，须有强暴之状，妇人不能挣脱之情，亦须有人知闻及损伤肤体，毁裂衣服之属，方坐绞罪。若以强合以和成，犹非强也。"⑥ 此注虽未解释何为"奸"，但指出强奸是暴力的，被害人是"妇人"即成年女性。

《大清律》自顺治三年基本确定律文。因律文比较原则，在康熙、雍正两朝，陆续制定了许多条例，对律文的适用加以解释，与律文并行。乾隆五年（1740），纂修完成律、例合编的《钦定大清律例》。《大清律例》

① （唐）长孙无忌等撰《唐律疏议》，刘俊文点校，中华书局，1983，第 493 ~ 495 页。

② （宋）窦仪等撰《宋刑统》，吴翊如点校，中华书局，1984，第 422 页。

③ （宋）谢深甫监修《庆元条法事类》，卷第八十，戴建国点校，杨一凡、田涛主编《中国珍稀法律典籍续编》第一册，黑龙江人民出版社，2002，第 919 页。另见燕京大学图书馆藏版（1948 年印行）。

④ 《大元通制》，载《元代法律资料辑存》，黄时鉴辑点，浙江古籍出版社，1988，第 67 页；《元典章》，陈高华等点校，天津古籍出版社、中华书局，2011，第 1521 页。并参见（明）宋濂等撰《元史》卷一百四，志第五十三，刑法三，中华书局，1976，第 2653 ~ 2654 页。

⑤ 《大明律》，怀效锋点校，法律出版社，1999，第 197 页。

⑥ 《顺治三年奏定律》，王宏治、李建渝点校，杨一凡、田涛主编《中国珍稀法律典籍续编》第五册，黑龙江人民出版社，2002，第 382 页。

关于强奸的条例，一般附于"刑律犯奸"门下律文，而强奸杀人、伤害，抗拒强奸杀人、伤害，强奸致被害人及其亲属自尽，或者有其他犯罪的，按照"二罪俱发以重论"①的原则，则多附于"人命""斗殴"门下律文。

在中国古代刑律上，"强奸"就其本意而言，是男性对女性的犯罪。《大清律例》曾有若干关于男性强行鸡奸男性的条例（康熙年间定例，后有增修，清末删除），附于"刑律犯奸·犯奸"律文之后；还有条例将"强奸"一词用于成年男性之间、成年男性与男童之间——"凡强奸杀死妇女及良家子弟""强奸十二岁以下十岁以上幼童""强奸十二岁以下幼女幼童"。②《大清律例》对同性强行鸡奸的处罚不同于男性强奸女性，更为严厉。然而，《大清律例》只是将同性强行鸡奸类比为强奸，而不是列入强奸或者完全视同强奸。否则就可以说，中国比西方国家早三百年将同性强行鸡奸列入强奸罪。

1911 年（宣统三年）完成并颁布《钦定大清刑律》（通称《大清新刑律》）。关于强奸罪的第二百八十五条规定："对妇女以强暴、胁迫，药剂、催眠术或他法，至使不能抗拒而奸淫之者，为强奸罪，处一等或二等以上有期徒刑。奸未满十二岁之幼女者，以强奸论。"③《大清新刑律》拟于宣统四年施行，因清朝覆亡而未施行。中华民国建立后，北洋政府将《大清新刑律》删修后暂时施行，一般称《暂行新刑律》或《中华民国暂行新刑律》。④对于新刑律强奸罪之"奸淫"，帮助清廷起草《大清新刑律草案》的日本刑法学家冈田朝太郎（1868～1936）指出："所谓奸淫者，仅指异性交接而言，故同性间以及单独行为，不包括之。"⑤民初学者邵义（1874～1918）亦诠释："奸淫者谓仅指异性间之交接，即男女生殖间不法交合之行为，故以异性间为限。"⑥

① 《大清律例》（乾隆五年本），田涛、郑秦点校，法律出版社，1999，第 115 页。
② 《大清律例》（以道光六年本为底本），张荣铮、刘勇强、金懋初点校，天津古籍出版社，1995，第 553～554 页。
③ 参见高汉成主编《〈大清新刑律〉立法资料汇编》，社会科学文献出版社，2013。
④ 参见《法部修正中华民国暂行新刑律》，《司法汇报》第 2 期，1912 年。
⑤ 〔日〕冈田朝太郎口述、熊元翰编《刑法分则》（京师法律学堂笔记，1912），夏菲点校，上海人民出版社，2013，第 99 页。
⑥ 邵义：《刑律释义》，中华书局，1917，第 233 页。

1928 年，南京国民政府颁布《中华民国刑法》。^① 第二百四十条规定了强奸罪的主要情形，前两项为："对于妇女以强暴、胁迫、药剂、催眠术或他法，至使不能抗拒而奸淫之者，为强奸罪，处七年以上有期徒刑。""奸淫未满十六岁之女子，以强奸论。"1935 年，《中华民国刑法》又经修正。^② 新法强奸罪条款（第二百二十一条）的主要变化是：第一项的刑罚调整为"五年以上有期徒刑"，第二项"以强奸论"的"奸淫未满十六岁之女子"改为"奸淫未满十四岁之女子"。

民国时期曾经出现过惩治女性"强奸"男性的地方法律。1934 年 12 月，与南京国民政府处于分立割据状态的广州"国民政府西南政务委员会"颁布了一个《惩治疯人妨害风化暂行条例》。这个"暂行条例"以管理精神病人为名，对性犯罪者规定了严厉处罚。条例说明中称："刑法无处罚女子强奸男子之条文，本条例特设女奸男与男奸女同科之规定。"^③ 这种规定，开中外法制之先河。1936 年 7 月，两广服从中央，"国民政府西南政务委员会"被撤销，《惩治疯人妨害风化暂行条例》终止施行。

在当代中国刑法理论上，"强奸罪"概念有广、狭两义。广义的强奸罪包括强奸妇女和奸淫幼女两种情况。根据《刑法》^④ 第二百三十六条第

① 《中华民国刑法（十七年三月十日公布）》，《最高法院公报》创刊号，1928 年。

② 《中华民国刑法（二十四年一月一日公布）》，《立法院公报》第 66 期，1935 年。

③ 《惩治疯人妨害风化暂行条例》，《国民政府西南政务委员会公报》第 72 号，1934 年。

④ 《中华人民共和国刑法》，1979 年 7 月 1 日第五届全国人民代表大会第二次会议通过，1997 年 3 月 14 日第八届全国人民代表大会第五次会议修订。1999 年以来，根据 1999 年 12 月 25 日第九届全国人民代表大会常务委员会第十三次会议通过的《刑法修正案》、2001 年 8 月 31 日第九届全国人民代表大会常务委员会第二十三次会议通过的《刑法修正案（二）》、2001 年 12 月 29 日第九届全国人民代表大会常务委员会第二十五次会议通过的《刑法修正案（三）》、2002 年 12 月 28 日第九届全国人民代表大会常务委员会第三十一次会议通过的《刑法修正案（四）》、2005 年 2 月 28 日第十届全国人民代表大会常务委员会第十四次会议通过的《刑法修正案（五）》、2006 年 6 月 29 日第十届全国人民代表大会常务委员会第二十二次会议通过的《刑法修正案（六）》、2009 年 2 月 28 日第十一届全国人民代表大会常务委员会第七次会议通过的《刑法修正案（七）》、2009 年 8 月 27 日第十一届全国人民代表大会常务委员会第十次会议《关于修改部分法律的决定》、2011 年 2 月 25 日第十一届全国人民代表大会常务委员会第十九次会议通过的《刑法修正案（八）》、2015 年 8 月 29 日第十二届全国人民代表大会常务委员会第十六次会议通过的《刑法修正案（九）》、2017 年 11 月 4 日第十二届全国人民代表大会常务委员会第三十次会议通过的《刑法修正案（十）》修正。

一款"以暴力、胁迫或者其他手段强奸妇女的,处三年以上十年以下有期徒刑"之规定和最高人民法院、最高人民检察院、公安部《关于当前办理强奸案件中具体应用法律的若干问题解答》(1984年4月26日),狭义的强奸罪是指以暴力、胁迫或者其他手段,违背妇女即已满十四周岁女性的意志,强行与其发生性交的行为。为与奸淫幼女相区别,也有人将这种强奸罪称为"强奸妇女罪"或"普通(一般、单纯)强奸罪"。

《刑法》规定的"强奸罪",基本遵循传统定义。其特征首先是,犯罪被害人只能为妇女,此为明文规定。强奸罪的客体即侵犯的法益是妇女的性权利、性自由。其次,强奸指强行性交。当代中国法律没有对"性交"的含义作出规定。在司法实践和刑法理论中,一般认为,强奸罪中的性交是指两性生殖器接合或称交合,即阴茎 - 阴道性交(penile-vaginal sex)。进而说,强奸是指强制阴茎 - 阴道性交。再次,阴茎 - 阴道性交虽为两性双方行为,但一般认为,能够强行实施阴茎 - 阴道性交的,限于男性。因而强奸的具体实施者只能是男性。只有男性可以成为强奸罪的直接正犯。女性只可能作为组织犯、帮助犯、教唆犯(旧称"造意犯")成为强奸罪主体。[①] 简而言之,在中国现行《刑法》上,强奸是指男性对妇女实施强制阴茎 - 阴道性交。而普通强奸罪,则是指男性对十四岁以上妇女实施强制阴茎 - 阴道性交行为。

强制阴茎 - 阴道性交行为之外的强制性行为,如肛交、口交、抠摸生殖器等,被归入猥亵。猥亵也见于强奸犯罪中。对强奸过程中发生的猥亵行为一般不单独治罪,但量刑时考虑这一情节。有强奸故意,但因客观原因仅仅实施了猥亵而没有实施阴茎 - 阴道性交的,属于强奸未遂;有强奸

---

① 民国时期即有此说。刑法学家夏勤认为:"强奸罪之主体,不限于男子,女子亦有单独犯罪之时,又有与男子共犯之时。例如妇女教唆精神病人强奸他一妇女,即是强奸行为之造意犯,身份虽系妇女,按刑法第三十条之规定,当然以强奸罪之正犯论,此即女子单独犯罪之情形也。又如妇女以强暴胁迫药剂等手段,排除被害人之抵抗力,使男子奸淫之,或当男子强奸时,帮助男子之实施行为,此皆妇女与男子共犯强奸罪之例也。"夏勤述、胡长清疏《刑法分则》(朝阳法科讲义,1925),陈新宇点校,上海人民出版社,2013,第128页。

故意并实施了猥亵，但主动不进行阴茎－阴道性交的，属于强奸中止。另一方面，有猥亵故意和行为而没有强奸故意和行为，不构成强奸罪而构成强制猥亵罪——《刑法修正案（九）》之前为强制猥亵妇女罪。

在 20 世纪中叶之前，各国刑法所列强奸罪也基本限定于男性实施的强制阴茎－阴道性交。但是在 20 世纪下半叶，尤其是在 80 年代后，在许多国家，随着人们性观念的改变和同性恋问题的明朗化，性交的定义和强奸罪的定义发生不同程度的改变。一是将阴茎对阴道的进入，扩展为阴茎对其他器官孔道（肛门、口腔）的进入；一是将阴茎对阴道的插入，扩展为其他身体部位或者其他物体对阴道、肛门的进入。

许多国家的刑法不再把强奸罪限定为男性针对女性的犯罪。男性或者女性对同性实施性侵害，甚至女性对男性实施性侵害，也都可能构成强奸罪。与此相适应，强奸罪不再被限定为强行发生传统意义上的性交即阴茎－阴道性交的行为。异性或者同性的口交、异性或者同性的肛交、手指插入阴道或者肛门，也可以成为强奸的方式。在条文表述上，各国不尽相同。有些国家是用"性行为""性进入行为"替代"性交"。1994 年《法国刑法典》第 222－23 条规定："以暴力、强制、威胁或趁人无备，施以任何性进入行为（pénétration sexuelle），无论其为何种性质，均为强奸罪。"[1]《意大利刑法典》在 1996 年甚至取消传统的"强奸"（della violenza carnale）的罪名，而以"性暴力"（violenza sessuale）取而代之。第 609－2 条规定："采用暴力或威胁手段或者通过滥用权力，强迫他人实施或者接受性行为（atti sessuali）的，处以 5 年至 10 年有期徒刑。"[2] 1975 年《德国刑法典》对强奸罪的定义是"以暴力或者胁迫手段，强迫妇女与自己或他人实施婚姻外性交行为"，而到 1997 年修订时，将强奸与强制猥亵规定在一条（§177 Sexuelle Nötigung；Vergewaltigung），取消"妇女"（Frau）和"婚姻外"（außerehelich）的限定，并且将"性交"（Beischlaf）更改为

---

① 《法国刑法典》，罗结珍译，中国人民公安大学出版社，1995；《法国新刑法典》，罗结珍译，中国法制出版社，2003。

② 《意大利刑法典》，黄风译，中国政法大学出版社，1998；《最新意大利刑法典》，黄风译注，法律出版社，2007。

"性行为"（sexuelle Handlungen）。①《瑞典刑法典》规定的强奸，是指"强迫他人性交或者从事类似的性行为"。②

有些国家是把性交、肛交、口交、其他物品插入等并列，都作为强奸的方式，有的还列出阴道、肛门、口腔等强奸进入的部位。《西班牙刑法典》第 179 条规定："如果性侵犯是通过阴道、肛门或者口腔等肉体途径，或者以阴道和肛门的接触进行的，构成强奸罪的，处 6 年以上 12 年以下徒刑。"③《奥地利刑法典》第 201 条规定："以对其实施严重的暴力或以立即严重伤害其身体或生命相威胁，强迫他人实施或容忍性交或与性交相似的性行为的，处 1 年以上 10 年以下自由刑。"④《挪威刑法典》在规定强奸罪等性犯罪的"妨害风化的重罪"一章中规定（第 213 条）："性交一词在本章中包括阴道性交和肛门性交。阴茎插入口部以及物品插入阴道或者直肠的，等同于性交。"⑤《葡萄牙刑法典》第 164 条规定："行为人使用暴力、严重威胁手段或者出于实施本罪的目的使人丧失意识或者陷入不能抗拒状态后，强迫他人：a）忍受行为人或者第三人对其实施性交、肛交、口交，或者强迫他人对行为人或者第三人实施性交、肛交、口交；或者 b）忍受身体的某一部分或者物品进入其阴道或者肛门的，处 3 年至 10 年监禁。"⑥

在另一法系，美英两国的强奸罪虽然还是将阴茎的插入作为主要标志，但插入的部位不限于阴道。美国法学会（American Law Institute，ALI）起草并于 1962 年完成的《模范刑法典》（Model Penal Code），虽仍然限定"强奸"是男性以性交（sexual intercourse）侵犯不是其配偶的女性的犯罪，但把强制口交、肛交——经口腔、肛门进行的性交（intercourse per os or per

---

① 《德意志联邦共和国刑法典》，徐久生译，中国政法大学出版社，1991；《德国刑法典》，徐久生、庄敬华译，中国方正出版社，2004。并参见 Strafgesetzbuch für das Deutsche Reich vom 15. Mai 1871. Historisch-synoptische Edition. 1871–2009，http://lexetius.com/leges/StGB/Inhalt? 2。

② 《瑞典刑法典》，陈琴译，北京大学出版社，2005。

③ 《西班牙刑法典》，潘灯译，中国政法大学出版社，2004。

④ 《奥地利联邦共和国刑法典（2002 年修订）》，徐久生译，中国方正出版社，2004。

⑤ 《挪威一般公民刑法典》，马松建译，北京大学出版社，2005。

⑥ 《葡萄牙刑法典》，陈志军译，中国人民公安大学出版社，2010。

anum）纳入"强奸"的范畴。在英国，《1956 年性犯罪法》（Sexual Offences Act 1956）[1] 所规定的强奸罪也是指男人强行与女人发生性交。《1994 年刑事审判和公共秩序法》（Criminal Justice and Public Order Act 1994）则把男男之间和男女之间的强制肛交也纳入强奸罪。《2003 年性犯罪法》（Sexual Offences Act 2003）则进一步修正性交的定义，强行将阴茎插入他人阴道、肛门或口腔都构成强奸罪。[2]

联合国设立的国际刑事法院（International Criminal Court，ICC）（2002 年正式成立）采用了广义的强奸定义。其《犯罪要件》（Elements of Crimes）规定，强奸是指"行为人侵入（invaded）某人身体，其行为导致不论如何轻微地以性器官进入被害人或行为人身体任一部位，或以任何物体或身体其他任何部位进入被害人的肛门或生殖器官"。[3]

中国台湾地区的"刑法"（沿用 1935 年《中华民国刑法》）紧随潮流。它在 1999 年修正时，以新的标准对"性交"的概念作了界定。该法第十条第五项规定，所谓"性交"，是指"性侵入"行为，不仅包括"以性器进入他人之性器、肛门或口腔之行为"，还包括"以性器以外之其他身体部位或器物进入他人之性器、肛门之行为"。在分则的修正中，除将强奸、猥亵等犯罪从"妨害风化罪"一章中分离出来单立"妨害性自主罪"一章，还以"强制性交罪"罪名取代传统的"强奸罪"罪名。强制性交罪是指"对于男女以强暴、胁迫、恐吓、催眠术或其他违反其意愿之方法而为性交"。另外，还取消了强制性交罪（原强奸罪）等罪"告诉乃论"的限制。

2005 年 2 月，台湾地区"刑法"又有修正，其中包括"性交"的定义。修正后的第十条第五项规定："称性交者，谓非基于正当目的所为之下列性侵入行为：一、以性器进入他人之性器、肛门或口腔，或使之接合之行为。二、以性器以外之其他身体部位或器物进入他人之性器、肛门，

---

[1] http://www.legislation.gov.uk/ukpga/1956/69/pdfs/ukpga_19560069_en.pdf.

[2] http://www.legislation.gov.uk/ukpga/2003/42/contents.

[3] 〔加拿大〕威廉·A. 夏巴斯：《国际刑事法院导论》，黄芳译，中国人民公安大学出版社，2006，第 334 页。

或使之接合之行为。"增加"非基于正当目的"和"使之接合"之文字，是为了将妇产科医生等基于业务需要接触他人敏感器官的情况从"性侵入"中排除。①

新近的刑法强奸罪规定的改造发生在日本。2017 年 6 月，日本国会通过《刑法一部分改正的法律》（平成二十九年法律第七十二号）。② 其中，《日本刑法典》关于强奸罪的第一百七十七条规定从"使用暴行或者胁迫奸淫十三岁以上女子的，为强奸罪，处三年以上有期惩役。对未满十三岁的女子实施奸淫，同样"变为"对十三岁以上者，使用暴行、胁迫而实施性交、肛门性交或者口腔性交（以下称为'性交等'）的，处五年以上有期惩役。对未满十三岁者实施性交等的，同样"。③ 主要修正如下。第一，罪名改变，"强奸罪"被"强制性交等罪"取代。第二，性侵害方式范围扩张，"奸淫"改为"性交、肛门性交、口腔性交"。所谓性交、肛门性交、口腔性交，都是指阴茎进入人体器官孔道（阴道、肛门、口腔）的行为，不包括身体其他部位或器物进入人体器官孔道。这个修正幅度小于中国台湾地区。第三，被害人范围扩张，"女子"改为"者"，女性、男性都在其中。根据这些修正，在男性与女性、男性与男性、女性（作为主动者）与男性之间，强制对他人进行上述性交，或者强制他人与自己进行上述性交，都构成强制性交等罪。第四，提高法定刑上限。④ 另外，在这次修正中，《日本刑法典》的强制猥亵罪条文也有相应变化，还废除了有关强制猥亵、强制性交等犯罪为亲告罪的规定。

---

① 参见许玉秀主编《新学林分科六法·刑法》，台北新学林出版股份有限公司，2006。
② 《刑法の一部を改正する法律》，http://www.shugiin.go.jp/internet/itdb_housei.nsf/html/housei/19320170623072.htm；《法务省：刑法の一部を改正する法律案》，http://www.moj.go.jp/keiji1/keiji12_00140.html。
③ 《日本刑法典》2017 年改正第一百七十七条：十三歳以上の者に対し、暴行又は脅迫を用いて性交、肛門性交又は口腔性交（以下「性交等」という。）をした者は、強制性交等の罪とし、五年以上の有期懲役に処する。十三歳未満の者に対し、性交等をした者も、同様とする。
④ 参见〔日〕前泽贵子《性犯罪规定に係る刑法改正法案の概要》，日本国立国会图书馆《调查と情报》第 962 号，2017 年 5 月 22 日。

第二节　《刑法修正案（九）》之前
法律上的同性性侵犯

古代中国，在相当长的时间里，没有法律干涉同性性行为。据考证，中国有关对同性性行为实施处罚的明确记载最早出现于宋代。但是，处罚针对的实际是"男子为娼"，而不是男性的同性性行为。宋代朱彧《萍洲可谈》云："书传载弥子瑕、闳、籍孺以色媚世，至今京师与郡邑无赖男子，用以图衣食。旧未尝正名禁止。政和间始立法告捕，男子为娼，杖一百，告者赏钱五十贯。"①

明代曾有处罚肛交的规定："将肾茎放入人粪门内淫戏，比依秽物灌入人口律，杖一百。"其所定具体年代不详，最早见于明嘉靖五年（1526）刻本《大明律直引》（未署撰人）所录比附律条，列在"斗殴"律文之后。② 清初法律对该规定加以沿用，见于顺治二年（1645）奏定《大清律附》的《比附律条》。编录者注曰："比附各条，革久不用，今亦存留备考。"③ 清初不仅禁止同性强制肛交（鸡奸），而且对自愿的同性肛交也予以惩罚。曾有"陈六、孔珍鸡奸王十学，陈六、孔珍应照秽物灌入人口律，杖一百"成案。④ 之后，对强制同性鸡奸处罚更为严厉。据康熙五十八年（1719）刻《定例成案合镌》和乾隆间吴坛撰《大清律例通考》，康熙十八年（1679）议准："凡不肖恶徒伙众，将良人子弟抢去强行鸡奸，为首者立斩。为从者，俱拟绞监候，秋后处决。如和同鸡奸事发者，照律

---

① （宋）朱彧：《萍洲可谈》，李伟国点校，中华书局，2007，第 169 页。
② 《大明律直引所附问刑条例和比附律条》，宋国范、贾永中点校，载刘海年、杨一凡总主编，杨一凡、曲英杰分册主编《中国珍稀法律典籍集成》（乙编第二册·明代条例），科学出版社，1994。台湾学者黄彰健编著《明代律例汇编》（"中央研究院"历史语言研究所专刊之七十五，1979）亦录入此条，参见该书第 827 页。
③ 《大清律附》，载杨一凡、田涛主编《中国珍稀法律典籍续编》第五册，黑龙江人民出版社，2002。但是，乾隆五年版的《大清律例》将该条从其所附"比引律条"中删除。参见《大清律例》（乾隆五年本），田涛、郑秦点校，法律出版社，1999。
④ （清）孙纶辑《定例成案合镌》卷二十五，清康熙五十八年刊本。日本东京大学东洋文化研究所影印本。

拟罪。"① 这一规定后被收入《现行则例》。② 后《现行则例》被汇入《大清律集解附例》。雍正十二年（1734），又经刑部议准安徽巡抚徐本条奏，详订例款。乾隆五年（1740），《大清律集解附例》经修订并改名为《大清律例》。该条例列在《大清律例》之"刑律犯奸·犯奸"律文后："恶徒伙众，将良人子弟抢去强行鸡奸者，无论曾否杀人，仍照光棍例，为首者，拟斩立决；为从，若同奸者，俱拟绞监候；余犯，问拟发遣。其虽未伙众，因奸将良人子弟杀死，及将未至十岁之幼童诱去强行鸡奸者，亦照光棍为首例斩决。如强奸十二岁以下十岁以上幼童者，拟斩监候；和奸者，照奸幼女，虽和，同强论律，拟绞监候。若止一人强行鸡奸，并未伤人，拟绞监候；如伤人未死，拟斩监候。其强奸未成者，杖一百，流三千里。如和同鸡奸者，照军民相奸例，枷号一个月，杖一百。倘有指称鸡奸诬害等弊，审实，依所诬之罪反坐，至死减一等；罪至斩决者，照恶徒生事行凶例发遣。"③ 还有一则强奸幼童未成的处罚条例。乾隆十四年（1749）曾定例："凡强奸十二岁以下幼女未成，审有确据者，将该犯发遣黑龙江。"乾隆三十二年（1767）在"幼女"之后添入"幼童"二字，强奸幼童未成与强奸幼女未成一例同科。④

---

① 此为《定例成案合镌》康熙五十八年刊本所录版本。吴坛《大清律例通考》所录版本与之在文字上略有不同："凡恶徒伙众，将良人子弟抢去，强行鸡奸者，为首者，拟斩立决。为从者，俱拟绞监候。若系和同者，照律治罪。"参见（清）吴坛原著，马建石、杨育棠主编《大清律例通考校注》，中国政法大学出版社，1992，第951页。

② 《定例成案合镌》康熙五十八年刊本"刑部·犯奸"已录此"现行则例"。

③ 《大清律例》（乾隆五年本），田涛、郑秦点校，法律出版社，1999，第522页。该条例在嘉庆二十四年修改，咸丰二年改定。其中"余犯，问拟发遣"一句，先后改为"余犯改发云、贵、两广烟瘴地方充军"和"余犯发遣黑龙江给披甲人为奴"。最后一句"照恶徒生事行凶例发遣"改为"照恶徒生事行凶，发极边足四千里充军"。参见（清）薛允升《原著》，胡星桥、邓又天主编《读例存疑点注》，中国人民公安大学出版社，1994，第742页；《大清律例》（以道光六年本为底本），张荣铮、刘勇强、金懋初点校，天津古籍出版社，1995，第554页。

④ （清）吴坛原著，马建石、杨育棠主编《大清律例通考校注》，中国政法大学出版社，1992，第953页。"将该犯发遣黑龙江"一句，在薛允升《读例存疑》中为"发黑龙江给披甲人为奴"。参见（清）薛允升原著，胡星桥、邓又天主编《读例存疑点注》，中国人民公安大学出版社，1994，第743页；并见（清）姚雨芗原纂、胡仰山增辑《大清律例会通新纂》，台北文海出版社，1987，第3207页。此句还曾有"发云贵、两广烟瘴地方充军"和"民人，改发云贵、两广烟瘴地方充军；旗人，发黑龙江当差"的版本。参见《大清律例》（以道光六年本为底本），张荣铮、刘勇强、金懋初点校，天津古籍出版社，1995，第554页；（清）吴坤修等编撰《大清律例根原》，郭成伟主编，上海辞书出版社，2012，第1584～1596页。

到清末法律改革时，对同性性行为的对策发生了改变，这先是体现在《钦定大清现行刑律》（通称《大清现行刑律》）。《大清现行刑律》是对《大清律例》进行删改而成，1910 年 5 月 15 日（宣统二年四月初七日）颁行。该法删除了《大清律例》关于成年人强制同性鸡奸的条例和男子拒奸杀人的条例，同时在"犯奸"门新增一条"恶徒鸡奸十二岁以下幼童者，酌量情形，比依强奸幼女、轮奸妇女各本例分别治罪"。① 奉旨编修《大清现行刑律》的修订法律大臣沈家本（1840～1913）等人在《大清现行刑律案语》（宣统元年，1909）中解释："唐律奸罪各条皆指对于妇女言之，并未牵及男子。良以男子与妇女不同，不成为奸也。……如谓淫恶之徒每有攫取幼童，肆行背于人道之行为，理宜重罚，不妨另纂一例。即以情节大致相类，非单纯数语所能赅载。以简驭繁，比依妇女则可，与妇女并举则不可。总之科拟虽同，名义要自有别也。……查各国刑律，将幼童为猥亵行为俱以十二岁为断，……盖因过此年龄，虽未达成年，体力渐壮，足以自行保卫，可免强暴之污辱。拟请将良家子弟改为十二岁以下幼童，析出作为通例。则非幼童即不得援引，庶可杜诬陷之风。"② 按此解释，不将成年人强行同性鸡奸列为犯罪的理由有二：其一，成年男性的同性性行为不属于犯奸；其二，成年人体力强壮，有能力自行防卫，不能被强行鸡奸。第一个理由是说同性性行为和异性性行为虽然在形式上相似，但性质不同。这一理由固然有唐律为根据，但也借鉴了 20 世纪初西方国家的刑法。沈家本等当时不会预料到，在 20 世纪末，西方国家刑法竟将成年人强行同性鸡奸列入强奸罪。第二个理由则以偏概全，没有考虑到体力悬殊、精神强制、使用药物和合伙作案等情况。

更重要的变化体现于 1911 年《大清新刑律》。《大清新刑律》没有将成年人之间自愿发生同性性行为列为犯罪，只是将强制鸡奸同性以及与鸡奸儿童列入猥亵罪，不以强奸论。对此，《大清刑律草案》的案语与先前《大清现行刑律案语》差不多：与强奸、有夫女和奸不同，"至鸡奸一项，

① 《钦定大清现行刑律》（宣统二年），故宫博物院编，海南出版社，2000。
② （清）沈家本等编订《钦定大清现行新律例》（《大清现行刑律案语》《核订现行刑律》合刊），卷四十四，修订法律馆，宣统元年。

自唐迄明均无明文。即揆诸泰西各国刑法，虽有其例，亦不认为奸罪。故本案采用其意，赅于猥亵行为之内，而不与妇女并论"。①

《大清新刑律》虽然没有正式施行，但其对强制同性性行为的规制方式，大体被民国时期刑法所沿用（详见本章第五节）。1928 年《中华民国刑法》将同性性行为同意年龄从十二岁提高到十六岁。1935 年《中华民国刑法》的同性性行为同意年龄降为十四岁。非强制猥亵未满十四岁男女，处罚与强制猥亵相同。但对非强制猥亵十四岁以上未满十六岁男女（已婚者除外），也给予处罚。

1949 年以后，同性性行为是否构成犯罪，法律和司法实践发生过变化。

1979 年之前，在司法实践中，对采用暴力、胁迫或欺骗、引诱等手段对同性进行鸡奸和鸡奸未成年人的行为都视为犯罪给予惩罚，而对成年人双方自愿发生同性性行为是否构成犯罪，有关刑事政策却不明朗。1957 年4 月 29 日最高人民法院作出《关于成年人间自愿鸡奸是否犯罪问题的批复》（法研字第 7929 号文）："关于成年人自愿鸡奸是否犯罪，有待立法解决；在法律尚无明文规定前，你院所提情况我们认为以不办罪为宜。"但是，最高人民法院的这一意见在后来（1979 年以前）并没有阻止某些地方法院将"成年人间自愿鸡奸"作为犯罪惩罚。

1979 年《刑法》并没有如最高人民法院所期待的，对同性性行为是否构成犯罪作出明确规定。在该法施行期间，司法实践一般将成年人强制肛交或者与儿童发生肛交视为犯罪，但对这种行为构成何罪曾经存在争议。曾有将鸡奸未成年人，比照《刑法》第一百三十九条第二款的规定，适用法律类推，以强奸定罪的案例。② 直到 1984 年，最高人民法院、最高人民检察院在《关于当前办理流氓案件中具体应用法律的若干问题的解答》中明确规定，"鸡奸幼童的；强行鸡奸少年的；或者以暴力、胁迫等手段，

---

① 《修订法律大臣沈家本等奏进呈刑律分则草案折并单》，载上海商务印书馆编译所编纂《大清新法令（1901—1911）点校本》第一卷，商务印书馆，2010。

② 参见中国人民大学法律系刑法研究室、资料室编印《中华人民共和国刑法案例选编（二）》，1980，第 55 页。

多次鸡奸，情节严重的"，构成流氓罪。

1997 年《刑法》在取消或分解"流氓罪"的同时有所疏忽，没有对同性性侵犯作出规定。根据该法秉持的罪刑法定原则，在 2015 年《刑法修正案（九）》通过之前的 1997 年《刑法》施行期间，成年人对成年人强制实施同性性行为，如果没有其他被刑法禁止的情节，不构成刑法上的犯罪。

当时，有的公安机关对实施同性性侵犯的人，根据《治安管理处罚条例》①的有关规定（"进行其他流氓活动"）给予行政处罚。然而实际上，《治安管理处罚条例》关于"进行其他流氓活动"的规定是否包括同性性侵犯，也是不明确的，因而各地执法不一。针对这一问题，在 2003 年我提出修改《治安管理处罚条例》的提案，建议明确规定对强制实施同性性行为给予处罚（详见本书第七章第一节）。2005 年 8 月 28 日第十届全国人民代表大会常务委员会通过《治安管理处罚法》②，它没有明确提到"同性性侵犯"，但实际是把同性性侵犯归入"猥亵他人"之中，规定处五日以上十日以下拘留；严重情节的，处十日以上十五日以下拘留。有关条文没有限定行为人和被猥亵人的性别，可知"猥亵他人"既包括异性猥亵，也包括同性猥亵；既包括男性猥亵女性，也包括女性猥亵男性。

但是，某些同性性侵犯行为，例如强制肛交，严重侵犯他人的人身权利和性权利，有比较大的社会危害性，仅仅作为一般猥亵行为给予治安管理处罚，打击力度显然不够。而由被害人自己追究同性性侵犯行为人的民事责任，也无法充分彰显社会公平正义。《刑法》理应将严重的同性性侵犯行为列为犯罪。

---

① 《中华人民共和国治安管理处罚条例》，1957 年 10 月 22 日第一届全国人民代表大会常务委员会第八十一次会议通过，1986 年 9 月 5 日第六届全国人民代表大会常务委员会第十七次会议重新制定通过，根据 1994 年 5 月 12 日第八届全国人民代表大会常务委员会第七次会议《关于修改〈中华人民共和国治安管理处罚条例〉的决定》修正，2006 年 3 月 1 日废止。

② 《中华人民共和国治安管理处罚法》，2005 年 8 月 28 日第十届全国人民代表大会常务委员会第十七次会议通过；根据 2012 年 10 月 26 日第十一届全国人民代表大会常务委员会第二十九次会议通过的《关于修改〈中华人民共和国治安管理处罚法〉的决定》修正。

基于上述考虑，我在 2005 年全国政协会议上，提交了《关于修改刑法，将同性性侵犯行为列为犯罪的提案》。2006 年，我在《性犯罪：精神病理与控制》（第一版）中进一步论证了我的意见。[①]

第三节　关于将同性性侵犯列为犯罪的建议

🔖 提案

关于修改刑法，将同性性侵犯行为列为犯罪的提案

（2005 年政协十届全国委员会第三次会议第 0767 号/

政治法律类 107 号，2005 年 3 月）

同性性侵犯行为，是指以暴力、胁迫或者其他方法违背同性的他人意志，强行与其发生性关系或者进行猥亵。

同性性侵犯历来为我国道德规范所不容，并曾经为刑法所禁止。清代就已将其明确列为犯罪，一般比照强奸罪处罚。例如，清《刑案汇览》卷五十二载嘉庆二十四年案：张汶通因见年甫十二之赵淘气儿面貌青白，商同石进财将其轮奸已成。将张汶通比照轮奸良人妇女已成为首，拟斩立决。石进财照为从同奸，拟绞监候。民国时期的《刑法》则在强制猥亵罪条款中规定："对于男女，以强暴、胁迫、药剂、催眠术或他法至使不能反抗，而为猥亵之行为者，处七年以下有期徒刑。"1979～1997 年，根据我国《刑法》和有关司法解释，对同性性侵犯按"流氓罪"处罚。我国台湾地区的"刑法"也禁止同性性侵犯行为，它规定："对于男女以强暴、胁迫、恐吓、催眠术或其他违反其意愿之方法而为性交者，处三年以上十年以下有期徒刑。""对于男女以强暴、胁迫、恐吓、催眠术或其他违反其意愿之方法，而为猥亵之行为者，处六月以上五年以下有期徒刑。"

将同性性侵犯列为犯罪是各国通例。西方国家最初基于宗教传统，禁止所有同性性行为，20 世纪中后期，随着对同性恋的态度发生改变，在成

[①]　刘白驹：《性犯罪：精神病理与控制》，社会科学文献出版社，2006，第 340～395 页。

年同性之间自愿发生的性行为不再被禁止和处罚，但同性性侵犯仍然被视为一种严重犯罪，并加大打击力度。近十几年来，一些国家如法国、德国还修改刑法上性行为和强奸罪的定义，将强行与同性发生性关系归入强奸罪，给予男性性权利和妇女同等的保护。例如，《法国刑法典》第222-23条规定："以暴力、强制、威胁或趁人不备，对他人施以任何性进入行为，无论其为何种性质，均为强奸罪。"

自从1997年我国《刑法》取消"流氓罪"罪名之后，成年人之间自愿私下进行同性性行为，如果没有其他违法情节，不再作为犯罪处理。这是尊重少数人人权的一个体现，并为社会逐渐认可。但是与此同时，除针对同性未成年人实施性行为构成猥亵儿童罪外，如何处理发生于同性成年人之间的强制性行为，却在法律上出现了空白。由于废除类推而实行罪刑法定原则，这种行为不构成犯罪。现行《治安管理处罚条例》也无明确规定。虽然正在制定的《治安管理处罚法》可能作出相应规定，但其打击力度明显不够（猥亵他人处5日以上10日以下的行政拘留）。

近年来，同性性侵犯案件时有报道，引起社会的关注。由于法无明文规定，司法机关无法对行为人给予应有的处罚。许多人士包括司法工作者、法学研究者都呼吁我国《刑法》将严重的同性性侵犯行为列为犯罪。我认为，同性性侵犯行为具有比较严重的社会危害性，构成对他人人身权利的侵犯，损害他人的身心健康，并败坏社会风化。而且这种强制性的同性性行为也更容易传播艾滋病和性病。对这种行为通过刑罚加以惩治和防范是必要和适当的。因此，建议修改《刑法》，将同性性侵犯行为列为犯罪。

将同性性侵犯列为犯罪的方式，有两种可供选择：

第一，修改"强奸罪"（第二百三十六条）和"强制猥亵妇女罪"（第二百三十七条第一款）条款，取消对两罪被害人性别的限制，后者罪名改为"强制猥亵罪"，把强行与同性发生性关系归入强奸罪，把强制猥亵同性归入"强制猥亵罪"。这种修改可能更符合当今世界刑法发展趋势，但对我国刑法传统改变过大，并且改变了性交概念，有关法律需要作出修改协调，而社会上也可能一时难以理解。

第二，不修改"强奸罪"条款，而只修改"强制猥亵妇女罪"条款，取消该罪对被害人性别的限制，罪名改为"强制猥亵罪"，把强行与同性发生性关系和其他同性性侵犯行为归入其中。从现阶段看，这种修改似更为稳妥。

[复函摘要]

全国人大常委会法制工作委员会（法工委议办〔2005〕111号，2005年7月26日）：

按照1979年刑法的规定，同性性侵犯行为是按流氓罪追究刑事责任的。1997年刑法修改，将流氓罪分解为几个不同的罪。刑法第二百三十七条规定的猥亵儿童罪、第三百零一条规定的聚众淫乱罪、第三百五十八条规定的组织、强迫他人卖淫罪中包含了一部分同性性侵犯的行为。

同性性侵犯行为不仅是对人身权利的侵犯，也伤社会风化。您提出的将同性性侵犯行为列为犯罪的具体建议，我们将在立法工作中认真研究。

第四节　《刑法修正案（九）》
对同性性侵犯的定位

我在《关于修改刑法，将同性性侵犯行为列为犯罪的提案》中提出，将严重的同性性侵犯列为犯罪，有两种模式可供选择：其一，修改1997年《刑法》"强奸罪"（第二百三十六条）和"强制猥亵妇女罪"（第二百三十七条第一款）条款，取消对两罪被害人性别的限制，后者罪名改为"强制猥亵罪"，把强制同性性交归入强奸罪，把强制同性性交之外的强制同性猥亵归入"强制猥亵罪"；其二，不修改"强奸罪"条款，而只修改"强制猥亵妇女罪"条款，取消该罪对被害人性别的限制，罪名改为"强制猥亵罪"，把强制同性性交和其他严重的同性性侵犯行为归入其中。

当时，同性性侵犯在媒体上还是一个需要避讳而不好展开讨论的话题，报道这个提案需要一定的勇气。①"两会"时有的记者采访，我介绍这个提案，他们似乎觉得不可理解。他们可能是把同性性侵犯与更为禁忌的同性恋问题联系在一起了，以为我有鼓吹同性恋之嫌。其实，同性性侵犯与同性恋没有必然联系，同性性侵犯不一定是同性恋者所为。同性性侵犯的行为人，可能是同性恋者，也可能是异性恋者。同性性侵犯的被害人，既有同性恋者，也有异性恋者。同性性侵犯可能发生在同性恋者之间，也可能发生在同性恋者和异性恋者之间——异性恋者可能遭受同性的同性恋者的性侵犯，同性恋者也可能遭受同性的异性恋者的性侵犯；甚至，可能发生在同性的异性恋者之间。之所以应当将严重的同性性侵犯列为犯罪，并非基于对同性恋者的特别保护或者某种歧视，不是因为这种犯罪可能由同性恋者所为，也不是因为这种犯罪的被害人可能是同性恋者，而是为了保护所有人的人格、尊严、人身权利和性权利免受来自同性之人的严重侵犯。具体的同性性侵犯行为构成犯罪，不取决于行为人或者被害人的性取向，可以不论行为人或者被害人是否为同性恋者。

毋庸置疑，"强奸罪模式"更符合当今世界刑法发展趋势。我之所以还提出"强制猥亵罪模式"，是因为此模式有清末和民国时期刑法的先例，可能让立法者和社会更容易接受，改起来也比较省事。"强奸罪模式"改变了"性交"概念的定义，对我国刑法传统改变过大，社会上也可能一时难以理解。而且，把强制同性肛交列入强奸罪，会引起连锁反应。《刑法》上有关性犯罪条款的改造是一项"系统工程"，对"强奸罪"条款的修订远非将"妇女"改为"他人"就可毕其功于一役（有些人认为将《刑法》第二百三十六条"以暴力、胁迫或者其他手段强奸妇女的"一句中的"妇女"改为"他人"就可以解决法律依据问题）。对于《刑法》中的性犯罪条款，必须有一个通盘的改造。如果变一条，其他的也要变。既然强制同

---

① 谢炜、申剑丽、廖卫华：《同性侵犯应定"猥亵罪"政协委员刘白驹建议修改〈刑法〉以弥补法律空白》，《新京报》2005 年 3 月 7 日；李明霞：《刘白驹委员建议：将同性性侵犯行为列为犯罪》，《法制日报》2005 年 3 月 8 日（本报道被中国法院网转载，https://www.chinacourt.org/article/detail/2005/03/id/154241.shtml）；陈红艳、张琳、周琼：《同性性侵犯也应写入〈刑法〉》，《新快报》2005 年 3 月 9 日；李亮、刘潇潇、张有义：《同性间性侵犯案件频发　专家呼吁立法对其规范》，《法制早报》2005 年 7 月 17 日。

性肛交列入强奸罪，那么强制异性肛交也要从强制猥亵妇女罪转移到强奸罪中。而在量刑上，强制同性肛交是与强制与妇女发生生殖器性交相当，还是与强制与妇女肛交相当？而且，如果强制肛交列入强奸罪，强制口交、强制指交、强制物交和强制指肛插入是不是也要列入？强奸罪如果改，就必须大改，否则意思不大。同性或者异性之间的强制口交、强制指交、强制物交、强制指肛插入以及女人强奸男人、女人强奸女人、丈夫强奸妻子、妻子强奸丈夫等也应列入，但现在条件还不成熟。另外，改变性交定义对破坏军婚罪也有影响。原来与军人配偶同居构成犯罪的，只是异性，但改变性交定义后，同性也可构成此罪。全面改造"强奸罪"，须到全面修订刑法之时（类似于 1997 年那样），有待刑法理论、社会观念等方面的条件进一步成熟。综合考虑，我认为在现阶段"强制猥亵罪模式"似更为稳妥。或者说，在理论上，我倾向"强奸罪模式"；在现实上，我倾向"强制猥亵罪模式"。

2012 年 9 月 13 日《中国日报》（China Daily）刊发了一版关于同性性侵犯的专题讨论，其中包括我根据该报之约提供的观点。我介绍了中国法律在同性性侵犯问题上的变化，指出 1997 年以后《刑法》在成年人同性性侵犯问题上存在一片灰色地带。同时我认为，改变或者更新《刑法》关于同性性侵犯的规定，比简单地改变受害者的性别状况要复杂得多。我说："法律机构和公众必须接受更广泛的性交定义"，"如果我们决定改变法律，我们需要完全改变它"，但是，"我们仍然没有为此做好准备，无论是在学术界还是在主流社会"。[1] 相同意见，我也对其他媒体说过。[2]

如我所建议或者预料的——并非特别期望，国家立法机关采取了"强制猥亵罪模式"。2015 年 8 月 29 日第十二届全国人民代表大会常务委员会第十六次会议通过《刑法修正案（九）》，其中将《刑法》第三百三十七

---

[1] Wu Wencong, Cao Yin and Zhang Yuchen, "A crime that leaves victims unprotected", *China Daily*, 2012 - 09 - 13, http://www.chinadaily.com.cn/kindle/2012 - 09/13/content_15754330.htm.

[2] 黄娜：《一次夜宵醉酒后 他被男同事"强奸"了》，《钱江晚报》2013 年 8 月 16 日；《男子设计性侵男同事被治安拘留 14 天》，新浪网，2013 年 8 月 16 日，https://news.sina.com.cn/s/2013 - 08 - 16/035927962378.shtml 。

条第一款修正为："以暴力、胁迫或者其他方法强制猥亵他人或者侮辱妇女的，处五年以下有期徒刑或者拘役。"如此，"强制猥亵妇女罪"成为"强制猥亵罪"，取消了被害人的性别限制。成年男性之间、成年女性之间发生强制的严重猥亵行为，均构成强制猥亵罪。

在《刑法修正案（九）》草案公布时，有一些媒体回顾我在 2005 年的上述提案，其中一篇报道在介绍我提出的两种立法模式和选择意见之后指出："从这次立法修改情况来看，刘白驹当时的想法具有无可比拟的现实操作性，深深懂得立法的方向性。"[1]

虽然《刑法修正案（九）》对同性性侵犯犯罪的定位，得到法学界和社会的基本肯定，但是不能不说，这种处理显然是过渡性的。从发展趋势判断，中国《刑法》的强奸罪规定终将作出扩大性修正——取消行为人、被害人性别限定，更新"强奸"和"奸淫"的定义。强奸罪外延的扩大将导致对强奸罪与强制猥亵罪边界的重新划定。有些以前属于强制猥亵罪的行为，例如同性或者异性之间的强制肛交、强制口交，将被纳入强奸罪（更可能是新罪名）。强奸罪的既遂标准也将发生变化。

第五节　《刑法》强制猥亵罪和猥亵儿童罪规定的改革走向

刑法对强奸犯罪的规制与对猥亵犯罪的规制密切相关，一方的条款发生调整，另一方的条款往往也需要作出调整。

一　清末和民国时期刑法中的强制猥亵罪

在中国，刑法关于强制猥亵的对策曾有曲折的变化发展。在古代汉语中，猥亵为"琐碎、下流"之意，[2] 有"言词猥亵""猥亵之事"等语，并非指一种施加于他人的行为或动作。清末之前的历代刑法没有规定猥亵罪名

---

① 《猥亵罪不再分男女　强奸罪还会远吗?》（未署作者），《重庆商报》2014 年 10 月 28 日。
② 《辞源》（修订本），商务印书馆，1982，第 2008 页。

和强制猥亵罪。《大清律例》有"调戏"而无"猥亵"。调戏包括"言语调戏"和"手足勾引"，其本身没有单独立罪。为与妇女和奸（即通奸，无夫者杖八十、有夫者杖九十）和刁奸（即诱奸，杖一百）而进行调戏，称为"调奸""图奸"。《大清律例》"刑律犯奸·犯奸"律文后附条例："凡调奸图奸未成者，经本妇告知亲族、乡保禀明该地方官审讯，如果有据，即酌其情罪之轻重，分别枷号、杖责，报明上司存案。如本家已经投明乡保，该乡保不即禀官，及禀官不即审理，致本妇怀忿自尽者，将乡保照甲长不行转报窃盗例杖八十，地方官照例议处。"① 《大清律例》"刑律犯奸·亲属相奸"律文后亦附条例："凡亲属和奸，律应死罪者，若强奸未成，发边远充军；调奸未成，杖一百，流三千里。其和奸罪不致死者，若强奸未成，发近边充军；调奸未成，杖一百，徒三年。"②

调戏未达和奸、刁奸之目的，行为人可能转而实施强奸，这时调戏就成为强奸罪的一个情节。《大清律例》"刑律人命·威逼人致死"律文后附条例："强奸内外缌麻以上亲，及缌麻以上亲之妻、若妻前夫之女、同母异父姐妹未成，或但经调戏，其夫与父母亲属及本妇羞忿自尽者，俱拟斩监候。如强奸已成，其夫与父母亲属及本妇羞忿自尽者，俱拟斩立决。"另一条例："强奸已成，将本妇杀死者，斩决枭示。强奸未成，将本妇立时杀死者，拟斩立决。……如强奸未成，或但经调戏，其夫与父母亲属及本妇羞忿自尽者，俱拟绞监候。"③

以污秽言语调戏、侮辱妇女，致妇女羞忿自尽，即使没有奸淫意图和行为，也构成犯罪，但不处绞监候。《大清律例》"刑律人命·威逼人致死"律文后附条例："凡村野愚民本无图奸之心，又无手足勾引挟制窘辱情状，不过出语亵狎，本妇一闻秽语，即便轻生，照强奸未成本妇羞忿自

---

① 《大清律续纂条例（乾隆十一年）》，载刘海年、杨一凡总主编，郑秦、田涛点校《中国珍稀法律典籍集成》（丙编第一册·大清律例），科学出版社，1994；《大清律例》（以道光六年本为底本），张荣铮、刘勇强、金懋初点校，天津古籍出版社，1995，第553页。

② 《大清律例》（以道光六年本为底本），张荣铮、刘勇强、金懋初点校，天津古籍出版社，1995，第556页。

③ （清）薛允升原著，胡星桥、邓又天主编《读例存疑点注》，中国人民公安大学出版社，1994，第608、611页。

尽例，减一等，杖一百，流三千里。"另一条例："凡妇女因人亵语戏谑羞忿自尽之案，如系并无他故，辄以戏言觊面相狎者，即照但经调戏本妇羞忿自尽例，拟绞监候。其因他事与妇女角口，彼此詈骂，妇女一闻秽语，气忿轻生，以及并未与妇女觊面相谑，止与其夫及亲属互相戏谑，妇女听闻秽语，羞忿自尽者，仍照例杖一百、流三千里。"① 此条例系乾隆五十年（1785）奉旨拟定。嘉庆二十年（1815）又增一条例，针对更严重后果的案件："因事与妇人角口秽语村辱，以致本妇气忿轻生，又致其夫痛妻自尽者，拟绞监候，入于秋审缓决。"②

在清代，对属于后来所说强制猥亵的性侵害行为一般是作为"强奸未成"（即强奸未遂）处罚的。清代许梿等辑《刑部比照加减成案》卷二十八记有嘉庆二十一年（1816）江苏一案："丁全郎屡次生事行凶，今复率众扰害尼庵，胆敢将庵内之岳女阴户抠伤，肆行凌虐。核与轮奸良人妇女未成，为首发回城为奴。"该卷另载嘉庆二十一年陕西一案："冯茂因辛映晨强奸伊妻未成，并不鸣官究治，辄将辛映晨之女韩辛氏按炕报复羞辱，例无治罪明文，但将冯茂照强奸未成满流上，减一等，拟徒。"③ 亦有无强奸目的和行为而以下流手段侮辱妇女，致妇女自尽，不按强奸罪处罚而以他罪论处的案例。《刑案汇览》卷三十五载道光四年（1824）直隶一案："刘琢因崔张氏屡次登门辱骂，复将伊女污蔑，辄敢不顾男女之嫌，起意将崔张氏推倒撕破中衣，并采落其阴毛，抓伤小腹，致氏被辱难堪，气忿自缢。惟讯系崔张氏污蔑其女忿激所致，尚非无故逞凶，刘琢应比照因事用强殴打威逼人致死果有致命重伤例，发近边充军。"④《续增刑案汇览》卷九载道光五年（1825）安徽一案："任连魁因养媳任曾氏见桃子被窃嚷

---

① （清）薛允升原著，胡星桥、邓又天主编《读例存疑点注》，中国人民公安大学出版社，1994，第 611、614 页。
② 《大清律例》（以道光六年本为底本），张荣铮、刘勇强、金懋初点校，天津古籍出版社，1995，第 470 页。
③ （清）许梿、熊莪纂辑《刑部比照加减成案》，何勤华、沈天水等点校，法律出版社，2009，第 305 页。
④ （清）祝庆祺、鲍书芸、潘文舫、何维楷编《刑案汇览三编》（二），北京古籍出版社，2004，第 1309 页。

骂，刘伯伶听闻疑其詈己，亦将任曾氏辱骂。任连魁往寻刘伯伶不依，途遇其堂妹刘让姐，任连魁以刘伯伶辱骂伊媳，起意还辱其妹，遂将刘让姐推跌，剥脱下衣跑走，刘让姐羞忿莫释，投缳殒命。讯明任连魁实止因媳被骂希图还辱，并无图奸之心，惟剥脱下衣，较之出言亵狎致本妇自尽拟流之案情节为重，将任连魁比照棍徒无故生事扰害例，发极边足四千里充军。"①

　　清末，受日本刑法影响，《大清新刑律》始设猥亵罪。日本明治初年的《新律纲领》和《改定律例》亦无"猥亵"概念。后在引介 1810 年《法国刑法典》时，日本人用汉文"猥亵"一词对应翻译了该法第 330 条（公然猥亵）和第 331 条（猥亵他人）中的 pudeur 一词。② 继而，将汉文"猥亵"引入仿效 1810 年《法国刑法典》制定的 1880 年日本刑法，并在仿效 1871 年《德国刑法典》制定的 1907 年日本刑法中加以沿用——在 1995 年以平假名わいせつ替换刑法有关条文中的汉文"猥亵"一词。之后，《大清新刑律》在起草时放弃原有的"调戏"一词，而转引日本刑法中的原本就是汉文但含义有所变化的"猥亵"一词，用以概括强奸之外的性侵犯行为。对《大清新刑律》草案关于猥亵的规定，京外各衙门异议颇多。湖南巡抚签注："猥亵二字，字义太泛，似不如调奸、图奸之易晓，应请再加厘订。"③《大清新刑律》草案对"猥亵"之意有一解释："猥亵行为，指违背风纪未成奸以前之行为而言。"④ 该说所谓"成奸"系指男女发生阴茎－阴道性交，而男男之间和男女之间发生鸡奸不属于成奸。冈田朝太郎不赞成这一解释。他认为："猥亵之行为，指除奸淫之外，有关人类情欲之行为违背善良风俗者而言。" 在诠释奸淫罪与猥亵罪的区别时，他指出："本罪与猥亵罪，非程度上有别，而性质上有别。盖本罪之特质，

----

① （清）祝庆祺、鲍书芸、潘文舫、何维楷编《刑案汇览三编》（四），北京古籍出版社，2004，第 285 页。

② 《佛蘭西法律书·刑法》，〔日〕箕作麟祥译，日本文部省，明治八年（1875），第 34 页；《日本刑法草案》，日本司法省，明治十年（1877），写本；《皇國佛國刑法對比合卷》，〔日〕小山景止编纂，冈岛真七出版，明治十三年（1880），第三编第 24 页。

③ 高汉成主编《〈大清新刑律〉立法资料汇编》，社会科学文献出版社，2013，第 408 页。

④ 高汉成主编《〈大清新刑律〉立法资料汇编》，社会科学文献出版社，2013，第 135 页。

在于异性之交接。猥亵罪，则不以异性为限。故前者非指后者之既遂状态而言，后者非指前者未遂状态而言也，不可不注意。法律馆初订刑律草案注释，谓猥亵行为，指违背风纪未成奸以前之行为而言。以猥亵为奸淫之未遂罪，其实猥亵另为一罪，并非奸淫之未遂。"① 冈田朝太郎的意见被人们接受。关于新刑律中的"猥亵"，后又有补笺："猥亵者，除奸淫以外，凡有关人类生殖、情欲之行为违背善良风俗者皆是。原案谓未成奸以前之行为，尚失之隘。此种猥亵行为，在异性间（男女）固能成立本罪，即同性间（男与男、女与女）之行为及单独行为（手淫）亦在本条猥亵范围之内，惟本律不采处罚单独行为之规定而已。"②

《大清新刑律》所列猥亵罪（另有贩卖猥亵书画物品罪），分为三条，有四种基本情形：（1）第二百八十三条第一项规定，"对未满十二岁之男女为猥亵之行为者，处三等至五等有期徒刑或三百圆以下、三十圆以上罚金"；（2）第二百八十三条第二项规定，对未满十二岁之男女"以强暴、胁迫、药剂、催眠术或他法，至使不能抵抗而为猥亵之行为者，处二等或三等有期徒刑或五百圆以上罚金"；（3）第二百八十四条规定，"对于十二岁以上男女以强暴、胁迫、催眠术或他法，至使不能抗拒，而为猥亵之行为者，处三等至五等有期徒刑或三百圆以下、三十圆以上罚金"；（4）第二百八十六条规定，"乘人精神丧失或不能抵抗而为猥亵之行为"，依第二百八十三条第二项、第二百八十四条之例处断。另外，根据第二百九十四条第一项规定，上述各条之罪"须被害人或其亲属告诉乃论"。③ 以刑法学理论而言，在四种情形中，第三种属于普通强制猥亵，第二种也可归入普通强制猥亵，或称特别强制猥亵，第一种和第四种属于准强制猥亵。④

1928 年《中华民国刑法》第二百四十一条规定了普通强制猥亵："对于男女以强暴、胁迫、药剂、催眠术或他法至使不能抗拒，而为猥亵之行

---

① 〔日〕冈田朝太郎口述、熊元翰编《刑法分则》（京师法律学堂笔记，1912 年版），夏菲点校，上海人民出版社，2013，第 99 页。

② 《大理院判例解释新刑律集解》，周东白编辑，世界书局，1928，第 517 页。

③ 高汉成主编《〈大清新刑律〉立法资料汇编》，社会科学文献出版社，2013，第 755 页。

④ 参见陈承泽《中华民国暂行刑律释义（分则）》，商务印书馆，1913，第 123~124 页。

为者，处五年以下有期徒刑。""对于未满十六周岁之男女为猥亵之行为者，亦同。"其后，第二百四十二条第二项规定了准强制猥亵："对于妇女乘其心神丧失或其他相类之情形不能抗拒，而为猥亵之行为者，处三年以下有期徒刑。"另外还有条文规定对特别情形的强制猥亵加重处罚。① 1935年《中华民国刑法》第二百二十四条规定："对于男女以强暴、胁迫、药剂、催眠术或他法至使不能反抗而为猥亵之行为者，处七年以下有期徒刑。""对于未满十四周岁之男女为猥亵之行为者，亦同。"第二百二十五条第二项规定："对于妇女乘其心神丧失或其他相类之情形不能抗拒，而为猥亵之行为者，处五年以下有期徒刑。"② 与旧法相应条文相比，新法上述条文的表述基本未变，但提高了刑罚上限，降低了"亦同"的适用年龄。同时，新法增加一项规定（第二百二十七条第二项）："对于十四岁以上未满十六岁之男女，为猥亵之行为者，处五年以下有期徒刑。"

清末和民国时期的强制猥亵罪实际是指男性强奸女性（强制阴茎－阴道性交）以外的强制的性行为，包括异性（男－女、女－男）猥亵和同性（男－男、女－女）猥亵。民初时，前述冈田朝太郎关于强奸与猥亵区别的意见成为通说。司法判解曰："奸淫指男女交合而言，与猥亵之异点，不在程度，而在性质。盖本罪（指强奸——刘注）之特质在于异性之交接。猥亵罪则不以异性为限。或谓猥亵为奸淫之未遂，奸淫为猥亵之既遂，实谬也。"③ 此说所论"奸淫"，限定于男女阴茎－阴道性交，不包括异性或者同性之间的肛门性交、口腔性交。按照此说，异性或者同性之间的强制肛门性交、口腔性交属于强制猥亵罪，不属于强奸罪。另外，从字面意思看，清末和民国时期的强制猥亵罪没有排除女性"强奸"男性（即女性强制与成年男性发生阴道－阴茎性交）的情况，虽然当时一般不认为猥亵包括性交，也没有这样的案例。

民国时有人认为强制鸡奸即强制肛交应列入强奸罪而非处罚较轻的强制猥亵罪："各国刑典及我刑法，关于鸡奸解释上列入强制猥亵罪内，殊

---

① 《中华民国刑法（十七年三月十日公布）》，《最高法院公报》创刊号，1928年。
② 《中华民国刑法（二十四年一月一日公布）》，《立法院公报》第66期，1935年。
③ 《大理院判例解释新刑律集解》，周东白编辑，世界书局，1928，第519页。

觉不无可议。盖鸡奸者，以人之臀部代女阴，而为交接行为者也，实为变态之性交行为，社会上亦常见此种事实。其目的程度，有发泄性欲之能力，就犯者言之，与奸淫妇女之行为，毫无二致。而其恶性，实较奸淫为重，刑法上似应同认为奸淫行为之一种，而不当认为猥亵者也。"① 将这个意见对照后来欧洲国家刑法对强奸罪的改造，颇显先见之明。

与强奸罪不包括丈夫强制与妻子发生阴茎－阴道性交的通说一样，最初也不认为丈夫强制与妻子发生阴茎－肛门性交构成强制猥亵罪。但在30年代，司法态度发生变化。1932年1月25日，国民政府司法院就江苏高等法院首席检察官王思默呈最高法院检察署转请解释猥亵罪疑义一案发出训令（院字第六五零号）："经本院统一解释法令会议议决：夫对于妻之鸡奸行为，如果具备强制条件，自可构成刑法第二百四十一条之猥亵罪。"训令附有最高法院检察署致司法院函："案据江苏高等法院首席检察官王思默呈称呈为刑法第二百四十一条之猥亵罪发生疑义，仰祈鉴赐转院解释示遵事。窃查刑法第二百四十一条之猥亵罪，关于鸡奸行为除双方同意不合法定条件外，其以强暴胁迫至使不能抗拒而为鸡奸行为者，夫妇之间能否构成本罪兹分二说。（甲）说。既有夫妇关系，即使夫鸡奸其妻，亦难谓为猥亵，不能构成本罪。（乙）说。本章为维持风化而设，若于风化有关，虽夫妻之间亦应构成本罪。如甲说，夫鸡奸其妻是男女居室，显然违背伦理，实有下列种种弊害：（一）含有侮辱女性人格之故意；（二）有乖男女生理；（三）荒淫之结果影响种族之繁殖。故即有夫妻关系，亦在禁止之列。二说究以何种为是，事关法律疑义，理合具文呈请仰祈钧署鉴赐转院解释示遵等情，据此相应转请贵院查照解释为荷。"②

从"调戏"到"猥亵"的演进，反映了性侵犯行为入刑标准的严格化，清末和民国时期刑法基本上放弃了对未发生身体接触的性侵犯行为的

---

① 郑其铨：《论多数刑典将鸡奸在解释上列入强制猥亵罪内之失策》，《并州学院月刊》1933年第1卷第1期。

② 《司法院训令：院字第六五零号（二十一年一月二十五日）：解释刑法第二四一条之猥亵罪疑义训令（附最高法院检察署函）》，《司法院公报》1932年第3号；《司法院解释汇编》（第三册），司法院参事处编纂、发行，1932，第52~53页。

规制。从这点来说，清末和民国时期刑法对妇女、儿童以及成年男性权益的保护从《大清律例》的水平上减弱了。作为对一种被谴责的行为的描述，"调戏"一词保留于中国共产党军队的《三大纪律八项注意》①中，显示中国共产党对士兵的行为有着十分严格的要求。在当代，法律法规中没有"调戏"一词，它不再是法律术语，致使人们不得不借用外国的"性骚扰"概念来概括强奸、猥亵之外的性侵犯行为。

在古代和近代中国，受封建礼教影响，人们对于妇女遭受强奸与遭受强奸之外的性侵犯如调戏、猥亵，根据行为方式和损害后果，给予了不同的、差异很大的定性。妇女遭受强奸（"强奸已成"），被称为"失身"，亦谓"失节"，即失去"贞节"或"贞操"。妇女拒奸而致行为人"强奸未成"，是保全了"贞节""贞操"，可得褒扬②；其中殊死反抗而被杀害或为免遭侵害而自尽者，被称为"烈女"，还可能有人为她们奏请旌表。③那时说妇女"失身"，通常是指妇女因被强制、欺骗或者自愿地在婚前与（被）他人发生性关系，或者在婚后与（被）丈夫之外的男人发生性关系，或者在丈夫死后与（被）其他男人发生性关系。此种含义的"失身"一词，最早见于《史记·司马相如列传》。其中一句"今文君已失身于司马长卿"，④当代有人译为"今卓文君已经成为司马长卿的妻子"。⑤这一意译过于委婉而有失准确。当时，卓文君新寡，与司马相如互生爱慕而私奔、同居，并不是明媒正娶的妻子，以礼教来看，属于"失身""失节"

---

① "八项注意"之七：不调戏妇女。"不调戏妇女"一句早期曾为"洗澡避女人"。参见《中国人民解放军总部关于重行颁布三大纪律八项注意的训令》，载《毛泽东选集》（合订本），人民出版社，1964，第1239~1240页。

② 例如《聊斋志异》有一篇《张氏妇》，记一村妇"巧计六出，不失身于悍兵"，异史氏（即蒲松龄）赞曰："贤哉妇乎，慧而能贞！"（清）蒲松龄：《聊斋志异》（会校会注会评本），张友鹤辑校，中华书局，1962，第1528页。

③ 参见（清）祝庆祺编《刑案汇览》所载"鸡奸雇工逼妻同奸不从自尽""鸡奸其夫逼奸其妻致妇自尽""调戏亵狎妇女自尽具题请旌""强奸杀死本妇从犯加工未成""被人怂恿逼妻卖奸将妻殴死""图奸子媳不从登时搦死灭口"等案；（清）周守赤辑《刑案汇编》所载"调奸未成致本妇羞忿自尽""语言调戏致本妇羞忿自尽""妇女听闻秽语戏谑羞忿自尽""妇女听闻秽语服毒自尽比例量减拟徒"等案。

④ （汉）司马迁撰《史记》，卷一百一十七，中华书局，1959，第3000页。

⑤ （汉）司马迁原著，杨燕起注译《史记全译》，贵州人民出版社，2001，第4009页。

无疑。古代文献似乎没有说明"失身"具体是指何种性关系。分析起来应是指发生阴茎－阴道性交，[①] 而不包括发生其他性行为。妇女遭受他人调戏、猥亵，虽亦蒙受污辱，但因为没有发生阴茎－阴道性交，属于"强奸未成"，没有"失身""失节"。民国时期有一杂志刊登一则"摸乳是失节吗？"的问答。答曰："照普通一般人看来，所谓失了贞节，大多是根据了男女发生肉体关系而说。……仅仅是肉体外部的接触，是不会发生一般人所谓失节这件事的。"[②] 以现代文明、人权立场看来，"失身""失节""贞节""贞操"等观念是应抛弃的封建糟粕。但是，以"失身"区别强奸（既遂）与调戏、猥亵的文化和意识，在当今社会并未彻底消除。它提示人们注意：遭受强奸（既遂）和遭受调戏、猥亵的妇女，虽然都是性犯罪的被害人，但承受的心理打击和社会压力、家庭压力有所不同。这是在将来重新确定强奸与猥亵的罪名和构成、量刑的边界、标准时需要考虑的。将强制肛交、口交等以往不视为性交的行为从强制猥亵罪转入强奸罪，并按强奸既遂对待，固然可以更严厉地惩罚罪犯，但对被害人而言，却也有外人难以体察的不利一面。

二　当代中国刑法中的强制猥亵罪

1979 年《刑法》没有"猥亵"罪名。在该法施行期间，对男性强奸女性（强制阴茎－阴道性交）以外的强制的性行为一般以"流氓罪"处罚。对流氓罪的内容，最高人民法院、最高人民检察院《关于当前办理流氓案件中具体应用法律的若干问题的解答》（1984 年 11 月 2 日）有比较详细的说明，它列举了一系列危害比较严重的淫秽、下流行为。1997 年《刑法》在保留强奸罪、取消（分解）流氓罪的同时，专门设立了"强制猥亵妇女罪"和"猥亵儿童罪"。该法第二百三十七条规定："以暴力、胁迫或

---

① 有学者解释："身"字的甲骨文图形是一个鼓着大肚子的怀孕的妇女的白描。金文的"身"构型与甲骨文相同，只是下部多了一个指示符号，表示"身"主要指人的下半部分，故后人将人体的下部（生殖器官）称为身，如净身、失身。韩步璋：《甲骨文常用字解释》，青岛出版社，2012，第 30 页。

② 《"玲珑"信箱：摸乳是失节吗？》，《玲珑》1933 年第 3 卷第 12 期。

者其他方法强制猥亵妇女或者侮辱妇女的，处五年以下有期徒刑或者拘役。聚众或者在公共场所当众犯前款罪的，处五年以上有期徒刑。猥亵儿童的，依照前两款的规定从重处罚。"这一条款没有限定行为人性别。也就是说，妇女也可以成为强制猥亵妇女罪和猥亵儿童罪的主体。对猥亵儿童罪，则既未限定行为人性别，也未限定被害儿童性别，包括异性猥亵儿童和同性猥亵儿童。但在司法实践中，以前几乎没有妇女被认定为强制猥亵妇女罪或者猥亵儿童罪的主体。这是因为，人们以为强制猥亵妇女罪或者猥亵儿童罪的主体只能是男性。

1997 年《刑法》和司法解释没有给出"猥亵"的定义。一种流行观点认为，猥亵他人的行为构成犯罪的，须施加于被害人身体。对这种观点，我在 2006 年出版的《性犯罪：精神病理与控制》第一版即表达了不同意见。我认为"强制猥亵妇女罪"和"猥亵儿童罪"之"猥亵"，不限于身体接触，"直接接触说"是不可取的。猥亵既可以是与被害人身体发生接触的行为，如强吻、玩弄乳房、抠摸生殖器、鸡奸，也可以是不与被害人身体发生接触的行为，如给被限制自由的被害人拍裸照、在被限制自由的被害人面前手淫。而且，构成猥亵的身体接触，也不限于与被害人身体的性敏感部位发生接触。构成猥亵的语言也是多种多样的，既可以是调戏的话语，也可以是将使被害人蒙受羞辱的命令，如让被害人脱衣、喝尿、强迫一被害人与另一被害人发生性行为。这些行为都侵犯了他人的性权利、性尊严，刑法没有必要区别对待。总之，行为人为刺激、满足自身或第三人性欲，违背被害人的意志而实施的除强奸之外的一切侵犯被害人性权利、性尊严的淫秽、下流行为和语言，都属于强制猥亵妇女罪和猥亵儿童罪的猥亵。[1] 在该书中，我还专门讨论了"网络猥亵"（未经对方同意或者向儿童发送秽亵信息，例如发生虚拟性行为、裸露自己身体等）问题。[2]

根据 1997 年《刑法》，成年男性强制猥亵成年男性或者已满十四岁不

---

① 刘白驹：《性犯罪：精神病理与控制》，社会科学文献出版社，2006，第 174 页。

② 刘白驹：《性犯罪：精神病理与控制》，社会科学文献出版社，2006，第 186~193 页。

满十八岁未成年男性，不构成犯罪。1997 年《刑法》更忽略了成年女性强制猥亵成年男性的情况。而这种事情是存在的，主要依靠人多势众优势或者利用药物、酒精使被害人丧失反抗能力而实施，且多针对年轻男性。对这些行为，只能给予治安管理处罚。

2015 年，根据《刑法修正案（九）》，《刑法》第二百三十七条修改为："以暴力、胁迫或者其他方法强制猥亵他人或者侮辱妇女的，处五年以下有期徒刑或者拘役。聚众或者在公共场所当众犯前款罪的，或者有其他恶劣情节的，处五年以上有期徒刑。猥亵儿童的，依照前两款的规定从重处罚。"首先，"强制猥亵妇女罪"调整为"强制猥亵罪"，取消了被害人的性别限定，包括男女（亦应包括第三性别者）。异性（男－女、女－男）强制猥亵和同性（男－男、女－女）强制猥亵，均构成此罪。其次，增加"有其他恶劣情节的"（如以手造成被害人处女膜破裂）作为强制猥亵罪、强制侮辱妇女罪和猥亵儿童罪的从重处罚要件。

成年女性"强奸"成年男性，目前不构成强奸罪，而构成强制猥亵罪。以后，如果《刑法》修订强奸罪条款，取消该罪主体性别限定，并采用广义性交定义，成年女性强制与成年男性发生各种形式性交，将构成强奸罪（或新罪名）。

三　当代中国刑法中的猥亵儿童罪

"猥亵儿童罪"为 1997 年《刑法》设立。之前的 1979 年《刑法》，猥亵儿童被归入"流氓罪"这个"口袋罪"中。在清末和民国时期，猥亵儿童是猥亵罪的一种，属于准强制猥亵罪。

现行《刑法》上的"猥亵儿童罪"，是指猥亵（不论是否强制）不满十四岁男女未成年人。猥亵已满十四岁不满十八岁男女未成年人，不构成猥亵儿童罪；强制猥亵的，构成强制猥亵罪。根据行为人和被害人的性别，猥亵儿童罪分为四种情况：成年男性猥亵女童（幼女），成年男性猥亵男童，成年女性猥亵男童，成年女性猥亵女童。

在《刑法》中，强制猥亵罪和猥亵儿童罪都规定在第二百三十七条，不能让人看出两罪的"猥亵"有什么不同，司法实践中往往只强调猥亵儿童罪无须强制，而不考虑对儿童的猥亵有何特殊性。这不利于对儿童的充分保护。有些猥亵行为，如摩擦猥亵、秽语猥亵、露阴猥亵，实施于成年人不构成强制猥亵罪，但对儿童实施，则有较大危害，应列入猥亵儿童罪。在 2006 年版《性犯罪：精神病理与控制》中，我指出，对儿童实施摩擦猥亵，对儿童实施某些非身体接触的猥亵，如通过网络猥亵儿童，向儿童露阴，使儿童进行淫秽、色情表演，都构成猥亵儿童罪。①

2018 年 11 月，最高人民检察院发布第十一批指导性案例。② 其中有骆某猥亵儿童一案。被告人骆某使用化名，通过 QQ 软件将 13 岁女童小羽加为好友，并通过威胁恐吓手段，迫使小羽被迫按照其要求的动作，自拍裸照传送给骆某观看。后骆某又以在网络上公布小羽裸照相威胁，要求与其见面并在宾馆开房，企图实施猥亵行为。因小羽报案，骆某在依约前往宾馆途中被抓获。一审判决情况：法庭经审理，认定被告人骆某强迫被害女童拍摄裸照，并通过 QQ 软件获得裸照的行为不构成猥亵儿童罪。但被告人骆某以公开裸照相威胁，要求与被害女童见面，准备对其实施猥亵，因被害人报案未能得逞，该行为构成猥亵儿童罪，系犯罪未遂。2017 年 8 月 14 日，某区人民法院作出一审判决，认定被告人骆某犯猥亵儿童罪（未遂），判处有期徒刑一年。一审宣判后，某区人民检察院认为，一审判决在事实认定、法律适用上均存在错误，并导致量刑偏轻。被告人骆某利用网络强迫儿童拍摄裸照并观看的行为构成猥亵儿童罪，且犯罪形态为犯罪既遂。2017 年 8 月 18 日，该院向某市中级人民法院提出抗诉。某市人民检察院经依法审查，支持某区人民检察院的抗诉意见。原审被告人骆某的辩护人认为，骆某与被害人没有身体接触，该行为不构成猥亵儿童罪。检察机关的抗诉意见不能成立，请求二审法院维持原判。某市中级人民法院经审理，认为原审被告人骆某以寻求性刺激为目的，通过网络聊天对不满十四周岁的女童进行言语威胁，强迫被害人按照要求自拍裸照供其观看，

---

① 刘白驹：《性犯罪：精神病理与控制》，社会科学文献出版社，2006，第 186、192、201、204、258 页。
② 《关于印发最高人民检察院第十一批指导性案例的通知》（2018 年 11 月 9 日），正义网，2018 年 11 月 18 日，http://news.jcrb.com/jxsw/201811/t20181118_1927902.html。

已构成猥亵儿童罪（既遂），依法应当从重处罚。对于市人民检察院的抗诉意见，予以采纳。2017 年 12 月 11 日，某市中级人民法院作出终审判决，认定原审被告人骆某犯猥亵儿童罪，判处有期徒刑二年。

该案例指导意见指出：猥亵儿童罪是指以淫秽下流的手段猥亵不满十四周岁儿童的行为。《刑法》没有对猥亵儿童的具体方式作出列举，需要根据实际情况进行判断和认定。实践中，只要行为人主观上以满足性刺激为目的，客观上实施了猥亵儿童的行为，侵害了特定儿童人格尊严和身心健康的，应当认定构成猥亵儿童罪。网络环境下，以满足性刺激为目的，虽未直接与被害儿童进行身体接触，但是通过 QQ、微信等网络软件，以诱骗、强迫或者其他方法要求儿童拍摄、传送暴露身体的不雅照片、视频，行为人通过画面看到被害儿童裸体、敏感部位的，是对儿童人格尊严和心理健康的严重侵害，与实际接触儿童身体的猥亵行为具有相同的社会危害性，应当认定构成猥亵儿童罪。检察机关办理利用网络对儿童实施猥亵行为的案件，要及时固定电子数据，证明行为人出于满足性刺激的目的，利用网络，采取诱骗、强迫或者其他方法要求被害人拍摄、传送暴露身体的不雅照片、视频供其观看的事实。要准确把握猥亵儿童罪的本质特征，全面收集客观证据，证明行为人通过网络不接触被害儿童身体的猥亵行为，具有与直接接触被害儿童身体的猥亵行为相同的性质和社会危害性。[1]

2019 年 3 月 12 日，最高人民检察院检察长张军在《最高人民检察院工作报告》中指出："针对一些'大灰狼'通过网络聊天，胁迫女童自拍裸照上传，严重侵害儿童人格尊严和身心健康，将一起抗诉改判案作为案例，确立了无身体接触猥亵行为与接触儿童身体猥亵行为同罪追诉原则。"[2]

最高人民检察院确立的"无身体接触猥亵行为与接触儿童身体猥亵行

---

[1]　徐日丹：《最高检未检办主任郑新俭答记者问：严打侵害未成年人犯罪》，正义网，2018 年 11 月 18 日，http://news. jcrb. com/jxsw/201811/t20181118_1927903. html；徐日丹：《最高检发布指导性案例　剑指侵害未成年人权益犯罪》，正义网，2018 年 11 月 18 日，http://news. jcrb. com/jxsw/201811/t20181118_1927901. html。

[2]　张军：《最高人民检察院工作报告——2019 年 3 月 12 日在第十三届全国人民代表大会第二次会议上》，正义网，2019 年 3 月 12 日，http://news. jcrb. com/jxsw/201903/t20190312_1974902. html。

为同罪追诉原则"是正确的，其要义亦与我 10 年前提出的观点相似。但是，仅有原则和指导性案例是不够的。而且，上述指导性案例针对的实施于儿童的非身体接触猥亵，范围有局限性。最高人民检察院和最高人民法院应出台新的司法解释，扩张猥亵儿童罪条款"猥亵"概念的外延：无论是当场实施，还是通过网络实施，向儿童提出性要求，向儿童表达淫秽色情语言，向儿童展示淫秽色情行为或者影像，诱使或者迫使儿童暴露隐秘部位，诱使或者迫使儿童表演淫秽色情行为，偷拍儿童隐秘部位，故意对儿童暴露下体等，都应列入其中。① 以后修正《刑法》，应将猥亵儿童罪与强制猥亵罪分条专设。

还须指出，猥亵儿童罪之"猥亵"，还因行为人的性别而含义有所不同。成年男性对儿童的猥亵，系指实施阴茎 - 阴道性交（按接触说）之外的任何性行为。成年男性与女童发生阴茎 - 阴道性交，属于强奸罪（奸淫

---

① 2019 年 7 月 24 日，最高人民法院发布一批性侵害儿童犯罪典型案例。其中有蒋成飞猥亵儿童案：（一）基本案情。2015 年 5 月至 2016 年 11 月间，被告人蒋成飞虚构身份，谎称代表影视公司招聘童星，在 QQ 聊天软件上结识 31 名女童（年龄在 10 ~ 13 岁之间），以检查身材比例和发育状况等为由，诱骗被害人在线拍摄和发送裸照；并谎称需要面试，诱骗被害人通过 QQ 视频聊天裸体做出淫秽动作；对部分女童还以公开裸照相威胁，逼迫对方与其继续裸聊。蒋成飞还将被害人的裸聊视频刻录留存。（二）裁判结果。江苏省南京市某区人民检察院以被告人蒋成飞犯猥亵儿童罪提起公诉。南京市某区人民法院经审理认为，蒋成飞为满足淫欲，虚构身份，采取哄骗、引诱等手段，借助网络通信手段，诱使众多女童暴露身体隐私部位或做出淫秽动作，严重侵害了儿童身心健康，其行为已构成猥亵儿童罪，且属情节恶劣，应当依法从重处罚。依照《中华人民共和国刑法》第二百三十七条之规定，以猥亵儿童罪判处被告人蒋成飞有期徒刑十一年。宣判后，被告人蒋成飞提出上诉。南京市中级人民法院经依法审理，裁定驳回上诉，维持原判，判决已发生法律效力。（三）典型意义。构成猥亵儿童罪，既包括行为人主动对儿童实施猥亵，也包括迫使或诱骗儿童做出淫秽动作；既包括在同一物理空间内直接接触被害人身体进行猥亵，也包括通过网络在虚拟空间内对被害人实施猥亵。网络性侵害儿童犯罪是近几年出现的新型犯罪，与传统猥亵行为相比，犯罪分子利用信息不对称，以及被害人年幼、心智不成熟、缺少自我防范意识等条件，对儿童施以诱惑甚至威胁，更易达到犯罪目的；被害目标具有随机性，涉及人数多；犯罪分子所获取的淫秽视频、图片等一旦通过网络传播，危害后果具有扩散性，增加了儿童遭受二次伤害的风险。本案中，被告人蒋成飞利用社会上一些人崇拜明星、想一夜成名等心态，对 30 余名女童实施猥亵。本案的审理反映出，对于如何加强和改进网络信息管理，以及学校、家庭如何帮助儿童提高识别网络不良信息、增强自我保护意识和能力，从而更好地防范网络儿童性侵害已迫在眉睫。摘引自《性侵害儿童犯罪典型案例》，最高人民法院网，2019 年 7 月 24 日，http://www.court.gov.cn/zixun-xiangqing-172962.html。（2019 年 7 月 30 日校稿时补记）

幼女），不属于猥亵儿童罪；如果已经发生生殖器接触，即使未奸入，或者未造成处女膜破裂，或者未射精，亦应定强奸罪（既遂）而非猥亵儿童罪；如果行为人具有奸淫故意，在奸淫之前实施了其他性行为，但因客观原因没有发生生殖器接触，应定强奸罪（未遂）而非猥亵儿童罪。而成年女性对儿童的猥亵，则指实施任何性行为，并不排除阴茎－阴道性交。成年女性与男童发生阴茎－阴道性交，属于猥亵儿童罪而非强奸罪。

　　根据修正之前的 1997 年《刑法》第二百三十七条，虽然女性强制猥亵成年男性不构成犯罪，但女性猥亵不满十四岁男童构成猥亵儿童罪。1997 年《刑法》关于猥亵儿童罪（以及强制猥亵妇女罪）与强奸罪的规定，有一个明显不同，前者没有像强奸罪那样，明示或者暗示作为直接正犯的犯罪主体必须是男性。也就是说，成年男性猥亵男童或者女童，成年女性猥亵男童或者女童，都构成猥亵儿童罪。猥亵儿童罪与奸淫幼女的强奸罪也有一个共同之处，该罪的构成并不取决于儿童对性行为的态度，儿童对性行为抵制也罢，接受也罢，抑或主动追求也罢，行为人都构成犯罪。刑法的这个立场，是基于儿童性理解能力或者性自卫能力的薄弱或缺无，是对儿童权益的特别保护。这个原则对女童和男童都适用，也不因行为人的性别而变化。

　　2017 年 5 月，媒体报道一起女教师与不满 14 岁男童发生性关系被按猥亵儿童罪处罚的案件。[①] 此案因少见而受到关注。许多人对这种情况构成犯罪并按猥亵儿童罪处罚感到不解。之所以不解，显然是受到一些刑法著作的误导。有些刑法学者认为"猥亵儿童罪，是指以刺激或满足性欲为目的，用性交以外的方法对儿童实施的淫秽行为"，[②] 将

[①]　常法宣、刘国庆：《常州一初中女教师与男学生发生性关系，犯猥亵儿童罪获刑 3 年》，现代快报网，2017 年 5 月 31 日，http://news. xdkb. net/2017 - 05/31/content_ 1048613. htm。另参见《常州法院保护未成年人合法权益十大典型案例》，http://www. jsczfy. gov. cn/fyxw/tpxw/256181. shtml。

[②]　参见刘家琛主编《新刑法案例释解》（修订本），人民法院出版社，1999，第 1484 页；张穹主编《刑法各罪司法精要》，中国检察出版社，2002，第 446 页；陈光中主编《法学概论》（第 6 版），高等政法院校规划教材，司法部法学教材编辑部审定，中国政法大学出版社，2016，第 80 页。

阴茎－阴道性交从猥亵儿童罪中彻底排除。这是没有考虑到成年女性与男童发生阴茎－阴道性交的情况，或者认为这种情况没有社会危害性，无须刑法干预。这是一种不应有的疏忽或者认识。其实，早在80年以前就已经解决了这个问题，虽然那时的刑法和司法解释不能适用于今天。

清末和民国时期刑法，没有对成年女性与未成年男性发生性交的问题作出明确规定。1932年，湖北通城县司法委员汪广生通过湖北高等法院院长何奇阳就成年女性诱令未成年男性与其性交如何论处的问题致函最高法院，转请司法院解释。该公函称："女子无强奸男子能力固无待论，但未满十六岁之美男子而被淫妇诱奸者，在当今社会亦决不能谓无。今刑法第二百四十条第二项，仅规定奸淫未满十六岁之女子者，以强奸论。设有未满十六岁美男子某甲，发育未充，意志亦弱，竟被淫妇某乙设法诱惑致被奸淫，经甲母依法告诉，则法院究应依男女平等原则及刑法第二百四十一条第二项、第二百四十三条第三款与第二百四十九等条之立法旨意，适用该第二百四十条第二项处断，抑应依同法第一条认为法无明文不予论罪，似不无疑义。如适用该条项处断，则该条项之被害主体明明规定为女子，谅不容执法者推类妄解。若依同法第一条办理，则男女平等本党早已定为政纲，不独似与党国养成男子健全人格，保护其未来福利之本旨不合，且与上开所引第二百四十一条之立法意旨亦似未能一贯。此应呈请转请解释。"对公函所提疑义，司法院统一解释法令会议议决："妇女诱令未满十六岁之男子与其相奸，如该男子并无奸淫之故意，则该女子应当构成第二百四十一条第二项之罪。"[①] 即构成猥亵罪。

1997年《刑法》和当时的司法解释没有明确规定猥亵男童构成犯罪是否应以"明知"男童不满十四岁为要件。2013年最高人民法院、最高人民检察院、公安部、司法部《关于依法惩治性侵害未成年人犯罪的意见》只

---

① 《司法院训令：院字第七一八号（二十一年四月五日）：解释刑法各疑义训令（附原函）》，《司法院公报》1932年第15号；《司法院解释汇编》（第三册），司法院参事处编纂、发行，1932，第119～123页。

规定了对幼女实施性侵害的"明知"问题。[1] 从法理上说，对男童实施性侵害与对幼女实施性侵害，处理"明知"问题的逻辑应当是一样的：成年男性或者成年女性对男童实施强制猥亵或者对不满十二岁男童实施猥亵，不论是否明知，均构成猥亵儿童罪；对十二岁以上十四岁以下男童实施猥亵，在男童表示同意或者没有通过语言或者肢体动作表示拒绝的情况下，如果知道或者应当知道男童不满十四岁，构成猥亵儿童罪；对于已满十二岁不满十四岁的被害人，从其身体发育状况、言谈举止、衣着特征、生活作息规律等观察可能是男童，而实施猥亵的，应当认定行为人"明知"对方是男童。至于有极个别男童性早熟，在性欲冲动下，或者经他人教唆，强制对妇女实施性行为，该妇女作为被害人，自然不承担刑事责任，而该男童因未达刑事责任年龄，也不受刑事追究。

曾有不止一位记者问我这样的问题，为什么奸淫幼女算强奸，奸淫男童算猥亵而不算强奸？有些媒体还将这上升为我国刑法对男童权益保护不够的高度。面对记者，我得从如何理解《刑法》上的"强奸""奸淫"以及"猥亵"概念讲起，然后介绍"性交"之多种含义及其流变，最后一言以蔽之：现行《刑法》认为强制肛交即"鸡奸"不属于"强奸"，而属于"猥亵"。其实，从根本上说，对强制肛交行为——不论针对成年人还是儿童，也不论针对异性还是同性——给予必要的刑事制裁，是最重要的，至于将这种行为归入强奸罪还是猥亵罪，主要是立法技术层面的问题。西方国家的刑法也不都是将强制肛交列入"强奸罪"，而可能使用新的罪名。

以后，中国《刑法》如果扩大"强奸罪"范围，成年男性与男女儿童发生肛交、口交等非阴茎－阴道的性交，成年女性与男童发生阴茎－阴道性交或者肛交、口交等非阴茎－阴道的性交，以及成年男女以拳指、器物侵入儿童阴道、肛门，将会归入"强奸罪"（或新罪名）。只是在具体量刑

---

[1] 《关于依法惩治性侵害未成年人犯罪的意见》第十九条第一款规定："知道或者应当知道对方是不满十四周岁的幼女，而实施奸淫等性侵害行为的，应当认定行为人'明知'对方是幼女。"第十九条第二款规定："对于不满十二周岁的被害人实施奸淫等性侵害行为的，应当认定行为人'明知'对方是幼女。"第十九条第三款规定："对于已满十二周岁不满十四周岁的被害人，从其身体发育状况、言谈举止、衣着特征、生活作息规律等观察可能是幼女，而实施奸淫等性侵害行为的，应当认定行为人'明知'对方是幼女。"

时，可能需要区别对待。特别是，对成年人以拳指、器物侵入幼女阴道，甚至造成处女膜破裂，应按强奸论，从重处罚。孟子曰："杀人以梃与刃，有以异乎？"（用木棒打死人和用刀子杀死人，有什么不同吗？）[①] 对被害幼女而言，阴茎对阴道的侵入及其造成的处女膜破裂，与其他身体部位或器物对阴道的侵入及其造成的处女膜破裂，没有本质不同。

---

① 《孟子·梁惠王章句下》。杨伯峻：《孟子译注》，中华书局，1960，第8页。

第二章

"嫖宿幼女罪"的废除

第一节　奸淫幼女以强奸论的渊流

1979 年《刑法》第一百三十九条第二款和 1997 年《刑法》第二百三十六条第二款规定："奸淫不满十四岁的幼女的，以强奸论，从重处罚。"从《刑法》有关规定的表述方式来看，奸淫幼女不是一个独立的罪，而是强奸罪的一个应当从重处罚的情况。但 1997 年 12 月 16 日最高人民法院《关于执行〈中华人民共和国刑法〉确定罪名的规定》、1997 年 12 月 25 日最高人民检察院《关于适用刑法分则规定的犯罪的罪名的意见》将奸淫幼女视为一个独立的罪，名为"奸淫幼女罪"。出乎意料的是，2002 年 3 月 15 日最高人民法院、最高人民检察院《关于执行〈中华人民共和国刑法〉确定罪名的补充规定》在没有作出解释的情况下，取消了"奸淫幼女罪"的罪名。为与针对妇女的强奸罪相区别，可以将被害人为幼女的强奸罪称为"奸淫幼女型强奸罪"。

根据《刑法》有关规定，并从奸淫幼女犯罪行为人的目的、手段和被害人的态度、反应的角度考察，奸淫幼女型强奸罪分为两种基本情况。

第一，以暴力、胁迫或者其他手段强行与不满十四岁的幼女发生性交

（包括双方生殖器接触①）。这种情况，除年龄因素外，本身就符合"普通强奸罪"的构成，无须绕圈子"以强奸论"。本身就是强奸，再以强奸论，不符合逻辑。也就是说，不论行为人是否明知被害人为不满十四岁的幼女，只要以暴力、胁迫或者其他手段强行与其发生性交，即构成强奸罪，并应从重处罚。没有必要仅仅因为被害人的年龄，就将这种强奸从"普通强奸罪"中摘出。但在司法实践和刑法学中，流行的观点认为这种情形只能"以强奸论"，而不能直接定为强奸罪。

民国时期的司法机关在审理强行奸淫未成年人案件时，也曾遇到对暴力奸淫幼女是否应当"以强奸论"的问题。1929 年，国民政府最高法院在一项裁决（十八年上字第一三三〇号）中指出："刑法第二百四十条第二项奸淫未满十六岁女子以强奸论之规定，系指犯人所用手段非强奸者而言。被害人年龄虽未满十六岁，但既以强暴胁迫手段而奸淫之者，即属强奸行为，自应适用该条第一项处断。原审援用该条第二项论处，适用法律显属不当。"1931 年，最高法院又作出一项裁决（二十年上字第八六二号）："刑法第二百四十条第二项，系就奸淫未满十六岁女子，虽未具备同条第一项所列举情形，仍以强奸论罪之规定。若既已实施强暴而为奸淫，即已合于第一项所列举之要件，则构成该项之罪，自无疑义。无论被害人是否已满十六岁，均无再引同条第二项之余地。"② 应当说，这种处理是正确的。

第二，明知对方为不满十四岁的幼女，在对方表示"同意"，或者至少没有通过语言或者肢体动作表示拒绝的情况下，而与之发生性交（包括双方生殖器接触），也构成"强奸罪"。《刑法》第二百三十六条第二款所说的奸淫幼女"以强奸论"，实际上就是指这种情况（包括"嫖宿"幼女）。奸淫幼女"以强奸论"，意即该"奸淫"实质上不是"强奸"，因而

---

① 1984 年最高人民法院、最高人民检察院和公安部《关于当前办理强奸案件中具体应用法律的若干问题的解答》对如何认定"奸淫幼女罪"加以解释：只要双方生殖器接触，即应视为奸淫既遂。该解答的这一规定，间接肯定普通强奸罪中的"性交"是指生殖器接合或插入。

② 《最高法院裁判要旨》，张翥编辑，会文堂新记书局，1936，第 603～604 页。

才有"以强奸论"的问题。奸淫幼女，即使没有使用暴力、胁迫或者其他强制手段，但基于对幼女的特殊保护，在处理上应按强奸罪掌握。这种"论"出来的强奸，也属于"准强奸"（广义），在英美刑法学上则称"法定强奸"。

"以强奸论"源于然而也不同于宋元明清律的"虽和同强论"。南宋《庆元条法事类》载有敕令"诸强奸者，流三千里，配远恶州"。现存版本，"诸强奸者"后有小注"女十岁以下，虽和亦同"，但未记录何人何时所加。如果是南宋时加注，反映当时司法实践，应是"虽和同强论"的最早规定。① 《元律》规定"强奸幼女者，谓十岁以下，虽和，亦同强奸"。② 《大明律》和《大清律》规定"奸幼女十二岁以下者，虽和，同强论"。各律均强调"虽和"前提。"奸"若非"和"，径直定判强奸即可，无须再曲折地"同强论"。对符合强奸罪构成的强奸幼女，再"同强论"，是多此一举。后来的《大清新刑律》规定"奸未满十二岁之幼女者，以强奸论"，但未设置"虽和"前提，实为疏忽。《大清新刑律》此举恐非自创。始作俑者，应是1907年日本刑法。而日本刑法的有关规定也有一个变化的过程。1870年，日本颁布"模仿明律清律之体裁编纂"③ 的《新律纲领》，其中的"犯奸律"更以明律、清律"犯奸"条款为蓝本，亦有"奸幼女十二岁以下者，虽和，同强论"之规定，其文体为间杂片假名的汉文体（十二歳以下ノ幼女ヲ姦スル者ハ。和ト雖モ。強ト同ク論ス）。1873年又颁布《改定律例》，与《新律纲领》并行适用，其第二百六十条"犯奸"保留了虽和同强论的内容。④ 1880年，日本仿效法国刑法制定了一部新型刑法（明治十三年太政官布告第三十六号，通称"旧刑法"），该法关于奸淫、强奸幼女的第三百四十九条，没有虽和同强论的内容，而是将奸淫幼女与强奸幼女分别规定，前者量刑轻于后者："奸淫未满十二岁幼女者，

① （宋）谢深甫监修《庆元条法事类》，卷第八十，戴建国点校，杨一凡、田涛主编《中国珍稀法律典籍续编》第一册，黑龙江人民出版社，2002，第919页。
② 《元典章》，陈高华等点校，天津古籍出版社、中华书局，2011，第1519、1521页。
③ 〔日〕穗积陈重：《法律进化论》，黄尊三等译，王健校勘，中国政法大学出版社，1997，第234页。
④ 《新律纲领 改定律例》，日本司法省，明治六年（1873）刻，第200页。

处轻惩役；若强奸者，处重惩役。"（十二歳ニ満サル幼女ヲ姦淫シタル者ハ軽懲役ニ処ス若シ強姦シタル者ハ重懲役ニ処ス①）然而，到了1907年，日本又以德国刑法为样板制定了一部刑法（明治四十年法律第四十五号，通称"新刑法"或"改正刑法"，即所谓《日本刑法典》，整体施行至今）。该法第一百七十七条规定②："以暴行或胁迫，奸淫十三岁以上之妇女者，为强奸罪，处二年（后改为三年——刘注）以上之有期惩役。奸淫未满十三岁之妇女者，亦同。"（暴行又ハ脅迫ヲ以テ十三歳以上ノ婦女ヲ姦淫シタル者ハ強姦ノ罪ト為シ二年以上ノ有期懲役ニ処ス十三歳ニ満タサル婦女ヲ姦淫シタル者亦同シ③）这一规定恢复了"同强"（即"亦同"，1995年改为"同様"④），强调同等处罚，但忽略或遗漏了"虽和"。虽然这不足以说明当时日本在中华法系以及《新律纲领》《改定律例》和西洋法系之间如何取舍的矛盾心理，但至少可以断定，他们没有真正理解"奸幼女十二岁以下者，虽和，同强论"。殊不知，没有"虽和"，就难以厘清"亦同"。而《大清新刑律》制定时，起草者参考了1907年日本刑法，将没有"虽和"前提的"亦同"学习回来，不过换个"以强奸论"的说法而已。后来中国各时期刑法都予以沿用。中国当代刑法的"以强奸论"与清末、民国几部刑法有一显著不同，对奸淫幼女不仅以强奸论，而且从重处罚。

明律、清律"虽和同强论"律文也有一个明显漏洞，即没有考虑对非

① 〔日〕大桥济：《改定刑法注解》，竹冈书房，明治十三年（1880），第92页。
② 《日本改正新刑法（续）》，徐家驹译，《北洋法政学报》第34期，1907年。
③ 〔日〕佐々木英光编《改正刑法：旧刑法對照》，中央法律学馆，明治四十年（1907），第115页；〔日〕铃木种次编《改正新刑法》，修文馆，明治四十一年（1908），第29页。上海人民出版社2013年整理出版的《清末民国法律史料丛刊》之《日本六法全书》（商务印书馆1911年版）所收日本1907年刑法译本，第一百七十七条为："以暴行或胁迫奸淫十三岁以上之妇女者，为强奸之罪，处五年以上之有期惩役。奸淫未满十三岁之妇女者，亦同。"（见该书第340页）其中"五年"疑误。查多种刊载1907年刑法的日文图书，该处均系"二年"。不知此错出在商务印书馆1911年版，还是上海人民出版社2013年版发生校订失误。
④ 《日本刑法典》1995年改正第一百七十七条：暴行又は脅迫を用いて十三歳以上の女子を姦淫した者は、強姦の罪とし、三年以上の有期懲役に処する。十三歳未満の女子を姦淫した者も、同様とする。《刑法の一部を改正する法律》（平成七年法律第九十一号）。

强制奸淫年龄更小的幼女可否视为"和"的问题。对此，清代以制定条例的方式加以弥补。《大清律例》"刑律犯奸·犯奸"律文后有一个雍正十二年（1734）定例、乾隆五年改定的条例："强奸十二岁以下幼女因而致死，及将未至十岁之幼女诱去，强行奸污者，照光棍例，斩决。其强奸十二岁以下十岁以上幼女者，拟斩监候。和奸者，仍照虽和同强论律，拟绞监候。"① 它把"将未至十岁之幼女诱去，强行奸污"与"强奸十二岁以下幼女因而致死"并列，规定同等处罚，即比照光棍例斩决，而非强奸妇女的绞监候。"光棍"即流氓无赖之类。"光棍例"即"刑律贼盗·恐吓取财"律文后附条例"恶棍设法索诈"。② 该条例规定："凡恶棍设法索诈官民，或张贴揭帖，或捏告各衙门，或勒写借约吓诈取财，或因斗殴纠众系颈谎言欠债，逼写文券，或因诈财不遂，竟行殴毙。此等情罪重大实在光棍事发者，不分曾否得财，为首者，斩立决，为从者，俱绞监候。其犯人家主父兄，各笞五十，系官交该部议处。如家主父兄首者，免罪，犯人仍照例治罪。"③《大清律例》有十余条关于比照光棍例处罚的规定。光棍例的内容远超出恐吓取财（相当于当今刑法规定的敲诈勒索），而与1979年《刑法》所列"流氓罪"（聚众斗殴、寻衅滋事、侮辱妇女或者进行其他流氓活动，破坏公共秩序）有些相似，但量刑不可同日而语。

在乾隆十五年（1750）的《大清律续纂条例》中有一条："凡强奸幼女，除十二岁以下十岁以上，仍照例分别斩候、绞候定拟。其奸未至十岁之幼女，应照例斩决，不得牵引虽和同强律拟将该犯发遣黑龙江。"④ 其意是说，与十岁以上未满十二岁幼女发生性交，如果她们没有反对，可以视为"和"，但应"虽和同强"，处斩候、绞候；而与十岁以下幼女发生性交，即使她们没有反对，也不应视为"和"，给予轻罚，而应直

---

① 《大清律例》（乾隆五年本），田涛、郑秦点校，法律出版社，1999，第523页。
② 参见苏亦工《清律"光棍例"之由来及其立法瑕疵》，台湾《法制史研究：中国法制史学会会刊》第16期，2010年5月。
③ 《大清律例》（乾隆五年本），田涛、郑秦点校，法律出版社，1999，第403页。
④ 《大清律续纂条例（乾隆十五年)》，载刘海年、杨一凡总主编，郑秦、田涛点校《中国珍稀法律典籍集成》（丙编第一册·大清律例），科学出版社，1994，第798页。

接按强奸妇女定罪，从重量刑，处斩决。此条例在乾隆十六年（1751）编入《大清律例》，[①] 但后来被删除，不见于道光六年（1826）本《大清律例》。[②]

与《大清律例》的着力弥补不同，《大清新刑律》以及之后不同时期《刑法》"以强奸论"的规定，没有根据年龄对十二岁以下或十六岁以下或十四岁以下的幼女再作进一步划分，是一种退步。

现行《刑法》将强奸妇女与奸淫幼女放在一条规定，但没有规定得很清楚，造成概念混乱，增加定性、量刑难度。"奸淫幼女罪"罪名一时有一时无，就是这种混乱的反映。建议重新梳理、归纳与幼女发生性交犯罪的各种情况，分别加以规定。一种方案：将非强制与不满十四岁幼女发生性交单独立为"与幼女性交罪"，在此"与幼女性交罪"条款中，应为与不满十二岁（或者十岁）幼女发生性交设置更重处罚；同时把强制与不满十四岁幼女发生性交归入强奸罪，从重处罚。另一种方案：将所有与不满十四岁幼女发生性交的犯罪，包括强制或非强制的，单独立为"与幼女性交罪"；具体划分为强制与幼女发生性交、非强制与不满十二岁（或者十岁）幼女发生性交、非强制与已满十二岁（或者十岁）不满十四岁幼女发生性交三种情况，对前两者给予重罚。

第二节　"嫖宿幼女罪"的设立与争议

在 1979 年《刑法》施行后的一段时间里，对于以金钱、财物为媒介与幼女发生非强制的性关系是否构成犯罪、构成何罪，各地公安、司法机关认识和处理不一。1986 年 9 月 5 日，第六届全国人民代表大会常务委员会第十七次会议通过新的《治安管理处罚条例》，其第三十条第二款规定：

---

① （清）吴坛原著，马建石、杨育棠主编《大清律例通考校注》，中国政法大学出版社，1992，第 953 页。在该书中，"不得牵引虽和同强律拟将该犯发遣黑龙江"一句为"不得牵引虽和同强律拟绞监候"。

② 《大清律例》（以道光六年本为底本），张荣铮、刘勇强、金懋初点校，天津古籍出版社，1995。

"嫖宿不满十四岁幼女的，依照刑法第一百三十九条的规定，以强奸罪论处。"《治安管理处罚条例》属于行政法，规定刑法性质的条款并不特别适当，但这不影响其法律效力。1991 年 9 月 4 日，第七届全国人民代表大会常务委员会第二十次会议在通过的《全国人民代表大会常务委员会关于严禁卖淫嫖娼的决定》中重申："对嫖宿不满十四岁幼女的，应当依照刑法关于强奸罪的规定处罚。"《全国人民代表大会常务委员会关于严禁卖淫嫖娼的决定》是特别刑法，其法律效力优于当时的《刑法》。"嫖宿幼女"按强奸罪论处的治理模式，以对幼女生理和心智发育一般水平的考量为前提，以对幼女群体实行特殊保护为目的，以对"嫖宿"幼女应视为违背幼女意志因而成立强奸罪的法理本质为根据，亦与行为人利用"嫖娼"机会摧残幼女和规避强奸罪风险的主观恶性相适应，无疑是正确的。然而，1996 年，国家立法工作机构在研究修订《刑法》时，考虑到嫖宿幼女活动中的幼女有卖淫行为，与强奸罪中的受害者相比，二者有一定区别，对嫖宿幼女行为单独定罪并规定独立的法定刑比较妥当，故在 1997 年《刑法》中设立了嫖宿幼女罪，即第三百六十条第二款："嫖宿不满十四周岁的幼女的，处五年以上有期徒刑，并处罚金。"①

对设立"嫖宿幼女罪"，不应全盘否定——如果没有这一规定，有人可能以为"嫖宿幼女"只是应当给予行政处罚的"卖淫嫖娼"，不构成犯罪。将 1997 年《刑法》第三百六十条第二款称为"恶法"更是无稽之谈。但是，设立"嫖宿幼女罪"确实带来一些问题。我的意见，最初见于 2005 年 8 月我在互联网"学术观察论坛"上发表的一篇评论②，针对的是一个发生在四川仁寿县的案件。

---

① 参见高铭暄《中华人民共和国刑法的孕育诞生和发展完善》，北京大学出版社，2012，第 584 页。

② 法正居士：《质疑：嫖宿幼女罪与引诱幼女卖淫罪》，2005 年 8 月 11 日。2002 年至 2012 年，我在撰写学术专著和政协提案的过程中，为学术交流、征求意见，在"司法鉴定网"、"法律思想网"、"雅典学园"、"思想帝国论坛"和"学术观察论坛"等网站以及我个人博客，发表一系列有关法律与精神障碍问题的学术或者评论文章（字数少则上千，多则上万）。一般署名为"法正居士"。其中一些是政协提案的初稿，或者是提案的改写。许多文章被转载、转帖，或者被他人专著、论文或学位论文引用。引用者大多不注明出处，形同抄袭、剽窃。

新华网成都 2005 年 8 月 11 日电（任硌、刘忠俊）：记者从四川仁寿县法院获悉，在当地造成恶劣影响的原仁寿县传染病医院院长杨文才嫖宿幼女一案，经过审理，犯罪嫌疑人杨文才被仁寿县人民法院一审判处有期徒刑六年，嫖宿介绍人邓建国被以介绍、容留卖淫罪，判处有期徒刑五年六个月，并处罚金 1 万元。法院审理查明：2005 年 4 月，小梦、小英（已被收容教养）商量决定找处女去卖淫而获取钱财。两人将仁寿某中学的小花（案发时未满十四周岁）骗到县城邓建国管理的蓝宝石按摩院叫邓介绍卖处，随后邓叫来杨文才并讲好价钱，事后杨文才给了 2000 元处女费，小花得到了 500 元。同月 13 日，小梦、小英又到学校找到小雅，以诱骗等方式将其带到县城清源旅社，邓建国随即打电话叫来杨文才，经杨文才检查小雅确系处女后，杨将小雅带到绿岛山庄与其发生性关系，并造成小雅身体大出血。事后杨文才拿了 2000 元给邓建国，并叫其给小雅买消炎止血药，邓建国在扣除 400 元后，将 1600 元交给小雅时，被小梦全部拿走。法院审理认为，被告人杨文才嫖宿不满十四周岁的幼女，其行为构成嫖宿幼女罪，检察机关指控的罪名成立。指控其犯强奸罪，被告人虽有强行与被害人小雅发生性关系的一些行为，但没有证据证实被告人杨文才实施了暴力、胁迫或其他方法强行与被害人发生性关系的行为，被告人杨文才只有嫖宿的目的，没有强行奸淫的目的，缺乏构成强奸罪的主客观要件。被告人邓建国为幼女卖淫牵线撮合，介绍嫖客杨文才，并将其管理的蓝宝石按摩院提供给被告人杨文才进行嫖宿，从中讲价还价，获取利益，其行为构成介绍、容留卖淫罪，且介绍、容留不满十四周岁的幼女卖淫，情节严重。（文中女孩全部为化名）

结合这一案例，我认为设立"嫖宿幼女罪"弊大于利。

第一，"嫖宿"意味着对方是卖淫女。这等于在法律上承认幼女有"卖淫"的行为能力。而从根本上说，刑法是将不满十四岁者推定为不具有性理解能力者。她们对发生性行为的同意不被法律所承认，不能成为免除与她们发生性关系之人刑事责任的根据。与她们发生性关系，即使她们不反对，甚或主动，在刑法上也应视为强制的。所以，从法理上说，将明知对方为不满十四岁幼女而进行嫖宿定性为强奸更为准确。如果要特别惩罚嫖娼，嫖宿只是应当作为奸淫幼女的强奸罪的一个从重情节。

第二，如果对"嫖宿"幼女的行为以强奸论处，幼女的身份是被害人，而把"嫖宿"幼女从强奸罪中分离出来单独立罪，幼女的主要身份是卖淫女。虽然也可以笼统地把她们称为被害人，但这种被害人不可和强奸罪的被害人相提并论。其实她们是一样的，与人发生性关系都不是出于法律认可的自由意志，都不具有可谴责性。让她们戴上"卖淫"的帽子，无疑会妨碍对她们权益的保护。《刑法》把"嫖宿幼女罪"放在"妨害社会管理秩序罪"一章，也说明其保护的重点不是幼女的权益。实际上，立法者并不在意哪个幼女被奸淫，而只是关心谁在进行卖淫嫖娼。

第三，把"嫖宿"幼女从强奸罪中分离出来单独立罪，造成法条竞合，不必要地制造了混乱。对法条竞合，通说主张选择特别法、重法定一罪处罚。但这毕竟是理论，要得到实施，还需有明确的司法解释。

第四，《刑法》规定的处罚，"嫖宿幼女罪"比一般情况的双方"自愿"的奸淫幼女的强奸罪重。一般情况的奸淫幼女处三年以上十年以下有期徒刑，"嫖宿"幼女处五年以上有期徒刑，前者的最低刑和最高刑都比后者轻。但是为什么给了钱就要比不给钱的刑罚重？在这个问题上，被奸淫者的同意，不论有无条件，在法律上应当是不予考虑的，主要应看犯罪人的主观和客观的恶性。让一个幼女心甘情愿、不要代价地奉献身体，其恶性能比明明白白地用钱买幼女的身体好到哪里去？窃以为，欺骗和诱惑的恶性更大。

第五，虽然"嫖宿幼女罪"的刑罚比一般情况的双方"自愿"的奸淫幼女的强奸罪重，但是从道德的谴责角度说，"嫖宿幼女"这个罪名远不如强奸这个罪名严厉。多数奸淫幼女者可能更喜欢"嫖宿幼女"这个帽子。

第六，虽然定"嫖宿幼女罪"也可以使犯罪人受到比较严厉的处罚，但"嫖宿幼女罪"的最高刑低于奸淫幼女的强奸罪,与那些情节恶劣、后果严重的"嫖宿"幼女行为不相适应,也缺乏足够的威慑力。例如,根据强奸罪条款,奸淫幼女多人的可处死刑,而根据嫖宿幼女罪条款,即使嫖宿幼女多人,最重也只能处十五年有期徒刑。

第七,从条文上看,"嫖宿幼女罪"的构成并不需要明知对方不满十四岁。但是在 2001 年,最高人民检察院有一个《关于构成嫖宿幼女罪主观上是否需要具备明知要件的解释》,明确说:"行为人知道被害人是或者可能是不满十四周岁幼女而嫖宿的,适用刑法第三百六十条第二款的规定,以嫖宿幼女罪追究刑事责任。"[1] 不知道最高人民检察院的这个解释对法院是否有约束力。我认为,"嫖宿幼女罪"的"明知"比奸淫幼女的强奸罪的"明知"更难认定。如果"嫖宿幼女罪"需要明知,很可能很少有人构成"嫖宿幼女罪"。有性经验的幼女往往表现出超出实际年龄的成熟。双方以前也不认识,接触的时间又短,嫖娼者难以知道对方实际年龄。

2005 年我正在撰写《性犯罪:精神病理与控制》(第一版),我将上述意见摘录,加入书中。[2] 2008 年初,有感于贵州省发生中小学教师赵庆梅、驰垚等人强迫、组织 20 多名中小学女生"卖淫"的恶劣事件,我将上述意见加以整理,在全国政协会议上提交了《关于修订刑法,将"嫖宿幼女"按强奸罪论处的提案》。中国政协网当时予以全文刊载。[3]

我的这个提案,在 2008 年没有引起媒体注意,但在 2009 年因为贵州省习水县"公职人员嫖宿幼女"案的审理和讨论而受到关注。[4] 于是我有

---

① 另外,2008 年最高人民检察院、公安部《关于公安机关管辖的刑事案件立案追诉标准的规定(一)》第 81 条规定:"[嫖宿幼女案(刑法第三百六十条第二款)]行为人知道被害人是或者可能是不满十四周岁的幼女而嫖宿的,应予立案追诉。"

② 刘白驹:《性犯罪:精神病理与控制》,社会科学文献出版社,2006,第 281 页。

③ 刘白驹:《关于修订刑法,将"嫖宿幼女"按强奸罪论处的提案》,中国政协网,2008 年 3 月 21 日;李中印主编《建言中国》,国际文化出版公司,2009,第 257 页。

④ 田璇:《委员呼吁:"嫖宿幼女罪"不利于保护幼女权益应予修改》,《人民政协报》2009 年 4 月 20 日。

了"最早将废除嫖宿幼女罪带到全国两会的人"①"第一个吃螃蟹的人"②的名声。其实，我的建议在法理上不是什么"创见"，而是以我在中国人民大学法律系读书时高铭暄老师、王作富老师授教的关于强奸罪法理学说为依据，并且参考了外国立法例。我还向媒体解释过，在我之前就有人质疑"嫖宿幼女罪"③，我只是第一个就该问题提交政协提案而已。④ 所不同者，我的理由陈述得比较充分，政协提案也更容易受到重视。2010 年之后，又有全国人大代表、全国政协委员如孙晓梅等提出类似的议案、提案。社会上废除"嫖宿幼女罪"的呼声多年不绝。⑤ 每年"两会"媒体记者采访时，我也发表一些"推波助澜"的简单意见。⑥

对于"嫖宿幼女罪"的存废，刑法学界也进行了比较深入的法理讨论，论辩各方都有高水平的文章。

另外，2011 年我还提出一个《关于修订刑法，加大对强迫、引诱未成年人卖淫等犯罪惩处力度的提案》（详见本书第三章第四节），其中再次提出取消"嫖宿幼女罪"，同时建议将嫖宿已满十四岁不满十八岁的未成年人增设为"嫖宿未成年人罪"。⑦

---

① 北京青年报政知局：《废掉嫖宿幼女罪究竟难在哪儿》（张伟撰文），腾讯网，2015 年 8 月 29 日，http://view.inews.qq.com/a/2015082903537600? refer =；桂田田：《嫖宿幼女将视同奸淫幼女从重处罚》，《北京青年报》2015 年 8 月 30 日；《我国正式废除嫖宿幼女罪 将视同奸淫从重处罚》，人民网，2015 年 8 月 30 日，http://politics.people.com.cn/n/2015/0830/c1001 - 27531497.html。

② 王梦婕：《代表委员"死磕"嫖宿幼女罪》，《中国青年报》2014 年 3 月 6 日。

③ 我在中国知网检索出三篇较早质疑"嫖宿幼女罪"的文章：刘必军《我国对未成年人的刑法保护及其疏漏》，《青年研究》1999 年第 8 期；《"嫖宿幼女罪"应予废止》（未署作者），《中国妇女报》2003 年 4 月 10 日；吴越千《对嫖宿幼女罪的立法质疑》，《法制日报》2005 年 2 月 24 日。

④ 闵杰：《"嫖宿幼女罪"存废之争》，《中国新闻周刊》2012 年第 21 期。

⑤ 宋识径：《嫖宿幼女罪存废之争》，《新京报》2012 年 6 月 29 日；孙晓梅：《废除"嫖宿幼女罪"研究综述》，《中国女子学院学报》2013 年第 3 期；朱安足：《各界接力呼吁废除嫖宿幼女罪，官方表态从"不宜"到认真研究》，澎湃新闻，2015 年 8 月 24 日，https://www.thepaper.cn/newsDetail_forward_1367551；吴晓杰、殷泓：《嫖宿幼女罪的存废之争》，《光明日报》2015 年 8 月 25 日；王春霞：《我国拟取消嫖宿幼女罪》，《中国妇女报》2015 年 8 月 25 日。

⑥ 王梦婕：《代表委员"死磕"嫖宿幼女罪》，《中国青年报》2014 年 3 月 6 日。

⑦ 杨好：《"嫖宿幼女"的罪与罚》，《人民政协报》2012 年 6 月 28 日。

第三节　关于"嫖宿幼女"应按
强奸罪论处的建议

📚 提案

关于修订刑法，将"嫖宿幼女"按强奸罪论处的提案

（政协十一届全国委员会第一次会议第 1256 号/

政治法律类 86 号，2008 年 3 月）

多年来，卖淫嫖娼活动虽经不断打击、惩治，但仍然十分猖獗。特别是，强迫、引诱幼女"卖淫"和"嫖宿"幼女问题更加突出。例如贵州竟然发生中小学教师赵庆梅、驰垚等人强迫、组织 20 多名中小学女生"卖淫"的恶劣事件。强迫、引诱幼女"卖淫"和"嫖宿"幼女，严重侵害幼女权益和身心健康，是卖淫嫖娼犯罪违法活动中性质最为恶劣、危害最为严重的行为。打击卖淫嫖娼活动，其锋芒应当主要针对强迫、引诱幼女"卖淫"和"嫖宿"幼女等犯罪。强迫、引诱幼女"卖淫"和"嫖宿"幼女问题是互相联系着的。只有严厉打击"嫖宿"幼女犯罪，强迫、引诱幼女"卖淫"犯罪才能得到有效遏制。而在这方面，法律和司法实践都存在一些问题。

1991 年，全国人民代表大会常务委员会通过《关于严禁卖淫嫖娼的决定》。其中规定，嫖宿不满十四周岁的幼女的，依照刑法关于强奸罪的规定处罚。但是，1997 年《刑法》修改时没有完全根据《决定》，而是将嫖宿不满十四周岁的幼女单独立罪，即所谓"嫖宿幼女罪"。

根据 1997 年《刑法》第二百三十六条第二款规定，明知对方为不满十四周岁的幼女而奸淫，应以强奸论，从重处罚。根据这一条款，明知对方为不满十四周岁的幼女而奸淫，不论幼女态度如何，都构成强奸罪。但是，《刑法》第三百六十条第二款关于所谓"嫖宿幼女罪"的规定，却将"嫖宿幼女"从强奸罪中排除。这一规定，欠缺法理基础，实际效果不好，需要修改。

第一，"嫖宿幼女罪"规定意味着被嫖客奸淫的幼女是在进行卖淫，这等于在法律上承认幼女具有"卖淫"的行为能力，违背了刑法关于幼女行为能力的基本原则。为了给予幼女特别保护，刑法推定不满十四周岁的幼女不具有性理解、同意能力。根据《刑法》第二百三十六条第二款规定，幼女对发生性关系的同意，不能成为免除与她们发生性关系之人强奸罪刑事责任的根据。与幼女发生性关系，即使有金钱、财物交易，她们没有反对，在刑法上也应视为强奸。许多"嫖宿"幼女的人，都有"买处"思想，明知对方是幼女而奸淫，完全具备奸淫幼女的强奸罪构成要件，理应定强奸罪。"嫖宿"这一情节只是应当作为奸淫幼女的强奸罪的一个应当从重处罚的因素。

第二，如果对"嫖宿"幼女的行为按"嫖宿幼女罪"处理，等于承认幼女是在"卖淫"，幼女的法律身份是卖淫者。这与她们的实际身份不符，也是对她们人格的贬损。从现实看，绝大多数幼女"卖淫"都是被强迫或者曾经被强迫的。即使有些幼女"卖淫"不是被强迫的，但也应推定她们在卖淫时不具有自由意志。从法理看，她们不是在卖淫，而是被强奸，是强奸犯罪的被害人，理应得到解救和帮助。如果让她们戴上"卖淫"的帽子，可能使她们产生对法律的抵触情绪。她们可能顾及名声，不能大胆举报强迫、引诱她们卖淫或对她们实施奸淫的犯罪分子。她们也可能产生破罐子破摔的想法，不利于她们以后走上正轨，过上正常的生活。

第三，虽然定"嫖宿幼女罪"也可以使犯罪人受到比较严厉的处罚，但"嫖宿幼女罪"的最高刑低于奸淫幼女的强奸罪，与那些情节恶劣、后果严重的"嫖宿"幼女行为不相适应，也缺乏足够的威慑力。例如，根据强奸罪条款，奸淫幼女多人的可处死刑，而根据"嫖宿幼女罪"条款，即使"嫖宿"幼女多人，最重也只能处十五年有期徒刑。

第四，把"嫖宿"幼女行为从强奸罪中分离出来单独立罪，造成第二百三十六条第二款与第三百六十条第二款的竞合，制造了混乱。这是一部科学、规范的刑法所应当避免的。

总之，为切实保护妇女特别是幼女的权益，更有力打击嫖娼活动，《刑法》应当将"嫖宿"幼女行为以强奸罪（奸淫幼女）论处。建议将《刑法》第三百六十条第二款"嫖宿不满十四周岁的幼女的，处五年以上有期徒刑，并处罚金"修改为"嫖宿不满十四周岁的幼女的，依照本法第二百三十六条的规定定罪，从重处罚"。①

[复函摘要]

全国人大常委会法制工作委员会（法工委议〔2008〕21 号，2008 年 6 月 5 日）：

组织、强迫、引诱幼女卖淫、嫖宿幼女的犯罪行为严重侵害幼女的身心健康。为了严厉打击上述犯罪行为，保护幼女的身心健康，刑法第三百五十八条在组织卖淫罪、强迫卖淫罪的规定中，明确将强迫幼女卖淫的行为列为加重处罚的情节；第三百五十九条第二款、第三百六十条专门规定了引诱幼女卖淫罪、嫖宿幼女罪，并规定处以五年以上有期徒刑，该起刑点在刑法分则各罪中属于较高的，表明了刑法对这种行为予以严厉打击的态度。

您在建议中提到，依照刑法第二百三十六条第二款的规定，嫖宿幼女实际上是一种强奸行为，应当依照该规定以强奸罪从重处罚，刑法第三百六十条专门规定嫖宿幼女罪，虽然由于起刑点较强奸罪高，在一般情况下能够对嫖宿幼女的犯罪分子予以更为严厉的处罚，但其最高刑低于强奸罪，在一些情节恶劣、后果严重的嫖宿幼女案件中，难以做到罪刑相适应。对此，我们将会同有关部门，在刑法修改完善工作中认真加以研究。

您在建议中提到，对嫖宿幼女者以嫖宿幼女罪处理，使得一些人认为这样等于法律承认幼女的身份是卖淫者，从而不利于幼女健康成长。刑法规定嫖宿幼女罪是为了保护幼女的身心健康，刑法第三百六十条规定的"嫖宿幼女"，是法律对犯罪分子所实际实施的犯罪行为的表述，幼女是犯罪行为的受害者，实践中一些人将受害幼女视为"卖淫"者是十分错误的。对您提出的为避免对幼女身心健康造成不良影响，将嫖宿幼女罪的规

---

① 当时我认为，"嫖宿幼女"实质上是强奸（奸淫幼女），但具有"嫖宿"的表现形式。因此，我建议修改的条文沿用了"嫖宿"一词。这是不严谨的。

定修改为依照强奸罪的规定定罪，从重处罚的建议，我们也将会同有关部门，认真加以研究。

第四节 《刑法修正案（九）》的抉择

2009 年的《刑法修正案（七）》和 2011 年的《刑法修正案（八）》均未触碰"嫖宿幼女罪"问题。2013 年后，最高人民法院最先表态完全赞成废除"嫖宿幼女罪"。[①] 2013 年 10 月 23 日，最高人民法院、最高人民检察院、公安部、司法部印发《关于依法惩治性侵害未成年人犯罪的意见》。其第 20 条规定："以金钱财物等方式引诱幼女与自己发生性关系的；知道或者应当知道幼女被他人强迫卖淫而仍与其发生性关系的，均以强奸罪论处。"第 24 条规定："介绍、帮助他人奸淫幼女、猥亵儿童的，以强奸罪、猥亵儿童罪的共犯论处。"第 26 条规定："组织、强迫、引诱、容留、介绍未成年人卖淫构成犯罪的，应当从重处罚。""对未成年人负有特殊职责的人员、与未成年人有共同家庭生活关系的人员、国家工作人员，实施组织、强迫、引诱、容留、介绍未成年人卖淫等性侵害犯罪的，更要依法从严惩处。"这些具体原则，对"嫖宿幼女罪"条款的适用作出实质性限制。

《刑法修正案（九）（草案）》的 2014 年 11 月一次审议稿[②]、2015 年 7 月二次审议稿[③]均未涉及"嫖宿幼女罪"，让很多主张废除该罪的人有些失望。2015 年 8 月，传出《刑法修正案（九）（草案）》可能加入取消"嫖宿幼女罪"内容的消息。[④] 我接受多家媒体采访，介绍了当年提出提案的经过和想法，并且澄清外国立法情况。[⑤] 之后，我就因为腰椎问题紧急住

[①] 邱伟：《最高法表态：赞成废除嫖宿幼女罪》，《北京晚报》2013 年 12 月 8 日。

[②] 《刑法修正案（九）（草案）》条文，中国人大网，2014 年 11 月 3 日，http://www.npc.gov. cn/npc/xinwen/lfgz/flca/2014 - 11/03/content_1885029. htm。

[③] 《刑法修正案（九）（草案二次审议稿）》条文，中国人大网，2015 年 7 月 6 日，http://www. npc. gov. cn/npc/xinwen/lfgz/flca/2015 - 07/06/content_1941116. htm。

[④] 《是时候废除嫖宿幼女罪了》（社论），《新京报》2015 年 8 月 21 日。

[⑤] 董柳：《嫖宿幼女罪 存废进行时》，《羊城晚报》2015 年 8 月 23 日。

院了。

最终，2015年8月29日第十二届全国人民代表大会常务委员会第十六次会议通过《刑法修正案（九）》，其第四十三项决定删除《刑法》第三百六十条第二款。这意味着正式取消"嫖宿幼女罪"。有几位记者就取消"嫖宿幼女罪"的问题打电话采访我，而算是"始作俑者"的我，刚经过全麻的腰椎外科手术，正在病榻之上动弹不得，无力多言，唯有欣慰之感。到了10月下旬，我还处于整日卧床休养状态，应《检察日报》记者之约，起床撰写了一篇后来几乎忘记的感言。① 不过，我并不认为，取消"嫖宿幼女罪"称得上"重大进步"，② 只能说是一种完善。毕竟"嫖宿幼女罪"也可以使行为人受到严厉刑事处罚，只不过以强奸论更为符合法理，更为有利于对罪犯的打击，更为有利于对幼女的保护。

2016年3月9日，第十二届全国人民代表大会第四次会议举行第二次全体会议，全国人大常委会委员长张德江在作全国人民代表大会常务委员会工作报告时表示，常委会贯彻落实党中央关于深化司法改革的精神，适应刑事司法工作新形势新要求，审议通过了《刑法修正案（九）》，对刑法作出较大幅度的修改完善。张德江专门提到，取消嫖宿幼女罪名，对此类行为适用刑法关于奸淫幼女的，以强奸论、从重处罚的规定。③

取消"嫖宿幼女罪"是《刑法修正案（九）（草案）》三审稿增加的。对此，全国人民代表大会法律委员会表示："一些常委会组成人员提出取消嫖宿幼女罪。对这一问题，法律委员会、法制工作委员会一直在进行深入调查研究，召开座谈会，广泛听取有关部门、专家学者和社会各方面的意见。这一罪名是1997年修订刑法时增加的有针对性保护幼女的规定。考虑到近年来这方面的违法犯罪出现了一些新的情况，执法环节也存在一些

---

① 谢文英：《刘白驹：废除嫖宿幼女罪，我等了八年》，《检察日报》2015年10月26日。

② 《取消嫖宿幼女罪是保障女童人身权利的重大进步》，中国政府网，2015年9月22日，http://www.gov.cn/2015-09/22/content_2936735.htm。

③ 《全国人民代表大会常务委员会工作报告——2016年3月9日在第十二届全国人民代表大会第四次会议上》，中国人大网，2016年3月21日，http://www.npc.gov.cn/npc/dbdhhy/12_4/2016-03/21/content_1985713.htm。

问题，法律委员会经研究，建议取消刑法第三百六十条第二款规定的嫖宿幼女罪，对这类行为可以适用刑法第二百三十六条关于奸淫幼女的以强奸论、从重处罚的规定，不再作出专门规定。"[①] 立法工作机关的态度变化比较突然，确切的具体缘由不得而知，可能与一些女性全国人大常委会委员的坚持有关。据报道，在2015年6月，全国人大常委会二审《刑法修正案（九）》时，包括全国人大常委会副委员长、全国妇联主席沈跃跃和前监察部部长、时任全国人大内司委主任委员马馼在内的多名全国人大常委会委员，建议废除"嫖宿幼女罪"，"嫖宿幼女"一律按强奸罪论处。[②] 事实上，在此之前，立法工作机关对"嫖宿幼女罪"存废问题进行调研的结论是"大多数法学专家赞成保留嫖宿幼女罪"。[③] 这个调研结论应当是可信的，但"大多数法学专家"的意见着实令人不解。以他们的刑法理论水平，取消"嫖宿幼女罪"的道理都应是明白的，尽管他们也提出了保留"嫖宿幼女罪"的各种理由。冒昧揣度，他们之所以如此难以转弯，或许主要因为多年来自己编的教材或平时授课就是按"嫖宿幼女"讲的，不方便改动。

在《刑法修正案（九）》通过之后，最高人民法院、最高人民检察院发布《关于执行〈中华人民共和国刑法〉确定罪名的补充规定（六）》（2015年10月30日），取消"嫖宿幼女罪"罪名。

2017年4月27日，最高人民检察院、公安部印发《关于公安机关管辖的刑事案件立案追诉标准的规定（一）的补充规定》，将原《立案追诉标准（一）》（2008年6月25日）第八十一条关于嫖宿幼女案立案追诉标准的规定删除，意即"嫖宿"幼女案应按强奸案的标准立案追诉。

---

① 全国人大法律委员会主任委员乔晓阳：《全国人民代表大会法律委员会关于〈中华人民共和国刑法修正案（九）（草案）〉审议结果的报告——2015年8月24日在第十二届全国人民代表大会常务委员会第十六次会议上》，《全国人民代表大会常务委员会公报》2015年第5期。

② 《"嫖宿幼女罪"或将被废除》，新京报新媒体，2015年8月20日，http://www.bjnews.com.cn/news/2015/08/20/374999.html。

③ 参见全国人大常委会法制工作委员会刑法室编，臧铁伟、李寿伟主编《〈中华人民共和国刑法修正案（九）〉条文说明、立法理由及相关规定》，北京大学出版社，2016，第324~329页。

第五节　废除"嫖宿幼女罪"之后的
法律适用

在《刑法修正案（九）》取消"嫖宿幼女罪"之后，对"嫖宿幼女"的行为，应当适用《刑法》第二百三十六条第二款规定"奸淫不满十四周岁的幼女的，以强奸论，从重处罚"。但是，这不意味着，在以后对所有的与幼女发生卖淫嫖娼关系的行为都应按强奸罪处罚。

以前，《刑法》和有关机构没有对"嫖宿幼女罪"中的"嫖宿"究竟是指何种性行为作出解释。根据 1986 年《治安管理处罚条例》和 1991 年《全国人民代表大会常务委员会关于严禁卖淫嫖娼的决定》关于对"嫖宿"幼女的行为应当依照《刑法》关于强奸罪的规定处罚的原则，以及 1984 年最高人民法院、最高人民检察院和公安部《关于当前办理强奸案件中具体应用法律的若干问题的解答》来看，"嫖宿幼女"中的"嫖宿"应当是指以金钱、财物为媒介，非强制地与幼女发生性交——生殖器性交或者生殖器接触。在性行为方式上，"嫖宿"与"强奸"、"奸淫"一样，都是性交，只不过"嫖宿"以金钱、财物为媒介，没有强制。而以金钱、财物为媒介与他人发生性交，属于卖淫嫖娼。"嫖宿"是卖淫嫖娼，但不等同于卖淫嫖娼。认定"嫖宿幼女罪"之"嫖宿"，不能完全适用有关部门关于卖淫嫖娼的规定。或者说，一般卖淫嫖娼中的性行为，比"嫖宿幼女罪"中的性行为宽泛，后者只限于生殖器性交或者生殖器接触。

在中国，一般的卖淫以及嫖娼不构成犯罪，但违反《治安管理处罚法》（2005 年之前为《治安管理处罚条例》），由公安机关给予行政处罚。因而，对于什么行为是卖淫嫖娼，由国务院或者公安部负责解释。1995 年，公安部《关于对以营利为目的的手淫、口淫等行为定性处理问题的批复》（公复字〔1995〕6 号，1995 年 8 月 10 日）对卖淫嫖娼有一个综合的但不包括同性卖淫嫖娼的定义："卖淫嫖娼是指不特定的男女之间以金钱、财物为媒介发生不正当性关系的行为。卖淫嫖娼行为指的是一个过程，在这一过程中卖淫妇女与嫖客之间的相互勾引、结识、讲价、支付、发生手淫、口淫、性交行为及与此有关的行为都是卖淫嫖娼行为的组成部分，应按卖淫嫖娼查处，处罚轻重可根据情节不同而有所区别。"2001年，公安部《关于对同性之间以钱财为媒介的性行为定性处理问题的批复》（公复字〔2001〕4号，2001年2月18日）对上述定义进行了修订，将同性卖淫嫖娼加了进去："根据《中华人民共和国治安管理处罚条例》和全国人大常委会《关于严禁卖淫嫖娼的决定》的规定，不特定的异性之间或者同性之间以金钱、财物为媒介发生不正当性关系的行为，包括口淫、手淫、鸡奸等行为，都属于卖淫嫖娼行为，对行为人应当依法处理。"2003年，公安部在《关于以钱财为媒介尚未发生性行为或发生性行为尚未给付钱财如何定性问题的批复》（公复字〔2003〕5号，2003年9月24日）中进一步解释："卖淫嫖娼是指不特定的异性之间或同性之间以金钱、财物为媒介发生性关系的行为。行为主体之间主观上已经就卖淫嫖娼达成一致，已经谈好价格或者已经给付金钱、财物，并且已经着手实施，但由于其本人主观意志以外的原因，尚未发生性关系的；或者已经发生性关系，但尚未给付金钱、财物的，都可以按卖淫嫖娼行为依法处理。对前一种行为，应当从轻处罚。"

治安管理处罚——包括对卖淫嫖娼行为的治安管理处罚，在没有发生行政诉讼的情况下，不是司法范畴的活动。因此，对《治安管理处罚条例》或者《治安管理处罚法》及其关于卖淫嫖娼的规定，最高人民法院或者最高人民检察院不会主动作出司法解释。只是在1999年，最高人民法院对一起行政诉讼案件中的卖淫嫖娼问题作出了解释。最高人民法院《关于如何适用〈治安管理处罚条例〉第三十条规定的答复》（行他字〔1999〕第27号）针对重庆市高级人民法院《关于董国亮不服重庆市公安局大渡口区分局治安管理处罚抗诉再审请示一案的请示报告》，对治安管理处罚范畴的卖淫嫖娼作出司法解释："《治安管理处罚条例》第三十条规定的'卖淫嫖娼'，一般是指异性之间通过金钱交易，一方向另一方提供性服务以满足对方性欲的行为。至于具体性行为采用什么方式，不影响对卖淫嫖娼行为的认定。"

上述文件界定的"卖淫嫖娼"包括发生性交或者发生其他各种方式的性行为。成年人之间自愿卖淫嫖娼，不论发生性交，还是发生其他性行为，都不构成犯罪。但是，法律对成年人与幼女进行卖淫嫖娼作出了特别规定。在1979年《刑法》施行期间，以金钱、财物为媒介，与幼女发生非强制的生殖器性交或者生殖器接触，按照强奸罪（奸淫幼女以强奸论，从重处罚）论处。在1997年《刑法》施行期间，与幼女发生非强制的生殖器性交或者生殖器接触，以金钱、财物为媒介的，构成"嫖宿幼女罪"，不再按强奸罪论处；不以金钱、财物为媒介的，构成强奸罪；以金钱、财物为媒介与幼女发生其他非强制的性行为，如肛交、口交、手淫，既不构成"嫖宿幼女罪"，也不构成强奸罪，而构成猥亵儿童罪。

在《刑法修正案（九）》之后，与幼女发生非强制的生殖器性交或者生殖器接触，即使以金钱、财物为媒介，亦应以强奸论，从重处罚。而对于以金钱、财物为媒介与幼女发生非强制的其他性行为，如肛交、口交、手淫，不能因为"嫖宿幼女罪"的取消，就按一般嫖娼行为，根据《治安管理处罚法》给予行政处罚了事，而应以猥亵儿童罪论处。再以后，《刑法》上强奸罪和性交的定义如果发生扩张性改变，以金钱、财物为媒介与幼女发生非强制的肛交、口交等进入式性行为，将可能构成强奸罪。

第三章

犯罪防治机制的创新

　　本章涉及的各种（类）危害行为，以及前两章分析的同性性侵犯和"嫖宿"幼女行为，有的已经由《刑法》列为犯罪，但相关规定存在缺陷，有的还没有被纳入《刑法》。其中，多种危害行为属于性犯罪或者与性有关。当下，"谈性"虽然不至于使人"色变"，但在许多人眼中不是"高大上"的话题。而且，在学术领域，由于不属于"战略性""宏观性"课题，性犯罪的研究也没有得到应有的重视。我长期从事法律与精神障碍问题的研究，犯罪尤其是性犯罪的刑法学、犯罪学和精神病理学的跨学科研究成为我的学术重点之一。① 我研究性犯罪不仅是一种学术旨趣（knowledge interest），而且出于社会责任感，因为这类犯罪的危害性比较严重，极易引起民众恐慌和舆论热潮，且不时地发生新的变化，呈现一些新的形式和特点，而刑事对策存在诸多亟待弥补和纠正的疏漏或者错谬。针对《刑法》的

---

① 在法律与精神障碍研究方面，除出版《精神障碍与犯罪》（2000 年）、《性犯罪：精神病理与控制》（第一版 2006 年，增订版 2017 年、增订精装版 2018 年）和《非自愿住院的规制：精神卫生法与刑法》（2015 年）等几部学术专著外，我还曾发表一些学术论文，例如：《关于处理恐吓行为的立法建议》，《法学家》1989 年第 6 期；《精神障碍的跨文化研究》，《社会心理研究》1992 年第 4 期；《论精神疾病患者的刑事责任能力》，《法学研究》1990 年第 4 期；《毒品所致精神障碍与犯罪》，《犯罪与改造研究》1992 年第 6 期；《论吸毒者犯罪的刑事责任》，《法学家》1994 年第 1 期；《中国古代精神病人管理制度的发展》，《社会发展研究》2014 年第 1 期。

这些不足，我在平日研究的基础上，利用政协委员的身份，提出一系列立法建议。一些意见被立法吸收或者与立法"不谋而合"，至少在一定程度上促进了立法、司法和执法机关以及社会对有关问题的重视。另外，本书第七章涉及的性病防治、婚检制度、性保健用品管理、性骚扰等问题也属于性的领域，只不过它们不属于刑法范畴而属于治安管理或者社会治理范畴。

第一节　利用现代化设备侵犯他人隐私行为的刑事治理

提案

关于设立"侵犯个人秘密罪"，惩治利用现代化设备侵犯他人隐私的行为的提案

（政协十届全国委员会第三次会议第 0773 号／
政治法律类 113 号，2005 年 3 月）

近年来，随着通讯、摄像、数码技术的发达，利用现代化电子设备如针孔摄像机、透视数码照相机、拍照手机进行偷窥、偷拍、偷录他人隐私行为或者身体隐私部位的事情逐渐增多，并有愈演愈烈的趋势。更恶劣的是，在此基础上，还有人为了牟利或者其他非法目的，贩卖和通过互联网等形式传播偷拍、偷录的他人隐私照片、录像、录音。这些行为严重威胁甚至已经侵害公民私生活的安全和隐私权利，破坏了社会生活秩序和社会管理秩序。而被偷拍、偷录的隐私照片、录像、录音的传播，还严重地毒化和污染了社会空气。对这些行为，应当采取严厉而适当的法律措施，加以有效防范和惩治。这是尊重和保障人权，维护社会稳定，构建社会主义和谐社会的必然要求。

对利用现代化设备侵犯他人隐私，许多国家的法律早已作出反应。除通过民法加强对隐私权的保护外，一些国家还将利用现代化设备对他人隐私进行偷窥、偷拍、偷录的行为，特别是将偷拍、偷录的他人隐私照片、录像、录音予以传播的行为列为犯罪。例如，《意大利刑法典》第 615 条 - 2 规定：使用录影或录音工具非法获取在住宅进行的私人生活有关的消息或

图像，以及通过任何报道手段将上述消息或者图像向公众泄露或者传播，构成"非法干涉私生活罪"，处6个月至4年有期徒刑。《法国刑法典》第226-1条规定：未经本人同意，监听、录制或转播私人性质的谈话和在私人场所的形象，构成"侵犯私生活罪"，处1年监禁并科45000欧元罚金。《西班牙刑法典》在第197条第一项中规定：为发现他人隐私或者秘密，未经他人允许，使用技术窃听、传达、录制或者复制他人声音、形象及其他通讯信号的，构成"发现及泄露别人隐私罪"，处1年以上4年以下有期徒刑，并处12个月至24个月罚金。

相比之下，我国法律的有关对策就显得滞后和无力了。由于隐私权本身在我国民法中还没有确认，被偷窥、偷拍、偷录的受害人难以获得民事法律救济。正在制定的《治安管理处罚法》虽然已经列入偷窥、偷拍、窃听他人隐私的行为，但《治安管理处罚法》的打击力度对惩治严重的偷窥、偷拍、偷录行为显然是不够的。我国现行《刑法》对国家秘密、商业秘密都有比较完备有力的保护，而对公民个人秘密的保护还很薄弱，只有保护通信自由或秘密的规定。对于偷拍、偷录和传播他人隐私照片、录像的行为，《刑法》虽然有条款涉及，但缺乏专门的针对性，内容也显陈旧。

关于利用现代化设备对他人隐私进行偷窥、偷拍、偷录的问题，《刑法》第二百八十四条规定："非法使用窃听、窃照专用器材，造成严重后果的，处二年以下有期徒刑、拘役或者管制。"但是，由于这个条文的立法本意是维护社会管理秩序，而不是保护公民的私生活安全或者隐私权利，它强调的是"非法"使用"窃听、窃照专用器材"，实际上把利用一般设备如手机窃听、窃照公民隐私的行为排除在外。而且，严格地说，这个条文所禁止的行为并不包括偷窥本身。再有，把"造成严重后果"作为犯罪构成条件，对惩治利用现代化工具偷窥、窃听、窃照公民隐私的行为来说，也不是很得当。

关于将偷拍、偷录的他人隐私照片、录像、录音予以传播的行为，《刑法》第三百六十三条规定："以牟利为目的，制作、复制、出版、贩卖、传播淫秽物品的，处三年以下有期徒刑、拘役或者管制，并处罚金；情节严重的，处三年以上十年以下有期徒刑，并处罚金；情节特别严重的，处十年以上有期徒刑或者无期徒刑，并处罚金或者没收财产。"第三百六十四条规定："传播淫秽的书刊、影片、音像、图片或者其他淫秽物品，情节严重的，处二年以下有期徒刑、拘役或者管制；组织播放淫秽的电影、录像等音像制品的，处三年以下有期徒刑、拘役或者管制，并处罚金；情节严重的，处三年以上十年以下有期徒刑，并处罚金；制作、复制淫秽的电影、录像等音像制品组织播放的，依照第二款的规定从重处罚。"这两条规定不可谓不严厉，但用它们来对付将偷拍、偷录的他人隐私照片、录像、录音予以传播的行为，多少有些文不对题。问题一，与第二百八十四条一样，这两条规定的直接目的是维护社会管理秩序，防止人们尤其是未成年人受到淫秽物品毒害，而不是保护公民私生活安全或者隐私权利。认定制作、传播淫秽物品的行为是否构成犯罪，以及衡量行为人罪行的大小，主要的根据是行为人的行为对社会的危害，而不是被偷拍、偷录者受到多大伤害。问题二，这两条规定所禁止的是"淫秽"物品。① 可是，很难说人们的性隐私如正常性活动、裸体形象、身体隐秘部位是淫秽的。本身不淫秽，被偷录、偷拍进而制作成"物品"并加以传播就成为淫秽

---

① 1997年《刑法》第三百六十七条："本法所称淫秽物品，是指具体描绘性行为或者露骨宣扬色情的诲淫性的书刊、影片、录像带、录音带、图片及其他淫秽物品。"2004年最高人民法院、最高人民检察院《关于办理利用互联网、移动通讯终端、声讯台制作、复制、出版、贩卖、传播淫秽电子信息刑事案件具体应用法律若干问题的解释》第九条："刑法第三百六十七条第一款规定的'其他淫秽物品'，包括具体描绘性行为或者露骨宣扬色情的诲淫性的视频文件、音频文件、电子刊物、图片、文章、短信息等互联网、移动通讯终端电子信息和声讯台语音信息。有关人体生理、医学知识的电子信息和声讯台语音信息不是淫秽物品。包含色情内容的有艺术价值的电子文学、艺术作品不视为淫秽物品。"2005年新闻出版总署《关于认定淫秽与色情声讯的暂行规定》（根据1988年新闻出版署《关于认定淫秽及色情出版物的暂行规定》修订）第二条："淫秽声讯是指在总体上宣扬下列内容，足以挑动、引诱普通人产生性欲的声音等信息：（一）淫亵性地具体描述性行为、性交及其心理感受；（二）淫亵性地描述或者传授性技巧；（三）具体描述乱伦、强奸或者其他性犯罪手段、过程或者细节；（四）具体描述少年儿童性交，或者具体描述成年人与少年儿童的性行为；（五）淫亵性地具体描述同性恋的性行为或者其他性变态行为；（六）具体描述与性变态有关的暴力、虐待、侮辱行为；（七）淫亵性地突出描述性器官；（八）淫亵性地传送有关性行为的声响；（九）其他令普通人不能容忍的对性行为、性器官的淫亵性描述。"第三条："色情声讯是指具有部分淫秽内容，对普通人特别是未成年人的身心健康有毒害的声音等信息。"第四条："描述表现人体美的美术作品，介绍具有艺术价值的文学作品、有关人体解剖生理知识以及生育知识、疾病防治和其他性知识、性道德、性社会学等的自然科学和社会科学作品，不属于淫秽、色情声讯。"

的？依据这两条规定制裁传播隐私照片、录像、录音将置无辜的被偷拍、偷录者于尴尬境地。问题三，《刑法》第三百六十三条所规定之罪，必须以"以牟利为目的"方能构成，而现实中发生的将偷拍、偷录的他人隐私照片、录像、录音予以传播的行为，并不限于以牟利为目的。

鉴于上述情况，建议《刑法》作出修改，增设"侵犯个人秘密罪"或"侵犯隐私罪"，把情节严重的利用现代化工具偷窥、窃听、偷拍、偷录他人隐私和传播偷拍、偷录的他人隐私照片、录像、录音的行为，以及其他情节严重的侵犯个人秘密的行为列入其中。此罪侵犯的客体是公民人身权利，应列入《刑法》分则第四章"侵犯公民人身权利、民主权利罪"之中。

最后需要指出，作为偷拍行为的泛滥猖獗之地，我国台湾地区的"刑法"及时制定和不断加强了对利用现代化设备侵犯隐私的防治对策。1999年，台湾"刑法"增设利用工具和设备妨害秘密罪的条款。把无故利用工具或设备窥视、窃听、窃录他人非公开之活动、言论或谈话，意图营利供给场所、工具或设备以便利他人为上述行为，制造、散布、播送或贩卖窃录影像等行为列为犯罪。最近台湾地区的"刑法"又作出修正，把无故利用工具或设备窥视、窃录他人身体隐秘部位也明确列为犯罪。随着台湾地区加大对利用现代化设备侵犯隐私行为的打击，有关犯罪活动如贩卖非法工具、设备有向祖国大陆转移的可能，需提高警惕。

[复函摘要]

全国人大常委会法制工作委员会（法工委议办〔2005〕79 号，2005年 7 月 26 日）：

近年来，随着现代科学技术的发展，一些不法分子利用各种现代通讯、电子设备等技术手段，侵害公民的隐私权利和私生活安全的事情时有发生，破坏了社会秩序，侵犯了公民的合法权利，必须加以惩治。目前全国人大常委会正在进行审议的治安管理处罚法草案中，已将偷窥、偷拍、窃听他人隐私的行为，明确规定予以治安处罚，对情节严重的，最高可以处十五日行政拘留。

您提出的在刑法第四章侵犯公民人身权利、民主权利罪中，增加专门性条款，增设"侵犯个人秘密罪"或者"侵犯隐私罪"，把情节严重的利用现代化工具偷窥、窃听、偷拍、偷录他人隐私和传播偷拍、偷录的他人隐私照片、录像、录音的行为，以及其他情节严重的侵犯个人秘密的行为，都规定为犯罪的建议，我们将在修改刑法中予以认真研究。

[阐述]

这个提案是在 2005 年 3 月提出的。其内容被媒体报道，[①] 也曾被剽窃。[②] 近几年，在防治利用现代化手段偷窥偷拍性隐私问题上，我的观点有所发展和调整。曾想提交一个新的提案，但因我不再担任全国政协委员而作罢。

20 世纪 90 年代以后，随着信息化、数字化的进一步发展，视频技术和设备不断更新和普及，在许多国家或者地区，针对性隐私的偷窥偷拍行为越来越普遍，已经成为严重的社会问题。数字的或者电子的移动影像设备具有适应环境能力比较强、操控简单、容易携藏、即时成像、影像便于存储等特点，让不法之徒们格外青睐。他们利用数字照相机、数字摄像机以及平板电脑、手机等移动设备对各种场所的他人性隐私随时进行偷拍，或者尾随目标伺机偷拍。还有人通过在受害人所处空间秘密安装的有线或者无线的微型摄像设备如针孔探头，而在另一空间里进行实时监视、摄录或者定时摄录，然后随时、反复观看摄录的影像。更有甚者，有些偷拍者

---

① 刘志华：《政协委员建议修改刑法　严惩手机偷拍等行为》，《广州日报》2005 年 3 月 7 日；《建议修改〈刑法〉保障个人隐私权》（《东方早报》报道），新浪网，2005 年 3 月 11 日，https://news.sina.com.cn/c/2005 - 03 - 11/09125330678s.shtml；袁祖君、戴菁菁：《刘白驹委员建议修改刑法：增设侵犯隐私罪　严惩手机偷拍》，《北京青年报》2005 年 3 月 14 日。

② 2005 年 8 月，我在该提案的基础上，写了一篇短文《偷窥、偷拍的技术升级与法律对策的完善》（署名法正居士），发表在互联网"学术观察论坛"（2005 年 8 月 9 日）和我的博客（2005 年 8 月 20 日）上。为防止被人剽窃，且因非正式发表，我有意没有列出引文注释和参考文献。后来我又将提案和《偷窥、偷拍的技术升级与法律对策的完善》的主要内容纳入拙著《性犯罪：精神病理与控制》2006 年第一版。然而，该书出版后，我偶然发现，有人将《偷窥、偷拍的技术升级与法律对策的完善》全文剽窃（包括错字，也没有注释和参考文献），改换题目和个别文字，加了几个段落小标题，以该人名义，作为学术论文，刊登在某刊 2006 年第 1 期上，比《性犯罪：精神病理与控制》第一版出版时间还早。现在"学术观察论坛"已经不复运行，但幸好我的提案在 2005 年 3 月被媒体报道，2005 年 4 月被有关部门收录于光盘之中，而且收录《偷窥、偷拍的技术升级与法律对策的完善》一文的博客至今还存在。

或者其他人出于各种目的将偷拍的性隐私影像公布于互联网，使其迅速被无数人点击、下载、转发，或者制作成光盘加以传播，致使受害人蒙受无以复加的精神摧残。还有人利用偷拍的性隐私影像对受害人施以精神强制，进行敲诈勒索等其他犯罪侵犯。

在美国，利用影像设备特别是数字或者电子的影像设备，偷窥或者偷拍，即未经同意而秘密观察或者摄录他人与性有关的隐私行为或者形象，被称为"视频窥阴"（video voyeurism）。video 在过去多译为"录像磁带""录像机""电视"等，现在一般译为"视频"，既指捕捉、记录、处理、存储、传输影像的各种技术，也指各种影像的存储格式或者载体，或者指动态的影像。voyeurism 是精神病学术语，指"窥阴症"。video 和 voyeurism 两词组合在一起，构成一个新的概念，比较恰当地概括了利用影像设备对他人性隐私进行偷窥偷拍的行为。video 表明了偷窥偷拍的方法和结果形态。voyeurism 表明了偷窥偷拍的对象和偷窥偷拍的经常性、顽固性。但是在 video voyeurism 概念中，voyeurism 并不意味着行为人一定患有符合精神病学诊断标准的"窥阴症"。美国法律上的 video voyeurism 是指一种行为，而不是指一种精神障碍。

视频窥阴行为人的主观恶性及其行为的危害性远甚于通过肉眼或者旧式照相、摄像设备进行的传统样式的偷窥偷拍。视频窥阴已经构成对公民性隐私和私生活安宁的最严重侵犯，同时也严重侵犯了公民的性权利，并且可能衍生其他犯罪。对这种行为，如果沿袭以往防治原始或者传统样式偷窥偷拍的处罚力度，势必不能收到遏制的效果，而必须给予更为严厉的威慑和制裁。在美国，原有的反偷窥（窥阴）法（Peeping Tom Law, Voyeurism Law，指各州禁止偷窥的法律规定）主要规制的是原始样式的偷窥，不能适用于视频窥阴，需要制定新的对策。从 90 年代后期开始，一些州针对视频窥阴，陆续制定了新的刑事法案。各州新的反视频窥阴法，主要规制的是利用数字或者电子的影像设备进行偷窥偷拍——既包括对肉眼可以看到的目标的视频偷窥偷拍，也包括对肉眼不能直接看到的处于另一空间的目标的视频偷窥偷拍，并且以视频偷拍为重点，但也列入了利用机械的影像设备进行偷窥偷拍的情况。同时，各州刑法一般也保留了原有的关于原始样式偷窥的规定。其中，比较具有代表性和处罚比较严厉的是纽约州的反视频偷窥法——《纽约州刑法》第250节"侵犯隐私权"（N. Y. PENAL LAW § 250）。该法的主旨是禁止"非法监视"（Unlawful Surveillance）。非法监视主要包括：（1）为了自己或其他人的娱乐、消遣、获利，或者为了侮辱、贬损一个人，故意使用或安装，或者允许他人使用或安装影像设备（指任何机械、数字或电子的具有记录、存储或传输视觉影像功能可用于观察一个人的器材，如照相机、摄像机、移动电话等），秘密观察、播放、摄录一个人穿衣或脱衣的过程，或者性部位或其他私密部位（sexual or other intimate parts，指人类男性或女性的生殖器、阴部或臀部，或女性的乳房，包括仅由内衣部分地遮掩的上述部位），而该人在此时此地对隐私有合理期待（reasonable expectation of privacy），且上述行为没有得到该人的理解或同意；（2）为使自己或其他人获得性唤起或性满足，故意使用或安装，或者允许他人使用或安装影像设备，秘密观察、播放、摄录一个人穿衣或脱衣的过程，或者性部位或其他私密部位，而该人在此时此地对隐私有合理期待，且上述行为没有得到该人的理解或同意；（3）无正当目的，故意使用或安装，或者允许他人使用或安装影像设备，秘密观察、播放、摄录在卧室、更衣室、卫生间、浴室等处以及酒店、汽车旅馆指定给客人的房间中的一个人，而没有得到该人的理解或同意；（4）故意使用或安装，或者允许他人使用或安装影像设备，秘密观察、播放、摄录一个人的衣裙下面，或者性部位或其他私密部位，而没有得到该人的理解或同意。实施上述行为，构成E级重罪，判处2~7年监禁。一旦被判刑，犯罪人在释放之后还必须向纽约州的性罪犯登记处（State's Sex Offender Registry）登记。纽约州反视频偷窥法还规定，故意传播通过非法监视获得的性部位或者其他私密部位的影像也构成犯罪。上述规定不适用于执法人员履行经授权的职责，也不适用于以安全为目的的视频监控系统。

2004年12月23日，美国总统签署了国会通过的《视频窥阴预防法》（Video Voyeurism Prevention Act of 2004）。这一联邦法案被编入《美国法典》（United States Code）第18编"犯罪和刑事诉讼"的第一部分"犯罪"的第88章"隐私"之中，即第1801条（18 U. S. Code § 1801）。它规定：任何人未经他人同意，在个人对隐私有合理期待的环境，故意获取个人私密部位的影像，处以罚金或者 1 年以下监禁，或者并处罚金和监禁，但是不禁止任何合法的执法、矫正或者情报行动。"获取"（capture）是指通过录像、摄影、电影等任何方式记录或者播放影像。"播放"（broadcast）是指为一个人或者一些人观看而以电子方式传输一个视觉影像。"个人私密部位"（private area of the individual）是指个人的裸露的或者穿着内衣的生殖器、阴部、臀部、女性的乳房。"在个人对隐私有合理期待的环境"是指：（1）一个理智的人相信，在这种环境中，他或者她可以隐秘地脱衣，不必担心私密部位的影像被他人获取，或者（2）一个理智的人相信，在这种环境中，个人的私密部位不会被公众看见，不论其处于公共场所还是私人场所。

在美国的影响下，英国和加拿大也适用隐私的合理期待标准，制定了视频窥阴刑事对策。英国《2003 年性犯罪法》第 67 条规定了"窥阴罪"（Voyeurism）。该罪包括四种情况：（1）为获得性满足，观察另一个人进行私密行为（private act，指一个人在某一对隐私有合理期待的地方，裸露其生殖器、臀部、乳房或仅由内衣遮掩；或使用卫生间；或正在进行性行为，而该种性行为通常不会在公共场所进行），而他知道被偷窥者不会同意自己被他人为获得性满足而观察；（2）经营设备促成另一个人为获得性满足观察第三人的私密行为，而他知道被偷窥者不会同意他为前述目的而经营设备；（3）记录他人进行私密行为，其目的是使自己或者第三人通过观看记录的影像获得性满足，而他知道被偷窥者不会同意他为前述目的而记录；（4）为使自己或其他人实现由"（1）"规定的犯罪目的而安装设备，或者建设或改造一个结构（包括帐篷、车、船或其他临时或可移动的结构）或结构的一部分。犯窥阴罪，经简易程序判罪的可处不超过 6 个月的监禁或处罚金，经公诉程序判罪的可处不超过 2 年的监禁。

2019 年 1 月 15 日，英国国会通过一项禁止偷拍女性裙底（upskirting）的法案。① 这一法案名为《2009 年窥阴（犯罪）法》（仅适用于英格兰和

---

① 《英立法严惩偷拍裙底者　违法者或入狱两年》，参考消息网，2019 年 1 月 18 日，http://m. cankaoxiaoxi. com/world/20190118/2369221. shtml；《偷拍裙底风光将被定罪　梅姨可以欣慰地笑了》，中国日报网，2019 年 1 月 18 日，http://language. chinadaily. com. cn/a/201901/18/WS5c41234ca3106c65c34e5269. html。

威尔士），2019 年 2 月 12 日获得英国皇家批准。根据该法案，修订《2003 年性犯罪法》，在第 67 条之后插入第 67 条 A "窥阴：其他犯罪行为"。新条款规定，任何人在下列情况下构成犯罪：为使自己或第三人获得性满足，或为羞辱对方和使其惊慌、痛苦，未经其同意，或相信其同意而无合理理由，（1）针对他人衣下部位使用设备（operates equipment beneath the clothing of another person），观察（observe）其生殖器或臀部（无论裸露或覆盖内衣），或覆于生殖器或臀部的内衣；（2）记录他人衣下部位的图像，包括生殖器或臀部（无论裸露或覆盖内衣），或覆于生殖器或臀部的内衣。任何人实施本条所列犯罪，经简易程序判罪的可处不超过 12 个月的监禁或处罚金，或两者并处；经公诉程序判罪的可处不超过 2 年的监禁。①

2005 年 7 月，《加拿大刑事法典》在修正时增加了关于"窥阴罪"的第 162 条规定，针对视频窥阴和传播视频窥阴记录。（1）任何人暗中观察——包括利用机械或电子手段——或者制作处在隐私有合理期待的环境中的一个人的视觉记录（visual recording，包括任何方法制作的摄影、电影或视频记录），如果针对下列情形，构成犯罪：（a）处于在任何人对隐私有合理期待的地方的一个人的裸体或暴露的生殖器或肛区（anal region）或女性的乳房或从事直露（explicit）的性活动；（b）一个人是裸体的，暴露着生殖器或肛区或女性的乳房，或从事直露的性活动，而观察或记录的目的就是观察或记录一个人处于这样的状态或活动；或者（c）观察或记录是基于性欲目的。（2）任何人明知窥阴记录（voyeuristic recordings）是非法获取的，而实施下列行为，构成犯罪：印制、复制、出版、发行、流通、销售、做广告或提供窥阴记录，或者为了印制、复制、出版、发行、流通、销售、做广告或可用的目的而接受窥阴记录。上述两种构成可诉罪，处 5 年以下监禁，或者构成按简易程序定罪的罪行。

对利用高科技设备进行偷窥偷拍，大陆法系国家的刑法也作出反应，但有关规定多是综合性的，保护的对象不限于性隐私，禁止的行为一般还包括窃听。例如，《法国刑法典》第 226 - 1 条规定：未经本人同意，监

---

① Voyeurism（Offences）Act 2019，http://www.legislation.gov.uk/ukpga/2019/2/enacted.

听、录制或转播私人性质的谈话或者在私人场所的形象，构成"侵犯私生活罪"，处 1 年监禁并科 45000 欧元罚金。①《意大利刑法典》第 615 条 - 2 规定：使用录影或录音工具非法获取在住宅进行的私人生活有关的消息或图像，以及通过任何报道手段将上述消息或者图像向公众泄露或者传播，构成"非法干涉私生活罪"，处 6 个月至 4 年有期徒刑。②《西班牙刑法典》在第 197 条第 1 项中规定：为发现他人隐私或者秘密，未经他人允许，使用技术窃听、传达、录制或者复制他人声音、形象及其他通讯信号的，构成"发现及泄露别人隐私罪"，处 1 年以上 4 年以下有期徒刑，并处 12 个月至 24 个月罚金。③《葡萄牙刑法典》第 192 条规定了"侵入私人生活罪"："出于侵入他人私人生活尤其是家庭生活或者性生活隐私的目的，在未经同意的情况下实施下列行为的，（a）截取、录音、记录、使用、传达、泄露谈话内容、电话通讯、电子邮件或者详细的费用结算记录；（b）获取、以相机摄取、拍摄、记录、泄露他人的肖像或者属于隐私的物品、空间的图像；（c）对处于私人空间的人进行偷窥或者偷听其说话；或者（d）泄露有关他人私人生活或者严重疾病的事实；处不超过 1 年监禁或者不超过 240 日罚金。"④《芬兰刑法典》第 24 章第 5 条规定使用技术设备非法收听或者记录他人关于私生活的讨论、谈话或者其他声音，构成"窃听罪"，判处罚金或者最高 1 年的监禁；第 6 条规定使用技术设备，非法监视或者监控非开放场所的他人隐私构成"非法监视罪"，判处罚金或者最高 1 年的监禁。⑤《瑞士刑法典》第 179 条除规定未经参与者允许，用窃听、录制他人谈话，以及将谈话内容和录音加以利用、传播构成犯罪外，还明确规定：未经本人同意，对他人隐私方面的事实或私生活方面的并非每个人都可知晓的事实，用摄像机进行观察或录制的，以及将该事实和录像加以利用、传播也构成犯罪，处监禁刑或罚金刑。⑥《德国刑法典》在 2004 年 8 月

① 《法国新刑法典》，罗结珍译，中国法制出版社，2003。
② 《最新意大利刑法典》，黄风译注，法律出版社，2007。
③ 《西班牙刑法典》，潘灯译，中国政法大学出版社，2004。
④ 《葡萄牙刑法典》，陈志军译，中国人民公安大学出版社，2010。
⑤ 《芬兰刑法典》，于志刚译，中国方正出版社，2005。
⑥ 《瑞士联邦刑法典（2003 年修订）》，徐久生、庄敬华译，中国方正出版社，2004。

6 日进行修正，增加了第 201a 条（§ 201a Verletzung des höchstpersönlichen Lebensbereichs durch Bildaufnahmen），对利用影像设备在非公共场所（住宅或受到特别保护的房间）偷拍、传输他人隐私情形的犯罪作出规定，并且设置了比较严厉的刑罚（最初为 1 年以下自由刑或罚金刑，后来提高到 2 年以下自由刑或罚金刑）。①

与英美法系不同，欧洲大陆国家的刑法并没有规定"隐私合理期待"原则，并且忽略了公共场所个人隐私的保护问题，但近来有所变化。有媒体在 2018 年 7 月报道，法国即将通过相关法律，将在公共场所等处"偷拍不雅照片"界定为犯罪。② 报道所说的法律，很快获得通过，即《2018 年 8 月 3 日第 2018 - 703 号关于加强打击性暴力和基于性别的暴力的法律》（LOI n° 2018 - 703 du 3 août 2018 renforçant la lutte contre les violences sexuelles et sexistes）。③ 该法律决定对刑法等法律作出修订。根据该法律第 16 条，《法国刑法典》在侵犯人格罪一章的侵犯私生活罪一节增设了第 226 - 3 - 1 条。该条规定，使用任何手段，在他人不知情或者未同意的情况下，躲避第三方视线，观察他人衣服内或隐秘的部位，处 1 年监禁和 15000 欧元罚金；有前述行为，符合以下情形的，处 2 年监禁和 30000 欧元罚金：（1）滥用其职权实施；（2）对未成年人实施；（3）对明知的或明显的因年龄、疾病、残疾、身体或精神缺陷或怀孕而极易受攻击者实施；（4）几个人实施或作为共犯实施；（5）在公共交通工具上实施或在提供公共交通工具的场所实施；（6）将图像固定、记录或传输。④

在中国，1986 年《民法通则》⑤ 没有规定隐私权。在一段时期内，根据最高人民法院 1988 年《关于贯彻执行〈中华人民共和国民法通则〉若

---

① http://www.gesetze-im-internet.de/stgb/_201a.html.

② 赵怡蓁：《法国将立法定偷拍为犯罪 最高判两年罚 3 万欧元》，环球网，2018 年 7 月 25 日，http://world.huanqiu.com/exclusive/2018 - 07/12569481.html。

③ https://www.legifrance.gouv.fr/affichTexte.do; jsessionid = 59B1810A72599053BC0F060D5EF 5DD9B.tplgfr36s_1? cidTexte = JORFTEXT000037284450&dateTexte = 20180805.

④ https://www.legifrance.gouv.fr/affichCode.do; jsessionid = 59B1810A72599053BC0F060D5EF 5DD9B.tplgfr36s_1? cidTexte = LEGITEXT000006070719&dateTexte = 20190601.

⑤ 《中华人民共和国民法通则》，1986 年 4 月 12 日第六届全国人民代表大会第四次会议通过。

干问题的意见（试行）》和 1993 年《关于审理名誉权案件若干问题的解答》，在民事司法领域，是将隐私权依托于名誉权予以保护的。2001 年，最高人民法院公布《关于确定民事侵权精神损害赔偿责任若干问题的解释》，将隐私纳入人格利益予以保护："违反社会公共利益、社会公德侵害他人隐私或者其他人格利益，受害人以侵权为由向人民法院起诉请求赔偿精神损害的，人民法院应当依法予以受理。"2005 年《妇女权益保障法》①第四十二条规定："妇女的名誉权、荣誉权、隐私权、肖像权等人格权受法律保护。"这是中国第一个明确规定隐私权的法律条款，但是它只惠及妇女，并且缺乏有力保障。2009 年《侵权责任法》②第二条规定："侵害民事权益，应当依照本法承担侵权责任。本法所称民事利益，包括生命权、健康权、姓名权、名誉权、荣誉权、肖像权、隐私权……等人身、财产权益。"至此，确立了隐私权的民事法律地位。2017 年，新制定的中国民法典总则编即《民法总则》③第一百一十条更明确规定：自然人享有隐私权。2018 年 9 月，民法典各分编草案公开征求意见，人格权编草案第六章专门规定和进一步强化对隐私权的保护。④

---

① 《中华人民共和国妇女权益保障法》，1992 年 4 月 3 日第七届全国人民代表大会第五次会议通过，根据 2005 年 8 月 28 日第十届全国人民代表大会常务委员会第十七次会议《关于修改〈中华人民共和国妇女权益保障法〉的决定》第一次修正，根据 2018 年 10 月 26 日第十三届全国人民代表大会常务委员会第六次会议《关于修改〈中华人民共和国野生动物保护法〉等十五部法律的决定》第二次修正。

② 《中华人民共和国侵权责任法》，2009 年 12 月 26 日第十一届全国人民代表大会常务委员会第十二次会议通过。

③ 《中华人民共和国民法总则》，2017 年 3 月 15 日第十二届全国人民代表大会第五次会议通过。

④ http://www.npc.gov.cn/COBRS_LFYJNEW/user/UserIndex.jsp? ID = 10051883。
2019 年 8 月 22 日，十三届全国人大常委会第十二次会议听取全国人大宪法和法律委员会副主任委员沈春耀作关于《民法典人格权编（草案）》修改情况的汇报。沈春耀指出：关于隐私的概念，草案二审稿规定为"具有私密性的私人空间、私人活动和私人信息等"。对此，有关方面建议进一步研究修改，突出"不愿意为他人知晓"这一特点，并对在宾馆房间私装摄像头进行偷拍、侵害公民隐私权的行为作出针对性规定。草案三审稿采纳上述意见，将隐私的定义修改为"自然人不愿为他人知晓的私密空间、私密活动和私密信息等"；并增加规定，任何组织或者个人不得搜查、进入、窥视、拍摄他人的宾馆房间等私密空间。王博勋、田宇：《民法典人格权编草案提请三审：强化对隐私权及个人信息保护》，中国人大网，2019 年 8 月 22 日，http://www.npc.gov.cn/npc/c30834/201908/70b9b2fa5b72475dada54ec33121d4bf.shtml。（2019 年 8 月 23 日校稿时补记）

上述涉及隐私权的我国法律和司法解释，都没有具体提到偷窥偷拍他人隐私。偷窥偷拍的受害者可以根据《民法总则》和《侵权责任法》的有关规定，以隐私权被侵犯为由，向法院起诉，要求偷窥偷拍者承担侵权责任。不过，对于普通百姓而言，民事诉讼难度太大，令人生畏，何况精神损害赔偿数额很低。2003 年，我曾经建议修订《治安管理处罚条例》，列入偷窥、偷拍他人隐私的行为（详见本书第七章第一节）。2005 年《治安管理处罚法》是我国第一部明文规定处罚偷窥偷拍他人隐私的行为的法律。但是，该法第四十二条所确定的行政处罚力度，针对的实际是一般的偷窥偷拍，对于阻吓和惩治更为严重的利用高科技影像设备对性隐私进行偷窥偷拍的行为，则是远远不够的。

我国《刑法》在公民隐私的保护方面，原先仅有保护通信自由的规定，[①] 后来增加了保护个人信息的规定。[②] 第二百五十三条之一规定的"侵犯公民个人信息罪"，主要包括两种情况，其一是向他人出售或者提供公民个人信息，其二是窃取或者以其他方法非法获取公民个人信息，并不包括偷窥偷拍他人性隐私。《网络安全法》[③] 解释："个人信息，是指以电子或者其他方式记录的能够单独或者与其他信息结合识别自然人个人身份的各种信息，包括但不限于自然人的姓名、出生日期、身份证件号码、个人生物识别信息、住址、电话号码等。"对于偷窥偷拍他人性隐私以及将偷拍的他人性隐私影像予以传播的行为，《刑法》分则第六章"妨害社会管理秩序罪"的一些条款有所涉及，但缺乏专门的针对性，内容也显陈旧。

有一部分偷拍行为，属于《刑法》第二百八十四条规定的"非法使用窃听、窃照专用器材罪"："非法使用窃听、窃照专用器材，造成严重后果

---

① 《刑法》第二百五十二条规定了"侵犯通信自由罪"，第二百五十三条规定了"私自开拆、隐匿、毁弃邮件、电报罪"。

② 2009 年《刑案修正案（七）》增加第二百五十三条之一，设立"出售、非法提供公民个人信息罪"和"非法获取公民个人信息罪"。2015 年《刑法修正案（九）》对第二百五十三条之一作出修正，"出售、非法提供公民个人信息罪"和"非法获取公民个人信息罪"为"侵犯公民个人信息罪"取代。

③ 《中华人民共和国网络安全法》，2016 年 11 月 7 日第十二届全国人民代表大会常务委员会第二十四次会议通过。

的，处二年以下有期徒刑、拘役或者管制。"但是，该条款限定于非法使用"窃听、窃照专用器材"，并没有把使用非"专用器材"偷拍公民隐私这种行为包括在内。况且在当今，可以用于窃听、窃照的器材，专用与非专用的界限是非常模糊的。①

偷拍他人性隐私影像以及加以复制、出版、贩卖、传播，如果以牟利为目的，可能被认定为《刑法》第三百六十三条规定的"制作、复制、出版、贩卖、传播淫秽物品牟利罪"；如果不以牟利为目的而加以传播，则可能被认定为第三百六十四条规定的"传播淫秽物品罪"。这两条规定不可谓不严厉，但用它们来规制偷窥偷拍他人性隐私或者传播偷拍的性隐私影像的行为，不够准确、合宜。

第一，《刑法》第三百六十三条、第三百六十四条禁止的是"淫秽物品"，而从根本上说，偷拍的性隐私影像虽然可能对一些人产生诲淫性效果，但性隐私本身并不是淫秽的。正如美国刑法学家乔尔·范伯格在谈到窥阴与淫秽的关系时所言："假定 A 夫妇在家中性交，他们并不知道 B 此时正在窗户偷窥。B 所看到的并非淫秽，但他偷看这一事实是淫秽的。"②不应将被偷拍者与色情淫秽表演者混为一谈，也不应根据观看者的感受或

---

① 2014 年 12 月 23 日，国家工商行政管理总局、公安部、国家质量监督检验检疫总局公布《禁止非法生产销售使用窃听窃照专用器材和"伪基站"设备的规定》。其中第三条规定："本规定所称窃听专用器材，是指以伪装或者隐蔽方式使用，经公安机关依法进行技术检测后作出认定性结论，有以下情形之一的：（一）具有无线发射、接收语音信号功能的发射、接收器材；（二）微型语音信号拾取或者录制设备；（三）能够获取无线通信信息的电子接收器材；（四）利用搭接、感应等方式获取通讯线路信息的器材；（五）利用固体传声、光纤、微波、激光、红外线等技术获取语音信息的器材；（六）可遥控语音接收器件或者电子设备中的语音接收功能，获取相关语音信息，且无明显提示的器材（含软件）；（七）其他具有窃听功能的器材。"第四条规定："本规定所称窃照专用器材，是指以伪装或者隐蔽方式使用，经公安机关依法进行技术检测后作出认定性结论，有以下情形之一的：（一）具有无线发射功能的照相、摄像器材；（二）微型针孔式摄像装置以及使用微型针孔式摄像装置的照相、摄像器材；（三）取消正常取景器和回放显示器的微小相机和摄像机；（四）利用搭接、感应等方式获取图像信息的器材；（五）可遥控照相、摄像器件或者电子设备中的照相、摄像功能，获取相关图像信息，且无明显提示的器材（含软件）；（六）其他具有窃照功能的器材。"

② 〔美〕乔尔·范伯格：《刑法的道德界限·第 2 卷，对他人的冒犯》，方泉译，商务印书馆，2014，第 139 页。

者反应来定性偷拍的影像。将偷拍的性隐私影像称为"淫秽物品"是对被偷拍者的二次伤害。

第二，《刑法》第三百六十三条所规定的"制作"行为之构成犯罪，须以"牟利"为目的，而偷拍他人性隐私不一定以牟利为目的。

第三，立法机关规定这两种犯罪，主要目的在于维护社会管理秩序，防止人们特别是未成年人受到淫秽物品的不良影响，没有考虑到对公民隐私权和性权利的保护，因而司法机关自然也不会从保护被偷拍者合法权益的角度设置犯罪构成的具体条件。按照最高人民法院1998年《关于审理非法出版物刑事案件具体应用法律若干问题的解释》和最高人民法院、最高人民检察院2004年《关于办理利用互联网、移动通讯终端、声讯台制作、复制、出版、贩卖、传播淫秽电子信息刑事案件具体应用法律若干问题的解释》、2010年《关于办理利用互联网、移动通讯终端、声讯台制作、复制、出版、贩卖、传播淫秽电子信息刑事案件具体应用法律若干问题的解释（二）》，认定制作、传播淫秽物品（含淫秽电子信息）的行为是否构成犯罪，以及衡量行为人罪行的大小，主要是根据制作传播淫秽物品的数量、观看者的数量或者牟利数额。这样的数量标准，对于处理制作、传播淫秽物品犯罪是需要的，但难以适用于处理利用影像设备偷拍他人性隐私以及予以传播的行为。如果将偷拍的性隐私影像视为淫秽物品，受害人需要等到性隐私视频被大量点击或者广泛扩散之后才有可能获得刑法救济。

第四，《刑法》第三百六十三条、第三百六十四条以及《刑法》其他条款都没有禁止对性隐私的偷窥，这应当是因为在立法时将偷窥理解为肉眼观察，认为危害不大，无须刑事处罚。然而，现在如果继续持此认识，则是极大地低估了利用高科技影像设备偷窥他人性隐私的危害严重性。

另外，2015年《刑法修正案（九）》增加第二百八十七条之一，设立"非法利用信息网络罪"，其中也提到"淫秽物品"。根据该条规定，利用信息网络发布有关制作或者销售淫秽物品等违法犯罪信息，情节严重的，处三年以下有期徒刑或者拘役，并处或者单处罚金。但是如前所述的原因，这条规定对于防治利用影像设备偷拍他人性隐私以及予以传播的行为，也是力有不逮。

2017 年 6 月 18 日有媒体报道，有人在 QQ 群中兜售远程控制家庭摄像头的破解软件，并有大量人员非法购买后利用摄像头进行偷窥，严重侵犯了公民个人隐私。针对这一情况，北京市公安局高度重视，迅速成立专案组，开展案件调查工作。7 月 13 日，北京警方通报，全国首例网上传播家庭摄像头破解软件犯罪案成功破获，历时 19 天，抓获涉案人员 24 名。出售破解软件人员党某某，因涉嫌非法获取计算机信息系统数据罪被刑事拘留；购买人员赵某某，因涉嫌非法控制计算机信息系统罪被刑事拘留。据北京警方相关负责人介绍，该案为新型网络黑客犯罪，目前尚无司法案例可参照办理。[1]

以"非法控制计算机信息系统罪"（《刑法》第二百八十五条第二款[2]）追究利用破解软件控制他人家中摄像头以偷窥隐私的行为，是基本可行的。但是，此罪不能覆盖通过其他现代化手段偷窥偷拍他人隐私的情况。

为了进一步保障公民隐私权、性权利和私生活的安宁，维护社会秩序和善良风气，应当更有力有效地治理利用影像设备特别是数字或者电子的影像设备偷窥偷拍他人性隐私和传播偷拍的性隐私影像的行为。根据我国实际情况，并且借鉴其他国家或者地区关于视频窥阴的刑事立法，建议我国刑法增设"利用影像设备偷窥偷拍性隐私罪"和"传播他人性隐私影像罪"。

"利用影像设备偷窥偷拍性隐私罪"条款，在表述上不必明确列出偷窥偷拍性隐私的场所。而在法理上，对于偷窥偷拍性隐私构成犯罪的场所，可以借鉴美国的"隐私的合理期待"标准，解释或者理解为一般人对性隐私的全部或者部分有合理期待的地方。公共场所的性隐私，主要是指

---

[1]　王昊男：《北京警方 19 天破获入侵家庭摄像头案》，《人民日报》2017 年 7 月 14 日。

[2]　《刑法》第二百八十五条第一款规定："违反国家规定，侵入国家事务、国防建设、尖端科学技术领域的计算机信息系统的，处三年以下有期徒刑或者拘役。"第二款规定："违反国家规定，侵入前款规定以外的计算机信息系统或者采用其他技术手段，获取该计算机信息系统中存储、处理或者传输的数据，或者对该计算机信息系统实施非法控制，情节严重的，处三年以下有期徒刑或者拘役，并处或者单处罚金；情节特别严重的，处三年以上七年以下有期徒刑，并处罚金。"

衣裙之下的或者仅由内衣遮掩的身体私密部位，但在可以进行适当裸露肢体的活动如游泳、日光浴、模特秀、体操、舞蹈、健身等的公共场所，人们的肉眼可以自由看到的情形除外。

"利用影像设备偷窥偷拍性隐私罪"所指行为是：未经他人同意，故意利用具有记录、存储或者传输影像功能的设备，秘密观察或者摄录他人非公开的性行为、裸体、身体私密部位等情形。"未经他人同意"是指未经当事人理智的知情同意，丧失辨认能力的精神病人和不满十四岁未成年人的"同意"不具有法律效力。"秘密观察或者摄录"是指不使或者企图不使当事人知道而进行观察、摄录。"非公开"是指当事人未将依据社会标准应当或者可以不公之于众的事项公之于众，其对非公开事项作为隐私的期待是合理的，或者说，非公开事项不属于公众"合法关注"的范围。故意利用具有记录、存储或者传输影像功能的设备观察他人性隐私，即使没有加以摄录，也构成此罪；仅仅是肉眼偷窥或者利用不具有记录、存储或者传输影像功能的设备如普通望远镜进行偷窥，不构成此罪，应依据治安管理处罚法给予处罚。

"传播他人性隐私影像罪"所指行为是：未经他人同意，故意将记录他人非公开的性行为、裸体、身体私密部位等情形的影像予以公开、传播。所谓"影像"，包括各种形式的静态或者动态影像。不论是偷拍的他人性隐私影像，还是经他人同意拍摄的性隐私影像，或者是第三人拍摄的性隐私影像，只要未得到被拍摄者对公开、传播的同意而故意予以公开、传播，均构成此罪。

这两种犯罪，侵犯的客体是公民隐私权和性权利，应当列在刑法分则第四章"侵犯公民人身权利、民主权利罪"之中。两罪均应为告诉的才处理，但当事人没有能力告诉，或者因受到强制、威吓无法告诉的除外。未有当事人告诉的制作、传播具有性内容影像的行为，符合《刑法》第三百六十三条或者第三百六十四条规定的，按"制作、复制、出版、贩卖、传播淫秽物品牟利罪"或者"传播淫秽物品罪"论处。对他人实施强制之后，观察、摄录其性行为、裸体、身体私密部位等情形，应按"强制猥亵罪"论处。对丧失辨认能力的精神病人，经其"同意"而观察、摄录其性行为、裸体、身体私密部位等情形，亦应按"强制猥亵罪"论处。对不满十四岁未成年人实施强制，或是经其"同意"，而观察、摄录其裸体、身体私密部位等情形，应按"猥亵儿童罪"论处。

第二节　调整"传播性病罪"的犯罪主体范围

提案

关于修订刑法，调整"传播性病罪"规定，

扩大其犯罪主体的提案

（政协十一届全国委员会第一次会议第 1253 号/

政治法律类 83 号，2008 年 3 月）

1991 年，全国人民代表大会常务委员会通过《关于严禁卖淫嫖娼的决定》，其中规定，明知自己患有梅毒、淋病等严重性病卖淫、嫖娼构成犯罪。1997 年《刑法》延续了《决定》的精神，明确设立了"传播性病罪"。《刑法》第三百六十条第一款规定："明知自己患有梅毒、淋病等严重性病卖淫、嫖娼的，处五年以下有期徒刑、拘役或者管制，并处罚金。"根据这一条款，只有明知自己患有严重性病而卖淫嫖娼，才构成"传播性病罪"。也就是说，虽然明知自己患有严重性病而与他人发生性关系，甚至把性病传染对方，但只要性关系不属于卖淫嫖娼，便不构成"传播性病罪"。这样的规定是不合理的，应当修改。

当初如此规定"传播性病罪"可能与那时人们对性病传播途径的认识有关。性病传播的主要途径是混乱的性关系。而卖淫嫖娼是典型的混乱性关系。因此，当时有些人可能认为，只要遏制卖淫嫖娼，特别是严厉打击性病患者卖淫嫖娼，就可以有效遏制性病的传播。这种认识，大体与 20 世纪八九十年代的情况相适应，但放在今天，就显然滞后了。目前，非卖淫嫖娼的婚外、婚前性关系也十分活跃。这种状况是一个客观存在，长时期内难以改变。

而且事实上，性病的传播并不会局限于卖淫嫖娼关系内。卖淫者和嫖娼者都有各自的社会关系，在卖淫嫖娼关系之外，他们还可能与其他人如配偶、情人发生性关系。相比之下，有嫖娼行为的人更有可能把性病传染给配偶或者其他与他们有性关系的非卖淫者。他们的性对象因为不知道他们曾经嫖娼并已经患有性病，可能不拒绝他们的性要求和采取防护措施，很容易被传染，并可能进而传染胎儿（例如胎传梅毒）。这些没有卖淫嫖娼行为的人，被传染性病是无辜的。他们比卖淫嫖娼者更羞于去治疗性病（因此也难以进入国家性病疫情监测统计，成为性病"黑数"），会遭受更大的躯体和精神痛苦。但是，曾经嫖娼的人在与配偶或者其他非卖淫者发生性关系时不具有嫖娼者的身份，被害人不能以"传播性病罪"追究他们的刑事责任。

迫不得已，有的被害人以其他罪名控告行为人，但公安机关往往不予受理。例如，有一妻子被明知自己有性病的丈夫传染性病后，以"故意伤害罪"报案，公安机关以不能认定行为人具有伤害故意为由拒绝立案。还有学者认为这种情况构成"过失致人重伤罪"。但"过失致人重伤罪"构成在客观上应有重伤的结果，而《刑法》第九十五条关于"重伤"的解释，司法部、最高人民法院、最高人民检察院、公安部1990年颁布的《人体重伤鉴定标准》，都没有提到性病。虽然受害者可以通过民事诉讼追究行为人的责任，但民事诉讼耗时费力，让人望而却步。民事责任对促使行为人改过自新也缺乏足够的震慑力度。而且，从根本上说，由于性病是很容易传染、流行的疾病，罹患或者传播性病已非个人的私事，应有公法介入。

《刑法》设立"传播性病罪"的根本目的，在于遏制性病传播，保护所有公民的身体健康。就性病本身及其造成的痛苦和危害来说，是由卖淫嫖娼途径传播还是由其他性关系传播没有什么不同。故意或者放任传播性病，本身就具有严重的社会危害性，足以给予刑事制裁。从某种意义上说，因卖淫嫖娼被传染性病多少有些咎由自取，而明知自己患严重性病还与非卖淫嫖娼者发生性关系，危害到无辜者，主观恶性更大，更具有社会危害性，也更应当受到刑事制裁。

总之，为构建和谐社会，更有效地遏制性病通过性行为传播，保护所有公民的健康，《刑法》应当取消"传播性病罪"对犯罪主体的卖淫嫖娼者的身份限定。这样，不仅可以更有效地防治性病的传播，继续惩处明知自己患有性病而卖淫嫖娼的人，而且可以使无辜的受害者得到刑事救济，有助于避免没有从事卖淫嫖娼活动的人被传染性病，对社会上的混乱性关系也有一定的警示作用。

《刑法》有关"传播性病罪"的条款还应作出其他几点修改。（1）应明确将比一般性病更具危害的艾滋病包括进去。这对于控制艾滋病的传播具有重要意义，一定会起到积极作用。为回避艾滋病是否属于性病的争议，条文可以将艾滋病和性病并列表述，即"明知自己患有艾滋病或者梅毒、淋病等严重性病……"。（2）考虑到艾滋病目前以及今后很长一段时间属于危害生命的不治之症，传染他人艾滋病危害极为严重，应当对造成传染艾滋病后果的，规定较重的刑罚。（3）发生性关系，除卖淫嫖娼和有其他违法情节外，属于私生活，法律不宜过多干预。对于因发生性关系而被传染性病，法律是否干预，应尊重被害人的裁量选择，但卖淫嫖娼和导致严重后果（致人患艾滋病）的除外。（4）为避免法条的冲突，应规定：对明知自己患有艾滋病、梅毒、淋病等严重性病强奸妇女、奸淫幼女、强制猥亵妇女、猥亵儿童的，应当分别依照刑法有关强奸罪、强制猥亵妇女罪、猥亵儿童罪的规定定罪，从重处罚。（5）鉴于此罪的成立并不以传染多人的后果或可能性为必要条件，建议最高人民法院和最高人民检察院在确定罪名时，以"传染"取代"传播"，即"传染艾滋病、性病罪"（选择性罪名）或者"传染性病罪"。（6）修改后的"传染艾滋病、性病罪"或者"传染性病罪"，已经不限于卖淫嫖娼，并且主要保护的是公民人身权利，其条款应当从刑法分则第六章"妨害社会管理秩序罪"第八节"组织、强迫、引诱、容留、介绍卖淫罪"，调整到第四章"侵犯公民人身权利、民主权利罪"。

修改后的"传染艾滋病、性病罪"或者"传染性病罪"条文拟为：

　　明知自己患有艾滋病或者梅毒、淋病等严重性病（或表述为"明知自己患有艾滋病、梅毒、淋病等严重性病"，下同）与他人发生性关系的，处五年以下有期徒刑、拘役或者管制，并处罚金；致人患艾滋病的，处五年以上有期徒刑。

明知自己患有艾滋病或者梅毒、淋病等严重性病强奸妇女或者奸淫不满十四周岁的幼女的，依照本法第二百三十六条的规定定罪，从重处罚；强制猥亵妇女或者猥亵儿童的，依照本法第二百三十七条的规定定罪，从重处罚。

第一款罪，告诉的才处理，但是卖淫、嫖娼或者致人患艾滋病的除外。

另外，对故意以其他方式传染艾滋病、性病，伤害他人的，应当定故意伤害罪。为此，《刑法》第二百三十四条关于故意伤害罪的规定也需作适当调整。建议将"故意伤害他人身体的"改为"故意伤害他人身体或者健康的"。

[复函摘要]

全国人大常委会法制工作委员会（法工委议〔2008〕19号，2008年5月30日）：

刑法第三百六十条第一款将明知自己患有梅毒、淋病等严重性病卖淫、嫖娼的行为规定为犯罪，主要是考虑到卖淫、嫖娼违法活动是性病传播的主要途径，不仅严重危害社会治安，也对公共健康造成严重威胁，社会危害性极大。对提案中提出的取消传播性病罪主体的卖淫嫖娼者的身份限定，对明知自己患有严重性病而与非卖淫、嫖娼者发生性关系，导致其传染性病的行为定罪量刑的建议，我们将进一步广泛听取意见，会同有关部门认真研究。

关于提案中提出的将艾滋病明确写入第三百六十条，以追究故意传播艾滋病行为刑事责任的建议。根据传染病法、性病防治管理办法等法律、行政法规的规定，艾滋病属于性病范畴，对明知自己患有艾滋病而卖淫、嫖娼的，应当依据刑法第三百六十条的规定追究行为人的刑事责任。

对您在提案中提出的其他建议，我们将在刑法修改工作中认真加以研究。

[阐述]

在研究性犯罪问题的过程中，我对性病及其防治问题也有所考察。在2004年3月我提出《关于制定〈性病防治法〉的提案》（详见本书第七章第三节），从社会治理和行政法的角度建议加强对性病的防治。同时，我还从刑法角度考察性病防治问题。在2005年写了一篇文章《性病传播的刑法对策》（"学术观察论坛"2005年7月1日，署名法正居士），分析《刑法》关于"传播性病罪"规定的适用与局限性。2008年《关于修订刑法，调整"传播性病罪"规定，扩大其犯罪主体的提案》的主要意思，就来自该文。《性病传播的刑法对策》内容如下。

一　案例分析

媒体连续报道了两起非卖淫嫖娼途径传播性病的案例。甲案是，夫妻蜜月未完，妻子就被丈夫传染性病，丈夫也承认（后又否认）自己早就得了性病。悲愤之余，妻子发誓要追究丈夫"故意伤害"的刑事责任。[①] 乙案是，一女性红杏出墙，被情人传染性病，之后其丈夫也被她传染性病，她怀中的胎儿也可能感染性病。她质问情人"为何明知自己有病，还和我发生关系"，情人回答是"太爱你了"。她想以"传播性病罪"控告情人，把他送进监狱。[②]

两案的情况差不多，女被害人（姑且这么说）都想追究男方故意传播性病的刑事责任，不同之处，前者想以"故意伤害罪"控告，后者想以"传播性病罪"控告。两相比较，后者显然没有获得支持的可能。我国《刑法》第三百六十条所规定的"传播性病罪"，限于卖淫、嫖娼关系中的性病传播，不适用于卖淫、嫖娼关系之外的性关系。而前者以"故意伤害罪"追究男方故意传播性病的刑事责任，虽然没有明确条文的依据，但从法理上说不是没有可能。我

---

① 《新娘婚后十天感染性病　状告丈夫故意伤害》，《成都商报》2005年5月16日。

② 洪唯：《有夫之妇偷情染梅毒　为送情夫入狱称宁做卖淫女》，《金陵晚报》2005年5月26日。

认为，故意将自己所患性病以性交等方式传染他人，造成他人健康之损害，符合故意伤害罪的构成，夫妻关系不能成为辩护理由。但是实际情况是，当甲案女被害人以"故意伤害罪"报案后，公安机关却拒绝立案。有关人员解释：传播性病，对身体健康的确造成了伤害，但其丈夫的传播动机和目的是否为要伤害她还不明确，因此立案"的确存在难度"。该女被害人后又提起刑事自诉。法院收下了她递交的材料和相关证据，但过了一段时间，又全都退还给了她，建议她"先民事后刑事"，其理由是"此案存在争议"。对此，该女被害人难以理解："即便是普通人也知道性病会通过性行为传播，何况他已患性病6年，不可能不知道不采取措施与他人发生性关系的后果。他故意隐瞒自己患病的真相，将性病传播给我，对我的身体和精神上造成了极大伤害，这样的行为难道还不能算'故意伤害?'"

应当说甲案女被害人的遭遇令人同情，其愤懑也可以理解，但是，公安机关和法院拒绝立案的理由也不无道理，无刁难之意。故意伤害罪构成的主观要件，是须有伤害之故意。甲案中的丈夫明知自己患有性病，但在性欲驱使下，隐瞒自己的病情，不顾可能将性病传染妻子之危险，而与妻子性交，极端自私自利，在道德上实该谴责，但如果说其有"伤害"妻子的故意则有一丝勉强。他以如此下作手段伤害妻子的动机是什么？故意伤害罪的成立虽然可以不问行为人动机，但分析其动机有助于对其有无犯罪故意的认定。能不能根据其明知自己有性病，就认定他与妻子性交有伤害妻子的故意？这种对责任的追究，是否过于严格？

在甲案之前，国内曾有两起非卖淫嫖娼传播性病案按故意伤害罪批捕、起诉的案例，但在那两起案件中行为人都以报复他人为目的。一是2004年3月，石狮市检察院以故意伤害罪起诉了一名传播性病的女子。该女子失恋后走上卖淫道路，染上性病，她认为自己沦落到这种地步是因为前男友，于是决定报复。后约见前男友，并故意引诱，当晚二人发生性关系。此后，两人又发生数次性关系。最终前男友染上性病。① 二是 2004 年 6 月，哈尔滨市检察机关以涉嫌伤害罪批捕了一名男子。该男子因失恋后自暴自弃，经常嫖娼，感染了性病，他将一切痛苦的根源归结到了初恋女友身上。为报复变心的女友，他决定将性病传播给她，便提出约见。而她也正遇失恋，两人一拍即合，在一家宾馆里发生了关系。几天后，她被检查出已经患上了淋病，于是报警。讯问中，该男子对犯罪事实供认不讳。检察机关随即依法对其正式批捕。② 我认为，这两起案例对行为人的刑事追究是正确的。第一案，因有多次性关系的发生，传播性病进行伤害的故意尤为明显。而第二案，仅发生一次性关系就将性病传染出去，如果没有行为人的自供，其行为动机目的在客观上认定是有困难的。如果不是"该男子对犯罪事实供认不讳"，而只是对发生性关系"供认不讳"，定性就麻烦了。

在这两个以报复为目的的传播性病案件的对比之下，可以说，对甲案认定为故意伤害罪，在实践中的过程是不会顺利的。不过，如果从间接故意的进路分析故意伤害罪的成立，人们或许更容易接受。但是，那个丈夫真的会对自己把性病传染给妻子抱持一种"放任"的态度吗？这在情理上是有疑问的。这样一种态度，也许会存在于卖淫、嫖娼关系和其他临时的非婚性关系之中，但存在于新婚宴尔的夫妻关系之中，可能性实在不大。即使那个丈夫只是把妻子当作发泄工具，他难道不希望把这个工具利用得更长久一些吗？他比任何人都不希望他的妻子得性病，除了他妻子。他实际是以为自己不会把性病传染给妻子，至少这一次是这样。而"放任"是一种什么心态？——发生了也没有什么不好，也不错。

甲案定为过失伤害罪可能是更好的选择。那个丈夫作为一个理智健全的成年人，明知自己有性病，应当预见到不采取防范措施与妻子

① 王传苗：《女青年故意把性病传给前男友 被控故意伤害罪》，中国新闻网，2004 年 3 月 31 日。
② 沈萍、周玥君、李永明：《初恋受挫四处"寻花"得性病故意传染初恋女友》，中国新闻网，2004 年 7 月 16 日。

性交，可能会把性病传染给妻子，但因为性欲冲动、头脑发昏导致疏忽大意而没有预见，或者已经预见而轻信自己的性病已经治愈或者已经不传染，以致把性病传染给妻子。根据报道分析，那个丈夫轻信自己的性病已经治愈或者已经不传染的可能性更大。那位妻子也说她发现其丈夫"一直在治疗""一直在偷偷服药"。这个事实也间接说明，其丈夫并没有想把性病传播出去的故意。我分析，其丈夫可能是误以为经过长期治疗和坚持服药，他的病情已经好转或者传染概率很小，所以在性欲冲动下，贸然不采取防范措施而与妻子性交。但是，认定过失伤害罪，在法律上也有一些障碍。我国《刑法》第二百三十五条规定的过失伤害罪，是"过失致人重伤罪"，其构成在客观上应有重伤的结果。而被人传染性病是否属于重伤，在刑法和相关司法解释上是不明确的。《刑法》第九十五条关于"重伤"的解释，司法部、最高人民法院、最高人民检察院、公安部1990年颁布的《人体重伤鉴定标准》，都没有提到性病。广义的性病，除艾滋病外，只要治疗及时都不是不治之症，且不会留下重大后患，一概列为重伤比较勉强。因性病导致生殖器官损坏和性功能、生殖功能缺失或许可以列为重伤，但就甲案来说，丈夫传染给妻子的性病是否导致生殖器官损坏和性功能、生殖功能缺失还是未知的，医生只是对女被害人说她的生育能力有"可能受到影响"。

二 名不副实的"传播性病罪"

这两个案例自然让我想到关于传播性病罪的讨论。1997年《刑法》增加了传播性病罪。近几年有些学者对《刑法》有关规定提出意见，认为此罪把犯罪主体限定在卖淫、嫖娼者是不妥当的，建议取消这个限定。显然，他们注意到，在现实中发生的传播性病的事情，不都是卖淫嫖娼者所为。同时，他们也考虑到，对某些传播性病行为以伤害罪定罪处罚是有困难的。而甲、乙两案似乎进一步印证了他们的看法。对他们的观点我基本是支持的。我想从理由方面再做一些补充。

《刑法》第三百六十条规定："明知自己患有梅毒、淋病等严重性病卖淫、嫖娼的，处五年以下有期徒刑、拘役或者管制，并处罚金。"这一条款所规定的犯罪，被定名为"传播性病罪"。其实这个罪名并不准确。这一条款所规定的犯罪，其构成需有两个要件，一明知自己患有性病，二进行卖淫嫖娼，而并不要求有性病传播的后果，也不论患有性病的卖淫者或者嫖娼者是否采取了预防性病传染的措施。一方面，明知自己患有性病而卖淫嫖娼，即使没有传播性病，也构成此罪。另一方面，明知自己患有性病与他人发生性关系，进而把性病传染给对方，但只要性关系不属于卖淫嫖娼，便不构成此罪。可见此罪条文的核心是禁止性病患者卖淫嫖娼。所以，将此罪称为"性病患者卖淫嫖娼罪"或许更为恰当。怎么看，我都觉得此罪好像是借防止性病传播之名，而行把卖淫嫖娼犯罪化之实。

不禁要问，当初刑法为什么没有设立一个名实相副的"传播性病罪"呢？我认为，这与立法者对性病传播途径的认识有关。性病传播的主要途径是混乱的性关系。而最典型的混乱性关系就是卖淫嫖娼。立法者可能认为，只要遏制卖淫嫖娼，特别是严惩性病患者卖淫嫖娼，就可以有效防止性病的传播。这种想法，如果是在20世纪七八十年代，大体与当时的情况相适应，但在90年代就显滞后了，而放在当今，就几乎是错误的了。在当今，非卖淫嫖娼的混乱性关系的活跃程度并不比卖淫嫖娼逊色多少。

没有数据说明谁多谁少，但也不能轻易下结论说，卖淫嫖娼关系比其他的混乱性关系更容易传播性病。卖淫者以卖淫为生，对自己的卫生比较在乎，可能有防治性病的意识和措施。尤其是那些"个体"的、有人身自由的卖淫者，更是如此。我武断地认为，患有性病的卖淫者主要是那些被强迫、被组织卖淫的人。我估计，这样的卖淫者在大城市可能已经居于卖淫者的少数。嫖娼者在防治性病方面可能比卖淫者大意，据一些调查，有相当数量的嫖娼者不愿意使用避孕套。但是，患有性病的嫖娼者把性病传染给卖淫者的机会并不多。一是有经验的卖淫者会小心检查其是否有病或者坚持使用避孕套；二是性病对性功能可能造成一些消极影响，使有嫖娼习惯者停止或者减少嫖娼行为。

极而言之，卖淫者和嫖娼者互相传染性病本不足惜。嫖娼者感染性病，更是咎由自取。谁也没有强迫他们嫖娼。但是，性病的传播并不会局限于卖淫嫖娼圈内。卖淫者和嫖娼者还有自己的社会关系，他们还可能与其他人发生包括性交在内的零距离接触。相比之下，嫖娼者更有可能把性病传染给配偶或者其他和他们有性关系的非卖淫者。甲、乙两案的男主角就是如此。性病对他们的性功能也可能造成一些消极影响，但他们为了保持平时性生活的习惯，或者投对方之所好，也会硬着头皮上阵。嫖娼者和卖淫者还有一个不同。卖淫者以性交为"职业"，大多未婚，"工作"之余无心或者没有机会和非嫖娼者性交，因而她们把性病传染给非嫖娼者的机会不多。而嫖娼者大多在嫖娼外还和非卖淫者如妻子、情人等性交。他们的性对象因为不知道他们曾经嫖娼并已经得上性病，也不拒绝他们的性要求和采取防护措施。所以，总起来看，嫖娼者比卖淫者更有可能传播性病。把性病带出卖淫嫖娼圈的，主要是嫖娼者。卖淫者把性病传染给嫖娼者，可以说是嫖娼者咎由自取。而被曾经的嫖娼者传染性病的非卖淫者则完全是无辜的。更应指出，曾经嫖娼的人在与配偶或者其他非卖淫者发生性关系时不是嫖娼，已经不具有嫖娼者的身份。因而，此时他们传播性病并不构成刑法规定的传播性病罪。即使他们把性病传染给 n 个人，也不构成传播性病罪。《刑法》就是这样宽宏而莫名其妙地把一群可能比卖淫者更可能传播性病的人放过。

《刑法》第三百六十条把性病传播限定在卖淫嫖娼关系之内，制造出两个令立法者意想不到的后果。第一，刑罚把性病患者清理出卖淫嫖娼队伍，或者吓阻性病患者继续卖淫嫖娼，间接提高了卖淫嫖娼的卫生安全系数。这也许会助长卖淫嫖娼。第二，性病患者把性病传染给卖淫者或者嫖娼者，可能构成犯罪，而把性病传染给非卖淫嫖娼者反而可能不构成犯罪。《刑法》第三百六十条虽然意在维护公众卫生，但直接的保护对象竟然是卖淫嫖娼者。立法者也许会解释说，在非卖淫嫖娼的性关系中发生的性病传播，可以按伤害罪处理。但是，既然传播性病可以按伤害罪处理，为什么还要为卖淫嫖娼传播性病专门设立一罪呢？对卖淫嫖娼传播性病不也是可以按伤害罪处理吗？就性病来说，是由卖淫嫖娼途径传播还是由其他性关系传播能有什么不同呢？

总之，如果立法者真想通过设立传播性病罪来防治性病传播，就应当取消对犯罪主体的卖淫嫖娼者的身份限定。《刑法》对传播性病罪的规定，应当修改为："明知自己患有梅毒、淋病等严重性病而与他人发生性关系，传染性病给他人的，处五年以下有期徒刑、拘役或者管制，并处罚金。"而且，此罪应从《刑法》分则第六章"妨害社会管理秩序罪"第八节"组织、强迫、引诱、容留、介绍卖淫罪"调整到第四章"侵犯公民人身权利、民主权利罪"。

三　刑法之外

传播性病罪是一个挺有中国特色的罪名。我翻了十来个国家的刑法典也没有发现这个罪名。分析其原因，可能是：（1）对于故意将自己所患性病以性交等方式传染他人，并造成他人健康严重损害，按故意伤害罪处罚，而且不论是否卖淫嫖娼。而对于一般与他人性交传染性病行为，由被害人提出民事追究；（2）由于性卫生工作的发达和性卫生常识的普及，性病（艾滋病除外）不再流行，因而因性交传染性病的事情很少发生，刑法没有立罪的必要；（3）非婚性关系包括卖淫嫖娼的除罪化使人们在因非婚性关系罹患性病时，可以坦然去治疗，不必担心因性病的暴露导致卖淫、嫖娼或者其他非婚性关系的暴露，进而被法律追究；（4）卖淫的合法化即国家对卖淫进行管理，包括对卖淫者身体健康的管理，有助于卖淫者保持卫生和健康。后三个原因是关联的。

外国的经验说明，对非婚性关系包括卖淫嫖娼采取一种更宽容的态度，也许有助于防止而不是扩大性病的传播。这个经验也许并不适合中国，但它提示我们，防止性病传播还有许多刑罚之外的工作可做。刑罚是防止性病传播最严厉的手段，但也是最后的手段。是否最有效的手段也大可怀疑。防止性病传播到了非用刑罚手段的程度，说明刑罚之外的工作没有做好。

性病（除了艾滋病）并非不治之症。而且像其他许多疾病一样，早期发现早期治疗，性病也不难治。性病传播的一个最基本条件是性病患者没有得到及时有效的治疗。如果所有性病患者都能够得到及时有效的治疗，性病的传播自然失去最基本的动力。这事本不难实现。世界上有谁不希望自己的性病能够得到及时有效的治疗呢？但性病传播或者流行的事实表明，许多性病患者没有得到及时有效的治疗。合格的医生是有的，有效的药品是有的。缺少的是性病患者治疗的胆量。他们怕自己患病的隐私被暴露，性病不论是怎样得上的，都是难言之隐。他们更怕自己的非婚性关系包括卖淫嫖娼的事实随着性病的暴露而暴露，进而受到处罚。因而他们在染上性病后能忍则忍，忍不下去时就去找不可靠的个体医生或者非法行医者治疗。挨宰不说，治疗效果也未必好。个别人在绝望中把患病的怨恨发泄到传染性病给他们的人身上，报复杀人。还有的把怨恨转向社会，故意向他人传播性病，或者杀害无辜的卖淫者。

他们的担心并非多余。卫生部《性病防治管理办法》（1991）虽然规定了为患者保守秘密的原则，却没有规定医院及其医生泄露患者秘密应承担什么责任，会受到什么处罚。① 这实际上只是一种医德性质的自我约束，不具有法律的强制性。患者在患病隐私被泄露后无法获得有效救济。对他们来说，最可怕的是，国务院《关于坚决取缔卖淫活动和制止性病蔓延的通知》（1986）规定：医院发现性病患者后，应当立即通报当地公安机关，经查明系卖淫或嫖宿人员的，予以收容劳动教养，或者给予治安管理处罚。② 在这种情况下，性病患者的治疗率可想而知。我不知道这个通知是否还有效。我认为，为了促使卖

---

① 2012年6月29日，卫生部公布新的《性病防治管理办法》（自2013年1月1日起施行）。其中规定，医疗卫生机构不得泄露性病患者涉及个人隐私的有关信息、资料，对医师、护士在性病诊疗活动中泄露患者隐私的，分别根据《执业医师法》《护士条例》的有关规定进行处理。详见本书第七章第三节。

② 1987年10月26日中共中央办公厅、国务院办公厅转发的公安部、司法部、卫生部、民政部、全国妇联《关于严厉打击、坚决取缔卖淫活动和制止性病蔓延的报告》（1987年9月21日）提出："对卖淫、嫖娼，屡教不改，破坏公共秩序，或者有性病仍卖淫、嫖娼，危害他人健康构成流氓罪的，要按流氓罪论处。"这一文件未经最高人民法院、最高人民检察院签署，不属于司法解释。笔者亦未查找到1979～1997年间发生的患性病卖淫、嫖娼按流氓罪论处的实际案例。

淫嫖娼者主动检查治疗性病，应当调整打击卖淫嫖娼和防治性病两者的关系：除发现其他犯罪事实，性病防治机构不向公安机关报告患者卖淫嫖娼的情况，检查治疗性病过程中患者陈述的卖淫嫖娼事实不得作为公安机关处罚的根据。我也想过：会不会有人希望性病在一定范围内和程度上存在，以吓阻卖淫嫖娼？试想，如果没有性病，会不会有更多的人卖淫嫖娼？记得当年艾滋病在外国刚出现时，有些人是很幸灾乐祸的，认为艾滋病是对性乱者的惩罚。于是有些人起劲地宣传和渲染艾滋病的危害，但做得太过火了，以至于人们见到艾滋病人比见到老虎还害怕，而对他们采取彻底封杀的态度和政策。结果怎样呢？得了艾滋病的人不敢看病治疗，隐瞒自己的病情，照样活动于人群之中，导致艾滋病进一步传播。

根据全国人大常委会《关于严禁卖淫嫖娼的决定》，对患有性病的卖淫嫖娼人员，应当实施强制治疗。但是，有些警察在查处卖淫嫖娼人员时，不通知防疫部门进行体检，而是一罚了之。卫生部、公安部《关于对卖淫嫖娼人员强制进行性病检查治疗有关问题的通知》规定，对卖淫嫖娼人员强制性病检查治疗的费用，本人或家属确实无力负担的，由公安、卫生部门提出意见，由当地财政部门负责解决。但是由于这个通知对其他部门没有约束力，公安、卫生部门提出的意见很可能没有结果。

卖淫嫖娼等非婚性行为不是感染性病的唯一途径，许多人罹患性病是没有过错的，在道德方面不具有可谴责性。即使是因在卖淫嫖娼等非婚性行为中感染性病的人，也不能加以歧视。有些地方制定的性病防治条例，对性病患者的某些权利所作出的限制，如规定性病患者不得入学，没有国家法律作为依据，是不合法的，应当取消。

使用避孕套对于避免感染性病是有好处的。但是 1989 年国家工商行政管理总局下发的《关于严禁刊播有关性生活产品广告的规定》① 声称，把有关性生活产品向社会宣传，"有悖于我国的社会习俗和道德观

---

① 根据《国家工商行政管理总局关于公布规范性文件清理结果的公告》（工商办字〔2014〕138 号）废止。

念。因此，无论这类产品是否允许生产，在广告宣传上都应当严格禁止"。最近一年（2005）似乎放松了限制。避孕套广告在公共场合出现。在公共场合发放避孕套的事情也戏剧性地出现。习俗和道德似乎受到了挑战，但这个挑战比性病（这里包括艾滋病）对人类的挑战轻松许多。

以上这些事情如果都处理好，《刑法》有没有传播性病罪以及怎样规定传播性病罪就不是大问题。当然，如果认为性病传播和流行本身就不是大问题，《刑法》有没有传播性病罪以及怎样规定传播性病罪就更不是大问题了。

上面的文字是在 2005 年写的。时至今日，传播性病罪扩大犯罪主体范围的问题仍然未获得解决，这显然不利于遏制艾滋病、性病的传播，包括在异性性关系中的传播和在同性性关系中的传播。据中国疾病控制中心、联合国艾滋病规划署、世界卫生组织联合评估，截至 2018 年底，我国估计存活艾滋病感染者约 125 万人。截至 2018 年 9 月底，全国报告存活感染者 85.0 万人，死亡 26.2 万例。估计新发感染者每年 8 万例左右。全人群感染率约为 9.0 例/万人，参照国际标准，与其他国家相比，我国艾滋病疫情处于低流行水平，但疫情分布不平衡。性传播是主要传播途径，2017 年报告感染者中经异性传播的占比为 69.6%，男性同性传播为 25.5%。[①] 还有报道指出，在男同性恋社交软件上，保护未成年人的举措形同虚设，一些成年艾滋病患者在网上结识十四岁以上未成年人，继而发生非强制的同性关系，致使未成年人感染艾滋病。而双方并非卖淫嫖娼关系，传播艾滋病的成年人不能得到传播性病罪的追究，未成年人也不愿出面进行民事诉讼，事情往往不了了之。[②]

不过，有关部门已经重新审视第三百六十条，意识到其中的问题，并在

---

① 《国家卫生健康委员会 2018 年 11 月 23 日例行新闻发布会文字实录》，中国疾病预防控制中心性病艾滋病预防控制中心网站，2018 年 11 月 23 日，http://www.chinaaids.cn/zxzx/zxzx/201811/t20181123_197487.htm。
② 参见马丹萌等《变色的"淡蓝"——在中国最大男同性恋社交软件上，保护未成年人的举措形同虚设》，《财新周刊》2019 年第 1 期。

现行法律框架下加以弥补，我当初的建议部分地得到实现。2017 年 7 月 21 日，最高人民法院、最高人民检察院公布《关于办理组织、强迫、引诱、容留、介绍卖淫刑事案件适用法律若干问题的解释》。其第十一条第一款规定："具有下列情形之一的，应当认定为刑法第三百六十条规定的'明知'：（一）有证据证明曾到医院或者其他医疗机构就医或者检查，被诊断为患有严重性病的；（二）根据本人的知识和经验，能够知道自己患有严重性病的；（三）通过其他方法能够证明行为人是'明知'的。"第二款规定："传播性病行为是否实际造成他人患上严重性病的后果，不影响本罪的成立。"第三款规定："刑法第三百六十条规定所称的'严重性病'，包括梅毒、淋病等。其它性病是否认定为'严重性病'，应当根据《中华人民共和国传染病防治法》《性病防治管理办法》的规定，在国家卫生与计划生育委员会规定实行性病监测的性病范围内，依照其危害、特点与梅毒、淋病相当的原则，从严掌握。"第十二条第一款规定："明知自己患有艾滋病或者感染艾滋病病毒而卖淫、嫖娼的，依照刑法第三百六十条的规定，以传播性病罪定罪，从重处罚。"第二款规定："具有下列情形之一，致使他人感染艾滋病病毒的，认定为刑法第九十五条第三项'其他对于人身健康有重大伤害'所指的'重伤'，依照刑法第二百三十四条第二款的规定，以故意伤害罪定罪处罚：（一）明知自己感染艾滋病病毒而卖淫、嫖娼的；（二）明知自己感染艾滋病病毒，故意不采取防范措施而与他人发生性关系的。"

第三节　完善惩治传播淫秽信息犯罪的法律对策

⬢ 提案

关于完善惩治传播淫秽信息犯罪的法律对策的提案

（政协十一届全国委员会第二次会议第 1074 号／
政治法律类 134 号，2009 年 3 月）

近年来，利用互联网、移动通讯终端传播（包括制作、复制、出版、贩卖、传播）淫秽电子信息的犯罪活动十分猖獗，屡禁不止。除应当坚持不懈予以打击外，还有必要进一步完善有关法律对策，为更有效地惩治传播淫秽电子信息的犯罪活动提供更有力的法律武器。

（一）修订《刑法》，正式将传播淫秽电子信息的行为列为犯罪

1997 年《刑法》列有"制作、复制、出版、贩卖、传播淫秽物品牟利罪"和"传播淫秽物品罪"，但因历史客观原因，没有对传播淫秽电子信息的问题作出规定。2004 年，为惩治利用互联网、移动通讯终端、声讯台等媒介传播淫秽电子信息的行为，最高人民法院、最高人民检察院发布《关于办理利用互联网、移动通讯终端、声讯台制作、复制、出版、贩卖、传播淫秽电子信息刑事案件具体应用法律若干问题的解释》。根据《解释》，传播淫秽电子信息可构成"制作、复制、出版、贩卖、传播淫秽物品牟利罪"或"传播淫秽物品罪"。《解释》还专门规定：具体描绘性行为或者露骨宣扬色情的诲淫性的视频文件、音频文件、电子刊物、图片、文章、短信息等互联网、移动通讯终端电子信息和声讯台语音信息，属于《刑法》所说的"其他淫秽物品"。《解释》是一项重要的司法解释，已经成为惩治传播淫秽信息犯罪的主要法律依据，对于打击传播淫秽信息犯罪活动发挥了积极的作用。

但是，从立法程序角度看，《解释》存在一点瑕疵。按一般理解，物品属于物体，它由物质组成，并占有一定实际空间，而电子信息不具有这些特点。《解释》把淫秽电子信息解释为"其他淫秽物品"，是对"其他淫秽物品"作了扩大的解释。这样的解释似乎超出司法机关的权限。根据《立法法》① 第四十二条规定，法律的规定需要进一步明确具体含义，或者法律制定后出现新的情况，需要明确适用法律依据的，由全国人大常委会负责解释。

为彻底解决这个问题，建议全国人大常委会适时修订《刑法》，通过《刑法》修正案，正式把严重的传播（包括制作、复制、出版、贩卖、传播）淫秽电子信息的行为列为犯罪。有两种立法思路：

---

① 《中华人民共和国立法法》，2000 年 3 月 15 日第九届全国人民代表大会第三次会议通过，根据 2015 年 3 月 15 日第十二届全国人民代表大会第三次会议《关于修改〈中华人民共和国立法法〉的决定》修正。

第一，把"制作、复制、出版、贩卖、传播淫秽物品牟利罪"改为"制作、复制、出版、贩卖、传播淫秽物品、信息牟利罪"，把"传播淫秽物品罪"改为"传播淫秽物品、信息罪"，并对有关条款的内容作相应修订。

第二，考虑到利用互联网、移动通讯终端传播淫秽电子信息行为的特殊性，最好是在"制作、复制、出版、贩卖、传播淫秽物品牟利罪"和"传播淫秽物品罪"之外，单独设立"制作、复制、出版、贩卖、传播淫秽电子信息牟利罪"和"传播淫秽电子信息罪"。

另外，《刑法》应增加一条关于"淫秽电子信息"的解释。

（二）适当提高"传播淫秽物品罪（传播淫秽电子信息罪）"的法定刑

根据现行《刑法》，"传播淫秽物品牟利罪"的法定刑一般是处三年以下有期徒刑、拘役或者管制，并处罚金；情节严重的，处三年以上十年以下有期徒刑，并处罚金；情节特别严重的，处十年以上有期徒刑或者无期徒刑，并处罚金或者没收财产；而"传播淫秽物品罪"的法定刑是，情节严重的，处二年以下有期徒刑、拘役或者管制。这种以是否牟利为主要标准的法定刑设置，或许适应原来那种传播淫秽"物品"的情况，但却很不适应当今传播淫秽电子信息的情况。首先，以牟利为目的传播淫秽电子信息与不以牟利为目的传播淫秽电子信息，两种情况的行为人在主观恶性上没有截然差别，后者可能用心更为险恶。其次，不以牟利为目的而传播淫秽电子信息，由于免费，可能传播更快、更广，影响更大，危害也可能更大。现有惩罚力度，对于不以牟利为目的而传播淫秽电子信息来说，不足以震慑其行为人，与情节严重的罪行明显不相适应。因此，建议适当提高"传播淫秽物品罪（传播淫秽电子信息罪）"的法定刑。可调整为：传播淫秽电子信息，处三年以下有期徒刑、拘役或者管制；情节严重的，处三年以上十年以下有期徒刑。

（三）应以淫秽电子信息内容的恶劣程度作为定罪的主要标准

根据《解释》，以牟利为目的，传播淫秽电子信息，必须达到一定的件数或者达到一定的被点击数，才构成"制作、复制、出版、贩卖、传播淫秽物品牟利罪"。例如，传播淫秽视频文件需达到 20 个以上，传播淫秽电子图片需达到 200 件以上，淫秽电子信息实际被点击数需达到一万次以上。另根据《解释》，不以牟利为目的，传播淫秽电子信息构成"传播淫秽物品罪"的，除造成严重后果的，对数量要求更高，一般需达到前述标准二倍以上。

这样的数量标准欠合理，没有反映出传播淫秽电子信息犯罪的特点。首先，由于电子信息传播迅速、传播广泛，淫秽电子信息的影响和危害是以往淫秽物品无法相比的，一个在互联网传播的淫秽视频，可以抵得上很多数量的淫秽录像带。规定传播淫秽视频文件需达到 20 个以上或者传播淫秽电子图片需达到 200 件以上才构成犯罪，过于宽放，不利于打击这种犯罪。其次，被点击数不是传播淫秽电子信息犯罪的内在特征，也不宜作为定罪标准。传播淫秽电子信息是否构成犯罪，不能根据他人感受、是否"受欢迎"来决定。而且，被点击数的形成因素很多，并且一般不能像盗窃金额那样被传播者自身控制，与传播者主观恶性和淫秽电子信息内容的恶劣程度没有必然联系。如果根据被点击数标准，可能出现这样两种不合情理的情况：在互联网发布一个淫秽视频，即使内容十分恶劣，但如果被互联网管理者及时删除，没有多数人点击，便不构成犯罪；在互联网发布一个一般的淫秽视频，由于互联网管理者的疏忽，没有及时删除，导致上万次点击，便构成犯罪。

从根本上说，传播淫秽电子信息构成犯罪，应以淫秽电子信息内容的恶劣程度为主要定罪标准，同时结合考虑传播范围，包括是否向特定人传播、件数多少、被点击数多少等。具体说：

关于传播淫秽物品牟利罪（传播淫秽电子信息牟利罪）：（1）以牟利为目的，利用互联网、移动通讯终端传播内容特别恶劣的淫秽电子信息，例如描绘聚众淫乱、变态淫乱（强奸、乱伦、兽奸等）的淫秽视频、图片，暴露他人性行为隐私的视频、图片，涉及儿童的淫秽电子信息，不论件数多少、被点击数多少，不论是否造成严重后果，都应以传播淫秽物品牟利罪（传播淫秽电子信息牟利罪）论处。件数、被点击数和严重后果作为量刑因素。（2）以牟利为目的，利用互联网、移动通讯终端传播一般的淫秽电子信息，以件数、被点击数和严重后果作为定罪标准及量刑因素。

关于传播淫秽物品罪（传播淫秽电子信息罪）：（1）不以牟利为目的，利用互联网、移动通讯终端发布即向不特定人传播内容特别恶劣的淫秽电子信息，不论件数多少、被点击数多少，不论是否造成严重后果，都应以传播淫秽物品罪（或传播淫秽电子信息罪）论处。件数、被点击数和严重后果作为量刑因素。（2）不以牟利为目的，通过通信软件、电子邮件等方式向特定人传播内容特别恶劣的淫秽电子信息，以件数和严重后果作为定罪标准及量刑因素。（3）不以牟利为目的，利用互联网、移动通讯终端传播一般的淫秽电子信息，以件数、被点击数和严重后果作为定罪标准及量刑因素。后两项构成犯罪的件数、被点击数应高于传播淫秽物品牟利罪（传播淫秽电子信息牟利罪）。

建议最高人民法院、最高人民检察院尽快修订《关于办理利用互联网、移动通讯终端、声讯台制作、复制、出版、贩卖、传播淫秽电子信息刑事案件具体应用法律若干问题的解释》，重新规定传播淫秽电子信息构成犯罪的标准，使之更加合理，更加适应打击传播淫秽电子信息犯罪活动的实际需要。

［复函摘要］

全国人大常委会法制工作委员会（法工委议〔2009〕112 号，2009 年6 月 23 日）：

一、关于修订刑法，正式将传播淫秽电子信息的行为列为犯罪的问题。为严厉打击制作、贩卖、传播淫秽物品的行为，刑法在妨害社会管理秩序罪一章中设专节对此类行为作了规定。2002 年 12 月 28 日九届全国人大常委会第十九次会议通过的《全国人民代表大会关于维护互联网安全的决定》第三条第五项规定：在互联网上建立淫秽网站、网页，提供淫秽站点链接服务，或者传播淫秽书刊、影片、音像、图片，构成犯罪，依照刑法有关规定追究刑事责任。为此，最高人民法院、最高人民检察院于 2004年发布了《关于办理利用互联网、移动通讯终端、声讯台制作、复制、出版、贩卖、传播淫秽电子信息刑事案件具体应用法律若干问题的解释》，进一步明确淫秽电子信息属于刑法规定的"其他淫秽物品"。该解释是依据全国人大常委会的决定作出的，符合法律规定。您提出，电子信息不具有物品的一般属性，建议将其明确列举或在刑法中单独规定传播淫秽电子信息的犯罪的建议，我们将在修改完善刑法的工作中认真研究。

二、关于适当提高传播淫秽物品罪的法定刑的问题。刑法对传播淫秽物品的，根据行为人主观上是否出于牟利目的，规定了不同的刑罚。这主要是考虑到目的不同，主观恶性有差别。同时，传播淫秽物品的情况比较复杂，如亲友之间的传播行为等，在处理上需要区别对待。您在提案中提出，这种区分不适应互联网条件下传播淫秽电子信息的情况，应适当提高其法定刑。对此我们将会同有关部门认真研究。

三、关于淫秽电子信息内容的恶劣程度作为定罪主要标准的问题。对于您在提案中提出的，相关司法解释对传播淫秽电子信息，以点击数量作为定罪量刑标准欠合理的意见，我们已转请最高人民法院研究。最高人民法院表示，将认真研究能否将您提出的"以内容恶劣程度"作为定罪量刑标准之一的问题，以体现刑法慎重、严谨的基本原则。

[阐述]

这个提案被中国政协新闻网－人民网全文刊载。①

2010年2月，最高人民法院、最高人民检察院发布《关于办理利用互联网、移动通讯终端、声讯台制作、复制、出版、贩卖、传播淫秽电子信息刑事案件具体应用法律若干问题的解释（二）》，对于传播淫秽电子信息等犯罪的法律问题又作了补充说明。这个解释的一个新意是对淫秽电子信息的内容有进一步的考虑，即对于传播内容含有不满十四岁未成年人的淫秽电子信息的行为，适当降低了构成犯罪的文件、点击数量的要求。

2016年制定的《网络安全法》也强调对传播淫秽信息的禁止。其第十二条第二款规定："任何个人和组织使用网络应当遵守宪法法律，遵守公共秩序，尊重社会公德，不得危害网络安全，不得利用网络从事危害国家

---

① 《全国政协十一届二次会议提案第1074号　关于完善惩治传播淫秽电子信息犯罪的法律对策的提案》，中国政协新闻网－人民网，2009年7月29日，http://cppcc.people.com.cn/GB/34961/161082/9632832.html。

安全、荣誉和利益，煽动颠覆国家政权、推翻社会主义制度，煽动分裂国家、破坏国家统一，宣扬恐怖主义、极端主义，宣扬民族仇恨、民族歧视，传播暴力、淫秽色情信息，编造、传播虚假信息扰乱经济秩序和社会秩序，以及侵害他人名誉、隐私、知识产权和其他合法权益等活动。"第四十六条规定："任何个人和组织应当对其使用网络的行为负责，不得设立用于实施诈骗，传授犯罪方法，制作或者销售违禁物品、管制物品等违法犯罪活动的网站、通讯群组，不得利用网络发布涉及实施诈骗，制作或者销售违禁物品、管制物品以及其他违法犯罪活动的信息。"

然而根据前述"两高"的两次解释，对于传播涉及未成年人特别是不满十四岁未成年人的淫秽物品或者电子信息，现在仍以文件和点击达到一定数量作为构成犯罪的条件，对未成年人的保护力度和对有关犯罪的打击力度不够强，尚需进一步调整。

一 传播淫秽物品或者信息的危害性

我国《刑法》将制作、贩卖、传播淫秽物品的行为列入分则"妨害社会管理秩序罪"一章。这意味着，"传播淫秽物品牟利罪"和"传播淫秽物品罪"侵犯的客体，主要是社会管理秩序。淫秽物品的接受者，大多对淫秽物品持主动追求至少不抵制的态度。这种犯罪，在刑法学上被视为"无被害人的犯罪"（victimless crimes）。就性犯罪而言，有被害人的性犯罪是指侵犯他人人身权利（如生命权、健康权、人身自由、人格权、名誉权和性权利等）的性行为，例如构成刑法上犯罪的强奸、强制猥亵等，都有具体的非自愿的被害人。而无被害人的性犯罪，主要侵犯的是与性有关的社会管理秩序，例如非强制的淫秽表演，没有具体的被害人；或者参与者都是自愿的，例如不涉及未成年人的聚众淫乱，此为"合意犯罪"（consensual crimes）[①]。

法律之所以禁止那些可以被列入无被害人的犯罪的性行为和性关系，

---

① 参见〔美〕斯蒂芬·E.巴坎《犯罪学：社会学的理解》（第四版），秦晨等译，上海人民出版社，2011，第501～537页。

主要出于维护婚姻家庭关系的稳定，或者防止这些行为和关系引发其他严重危害后果的目的。这种禁止的基础主要是一个社会的主流性道德。性道德可以因为物质生活条件的不同、变化和人们性观念的不同、变化而有所不同和发生变化。因而，有些性行为、性关系，在某一时期为法律禁止，而在之前或者之后的另一时期可能不为法律禁止；或者，在某一国家为法律禁止，而在另一国家可能不为法律禁止。无被害人的性犯罪的范围，在不同时期、不同国家是不一样的，甚至差异很大。

刑法对"无被害人的犯罪"的规制，以及相关的执法、司法，应当严谨、谦抑，避免滥用以致过度干预公民的私生活和侵犯人权。

然而，某些与性有关的违反刑法的行为，究竟属于有被害人的性犯罪或是无被害人的性犯罪，还要看该行为是否针对具体对象以及具体对象对这一行为的态度。譬如传播淫秽物品信息，一般属于"无被害人的犯罪"，但如果传播针对不愿意接受这种信息的特定人或者特定的未成年人，或者传播的是他人性隐私，并且达到其他法定条件，则属于有被害人的犯罪。

我之所以主张适当提高传播淫秽物品信息犯罪的法定刑以及以淫秽物品信息内容的恶劣程度作为定罪的主要标准，主要是考虑到针对不愿意接受这种信息的特定人或者特定的未成年人传播淫秽物品或者传播他人性隐私的情况。我认为这种情况属于"猥亵"（详见本书第一章第五节）。我希望《刑法》有关条款既可以维护社会管理秩序，又能够直接保障可能存在的具体被害人的权益。

二 西方国家对传播淫秽物品或者信息的治理

不妨考察一下美国和欧洲国家对传播淫秽物品或者信息的治理。这些国家的有关法律，强调物品或者信息的内容、性质和对他人（如未成年人、不想看这类物品或者信息的成年人）的侵害、冒犯，对于制作、传播达到淫秽标准的物品或者信息的处罚相当严厉。

在西方国家，对于一般色情物品在成人之间的传播，法律一般不加以干预。但是西方国家法律所说的"色情物品"（pornography）并不等于"淫秽物品"（obscenity），而基本相当于中国《刑法》第三百六十七条所说的"包含有色情内容的有艺术价值的文学、艺术作品",只不过色情尺度更宽而已。即使在宪法保障言论自由和出版自由的美国,也有反淫秽法(Obscenity law,亦译"反诲淫法",泛指联邦和各州禁止淫秽物品的法律规定和判例),禁止淫秽的色情物品和儿童色情物品(child pornography)。

关于是否应当禁止色情物品的问题,在美国发生过激烈的争论。在联邦最高法院,讨论的焦点是色情物品的合宪性(constitutionality),即是否属于联邦宪法第一修正案所保障的言论自由或出版自由。联邦最高法院曾经试图给"色情"下个定义,但最终选择的是给"淫秽"下定义。它的基本立场是将淫秽与一般色情加以区别,禁止淫秽而允许不淫秽的色情。1957年,在Roth v. United States案[1]中,大法官威廉·布伦南(William Joseph Brennan, 1906~1997)认为淫秽物品不属于受宪法保护的言论和出版自由,因为"完全不具有可取的社会重要性"(utterly without redeeming social importance)。他把淫秽物品界定为:可以使人产生淫欲(prurient interest)或者具有一种激发淫乱想法的倾向(a tendency to excite lustful thoughts)的作品(material,或译"素材""物品")。进而,他提出判断淫秽的标准:"依照当时的社区标准(community standards),整个材料的主题思想(dominant theme)使一个普通人产生淫欲。"1966年,在Memoirs v. Massachusetts案[2]中,联邦最高法院又明确提出了一项三段论标准。布伦南大法官认为,如果整个作品的主题思想可以引起淫欲;该材料因为违背当时的社区标准来描写或表现(description or representation)性的事物而具有明显的冒犯性(offensive);以及完全不具有可取的社会价值(redeeming social value),那么该作品即是淫秽的。在1973年的Miller v. California案[3]中,联邦最高法院宣布了一个修改了的标准:依照当时的社区标准,整个作品(work)使一个普通人产生淫欲;以明显冒犯性的方式来描绘或描写(depicts or describes)由法律所明确定义的性行为;而且,就整体而言,缺乏严肃的文学、艺术、政治或科学价值。首席大法官沃伦·伯格(Warren Earl Burger,

---

[1]　Roth v. United States, 354 U. S. 476 (1957).

[2]　Memoirs v. Massachusetts, 383 U. S. 413 (1966).

[3]　Miller v. California, 413 U. S. 15 (1973).

1907~1995）认为，淫秽是明显冒犯性地表现或描写终极的性行为（ulti-mate sexual acts），无论是正常或变态的（normal or perverted），实际的或模拟的（actual or simulated），以及明显冒犯性地表现或描写手淫、排泄功能和淫荡地（lewd）展示生殖器。只有硬核色情（hard core）即赤裸裸描写性行为的色情才能被认为具有明显冒犯性，不受宪法第一修正案的保护。①

美国法学会（American Law Institute, ALI）1962年通过的《模范刑法典》（Model Penal Code）也有对"淫秽"的定义（第251.4条）：从整体上评价，物品的主要吸引力（predominant appeal）在于裸体、性或排泄的迷恋淫欲，即可耻（shameful）、病态（morbid）的兴趣，而且其描述、表现此类事项明显地超过了通常所认为的限度时，该物品为淫秽物品。物品的主要吸引力，除从该物品所表现出来的特性，或者针对儿童或者其他特别易受影响的对象进行传播的情况进行判断外，应当以一般成年人的标准进行判断。②

除联邦最高法院的判决外，美国联邦法律也有禁止传播淫秽物品的规定。《美国法典》（United States Code）第18章第1460条（18 U.S. Code §1460）规定：任何人故意销售或者意图销售淫秽视觉读物（visual depiction，包括未完成的电影和录像带，但不包括单纯的文字），处以罚金或者2年以下的监禁，或者并处罚金与监禁。第1465条（18 U.S. Code §1465）规定，任何人以销售或分发为目的，故意在州际或对外贸易中运输、传送，或者故意利用州际或对外贸易的设备、方法或交互式计算机服务，或影响这种贸易而运输、传送任何淫秽、下流、淫乱或污秽的书籍、小册子、图片、胶片、纸制品、信件、文字作品、印刷品、剪影、绘画、图形、影像、唱片、录音或其他能够产生声音的物品或其他猥亵、不道德的物品，应被处以罚金或5年以下监禁，或并处罚金或监禁。

美国绝大多数州都有反淫秽法（阿拉斯加州和新墨西哥州除外），它们对淫秽物品或者物品的定义，基本采用联邦最高法院的标准。例如，加

---

① 参见〔美〕克米特·L. 霍尔主编《牛津美国联邦最高法院指南》，许明月、夏登峻等译，北京大学出版社，2009，第653~655页，"淫秽与色情"（Obscenity and Pornography）条目。

② 美国法学会编《美国模范刑法典及其评注》，刘仁文等译，法律出版社，2005，第217~218页。

利福尼亚州刑法规定（Cal. Penal Code § 311）：淫秽物品是指，该物品作为一个整体，适用当代全州的标准，对于一般人而言，可以引起淫欲；作为一个整体，使用具有明显冒犯性的方法描绘或描写性行为；并且，作为一个整体，缺乏严肃的文学、艺术、政治和科学价值。爱达荷州法典规定（Idaho Code Ann. § 18 - 4101）：淫秽物品是指，该物品作为一个整体，适用当代社区标准，对于一般人而言，可以引起淫欲，并且以明显冒犯性的陈述和表现方式描绘或描写（a）终极的性行为，正常的或变态的，实际的或模拟的，或（b）手淫、排泄功能，或淫荡地展示生殖器或生殖器部位。

在美国，对于儿童色情物品实行更为严格的规制，且没有那么大的争议。儿童色情物品是指赤裸裸描写儿童参与的性行为或者性场景的作品。某一作品被认定为应当禁止的儿童色情物品，其内容无须达到淫秽的程度，但必须包括对儿童参与性行为的可视描述（visual depiction）。究其原因，就在于摄制儿童进行性行为的图像会对参与这一活动的儿童造成伤害。儿童参与性行为的非可视作品譬如纯粹的文字描述，如果符合淫秽标准，则按淫秽物品处理。与淫秽物品不同，不仅制作、传播儿童色情物品是违法的，而且任何人无权购买、拥有儿童色情物品，即使只把这些作品放在自己家中，用于个人的、私下的用途也不允许。在互联网上，不能故意上传或者下载儿童色情物品。[1] 各州的反淫秽法都有禁止涉及儿童的淫秽物品或者一般儿童色情物品的规定，只不过对"儿童"的年龄上限、刑罚尺度的规定互有区别。例如，亚拉巴马州法典规定（ALA. CODE § 13A - 12 - 191）："任何人故意传播或者公开显示包括 17 岁以下者从事下列任何行为的可视描述的任何淫秽物品，构成 B 级重罪：性施虐受虐、性交、性兴奋、手淫、裸露乳房、裸露生殖器，或者其他性行为。"[2]

其他国家对色情物品的法律规制，也是以禁止传播涉及未成年人的色情物品和禁止向未成年人传播色情物品为重点的。例如，《德国刑法典》

---

[1]　参见〔美〕爱德华·A. 卡瓦佐、加斐诺·莫林《赛博空间和法律：网上生活的权利和义务》，王月瑞译，江西教育出版社，1999；〔美〕劳拉·昆兰蒂罗《赛博犯罪：如何防范计算机犯罪》，王涌译，江西教育出版社，1999。

[2]　Obscenity Statutes，http://www. ndaa. org/pdf/Obscenity%20Statutes%206 - 2010. pdf.

第 184 条详细规定了"散发淫秽文书罪",利用淫秽文书而为一定行为,如"提供、出让给不满 18 岁的人或以其他方法使其获得的","在不满 18 岁的人允许进入或看阅的场所陈列、张贴、放映或以其他方法使其获得的","以无线电方式传播淫秽文书的",处 1 年以下自由刑或罚金刑。第 184 条还规定,将含有强奸、对儿童的性滥用或人与动物的性行为为内容的文书散发或以公开陈列、张贴、放映等途径公布于众,如果淫秽文书是以对儿童的性虐待为对象的,处 3 个月以上 5 年以下自由刑。所谓"文书",根据第 11 条的解释,是指录音、录像、数据储存、图片和用于同样目的之类似物品。① 《法国刑法典》第 227 - 23 条规定:"为传播而拍摄、录制或转放未成年人色情性质之形象或表演或者此种表演具有色情性质的,处 3 年监禁并科 45000 欧元罚金。无论以何种手段,转播此种图像或表演,或者进口或出口,或者指使他人进口或出口此种图像或表演的,处同样之刑罚。为了向非特定的公众传播未成年人的此种图像或表演使用电讯网络的,处 5 年监禁并处 75000 欧元罚金。持有此种形象或表演的,处 2 年监禁并处 30000 欧元罚金。"第 227 - 24 条规定:"采用任何手段,通过任何传播依托,制作、传送或传播暴力或色情信息,或可能严重侵犯人之尊严的信息,或者以此种信息做交易行为,如此种信息可能为未成年人所见或所收听,处 3 年监禁并科 75000 欧元罚金。"② 《加拿大刑事法典》第 163 条规定,制作、印刷、出版、发行、分发、传递或为出版、发行、分发或传递而持有猥亵印刷品、图画、模型、唱片或其他类似物品为犯罪。第 163 条还对"猥亵"加以解释:"以性的不适当暴露为主要特点,或以性与恐怖、残酷及暴力为主题应视为猥亵。"第 163.1 条规定,制作、印刷、出版或为出版而持有儿童色情物者,构成可诉罪,处 10 年以下监禁。所谓"儿童色情物",是指包含以下内容的照片、影片、录像或其他可视图画,不管其制成系电子方法或机械方法:(1)显示未满 18 岁人或被描述满 18 岁人正在从事或被描绘为正在从事明显的性行为;(2)为奸淫目

---

① 《德国刑法典》,徐久生、庄敬华译,中国方正出版社,2004。
② 《法国新刑法典》,罗结珍译,中国法制出版社,2003。

的以未满 18 岁人的性器官或肛门部位描述为主题；（3）任何宣扬或倡导与未满 18 岁人进行本法规定为犯罪行为的性行为的印刷品或图画。另外，第 168 条规定由邮政传递猥亵、淫秽或不道德或庸俗物品者为犯罪行为。[①]

欧洲议会和欧盟理事会 2010 年《关于打击儿童性侵犯、儿童性剥削和儿童色情物品的指令》（Proposal for a Directive of the European Parliament and of the Council on Combating the Sexual Abuse，Sexual Exploitation of Children and Child Pornography）将儿童色情物品定义为：（1）任何形象化地（visually）描写儿童从事的真实或模拟的露骨性行为的材料；（2）任何以性欲为主要目的，描写儿童性器官的材料；（3）任何以性欲为主要目的，形象化地描写任何人展现的看似儿童从事的真实或模拟的露骨性行为，或者描写任何人展示的看似儿童的性器官的材料；（4）以性欲为主要目的，展现儿童从事露骨性行为的逼真形象或者儿童性器官的逼真形象，不论该儿童是否真实存在。该指令规定，获取或者拥有儿童色情物品，应处以至少 1 年的监禁；使用信息和通信技术手段获取儿童色情物品，应处以至少 1 年的监禁期；发行、传播或传送儿童色情物品，应处以至少 2 年的监禁；销售、供应或者提供儿童色情物品，应处以至少 2 年的监禁；生产儿童色情物品，应处以至少 5 年的监禁。

第四节　加大对强迫、引诱未成年人卖淫等犯罪的惩处力度

◈ 提案

关于修订《刑法》，加大对强迫、引诱未成年人卖淫等犯罪惩处力度的提案

（政协十一届全国委员会第四次会议第 4171 号/

政治法律类 445 号，2011 年 3 月）

2010 年，我国公安机关开展的"2010 严打整治行动"取得显著成效。

---

① 《加拿大刑事法典》，卞建林等译，中国政法大学出版社，1999。

其中，打击淫秽色情违法犯罪专项行动更是一个亮点。在此次专项行动中，公安机关更加注重严厉打击淫秽色情违法犯罪活动的组织者、经营者、获利者和幕后"保护伞"。这个经验值得总结发扬。以往卖淫嫖娼活动屡打不绝、屡禁不止，其中一个不可忽视的原因是有关部门比较重视对卖淫嫖娼者的惩罚，而对卖淫嫖娼活动组织者的惩治不够重视，特别是对强迫、引诱未成年人卖淫的犯罪打击不够有力。卖淫的原因十分复杂，有些原因在目前发展阶段难以消除，而有些原因例如强迫、引诱卖淫是可以遏制的。对组织、强迫、引诱未成年人卖淫的犯罪给予惩治，可以减少卖淫者的产生，从而有利于从根本上遏制卖淫嫖娼活动。同时，组织、强迫、引诱未成年人卖淫本身是严重侵犯未成年人权益和身心健康的行为，严厉惩治组织、强迫、引诱未成年人卖淫的犯罪，也是保护未成年人权益的需要。

在肯定成绩的同时，应当认识到，尽管公安、司法机关十分积极努力，但是由于我国《刑法》有关规定的缺陷的限制，目前对组织、强迫、引诱未成年人卖淫的犯罪的惩治，还没有达到应有的力度。

第一，我国《刑法》关于组织、强迫、引诱未成年人卖淫的犯罪的规定，把未成年人限定为不满十四周岁的幼女，而忽视严重存在的组织、强迫、引诱已满十四岁不满十八岁未成年人卖淫的问题，不利于对未成年人的保护和对组织、强迫、引诱卖淫的犯罪的打击。由于身体、人格、能力方面均不成熟，未成年人的权益容易受到侵犯，也容易因认识、控制能力薄弱或者受外界刺激、影响而违法犯罪。因而，对未成年人应给予特别的保护和帮助。我国《未成年人保护法》① 规定，未成年人是指"未满十八周岁的公民"。联合国《儿童权利公约》（Convention on the Rights of the Child）用"儿童"一词表示未成年人，它所说的"儿童"是指"18 岁以

---

① 《中华人民共和国未成年人保护法》，1991 年 9 月 4 日第七届全国人民代表大会常务委员会第二十一次会议通过，2006 年 12 月 29 日第十届全国人民代表大会常务委员会第二十五次会议第一次修订，2012 年 10 月 26 日第十一届全国人民代表大会常务委员会第二十九次会议通过《全国人民代表大会常务委员会关于修改〈中华人民共和国未成年人保护法〉的决定》进行第二次修正。

下的任何人"。《儿童权利公约》还明确规定，缔约国应当保护儿童免遭一切形式的色情剥削和性侵犯，防止：（a）引诱和强迫儿童从事任何非法的性生活；（b）利用儿童卖淫或从事其他非法的性行为；（c）利用儿童进行淫秽表演和充当淫秽题材。根据我国《刑法》第三百五十八条规定，强迫不满十四岁的幼女卖淫的，是组织、强迫卖淫罪的从重处罚情节，处十年以上有期徒刑或者无期徒刑；情节特别严重的，可以判处死刑。但如果强迫已满十四岁不满十八岁未成年人卖淫，只是处五年以上十年以下有期徒刑，并处罚金。另外，根据我国《刑法》第三百五十九条第二款规定，引诱不满十四周岁的幼女卖淫的，构成引诱幼女卖淫罪，处五年以上有期徒刑，并处罚金。但如果引诱已满十四岁不满十八岁的未成年人卖淫，则不构成犯罪，而只能根据《治安管理处罚法》，处十日以上十五日以下拘留，可以并处5000元以下罚款。这样的打击力度，或者说，这样的成本，与引诱已满十四岁不满十八岁的未成年人卖淫这种行为可以获得的利润和可以产生的危害性，远远不相称。应当说，我国《刑法》对不满十四岁的幼女给予特别保护是正确的，但忽视已满十四岁不满十八岁这个年龄段的未成年人的特殊性，则是不妥的。应当修订《刑法》，使《刑法》关于组织、强迫、引诱不满十四岁的幼女卖淫犯罪的规定，适用于所有未成年人。这样做，不仅有利于打击组织、强迫、引诱卖淫的犯罪，而且有利于进一步确定未成年人在有关犯罪中的受害人地位，使教育挽救工作更有效进行，从而使他们的权益得到保护。

第二，我国《刑法》关于"引诱幼女卖淫罪"的规定是不合理的。我国1979年《刑法》没有规定这个罪。1991年全国人民代表大会常务委员会《关于严禁卖淫嫖娼的决定》规定，对引诱不满十四岁的幼女卖淫的，应依照强迫不满十四岁的幼女卖淫论处。但是在1997年，新《刑法》却将引诱不满十四岁的幼女卖淫的行为列为一个独立的新罪——"引诱幼女卖淫罪"，并且为之规定了比强迫幼女卖淫轻的刑罚，五年以上有期徒刑，并处罚金。这是一个错误的决定。它完全没有考虑到幼女的性理解能力问题。引诱和选择是联系在一起的。如果认为不满十四岁的幼女能够被引诱去卖淫，就几乎等于承认她对卖淫等性行为有理性上的认识，并有能力去选择性行为。而我国《刑法》关于奸淫幼女犯罪的规定，是将不满十四岁者推定为不具有性理解能力者。她们对发生性行为的同意不被刑法所承认。因而幼女被"引诱"卖淫，在刑法上应当被视为强迫。因而，对引诱幼女卖淫应当按强迫幼女卖淫论处。同时，《刑法》应当将引诱已满十四岁不满十八岁的未成年人卖淫列为犯罪。

第三，为防治组织、强迫、引诱未成年男性卖淫，我国《刑法》关于组织、强迫、引诱未成年人卖淫的犯罪的规定，应取消未成年人的性别限制，即用"未成年人"代替"幼女"。

第四，还有一个相关问题，即嫖宿未成年人的问题。对于现有的"嫖宿幼女罪"，我在2008年提交了《关于修订刑法，将"嫖宿幼女"按强奸罪论处的提案》。这个提案只涉及到嫖宿不满十四岁的幼女应如何定罪的问题。现实中还存在着嫖宿已满十四岁不满十八岁的未成年人的情况。根据现行《刑法》，嫖宿已满十四岁不满十八岁的未成年人，不构成犯罪，而只可予以治安管理处罚。打击力度不够，对未成年人的保护也不够。因而，应当在取消"嫖宿幼女罪"的同时，将嫖宿已满十四岁不满十八岁的未成年人这种情况，增设为"嫖宿未成年人罪"。最近，意大利总理贝卢斯科尼所受指控，就是类似的罪名。在意大利，嫖娼一般不构成犯罪，成年人与已满十四岁的未成年人发生双方自愿的性关系一般也不构成犯罪，但成年人与已满十四岁不满十八岁的未成年人发生性交易，则构成"与未成年人性交易罪"。类似的立法还有德国、葡萄牙、挪威、保加利亚等国刑法（具体年龄有所不同）。

基于上述论证，建议我国《刑法》分则第六章第八节"组织、强迫、引诱、容留、介绍卖淫罪"做如下修订：

（1）单独设立"强迫未成年人卖淫罪"，即强迫不满十八岁的未成年人卖淫的。并且将强迫不满十四岁的未成年人卖淫的，规定为此罪的从重处罚情节。

（2）取消现有的"引诱幼女卖淫罪"，将引诱不满十四岁的幼女卖淫的，按强迫不满十四周岁的未成年人卖淫论处。

（3）增设"引诱未成年人卖淫罪"，即引诱已满十四岁不满十八岁未成年人卖淫的。

（4）取消现有的"嫖宿幼女罪"，将嫖宿不满十四岁幼女的，按强奸罪（奸淫幼女）论处。

（5）增设"嫖宿未成年人罪"，即嫖宿已满十四岁不满十八岁未成年人的。

[复函摘要]

全国人大常委会法制工作委员会（法工委议〔2011〕36 号，2011 年 6 月 29 日）：略

[阐述]

这个提案，主要是建议在防治组织、强迫、引诱、容留、介绍卖淫罪问题上，加强对已满十四岁不满十八岁的未成年人（包括男性）的保护。

提案中"引诱已满十四岁不满十八岁的未成年人卖淫不构成犯罪"的观点是错误的。引诱已满十四岁不满十八岁的未成年人卖淫不是不构成犯罪，而是不构成"引诱幼女卖淫罪"，但仍然构成"引诱卖淫罪"，只不过按引诱一般人卖淫量刑处罚。除了对有关条款的内涵没有做到全面的理解，在一定程度上，我是受到"引诱幼女卖淫罪"这个罪名的"诱导"。在刑法上，与奸淫幼女的规定有些相似，引诱幼女卖淫实际是引诱卖淫罪中应当从重处罚的一种情况。同理，既然"奸淫幼女罪"不是一个独立的罪名，"引诱幼女卖淫罪"是否作为一个罪名也是需要斟酌的。现在如果修正我的意见，应该是，对引诱已满十四岁不满十八岁的未成年人卖淫亦应从重处罚。

另外，提案中说"我国《刑法》关于组织、强迫、引诱未成年人卖淫的犯罪的规定，把未成年人限定为不满十四岁的幼女，而忽视严重存在的组织、强迫、引诱已满十四岁不满十八岁未成年人卖淫的问题"，其中"忽视"一词不很准确，更严谨的表述应是"重视不够"。另外，1997 年《刑法》只是提到"不满十四周岁的幼女"，而没有使用"未成年人"概念。说《刑法》把"未成年人限定为不满十四岁的幼女"，只是一种概括，

《刑法》并无如此明文规定。

在提案中，我在论述嫖宿已满十四岁不满十八岁未成年人的问题时，提到意大利总理贝卢斯科尼（Silvio Berlusconi）所受指控一事。2011年2月，有国内媒体报道：意大利米兰的检察官要求立即对总理贝卢斯科尼启动快速审判，罪名是滥用权力和嫖雏妓。意大利检方称，贝卢斯科尼曾与出生在摩洛哥的一个脱衣舞女进行性交易，当时她年仅17岁。按照意大利法律，同18岁以下的女子发生性关系属于犯罪，最高可判处3年徒刑。[①] 这个报道的一些说法不准确。意大利刑法并没有嫖雏妓的罪名。也不能说，根据意大利刑法，同18岁以下的女子发生性关系一概属于犯罪。在意大利，未成年人是指未满18岁之人，性行为同意年龄为已满14岁。与已满18岁者发生双方同意的性关系不构成任何犯罪。对于与未成年人发生性关系是否构成犯罪，意大利刑法区分了几种情况。1968年《意大利刑法典》第519条规定，以强暴胁迫强制他人性交的构成强奸罪，处3年以上10年以下徒刑；与未满14岁人相奸，或者与未满16岁人相奸而行为人为其尊亲属或监护人或其他被委托养育、训育、监视或监护该未成年人者，亦按强奸罪处理。[②] 1996年，根据1996年2月15日第66号法律，《意大利刑法典》中关于强奸等性犯罪的条款，从第九章"侵犯公共道德和善良风俗罪"转入第十二章"侵犯人身罪"，并作了较大修正。[③] 后来，《意大利刑法典》关于性犯罪的条款又有多次修正。[④] 2006年《意大利刑法典》关于与未成年人发生性关系，主要有以下规定。第一，对于不满14岁的未成年人，采用暴力或威胁手段，或者通过滥用权力，强制发生性行为的，根据第609-3条，属于"性暴力罪"的加重处罚情节，处以6年至12年有期徒刑；如果是对不满10岁的人实施的，处以7年至12年有期徒刑。第二，与未成年人发生非暴力强制的性行为，根据第609-4条，按被害人

---

① 《意检方要求以滥权和嫖雏妓罪对总理启动快速审判》，中国新闻网，2011年2月9日，http://www.chinanews.com/gj/2011/02-09/2831260.shtml。

② 《意大利刑法典》（1968年修订），载萧榕主编《世界著名法典选编·刑法卷》，中国民主法制出版社，1998。

③ 《意大利刑法典》，黄风译，中国政法大学出版社，1998。

④ 《最新意大利刑法典》，黄风译注，法律出版社，2007。

的年龄，分别构成"与未成年人实施性行为罪"的三种情况，给予不同处罚：其一，与不满 14 岁的未成年人实施非暴力强制的性行为，或者利用亲属、监护、照顾、教育等关系与不满 16 岁的未成年人实施非暴力强制的性行为，处以与第 609 - 2 条"性暴力罪"同样的刑罚，即 5 年至 10 年有期徒刑；其二，利用亲属、监护、照顾、教育等关系与已满 16 岁的未成年人实施非暴力强制的性行为，处以 3 年至 6 年有期徒刑；其三，如果是针对不满 10 岁的人实施非暴力强制的性行为，处以 7 年至 12 年有期徒刑。这一条款规定的"与未成年人实施性行为罪"，相当于中国《刑法》规定的强奸罪中非暴力强制的"奸淫幼女"的情况，但情节划分更为细致，被害人年龄范围更广。第三，在意大利，成年人之间的卖淫嫖娼不构成犯罪。但是，在 1998 年以后，与已满 16 岁不满 18 岁的未成年人发生嫖娼性质的性关系构成犯罪，属于"侵犯个人人格犯罪"的范畴。第 600 - 2 条（本条由 1998 年 8 月 3 日第 269 号法律第 2 条增加）第 2 款规定："除行为构成更为严重的犯罪外，与未成年人包括已满 14 岁不满 18 岁的人员发生性行为，以给付钱或其他经济利益为交换的，处以 6 个月至 3 年有期徒刑和 5164 欧元以上罚金。"贝卢斯科尼的嫖娼行为所触犯的就是这一条款。为什么与已满 14 岁不满 18 岁的人员发生双方自愿的性行为，不以给付钱或其他经济利益为交换的，不构成犯罪（有特殊关系的除外），而以给付钱或其他经济利益为交换的，就构成犯罪？其中的逻辑，应当是为了避免助长未成年人卖淫，促使他们尽早脱离卖淫。如果在中国，贝卢斯科尼不构成犯罪，因为与其发生性交易的那个妓女已经 17 岁，不是幼女。《意大利刑法典》没有给出这一犯罪的具体罪名。将这个罪概括为"嫖雏妓罪"并不合适，称之为"与未成年人性交易罪"则比较贴切，但它没有反映出这个罪涉及的只是已满 14 岁不满 18 岁的未成年人，而不是所有的未成年人。如果通俗一些，或许可以勉强称之为"嫖宿少年罪"。

对我的提案，全国人大常委会法制工作委员会作出答复。对复函内容，法工委不同意公开。其大意是说，提案中对如何完善刑法关于惩治侵犯未成年人犯罪规定作了充分的论证，并提出了具体修改方案；对设立"强迫未成年人卖淫罪""引诱未成年人卖淫罪""嫖宿未成年人罪"，对引诱不满十四周岁的幼女卖淫的按强迫卖淫罪处罚等意见，将在立法工作中认真研究，在刑法修改时通盘考虑。对于我在提案中再次提出的将嫖宿幼女按照强奸罪从重处罚的意见，复函也作出答复，介绍了各种意见，表示将进一步听取各方面意见，加以研究论证。

对我这个提案，当时报道不多。① 两年后的"两会"，有记者问到废除"嫖宿幼女罪"的问题，我说不仅要废除"嫖宿幼女罪"，还要增设"嫖宿未成年人罪"或"嫖宿少女罪"。② 有关报道被多家媒体转载。

从2011年以后《刑法》以及有关司法解释的发展来看，在防治组织、强迫、引诱、容留、介绍卖淫罪问题上，对已满十四岁不满十八岁未成年人的保护有所加强。

2013年最高人民法院、最高人民检察院、公安部、司法部《关于依法惩治性侵害未成年人犯罪的意见》第二十六条强调："组织、强迫、引诱、容留、介绍未成年人卖淫构成犯罪的，应当从重处罚。""对未成年人负有特殊职责的人员、与未成年人有共同家庭生活关系的人员、国家工作人员，实施组织、强迫、引诱、容留、介绍未成年人卖淫等性侵害犯罪的，更要依法从严惩处。"这一规定，与《刑法》第三百五十八条比较，一个突出的不同是在表述上用"未成年人"替代了"不满十四周岁的幼女"。

更重要和实质的改变，是2015年《刑法修正案（九）》作出的。对于《刑法》分则第六章第八节"组织、强迫、引诱、容留、介绍卖淫罪"，《刑法修正案（九）》除了取消"嫖宿幼女罪"，还作出一项重要修正。《刑法》第三百五十八条修订为："组织、强迫他人卖淫的，处五年以上十年以下有期徒刑，并处罚金；情节严重的，处十年以上有期徒刑或者无期徒刑，并处罚金或者没收财产。""组织、强迫未成年人卖淫的，依照前款的规定从重处罚。""犯前两款罪，并有杀害、伤害、强奸、绑架等犯罪行为的，依照数罪并罚的规定处罚。""为组织卖淫的人招募、运送人员或者

---

① 徐日丹：《全国政协委员刘白驹建议对强迫引诱未成年人卖淫加大惩处 有效保护未成年人权益》，《检察日报》2011年3月5日。

② 王殿学、闫坤：《"嫖宿少女罪"！委员提议"一废一增"全面保护未成年人》，《南方都市报》2014年3月5日。

有其他协助组织他人卖淫行为的，处五年以下有期徒刑，并处罚金；情节严重的，处五年以上十年以下有期徒刑，并处罚金。"其中，第二款"组织、强迫未成年人卖淫的，依照前款的规定从重处罚"替代的是原条文规定的从重处罚情形之一"强迫不满十四周岁的幼女卖淫的"。这项修正一是取消了被组织、强迫者的性别限制，包括了男性；二是将被组织、强迫者的年龄提高到未满十八岁，保护范围扩大到所有未成年人。这与我的建议是一致的。

第五节　加强打击收买被拐卖妇女儿童的犯罪

◈ 提案之一

关于修订《刑法》，加大对收买被拐卖妇女
儿童犯罪的处罚力度的提案

（政协十一届全国委员会第三次会议第 1215 号/

政治法律类 83 号，2010 年 3 月）

2009 年 4 月以来，全国公安机关开展了"打拐"专项行动，共破获拐卖儿童案件 2895 起、拐卖妇女案件 4422 起，解救被拐卖儿童 3455 人、妇女 7365 人，打掉拐卖犯罪团伙 1684 个。对这一成绩应给予充分肯定。但是，有关统计数字也说明，拐卖妇女、儿童犯罪在当今是何等严重。因而在欣慰之余，必须思考一个问题：虽然公安机关多次开展"打拐"专项行动，但为什么没有能够从根本上遏制拐卖妇女、儿童犯罪？总结长期"打拐"的经验教训，不能不得出一个认识：对收买被拐卖妇女、儿童犯罪打击不力，是拐卖妇女、儿童犯罪长期存在并且猖獗的一个重要原因。

拐卖妇女、儿童与收买被拐卖妇女、儿童哪个社会危害性更大，对这个问题无需讨论，也难以达成共识。但不争的事实是，拐卖妇女、儿童与收买被拐卖妇女、儿童是紧密联系在一起的，形成一个犯罪的链条。如果没有人收买被拐卖妇女、儿童，拐卖妇女、儿童就无利可图；如果没有旺盛的"买方市场"，拐卖妇女、儿童就不可能那么猖獗。正如一个被拐卖的小保姆在获得解救后所说："我恨人贩子，更恨买我的人。没有买的，

哪有卖的?"许多失踪儿童家长说:"希望社会上不要有买方,没有买方市场,人贩子也不会有市场。"因此,如果不能摧毁旺盛的拐卖妇女、儿童的"买方市场",切断拐卖妇女、儿童的利益之源,拐卖妇女、儿童犯罪就不会从根本上得到遏制。

我国1979年《刑法》设有"拐卖人口罪",而没有把收买人口列为犯罪。1991年全国人民代表大会常务委员会《关于严惩拐卖、绑架妇女、儿童的犯罪分子的决定》第一次把收买被拐卖、绑架、妇女、儿童列为犯罪,规定收买被拐卖、绑架的妇女、儿童的,处三年以下有期徒刑、拘役或者管制。但同时规定,收买被拐卖、绑架的妇女、儿童,按照被买妇女的意愿,不阻碍其返回原居住地的,对被买儿童没有虐待行为,不阻碍对其进行解救的,可以不追究刑事责任。1997年《刑法》第二百四十一条关于"收买被拐卖妇女、儿童罪"的规定,基本延续了《关于严惩拐卖、绑架妇女、儿童的犯罪分子的决定》的有关内容,其中第六款即是"可以不追究刑事责任"的规定。《关于严惩拐卖、绑架妇女、儿童的犯罪分子的决定》和1997年《刑法》之所以规定"可以不追究刑事责任"的条款,可能主要是考虑减少解救被拐卖的妇女、儿童时的阻力。然而,二十年的事实表明,"可以不追究刑事责任"的规定虽然可能有利于减少解救被拐卖的妇女、儿童的阻力,但是必然不利于打击收买妇女、儿童犯罪,从而不利于遏制拐卖妇女、儿童犯罪。

(1) 根据《刑法》第二百四十一条第一款的规定,明知妇女、儿童是被拐卖的,而收买之,即构成"收买被拐卖的妇女、儿童罪",处三年以下有期徒刑、拘役或者管制。但是,由于存在"可以不追究刑事责任"的第六款,第一款形同虚设。第六款是对第一款的否定。因为第六款实际上为"收买被拐卖妇女、儿童罪"的构成附加了阻碍被拐卖妇女返回原居住地和虐待被买儿童、阻碍对其进行解救的条件。也即是说,收买被拐卖的妇女、儿童的行为本身不构成犯罪,有上述附加行为的才构成犯罪。"收买被拐卖妇女、儿童罪"实际上是被偷换为"收买并阻碍解救被拐卖妇女、儿童罪"。法律的逻辑性和严肃性在此荡然无存。

(2) 根据《刑法》第二百四十一条第六款,"收买被拐卖的妇女、儿童罪"的成立是在阻碍解救之时，而不是在收买之时。从收买被拐卖的妇女、儿童到被拐卖的妇女、儿童得到解救，往往间隔相当长的时间，而在此期间，"收买被拐卖的妇女、儿童"一直处于"非犯罪"状态。因此，拐入地对收买被拐卖的妇女、儿童的事情往往视而不见，知情不举，被害人控诉也不被受理，甚至进行保护，通过违法的婚姻、户籍登记，使收买"合法化"。收买被拐卖妇女做老婆的，已经长期占有被拐卖妇女，甚至可能使其生儿育女，即使被拐卖妇女被解救，返回原居住地，自己也已经有相当大的收获，更何况木已成舟，有些被拐卖妇女无颜或者不愿意返回原居住地。收买被拐卖儿童的，更是抱有侥幸心理，得过且过。

（3）由于《刑法》第二百四十一条第六款的导向不正确，在现实中，对"可以不追究刑事责任"掌握偏松，"可以"变成"应当"，"收买被拐卖的妇女、儿童罪"几乎是"有律无案"。某地区一位打拐民警在接受采访时表示，"实践中还没有对收买家庭进行处罚的，所以违法成本很低"。公安部的同志也反映，在一些案件中，公安机关也曾将收买人移送审查起诉，但是法院大多不会对其判刑。前述 2009 年"打拐"专项行动的统计数字，就没有对收买人进行处理的情况。处理收买人比较少，还可以理解，但一个人也没有处理就是不正常的了。这只能说明存在对"不阻碍"的滥用。一种情况是，有些收买者面对公安机关的解救行动，不敢进行阻碍，被认定为"不阻碍"，因而没有被追究刑事责任。另一种情况是，公安机关突然采取解救行动，收买者还未来得及阻碍，但也被认定为"不阻碍"，从而没有被追究刑事责任。实际上，多数解救行动，都是受到阻碍的，程度不同而已，只是为息事宁人，维持地方安定，被"不阻碍"了。当然，也有确实"不阻碍"的，甚至积极帮助被拐卖妇女、儿童回家。对这些不同情况的"不阻碍"，在定罪量刑上难道不应当加以区别吗？

（4）我国《刑法》规定的"收买被拐卖的妇女、儿童罪"的处罚，不如"拐卖妇女、儿童罪"严厉，有一定合理性。但是，像第二百四十一条第六款那样宽松地规定不追究收买妇女、儿童犯罪的刑事责任的条件，则匪夷所思。这也许与低估收买人的主观恶性有关。有人认为，收买人主观上一般并无卑劣动机，是受封建思想影响，为了"传宗接代"。然而，

"传宗接代"不能以剥夺他人的人权、破坏他人亲情、牺牲其他家庭的幸福、安宁为代价，这是最基本的人伦。作为21世纪的中国公民，无论生活在什么地区，都应当知道收买被拐卖的妇女、儿童会造成多么大的危害。明知妇女、儿童是被拐卖的而收买之，主观恶性不可谓不大。在客观上，收买人是人贩子的"共犯"和"帮凶"。《刑法》固然不应将他们与人贩子等同对待，但使他们得到相应的刑事制裁，是他们的行为理应获得的后果，这才可以体现法律的正义。

（5）为了减少解救的阻力，对于收买被拐卖妇女、儿童但不阻碍被害人返回原居住地或者不阻碍解救的，应给予肯定，甚至给予宽大处理，但肯定和宽大的程度必须适度、合理。"不阻碍"以及"没有虐待"不是积极作为，既不是自首，也不是立功，远不足以适用"不追究刑事责任"。根据宽严相济的刑事政策和《刑法》第六十七条、第六十八条规定，如果收买人主动将被拐卖的妇女、儿童送回原居住地或者原家庭，或者揭发拐卖妇女、儿童的犯罪分子的，"不追究刑事责任"才比较适当。

总之，打击拐卖妇女、儿童犯罪，一要打击拐卖，二要打击收买，两手一起抓，两手都要硬。当然，硬的程度可以有所不同。

基于上述分析，建议修订《刑法》第二百四十一条第六款，改"可以不追究刑事责任"为"可以从轻或者减轻处罚"。修订后的第六款如下：

> 收买被拐卖、绑架的妇女、儿童，按照被买妇女的意愿，不阻碍其返回原居住地的，对被买儿童没有虐待行为，不阻碍对其进行解救的，可以从轻或者减轻处罚。

同时建议，《刑法》第二百四十一条第一款增加罚金刑；并且根据《刑法》第三十六条，规定可根据情况判处赔偿经济损失。修订后的第一款如下：

> 收买被拐卖的妇女、儿童的，处三年以下有期徒刑、拘役、管

制，并处罚金；造成被害人或者被害人家庭经济损失的，可以判处赔偿经济损失。

另外建议，《治安管理处罚法》增设一条，对收买被拐卖妇女、儿童，尚不构成犯罪的，给予行政拘留、罚款等处罚。

［复函摘要］

全国人大常委会法制工作委员会（法工委议〔2010〕146 号，2010 年 7 月 9 日）：略

提案之二

关于修订《刑法》，加大对收买妇女、儿童犯罪的处罚力度的二次提案

（政协十二届全国委员会第一次会议第 1766 号/

政治法律类 167 号，2013 年 3 月）

本提案在 2010 年提出过，但《刑法》尚未做出相应修订，故再次提出（略有调整）。

总结长期"打拐"的经验教训，不能不得出一个认识：对收买被拐卖妇女、儿童犯罪打击不力，是拐卖妇女、儿童犯罪长期存在并且猖獗的一个重要原因。拐卖妇女、儿童与收买被拐卖妇女、儿童是紧密联系在一起的，形成一个犯罪的链条。如果没有人收买被拐卖妇女、儿童，拐卖妇女、儿童就无利可图；如果没有旺盛的"买方市场"，拐卖妇女、儿童就不可能那么猖獗。正如一个被拐卖的小保姆在获得解救后所说："我恨人贩子，更恨买我的人。没有买的，哪有卖的？"许多失踪儿童家长说："希望社会上不要有买方，没有买方市场，人贩子也不会有市场。"因此，如果不能摧毁旺盛的拐卖妇女、儿童的"买方市场"，切断拐卖妇女、儿童的利益之源，拐卖妇女、儿童犯罪就不会从根本上得到遏制。

我国 1979 年《刑法》设有"拐卖人口罪"，而没有把收买人口列为犯罪。1991 年全国人民代表大会常务委员会《关于严惩拐卖、绑架妇女、儿童

的犯罪分子的决定》第一次把收买被拐卖、绑架、妇女、儿童列为犯罪，规定收买被拐卖、绑架的妇女、儿童的，处三年以下有期徒刑、拘役或者管制。但同时规定，收买被拐卖、绑架的妇女、儿童，按照被买妇女的意愿，不阻碍其返回原居住地的，对被买儿童没有虐待行为，不阻碍对其进行解救的，可以不追究刑事责任。1997 年《刑法》第二百四十一条关于"收买被拐卖妇女、儿童罪"的规定，基本延续了《关于严惩拐卖、绑架妇女、儿童的犯罪分子的决定》的有关内容，其中第六款即是"可以不追究刑事责任"的规定。《关于严惩拐卖、绑架妇女、儿童的犯罪分子的决定》和 1997 年《刑法》之所以规定"可以不追究刑事责任"的条款，可能主要是考虑减少解救被拐卖的妇女、儿童时的阻力。然而，二十年的事实表明，"可以不追究刑事责任"的规定虽然可能有利于减少解救被拐卖的妇女、儿童的阻力，但是必然不利于打击收买妇女、儿童犯罪，从而不利于遏制拐卖妇女、儿童犯罪。

（1）根据《刑法》第二百四十一条第一款的规定，明知妇女、儿童是被拐卖的，而收买之，即构成"收买被拐卖的妇女、儿童罪"，处三年以下有期徒刑、拘役或者管制。但是，由于存在"可以不追究刑事责任"的第六款，第一款等于形同虚设。第六款是对第一款的否定。因为第六款实际上为"收买被拐卖妇女、儿童罪"的构成附加了阻碍被拐卖妇女返回原居住地和虐待被买儿童、阻碍对其进行解救的条件。也即是说，收买被拐卖的妇女、儿童的行为本身不构成犯罪，有上述附加行为的才构成犯罪。"收买被拐卖妇女、儿童罪"实际上是被偷换为"收买并阻碍解救被拐卖妇女、儿童罪"。法律的逻辑性和严肃性在此荡然无存。

（2）根据《刑法》第二百四十一条第六款，"收买被拐卖的妇女、儿童罪"的成立是在阻碍解救之时，而不是在收买之时。从收买被拐卖的妇女、儿童到被拐卖的妇女、儿童得到解救，往往间隔相当长的时间，而在此期间，"收买被拐卖的妇女、儿童"一直处于"非犯罪"状态。因此，拐入地对收买被拐卖的妇女、儿童的事情往往视而不见，知情不举，被害人控诉也不被受理，甚至进行保护，通过违法的婚姻、户籍登记，使收买"合法化"。收买被拐卖妇女做老婆的，已经长期占有被拐卖妇女，甚至可能使其生儿育女，即使被拐卖妇女被解救，返回原居住地，自己也已经有相当大的收获，更何况木已成舟，有些被拐卖妇女无颜或者不愿意返回原居住地。收买被拐卖儿童的，更是抱有侥幸心理，得过且过。

（3）由于《刑法》第二百四十一条第六款的导向不正确，在现实中，对"可以不追究刑事责任"掌握偏松，"可以"变成"应当"，"收买被拐卖的妇女、儿童罪"几乎是"有律无案"。某地区一位打拐民警在接受采访时表示，"实践中还没有对收买家庭进行处罚的，所以违法成本很低"。公安部的同志也反映，在一些案件中，公安机关也曾将收买人移送审查起诉，但是法院大多不会对其判刑。2009年"打拐"专项行动的统计数字，就没有对收买人进行处理的情况。处理收买人比较少，还可以理解，但一个人也没有处理就是不正常的了。这只能说明存在对"不阻碍"的滥用。一种情况是，有些收买者面对公安机关的解救行动，不敢进行阻碍，被认定为"不阻碍"，因而没有被追究刑事责任。另一种情况是，公安机关突然采取解救行动，收买者还未来得及阻碍，但也被认定为"不阻碍"，从而没有被追究刑事责任。实际上，多数解救行动，都是受到阻碍的，程度不同而已，只是为息事宁人，维持地方安定，被"不阻碍"了。当然，也有确实"不阻碍"的，甚至积极帮助被拐卖妇女、儿童回家。对这些不同情况的"不阻碍"，在定罪量刑上难道不应当加以区别吗？

（4）我国《刑法》规定的"收买被拐卖的妇女、儿童罪"的处罚，不如"拐卖妇女、儿童罪"严厉，有一定合理性，因为收买妇女、儿童毕竟有着各地区经济发展不平衡、出生性别比例失调、传统生育观念影响等社会原因。但是，像第二百四十一条第六款那样宽松地规定不追究收买妇女、儿童犯罪的刑事责任的条件，则令人匪夷所思。这也许与低估收买人的主观恶性有关。有人认为，收买人主观上一般并无卑劣动机，是受封建思想影响，为了"传宗接代"。然而，"传宗接代"不能以剥夺他人的人权、破坏他人亲情、牺牲其他家庭的幸福、安宁为代价，这是最基本的人伦。作为21世纪的中国公民，无论生活在什么地区，都应当知道收买被拐卖的妇女、儿童会造成多么大的危害。明知妇女、儿童是被拐卖的而收买之，主观恶性不可谓不大。在客观上，收买人是人贩子的"共犯"和"帮凶"。《刑法》固然不应将他们与人贩子等同对待，但使他们得到相应的刑事制裁，是他们的行为理应获得的后果，这才可以体现法律的正义。

（5）为了减少解救的阻力，对于收买被拐卖妇女、儿童但不阻碍被害人返回原居住地或者不阻碍解救的，应给予肯定，给予宽大处理，但肯定和宽大的程度必须适度、合理。首先，一般情况下，宽大处理的底线应是追究刑事责任但"免除处罚"，而不应是"不追究刑事责任"。"不阻碍"以及"没有虐待"不是积极作为，既不是自首，也不是立功，远不足以"不追究刑事责任"。根据《刑法》第六十七条、第六十八条规定，自首或者有重大立功表现的，可以免除处罚，而还不是"不追究刑事责任"。其次，"不追究刑事责任"应有更严格的条件，只可适用于特殊情况，主要根据被买妇女本人、被买儿童的父母的态度。

总之，打击拐卖妇女、儿童犯罪，一要打击拐卖，二要打击收买，两手一起抓，两手都要硬。当然，硬的程度可以有所不同。

基于上述分析，建议修订《刑法》第二百四十一条第六款。修订后的第六款如下：

> 收买被拐卖的妇女、儿童，按照被买妇女的意愿，不阻碍其返回原居住地的，对被买儿童没有虐待行为，不阻碍对其进行解救的，可以从轻或者减轻处罚；主动帮助被买妇女、儿童返回原居住地或者家庭的，可以免除处罚；被买妇女本人、被买儿童的父母提出不追究刑事责任的，可以不追究刑事责任。

同时建议，《刑法》第二百四十一条第一款增加罚金刑；并且根据《刑法》第三十六条，规定可根据情况判处赔偿经济损失。修订后的第一款如下：

> 收买被拐卖的妇女、儿童的，处三年以下有期徒刑、拘役、管制，并处罚金；造成被害人或者被害人家庭经济损失的，可以判处赔偿经济损失。

拐卖妇女、儿童和收买被拐卖的妇女、儿童，是严重侵犯人权和违背人伦的犯罪，严重扰乱社会秩序，破坏社会稳定。这种犯罪的猖獗极大地损害了正在实现中华民族伟大复兴中国梦的国家形象。希望立法机关进一步贯彻十八大精神，多解民生之忧，解决好人民最关心最直接最现实的利益问题，抓紧调研，尽快制定修订方案。

[复函摘要]

全国人大常委会法制工作委员会（法工委议〔2013〕154号，2013年5月3日）：

收买被拐卖妇女、儿童的行为不仅侵犯了妇女、儿童的人身权利，给被拐卖妇女、儿童及其亲人造成了严重的身心伤害，也直接助长了拐卖妇女、儿童的犯罪活动。为打击收买被拐卖妇女、儿童的犯罪行为，刑法第二百四十一条第一款规定："收买被拐卖的妇女、儿童的，处三年以下有期徒刑、拘役或者管制。"同时，针对有些收买者对被拐卖的妇女、儿童同时有非法拘禁、强奸、伤害等犯罪行为，刑法还规定，收买被拐卖的妇女，强行与其发生性关系的，依照强奸罪的规定定罪量刑，最高可处死刑。收买被拐卖的妇女、儿童，非法剥夺、限制其人身自有或者有伤害、侮辱等犯罪行为的，依照数罪并罚的规定处罚。收买被拐卖的妇女、儿童又出卖的，依照拐卖妇女、儿童罪的规定定罪处罚。此外，2010年3月15日，最高人民法院、最高人民检察院、公安部、司法部联合出台了《关于依法惩治拐卖妇女儿童犯罪的意见》，对收买被拐卖的妇女、儿童的行为如何定罪处罚作了具体的规定。刑法和上述规定，为打击包括收买行为在内的拐卖妇女、儿童犯罪提供了充分的法律依据。

考虑到收买被拐卖的妇女、儿童的情况比较复杂，实践中有的在收买后进行抚养，没有虐待行为，并且不阻碍对其进行解救等，需要区别对待。因此，刑法第二百四十一条第六款还规定："收买被拐卖的妇女、儿童，按照被买妇女的意愿，不阻碍其返回原居住地的，对被买儿童没有虐待行为，不阻碍对其进行解救的，可以不追究刑事责任。"这样规定主要是从有利于被拐卖妇女、儿童的解救考虑的，拘役由司法机关根据个案情况掌握，更为灵活和主动。将"可以不追究刑事责任"理解为一律不追究刑事责任，是违反法律规定精神的。

近年来，在打击拐卖妇女、儿童犯罪过程中，有关方面反映，收买被拐卖妇女、儿童的犯罪，实践中有很多没有被追究刑事责任，应当加大对收买行为的打击力度。一些人大代表也多次提出修改刑法关于收买被拐卖的妇女、儿童犯罪的建议。对于这一问题，我们会同有关部门多次专门进行了研究。研究中主要有两种不同意见：一种意见认为，严厉打击收买被拐卖的妇女、儿童的犯罪，有利于遏制买方市场，从源头上减少拐卖妇女、儿童犯罪。对收买被拐卖的妇女、儿童的，原则上都应追究刑事责任。另一种意见认为，收买被拐卖的妇女、儿童犯罪情况复杂，还是应区别对待。如不加以区分地一律追究刑事责任，有的收买者可能对解救行为更不配合，从而影响对被拐卖妇女、儿童的及时解救，还可能会进一步影响某些被拐卖妇女、儿童的切身利益。我们将对这一问题继续研究论证。

刑法关于收买被拐卖妇女、儿童的犯罪及刑罚，是1997年刑法修改时规定的。近些年来，在拐卖妇女、儿童犯罪方面出现了新情况，我们一直密切关注，加强对实践中出现问题的研究。您提出的加大对收买妇女、儿童犯罪的处罚力度的建议，也是我们关注研究的问题，我们将在立法工作中认真加以研究。

[阐述]

我在2010年①和2013年②先后两次提出《关于修订〈刑法〉，加大对收买被拐卖妇女儿童犯罪的处罚力度的提案》，内容大同小异。全国人大常委会法制工作委员会对我的两次提案都给予了答复，内容略有不同，2010年的复函还介绍了2010年3月15日《关于依法惩治拐卖妇女儿童犯

---

① 杨傲多：《刘白驹：加大对收买妇女儿童犯罪处罚力度》，《法制日报》2010年3月6日；王春霞：《刘白驹等代表委员建议："打拐"严惩"买主"》，《中国妇女报》2010年3月10日；徐日丹：《刘白驹委员："打拐"需断"买方市场"》，《检察日报》2010年3月11日。

② 乔虹：《刘白驹委员建议打拐别忽视"买方市场" 没有旺盛的"买方市场"拐卖不可能那么猖獗》，《中国妇女报》2013年3月10日；徐日丹：《三类犯罪严重侵害未成年人 织密法网不让未成年人成为被害人》，《检察日报》2013年5月31日。

罪的意见》的主要内容。对 2010 年的复函，法工委不同意公开。

我的意见主要针对 1997 年《刑法》第二百四十一条第六款："收买被拐卖的妇女、儿童，按照被买妇女的意愿，不阻碍其返回原居住地的，对被买儿童没有虐待行为，不阻碍对其进行解救的，可以不追究刑事责任。"对此规定，社会上和法律界批评甚多。我自认为我的意见是比较有力、充分和合理的。2010 年我建议将其修改为："收买被拐卖、绑架的妇女、儿童，按照被买妇女的意愿，不阻碍其返回原居住地的，对被买儿童没有虐待行为，不阻碍对其进行解救的，可以从轻或者减轻处罚。"2013 年时考虑得更全面一些，建议修改为："收买被拐卖的妇女、儿童，按照被买妇女的意愿，不阻碍其返回原居住地的，对被买儿童没有虐待行为，不阻碍对其进行解救的，可以从轻或者减轻处罚；主动帮助被买妇女、儿童返回原居住地或者家庭的，可以免除处罚；被买妇女本人、被买儿童的父母提出不追究刑事责任的，可以不追究刑事责任。"

全国人大常委会法制工作委员会在答复中强调指出：针对有些收买者对被拐卖的妇女、儿童同时有非法拘禁、强奸、伤害等犯罪行为，刑法还规定，收买被拐卖的妇女，强行与其发生性关系的，依照强奸罪的规定定罪量刑，最高可处死刑；收买被拐卖的妇女、儿童，非法剥夺、限制其人身自由或者有伤害、侮辱等犯罪行为的，依照数罪并罚的规定处罚。如其所言，这些规定都是十分必要的。被拐卖的妇女，在被人收买之后，几乎都遭到过非法拘禁、强奸、伤害。然而，在司法实践中，除了被拐卖之初就逃脱或者被解救的，妇女遭受非法拘禁、强奸、伤害，可能按非法拘禁罪、强奸罪、故意伤害罪等定罪量刑外，很多在多年之后逃脱或者被解救的妇女，虽然曾经遭受过非法拘禁、强奸、伤害，但鲜有收买者被追究非法拘禁、强奸、伤害等犯罪行为的刑事责任的。

2015 年《刑法修正案（九）》将《刑法》第二百四十一条第六款修改为："收买被拐卖的妇女、儿童，对被买儿童没有虐待行为，不阻碍对其进行解救的，可以从轻处罚；按照被买妇女的意愿，不阻碍其返回原居住地的，可以从轻或者减轻处罚。"它取消"可以不追究刑事责任"的文字，分别规定了收买被拐卖的儿童、妇女犯罪的从轻或者减轻处罚情节：（1）对被买儿童没有虐待行为，不阻碍对其进行解救的，可以从轻处罚；（2）按照被买妇女的意愿，不阻碍其返回原居住地的，可以从轻或者减轻处罚。

修正条文草案曾有过变化。根据《刑法修正案（九）（草案）》一次审议稿，《刑法》第二百四十一条第六款的修改是："收买被拐卖的妇女、儿童，按照被买妇女的意愿，不阻碍其返回原居住地的，对被买儿童没有虐待行为，不阻碍对其进行解救的，可以从轻、减轻或者免除处罚。"取消"可以不追究刑事责任"的规定，收买被拐卖的妇女和儿童，可以从轻、减轻或者免除处罚。对此，有的常委会组成人员、部门和地方提出，收买被拐卖的妇女和收买被拐卖的儿童情况有所不同，在刑事政策的掌握和处罚上应当有所区别，对后一种情况减轻或者免除处罚应当慎重。法律委员会经同有关部门研究，建议将收买被拐卖的儿童，对被买儿童没有虐待行为，不阻碍对其进行解救的，"可以从轻、减轻或者免除处罚"修改为"可以从轻处罚"。① 于是，到《刑法修正案（九）（草案）》二次审议稿，第二百四十一条第六款改为："收买被拐卖的妇女、儿童，对被买儿童没有虐待行为，不阻碍对其进行解救的，可以从轻处罚；按照被买妇女的意愿，不阻碍其返回原居住地的，可以从轻、减轻或者免除处罚。"二次审议稿的行文改变《刑法》和一次审议稿先说妇女、后说儿童的顺序，采取先说儿童、后说妇女的顺序。在处罚上，收买被拐卖的儿童，可以从轻处罚，但不能减轻或者免除处罚；收买被拐卖的妇女，既可以从轻处罚，也可以减轻处罚，甚至可以"免除处罚"。而保留"免除处罚"，仍嫌过宽。最终，"免除处罚"被彻底删除。

我的建议的主要部分，在修正案中得到体现。不过我觉得，我提出的"主动帮助被买妇女、儿童返回原居住地或者家庭的，可以免除处罚；被买妇女本人、被买儿童的父母提出不追究刑事责任的，可以不追究刑事责任"没有被考虑，还是比较令人遗憾的。至少在我的方案里，适用"免除

---

① 《全国人民代表大会法律委员会关于〈中华人民共和国刑法修正案（九）（草案）〉修改情况的汇报》，中国人大网，2015 年 7 月 7 日，http://www.npc.gov.cn/npc/lfzt/rlys/2015 – 07/07/content_1941155.htm；陈丽萍：《一些常委委员建议对收买妇女儿童者均刑事处罚删除草案"可以免除处罚"规定》，法制网，2015 年 1 月 7 日。

处罚"的条件比草案一、二次审议稿合情合理。

第六节　虐待非亲属儿童和被照护人的刑事制裁

提案

关于修订《刑法》虐待罪条款，扩大虐待罪主体，
限制"告诉的才处理"适用的提案

（政协十二届全国委员会第一次会议第 1234 号/

政治法律类 112 号，2013 年 3 月）

　　近年来，发生多起幼儿教师虐待儿童事件，引起社会公愤。由于现行《刑法》所列"虐待罪"针对的是家庭成员之间的虐待，"故意伤害罪"须有人身伤害后果，地方公安机关提出的"寻衅滋事罪"指控也不成立，最终虐待幼童的行为人没有得到刑罚制裁。群众和网民对此意见纷纷，许多人呼吁我国《刑法》增设"虐待儿童罪"。

　　这个意见值得重视。幼儿教师或者其他特殊职业者虐待非亲属儿童，违背社会伦理和职业道德，社会影响恶劣，给予适当的刑罚处罚是必要的。但是，增设独立的"虐待儿童罪"并非立法最佳选择。单独设立"虐待儿童罪"，增加了一个罪名，会与已有的"虐待罪"规定构成法条竞合，造成立法混乱，影响司法效率。更重要的是，就家庭之外的虐待问题而言，目前不仅存在幼儿教师和其他教师虐待非亲属儿童以及《刑法》第二百四十八条规定的监管机构人员虐待被监管人的情况，而且存在社会养老机构工作人员虐待老人、福利救助机构工作人员虐待被救助人员、精神病院工作人员虐待病人等情况。这些虐待行为的共同特点是，承担特定义务的人员虐待本应由他们加以关爱的弱者，具有社会危害性，十分恶劣，立法应一并考虑。

　　外国立法例可供参考。《德国刑法典》第 225 条规定了"虐待被保护人罪"，被保护人是指下列不满 18 岁之人或因残疾、疾病而无防卫能力之人：（1）处于行为人的照料或保护之下；（2）属于行为人的家庭成员；（3）被照料义务人将照料义务转让给行为人；（4）在职务或工作关系范围之内之下属。《葡萄牙刑法典》第 152 条 A 规定的虐待罪的被害人包括"归其照护、保护，或者其负有指导或教育责任，或者因劳动关系从属于其的未成年人或者无助人，尤其是因为年龄、残疾、疾病、怀孕而处于这一状态的人"。《奥地利刑法典》也规定了"折磨或不关心儿童、少年或无自卫能力者罪"。

建议修改《刑法》第二百六十条关于"虐待罪"的规定，将其主体适当扩张，不仅包括家庭成员，而且包括承担教育、照管、监护、寄养、救助等照护义务的人。这些承担照护义务的人的虐待对象可概括称为"有义务照护的人"或"被照护人"。具体修改方案是将第 1 款"虐待家庭成员，情节恶劣的，处二年以下有期徒刑、拘役或者管制"修改为"虐待家庭成员、被照护人（或有义务照护的人），情节恶劣的，处二年以下有期徒刑、拘役或者管制"。

同时，这些主体的虐待超出家庭私生活范畴，不应适用"告诉的才处理"的原则。

另外，为加强对老人、儿童的保护，家庭成员虐待老人、未成年子女的，也不应都适用"告诉的才处理"，而须施以必要的社会干预。建议将第三款"第一款罪，告诉的才处理"修改为"虐待家庭成员，未致被害人死亡、重伤的，告诉的才处理，但虐待七十五周岁以上老人和十二周岁以下儿童除外"。

对实施虐待致使被害人重伤、死亡的，刑罚力度也应适当加强，建议从"处二年以上七年以下有期徒刑"提高为"处三年以上十年以下有期徒刑"。

《刑法》第二百六十条修改建议稿：

> 虐待家庭成员、被照护人（或有义务照护的人），情节恶劣的，处二年以下有期徒刑、拘役或者管制。
>
> 犯前款罪，致使被害人重伤、死亡的，处三年以上十年以下有期徒刑。
>
> 虐待家庭成员，未致被害人死亡、重伤的，告诉的才处理，但虐待七十五周岁以上老人和十二周岁以下儿童除外。

［复函摘要］

全国人大常委会法制工作委员会（法工委议〔2013〕161号，2013年5月23日）：

刑法关于虐待罪的规定，主要是针对家庭成员之间的虐待行为。对于非家庭成员的虐待行为，情节恶劣构成犯罪的，可以依照刑法有关规定以故意伤害罪、过失致人死亡罪、故意杀人罪以及其他有关罪名追究行为人的刑事责任；尚不构成犯罪的，可以依照治安管理处罚法的规定基于治安管理处罚。近年来，学校教师、保姆、养老院工作人员等具有监护或看护职责的人员对其看护、监护对象实施虐待的现象时有发生，引起社会广泛关注，并建议对这些行为规定相应的法律责任。目前，我们正会同有关部门就完善相关规定进行调查研究。对于您提出的修订《刑法》虐待罪条款，扩大虐待罪主体，限制"告诉的才处理"适用等建议，我们将认真研究考虑。

［阐述］

2010～2012年，媒体连续报道多起非亲属人员虐待儿童事件。由于《刑法》规定的"虐待罪"是指家庭中的虐待，不能适用于非亲属虐待，有些人主张增设"虐待儿童罪"。而我在以往研究中注意到，社会上不仅存在幼儿教师和其他教师等虐待非亲属儿童以及《刑法》第二百四十八条规定的监管机构人员虐待被监管人的情况，而且存在社会养老机构工作人员虐待老人、福利救助机构工作人员虐待被救助人员、精神病院工作人员虐待病人等情况。我建议修改《刑法》第二百六十条关于"虐待罪"的规定，将其主体适当扩张，不仅包括家庭成员，而且包括承担教育、照管、监护、寄养、救助等照护义务的人。也可以说，对于"虐待罪"，既扩张其犯罪主体的范围，又扩张其犯罪对象的范围。

我考虑过是否在现有"虐待罪"之外增设另一罪的问题。我认为，不论虐待主体与虐待对象是谁，虐待行为并无本质不同，就像故意伤害他人不因伤害主体和伤害对象的不同而分为不同的故意伤害罪一样，虐待行为也没有必要多设几个罪，致使增加新的罪名。

另外，我还认为，对于虐待罪，为加强对老人、儿童的保护，家庭成员虐待老人、未成年子女的，不应都适用"告诉的才处理"，而须施以必要的社会干预。

对于我的这个具体意见与众不同的提案，当时有多个媒体作了报道，[①]后来还被引述。[②]

最终，《刑法修正案（九）》没有设立"虐待儿童罪"，也没有改造原有的"虐待罪"条款，而是在"虐待罪"之外，增设了独立的"虐待被监护、看护人罪"[③]。《刑法》新增的第二百六十条之一规定："对未成年人、老年人、患病的人、残疾人等负有监护、看护职责的人虐待被监护、看护的人，情节恶劣的，处三年以下有期徒刑或者拘役。""单位犯前款罪的，对单位判处罚金，并对其直接负责的主管人员和其他直接责任人员，依照前款的规定处罚。""有第一款行为，同时构成其他犯罪的，依照处罚较重的规定定罪处罚。"其中第二款为刑法修正案草案三次审议稿所增加。对此，全国人大法律委员会说明：草案二次审议稿第十九条对虐待被监护、看护人的犯罪作了规定，"有的全国人大代表和有关方面提出，实践中也存在单位进行上述犯罪活动的情况，建议增加单位犯罪的规定。法律委员会经研究，建议采纳这一意见，增加相关规定"。[④]

同时，《刑法》第二百六十条（虐待罪）第三款修改为："第一款罪，

---

① 徐日丹：《遏制虐童恶行不必增设新罪——刘白驹委员建议扩大虐待罪主体》，《检察日报》2013 年 3 月 5 日；周斌：《全国政协委员呼吁　修改刑法严惩虐童犯罪》，《法制日报》2013 年 3 月 7 日；乔虹、王洁：《从多方面入手遏制"虐童"现象》，《中国妇女报》2013 年 3 月 9 日；李文广：《增设"虐待儿童罪"并非立法最佳选择——访全国政协委员、中国社会科学院科研局研究员刘白驹》，《人民法院报》2013 年 3 月 12 日；刘圆圆：《刘白驹委员提出"虐待罪"须扩大主体范围》，《人民政协报》2013 年 3 月 19 日。

② 参见沈德咏主编《〈刑法修正案（九）〉条文及配套司法解释理解与适用》，人民法院出版社，2015，第 204 页；郑延谱主编《〈刑法修正案（九）〉公安机关适用读本》，中国人民公安大学出版社，2016，第 110 页。

③ 最高人民法院、最高人民检察院《关于执行〈中华人民共和国刑法〉确定罪名的补充规定（六）》（2015 年 10 月 30 日）确定此罪名。

④ 全国人大法律委员会主任委员乔晓阳：《全国人民代表大会法律委员会关于〈中华人民共和国刑法修正案（九）（草案）〉审议结果的报告——2015 年 8 月 24 日在第十二届全国人民代表大会常务委员会第十六次会议上》，中国人大网，2015 年 11 月 9 日，http://www.npc.gov.cn/wxzl/gongbao/2015 - 11/09/content_1951865.htm。

告诉的才处理，但被虐待的人没有能力告诉，或者因受到强制、威吓无法告诉的除外。"

《刑法修正案（九）》对虐待儿童和其他人员的犯罪的规制是比较理想的。已有之"故意伤害罪""强奸罪（奸淫幼女）""猥亵儿童罪""虐待罪"等再加上《刑法修正案（九）》新增的"虐待被监护、看护人罪"和修改的"组织、强迫未成年人卖淫"，人们特别重视的虐待儿童犯罪的刑事制裁问题获得比较全面的解决。

不料，在2018年"两会"期间，又有人大代表建议设立"虐待儿童罪"①。代表认为《刑法》中的"虐待罪""故意伤害罪""非法拘禁罪""侮辱罪"都难以完全契合虐待儿童犯罪，故而应增设"虐待儿童罪"。代表们关爱儿童之心令人感佩。不过，这种意见放在2013年或许还有意义，2018年提出则令人想到"不知有汉，无论魏晋"之古语。他们可能以为只有条文或罪名明示"虐待儿童"，虐待儿童才算"入刑"。按此逻辑，还应增设"虐待妇女罪""虐待老年人罪"等。

还需对家庭暴力问题做些补充。2013年我的这个关于虐待罪的提案，针对的是家庭之外的虐待，这不意味着我对家庭虐待的忽视，其实我对家庭虐待更早进行了研究。2000年出版的《精神障碍与犯罪》一书列有"家庭暴力虐待"一节，探讨了家庭暴力虐待的特点和精神病理原因等问题。② 2006年出版的《性犯罪：精神病理与控制》第一版也有对家庭中的性虐待的分析。③ 2015年"两会"期间，我应《人民法院报》记者之约，对刚刚发布的最高人民法院、最高人民检察院、公安部、司法部《关于依法办理家庭暴力犯罪案件的意见》（2015年3月4日）进行了点评：

　　《意见》实际上是一部刑事司法操作层面的反家庭暴力法。它针

---

① 王旭东：《在刑法中增设虐待儿童罪》，《人民公安报》2018年3月9日；《全国人大代表朱列玉：建议在刑法中增设虐待儿童罪》，《华西都市报》2018年3月19日。
② 刘白驹：《精神障碍与犯罪》（上册），社会科学文献出版社，2000，第402~413页。
③ 刘白驹：《性犯罪：精神病理与控制》（第一版），社会科学文献出版社，2006，第151~154页。

对严重的即构成犯罪的家暴行为的法律适用问题，制定了具有可操作性的指导对策，对于依法惩处家暴行为和保护家暴行为的被害人，具有重要意义。《意见》所规定的家暴行为，不仅发生在家庭成员之间，而且发生在具有监护、扶养、寄养、同居等关系的共同生活人员之间，构筑了比"反家庭暴力法（草案）"① 更为广泛的保护防线。《意见》确定的保护被害人隐私、尊重被害人意愿等基本原则，准确和充分照应了家暴案件及其被害人的特殊性。它所设立的家暴案件的受理和处理程序、不同情况的家暴行为的定罪处罚和其他强制措施，都是切实可行的。目前，正在制定反家庭暴力法，即便将来在反家庭暴力法颁布后，这个意见的主要内容也是可以基本适用的，能够弥补反家庭暴力法偏于原则性规定之不足。当然，届时也有可能或者有必要根据反家庭暴力法以及将要颁布的《刑法修正案（九）》，作出必要的修订和补充。另外，我认为，将精神正常的家庭成员故意作为精神障碍患者强制送入医疗机构，也是一种性质恶劣的虐待，应列入家暴范围。对什么是"同居"关系，也还应作出更为清晰的解释和界定。②

第七节　增设"非法组织胎儿性别鉴定罪"的建议

🗂 提案

关于《刑法》增设"非法组织胎儿性别鉴定罪"的提案

（2016 年政协十二届全国委员会第四次会议第 1197 号/

政治法律类 082 号，2016 年 3 月）

目前，我国是世界上出生人口性别结构失衡最严重、持续时间最长、

---

① 2015 年 12 月 27 日第十二届全国人民代表大会常务委员会第十八次会议通过《中华人民共和国反家庭暴力法》。

② 马守敏：《刘白驹委员点评办理家庭暴力犯罪案件的意见》，《人民法院报》2015 年 3 月 14 日。

波及人口最多的国家。一般认为，出生人口性别比的正常范围是 103 至 107。国家卫生和计划生育委员会在 2015 年初公布的数据显示：自 20 世纪 80 年代以来，我国出生人口性别比持续攀升，1982 年第三次人口普查时为 108.47，1990 年"四普"为 111.14，2000 年"五普"为 116.86，2004 年创历史最高纪录达到 121.18。其后的几年出生人口性别比一直在 120 上下，2008 年后连续小幅下降，2010 年"六普"为 117.94。"十二五"以来，我国出生人口性别比一直在高位徘徊，2011 年为 117.78，2012 年为 117.70，2013 年为 117.60。这一问题的持续存在，根本的原因是重男轻女的传统思想仍然有很大影响、社会保障体系尤其是养老制度不完善等；但一个直接的原因是，长期以来，实施非医学需要的胎儿性别鉴定和非医学需要的选择性别人工终止妊娠的非法活动屡禁不止，鉴定方法从利用超声技术发展到孕妇血液性别 DNA 鉴定，并且逐渐组织化，形成境内外勾结的地下产业链。而有关法律对策不够完善，未能有效遏制这种现象的蔓延。

一 应当进一步加强对非法实施胎儿性别鉴定行为的防治

自我国出现出生人口性别结构失衡问题以来，党和政府一直高度重视。2006 年 10 月，十六届六中全会通过的《中共中央关于构建社会主义和谐社会若干重大问题的决定》提出，要"有效治理出生人口性别比升高等问题"。2006 年 12 月，《中共中央国务院关于全面加强人口和计划生育工作统筹解决人口问题的决定》明确要求"运用法律手段，严厉打击非法实施胎儿性别鉴定和选择性别人工终止妊娠的行为"。2015 年 10 月，十八届五中全会决定："促进人口均衡发展，坚持计划生育的基本国策，完善人口发展战略，全面实施一对夫妇可生育两个孩子政策，积极开展应对人口老龄化行动。"

全面实施一对夫妇可生育两个孩子的政策有利于改变我国出生人口性别结构失衡状况，也对改变我国出生人口性别结构失衡状况提出更高的要求。今后，对非医学需要的胎儿性别鉴定和选择性别人工终止妊娠行为的治理不能放松，而应当进一步加强，以防止不法分子利用一些已有一个女孩的家庭希望再生育一个男孩的情况①，更加猖獗地非法实施胎儿性别鉴定和选择性别人工终止妊娠的行为，加剧出生人口性别结构失衡和与之密切相关的男性婚配困难、婚姻挤压等社会问题。

二 现有立法缺陷及其影响

1994 年《母婴保健法》② 第三十二条第二款规定："严禁采用技术手段对胎儿进行性别鉴定，但医学上确有需要的除外。"2001 年《人口与计划生育法》③ 第三十五条规定："严禁利用超声技术和其他技术手段进行非医学需要的胎儿性别鉴定；严禁非医学需要的选择性别的人工终止妊娠。"该法还规定，对有上述行为的，由计划生育行政部门或者卫生行政部门依据职权责令改正，给予警告，没收违法所得、罚款；情节严重的，由原发证机关吊销执业证书；构成犯罪的，依法追究刑事责任。2001 年国务院制定（2004 年修订）的《计划生育技术服务管理条例》规定："任何机构和个人不得进行非医学需要的胎儿性别鉴定或者选择性别的人工终止妊娠。"2002 年，国家计划生育委员会、卫生部和国家药品监督管理局联合发布《关于禁止非医学需要的胎儿性别鉴定和选择性别的人工终止妊娠的规定》。2014 年，国家卫生和计划生育委员会、公安部、国家工商行政管理总局、国家食品药品监督管理总局提出新的《禁止非医学需要的胎儿性别鉴定和选择性别人工终止妊娠的规定（征求意见稿）》，对原规定中的不合

---

① 曾有单位对我国"单独二胎"政策下居民生育意愿进行调查。调查结果显示，头胎是女孩的居民更愿意生育二胎，部分居民由于头胎是男孩而犹豫生育二胎；在生育意愿较高的群体中，选择农民对其愿意生育二胎的原因进行了进一步的分析，农民愿意生育二胎的首要原因是怕子女成长孤单，排在第二位的是头胎是女孩。参见张妍等《我国"单独二胎"政策下居民生育意愿的调查》，《统计与管理》2015 年第 6 期。

② 《中华人民共和国母婴保健法》，1994 年 10 月 27 日第八届全国人民代表大会常务委员会第十次会议通过，根据 2009 年 8 月 27 日第十一届全国人民代表大会常务委员会第十次会议《关于修改部分法律的决定》第一次修正，根据 2017 年 11 月 4 日第十二届全国人民代表大会常务委员会第三十次会议《关于修改〈中华人民共和国会计法〉等十一部法律的决定》第二次修正。

③ 《中华人民共和国人口与计划生育法》，2001 年 12 月 29 日第九届全国人民代表大会常务委员会第二十五次会议通过，根据 2015 年 12 月 27 日第十二届全国人民代表大会常务委员会第十八次会议《关于修改〈中华人民共和国人口与计划生育法〉的决定》修正。

理、不严谨之处作了修订，措施更为明确细致。2014 年 12 月，针对近年来一些非法机构和个人为内地孕妇抽取静脉血样，送往境外进行胎儿性别鉴定的情况，国家卫生和计划生育委员会等十四部门发布《关于加强打击防控采血鉴定胎儿性别行为的通知》，提出一系列打击防控措施。但是，上述法律法规中的禁止性规定，由于缺乏足够的强制力保障，实施效果不可高估。

一个明显的不足是，我国《刑法》没有明确将为他人进行非医学需要的胎儿性别鉴定和非医学需要的选择性别人工终止妊娠的行为规定为犯罪。目前，对这类行为的一部分通常以《刑法》第三百三十六条规定的"非法行医罪"或者"非法进行节育手术罪"定罪处罚。但是，《刑法》第三百三十六条并没有列出"非医学需要的胎儿性别鉴定"和"非医学需要的选择性别的人工终止妊娠"。而且，第三百三十六条第一款规定的"非法行医罪"和第二款规定的"非法进行节育手术罪"，都是专指"未取得医生执业资格的人"实施的非法行为。按此设置，根据罪刑法定原则，对于医疗卫生、计划生育技术服务机构的人员或者其他"取得医生执业资格的人"实施非医学需要的胎儿性别鉴定和选择性别人工终止妊娠行为，无法追究刑事责任。1993 年最高人民法院和最高人民检察院曾经联合下发《关于依法严惩破坏计划生育犯罪活动的通知》，其中规定医务人员收受贿赂"擅自为他人进行非医学需要的胎儿性别鉴定，导致胎儿引产"，构成受贿罪。但该通知随着《刑法》在 1997 年修订而失效。2015 年 4 月，国家卫生和计划生育委员会等 7 部门联合印发方案，在全国范围内开展整治非医学需要的胎儿性别鉴定和选择性别人工终止妊娠专项行动，查处的重点首先是医疗卫生、计划生育技术服务机构及其人员的"两非"行为，可见问题的普遍性和严重性。

更突出的问题是，《刑法》和其他有关法律法规没有明确将非医学需要的胎儿性别鉴定和选择性别人工终止妊娠活动的组织者列为惩治对象。现在的非医学需要的胎儿性别鉴定，已经不完全是孕妇及其家人与医务人员、其他行医者双方的事情，在他们双方之间往往有一些人以牟利为目的专门进行组织（策划、推广、介绍、联络等）。对于主观恶性和作用更大的组织者，由于他们往往没有直接进行非医学需要的胎儿性别鉴定或者非医学需要的选择性别人工终止妊娠，有些地区在进行治理处罚时感到缺乏充分的法律依据。而现有行政处罚的力度，也不足以震慑这些组织者。

三 建议增设"非法组织胎儿性别鉴定罪"

关于为他人进行非医学需要的胎儿性别鉴定行为的"入刑"问题，国家立法机关曾经作出设计。2006 年《刑法修正案（六）（草案）》规定（拟作为"第三百三十六条之一"）："违反国家规定，为他人进行非医学需要的胎儿性别鉴定，导致选择性别的人工终止妊娠后果，情节严重的，处三年以下有期徒刑、拘役或者管制，并处罚金。"在全国人大常委会审议这一条款草案时，有些常委会组成人员和地方、部门、专家认为，这一条规定的犯罪界限不清，实践中很难操作；孕妇对胎儿性别有知情权；对这种行为不宜作为犯罪处理。有的常委会组成人员和部门认为，为了遏制性别比不断扩大的势头，造成严重社会问题，规定这一条是必要的，实践中也并非不可操作。全国人大法律委员会经研究，考虑到在这个问题上的分歧意见很大，建议暂不作修改。最终该条款没有通过全国人大常委会的审议。

根据近十年整治非法胎儿性别鉴定行为的状况来看，不能充分利用刑法武器，在一定程度上制约了打击力度和效果。2006 年以后，有关部门和人士继续呼吁将非法胎儿性别鉴定列为犯罪。然而，现在考虑非法胎儿性别鉴定的"入刑"问题，不应简单恢复《刑法修正案（六）（草案）》的方案。该方案不仅意见分歧很大、操作性不强，而且没有抓住关键环节，打击重点不突出。面对非法胎儿性别鉴定活动组织化、产业化和使用新技术手段的严峻形势，应当创新法律对策，用刑法重点打击有组织的非法胎儿性别鉴定活动及其组织者。

建议国家立法机关适时修正《刑法》，增设"非法组织胎儿性别鉴定罪"。条款建议稿："组织进行非医学需要的胎儿性别鉴定的，处三年以下有期徒刑、拘役或者管制，并处罚金；情节严重的，处三年以上七年以下有期徒刑，并处罚金。"对"情节严重"，待《刑法》修正后，应有司法解释，以长期或大规模组织进行，或者获利较大为标准。

"非法组织胎儿性别鉴定罪"追究的是非法胎儿性别鉴定活动组织者

的刑事责任。犯罪主体是否为"医务人员"或者"未取得医生执业资格的人",或者其他人,不作限制。这一方案,锋芒所向是非法胎儿性别鉴定活动的关键环节和核心人员,重在破除地下产业链,既包括不法分子在合法医疗机构组织的非法鉴定活动,也包括不法分子在合法医疗机构之外组织的非法鉴定活动,目前突出的"寄血验子"等新情况亦包括在内。而对于根据孕妇及其家人的请求,进行非医学需要的胎儿性别鉴定或者选择性别人工终止妊娠的医务人员,一般可以继续适用行政处罚的对策模式,不给予刑事制裁,这符合刑法谦抑性精神。至于"未取得医生执业资格的人"为他人进行非医学需要的胎儿性别鉴定或者选择性别人工终止妊娠的,仍可按"非法行医罪"或者"非法进行节育手术罪"定罪处罚。

关于"非医学需要的选择性别的人工终止妊娠",因其通常是非医学需要的胎儿性别鉴定的后续行为,如果能够有效打击有组织的非医学需要的胎儿性别鉴定活动,这种后续行为即可得到一定程度的遏制,似可不列为犯罪。而且,认定人工终止妊娠是否因为非医学需要的选择性别,标准很难设置和把握。《刑法修正案(六)(草案)》将"导致选择性别的人工终止妊娠后果"作为犯罪构成的客观要件之一,意味着医生是否构成犯罪,取决于孕妇自己决定是否堕胎,确实不合法理、情理,不宜规定。

[复函摘要]

全国人大常委会法制工作委员会(法工委函〔2016〕92号,2016年6月24日):

关于在刑法中增加非法组织胎儿性别鉴定和选择性别的人工终止妊娠行为的规定,有关方面和一些全国人大代表、全国政协委员也曾提出过建议。全国人大常委会在制定刑法修正案(六)时,曾将该内容纳入刑法修正案草案中,但各方面建议存在较大分歧。全国人大法律委员会经反复慎重研究,考虑到这个问题上分歧意见较大,提请全国人大常委会表决的条件还不具备,未将该内容列入刑法修正案表决稿。

近年来,我国人口形势和生育政策等出现了一些新的情况和变化。2013年,十二届全国人大常委会第六次会议根据我国经济社会的发展和人口形势的变化，审议通过了《关于调整完善生育政策的决议》，对我国的生育政策进行了调整完善，"单独两孩"政策启动实施。2015 年 10 月，党的十八届五中全会提出，全面实施一对夫妇可生育两个孩子，积极应对人口老龄化。2015 年 12 月，全国人大常委会通过了《关于修改〈中华人民共和国人口与计划生育法〉的决定》。上述政策和法律对我国出生人口性别比产生的影响，还需要在政策全面实施一段时期以后，总结经验，对相关情况作进一步的评估分析。解决出生人口性别失衡问题是一项社会系统工程，既涉及党和国家的政策和法律，也涉及各级政府等部门对政策和法律的执行和贯彻，还涉及到公民观念意识的改变和千家万户的切身利益等，情况比较复杂，需要运用各种手段综合治理。

您在提案中对近年来实践中非法进行胎儿性别鉴定行为出现的新的变化作了介绍和分析，其中关于有些人员以牟利为目的专门组织他人从事非法胎儿鉴定，在处理上存在法律依据不足的问题，确实需要引起重视。下一步，对您提出的在刑法中增设非法组织胎儿性别鉴定罪的建议，我们将会同有关部门进一步调查研究，在今后的立法工作中认真考虑。

［阐述］

一 非法进行胎儿性别鉴定案件的争议

2016 年"两会"，我只提出了这一个《关于〈刑法〉增设"非法组织胎儿性别鉴定罪"的提案》。① 当时，我尚处在腰椎手术后的恢复中，勉强参会，无力考虑更多的问题。

2016 年 5 月 1 日，国家卫生和计划生育委员会等部门修订的《禁止非医学需要的胎儿性别鉴定和选择性别人工终止妊娠的规定》正式施行。其第二十三条规定："介绍、组织孕妇实施非医学需要的胎儿性别鉴定或者

---

① 邢丙银、吴笛：《全国政协委员刘白驹：建议"非法组织胎儿性别鉴定"入刑》，澎湃新闻，2016 年 3 月 4 日，https://www.thepaper.cn/newsDetail_forward_1439226；侯建斌：《"非法组织胎儿性别鉴定"入刑》，《法制日报》2016 年 3 月 5 日；张立：《刘白驹委员建议 增设"非法组织胎儿性别鉴定罪"》，《检察日报》2016 年 3 月 5 日；王春霞：《增设"非法组织胎儿性别鉴定罪"》，《中国妇女报》2016 年 3 月 12 日。

选择性别人工终止妊娠的，由县级以上卫生计生行政部门责令改正，给予警告；情节严重的，没收违法所得，并处 5000 元以上 3 万元以下罚款。"有记者就此采访我，我说"这条新规出台得十分及时和必要"，同时指出，只有部门规章和行政处罚还远远不够，应当进一步推进"非法组织胎儿性别鉴定"入刑。①

2016 年 12 月，最高人民法院发布经过修正的《关于审理非法行医刑事案件具体应用法律若干问题的解释》（2008 年 4 月 28 日最高人民法院审判委员会第 1446 次会议通过，2016 年 12 月 12 日最高人民法院审判委员会第 1703 次会议修正）。这个文件对审理《刑法》第三百三十六条第一款规定的"非法行医罪"② 案件的法律适用问题作出解释，其中没有提到进行非医学需要的胎儿性别鉴定和非医学需要的选择性别人工终止妊娠的行为。③ 据此至少可以说，将进行非医学需要的胎儿性别鉴定和非医学需要的选择性别人工终止妊娠的行为列入非法行医罪，没有法律和司法解释的根据。这个文件无关《刑法》第三百三十六条第二款规定的"非法进行节育手术罪"④，没有对审理非法进行节育手术罪案件的法律适用作出解释。不过，根据这款条文的明确规定，"未取得医生执业资格的人"擅自为他人进行终止妊娠手术，情节严重的，构成非法进行节育手术罪。

---

① 朱琳、蒲晓磊：《刘白驹委员建议 非法组织胎儿性别鉴定应入刑》，《法制日报》2016 年 5 月 24 日。

② 《刑法》第三百三十六条第一款："未取得医生执业资格的人非法行医，情节严重的，处三年以下有期徒刑、拘役或者管制，并处或者单处罚金；严重损害就诊人身体健康的，处三年以上十年以下有期徒刑，并处罚金；造成就诊人死亡的，处十年以上有期徒刑，并处罚金。"

③ 最高人民法院《关于审理非法行医刑事案件具体应用法律若干问题的解释》第二条："具有下列情形之一的，应认定为刑法第三百三十六条第一款规定的'情节严重'：（一）造成就诊人轻度残疾、器官组织损伤导致一般功能障碍的；（二）造成甲类传染病传播、流行或者有传播、流行危险的；（三）使用假药、劣药或不符合国家规定标准的卫生材料、医疗器械，足以严重危害人体健康的；（四）非法行医被卫生行政部门行政处罚两次以后，再次非法行医的；（五）其他情节严重的情形。"

④ 《刑法》第三百三十六条第二款："未取得医生执业资格的人擅自为他人进行节育复通手术、假节育手术、终止妊娠手术或者摘取宫内节育器，情节严重的，处三年以下有期徒刑、拘役或者管制，并处或者单处罚金；严重损害就诊人身体健康的，处三年以上十年以下有期徒刑，并处罚金；造成就诊人死亡的，处十年以上有期徒刑，并处罚金。"

在 2008 年，《最高人民检察院、公安部关于公安机关管辖的刑事案件立案追诉标准的规定（一）》（公通字〔2008〕36 号）就已经将非法进行选择性别的终止妊娠手术列入非法进行节育手术罪。[①]

国内最大"寄血验子"案的处理过程更说明追究"两非"行为人刑事责任问题的复杂性。2015 年 12 月浙江省永嘉县警方以"非法行医罪"立案调查一桩非医学需要的胎儿性别鉴定案。据调查，该案涉案人员达 300 余人，预计参与寄血验子的孕妇超过 5 万人次，涉案金额达 2 亿元以上。2017 年 12 月 25 日，永嘉县人民法院以"非法行医罪"罪名判处首批 10 人一年到两年不等的有期徒刑（实刑或缓刑）。这些人是提供赴香港进行胎儿性别鉴定中介服务的办事人员，产业链背后是香港籍老板林某。宣判后部分被告人不服，提起上诉。2018 年 5 月 4 日，温州市中级人民法院二审维持原判。被告人的律师认为，对于非医学需要进行胎儿性别鉴定，我国相关法律将其界定为行政违法行为，予以行政处罚；《刑法》第三百三十六条和有关司法解释没有将这种行为列为犯罪。律师注意到，永嘉县人民法院定罪的依据，是浙江省高级人民法院在 2012 年 11 月 9 日发布的《关于部分罪名定罪情节及数额标准的意见》，其第 92 条将非医学需要鉴定胎儿性别行为认定为非法行医，须追究刑事责任。[②] 据不完全统计，在

[①] 《最高人民检察院、公安部关于公安机关管辖的刑事案件立案追诉标准的规定（一）》第五十八条："［非法进行节育手术案（刑法第三百三十六条第二款）〕未取得医生执业资格的人擅自为他人进行节育复通手术、假节育手术、终止妊娠手术或者摘取宫内节育器，涉嫌下列情形之一的，应予立案追诉：（一）造成就诊人轻伤、重伤、死亡或者感染艾滋病、病毒性肝炎等难以治愈的疾病的；（二）非法进行节育复通手术、假节育手术、终止妊娠手术或者摘取宫内节育器五人次以上的；（三）致使他人超计划生育的；（四）非法进行选择性别的终止妊娠手术的；（五）非法获利累计五千元以上的；（六）其他情节严重的情形。"

[②] 浙江省高级人民法院《关于部分罪名定罪情节及数额标准的意见》关于非法行医罪的第92 条规定："具有下列情形之一的，属于'情节严重'，处三年以下有期徒刑、拘役或者管制，并处或者单处罚金：（1）造成就诊人轻度残疾、器官组织损伤导致一般功能障碍的；（2）造成甲类传染病传播、流行或者有传播、流行危险的；（3）使用假药、劣药或者不符合国家规定标准的卫生材料、医疗器械，足以严重危害人体健康的；（4）非法行医被卫生行政部门行政处罚两次以后，再次非法行医的；（5）非医学需要鉴定胎儿性别 3人次以上，并导致引产的；（6）因非医学需要鉴定胎儿性别受过行政处罚，又实施该行为的；（7）情节严重的其他情形。"

浙江省 34 个市县级法院已判处实施"非医学需要胎儿性别鉴定行为"的 215 个人犯有非法行医罪，涉及 143 起案件。律师请中国刑事法律研究院高铭暄、赵秉志等 5 位专家写了一份法律意见书，专家们一致认为"非医学需要的胎儿性别鉴定的行为"是行政违法行为，不是非法行医的犯罪行为，不构成非法行医罪。律师还认为，根据《立法法》，只有最高人民法院、最高人民检察院有权作出司法解释，但地方司法机关事实上越权制定了司法解释性质的文件，破坏了法制统一和尊严。律师请中国社会科学院荣誉学部委员李步云帮忙提出意见。李步云于 2018 年 1 月致信全国人大常委会法工委，建议启动法规备案审查程序，撤销浙江省高级人民法院《关于部分罪名定罪情节及数额标准的意见》（以下简称《意见》）。2018 年 7 月 18 日，全国人大常委会法工委备案审查室回复李步云称，已对提出问题进行研究，与浙江省人大常委会作了沟通，并征求了有关方面意见。复函中表示，据反馈情况，浙江省高院表示《意见》属于应当清理的带有司法解释性质的文件，将商省检察院、省公安厅停止执行相关条款，共同研究妥善处理正在审理的案件及生效案件，并将于近期通知辖区法院停止执行《意见》第 92 条有关非医学需要鉴定胎儿性别行为以非法行医罪处罚的决定。事实上，就在全国人大常委会法工委复函李步云之前，2018 年 6 月 7 日，浙江省高院已发布通知，要求省内各级法院停止执行《意见》第 92 条有关非医学需要鉴定胎儿性别行为以非法行医罪处罚的决定。①

总之，浙江省高级人民法院《意见》将进行非医学需要鉴定胎儿性别纳入"非法行医罪"，没有法律和立法解释的根据，也没有最高人民法院、最高人民检察院司法解释作为基础，是一个越权和无效的规定。而永嘉县人民法院和温州市中级人民法院又对浙江省高级人民法院《意见》作出扩大化理解，进一步将非医学需要鉴定胎儿性别的组织、中介活动定性为"非法行医罪"，是错上加错。

---

① 赵朋乐、吕烨馨：《国内最大"寄血验子"案背后的入刑之争》，《新京报》2018 年 9 月 7 日；覃建行、张榕潇、单玉晓：《"寄血验子"入刑争议》，《财新周刊》2018 年第 37 期。

我在提案中附带地说，对于"未取得医生执业资格的人"为他人进行非医学需要的胎儿性别鉴定或者选择性别人工终止妊娠的，仍可按"非法行医罪"或者"非法进行节育手术罪"定罪处罚。现在看来，我说对"未取得医生执业资格的人"实施非医学需要的选择性别人工终止妊娠，按"非法进行节育手术罪"定罪，是符合《刑法》规定的，但说"或者"可按"非法行医罪"定罪，则是不严谨的；说进行非医学需要的胎儿性别鉴定也可按"非法行医罪"或者"非法进行节育手术罪"定罪，更是不正确的。不过，我的这个观点针对的是具体实施非医学需要的胎儿性别鉴定或者选择性别人工终止妊娠的人员，而不是指组织、中介人员。组织、中介行为不是医疗活动①，既不构成"非法行医罪"，也不构成"非法进行节育手术罪"。我之所以建议增设"非法组织胎儿性别鉴定罪"，为的是追究非法组织胎儿性别鉴定活动的核心成员的刑事责任。

二 堕胎与计划生育的规制

我曾提出多个与婚姻、生育问题有关的提案，如2005年的《关于制定〈性病防治法〉的提案》、2006年的《关于坚持自由婚检制度，重点加强孕后、分娩保健工作的提案》和《健全法律法规，加强对"性保健用品"及其市场管理的提案》。另外，2007年，我在叶廷芳委员（中国社会科学院外国文学研究所研究员）牵头提出的《关于尽快停止计生工作中独生子女条例执行的提案》（政协十届全国委员会第五次会议第3508号/医药卫体类321号）上附议签名。对这个近30位委员联名的提案，国家人口和计划生育委员会作出长篇答复（〔2007〕国人口提字第11号，2007年6月12日），并寄送每一个签名的委员。复函坚持稳定现行的计划生育政

---

① 最高人民法院《关于审理非法行医刑事案件具体应用法律若干问题的解释》第六条规定："本解释所称'医疗活动''医疗行为'，参照《医疗机构管理条例实施细则》中的'诊疗活动''医疗美容'认定。"国家卫生和计划生育委员会《医疗机构管理条例实施细则》第八十八条规定："诊疗活动：是指通过各种检查，使用药物、器械及手术等方法，对疾病作出判断和消除疾病、缓解病情、减轻痛苦、改善功能、延长生命、帮助患者恢复健康的活动。""医疗美容：是指使用药物以及手术、物理和其他损伤性或者侵入性手段进行的美容。"

策，反驳了提案的一些观点。①

　　婚姻、生育及其有关法律问题，不是我的研究方向，但我一直比较有兴趣。2003年1月，我曾在"思想帝国论坛"（署名法正居士）发表一篇讨论堕胎和计划生育问题的述评文章（2004年10月1~8日以"美国堕胎法史话：新书介绍和其他"为题发表，后加工改题为"堕胎与计划生育：法律视角的一瞥"收入博客，曾被多人转载、引用）。我认为，计划生育是违反自然规律的，但国家现阶段不得不采取这一政策；使计划生育成为人们的自觉，根本在于观念的转变。我还分析了堕胎、避孕对性关系和婚姻、生育的影响。以下是该文内容。

　　　　在西方国家，堕胎是一个大事情。自基督教成为正统以来，尽管人们对圣经是否允许堕胎一直有争论，堕胎不是怀孕的妇女以及使她怀孕的男人可以随意处置的事情。在19世纪以前，堕胎只能在胎动之前进行。而19世纪之后，堕胎的限制变得严厉起来。1803年，英国通过的《妇女流产法》规定，胎动前堕胎为重罪，胎动后堕胎为死罪。美国的限制实施得晚一些。在19世纪中叶以前，虽然堕胎被认为是不当行为，但美国大多数州允许胎动以前堕胎。19世纪中叶以后，一批由专业外科医生组成的团体开始推动限制性的堕胎立法。1845年，马萨诸塞州是第一个将堕胎视为犯罪的州。到1910年，除肯塔基外，各州均将堕胎定为重罪。绝大多数州规定只有在为挽救孕妇生命的情况下允许堕胎。介绍堕胎、提供堕胎或无外科医生执照而为他人施行堕胎者则触犯刑法。不过，并不处罚堕胎的妇女。20世纪50年代至70年代，争取堕胎合法化的斗争伴随着性解放和妇女权利的运动而发展起来。在此期间，共有14个州在法律上做了一些改变，堕胎在以下情况下被认为是合法的：当孕妇有生命危险时，孕期不正常，以及被强暴而受孕时。阿拉斯加、夏威夷、纽约和华盛顿四个州则走得

---

① 全国政协提案委员会编《把握人民的意愿：政协第十届全国委员会提案及复函·2007年卷》，新世界出版社，2008，第488~501页。

更远，它们废止了将早期堕胎定罪的法律。里程碑性的转折发生在
1973 年。那一年最高法院在审理挑战得克萨斯州堕胎法的"罗伊诉韦
德案"（Roe v. Wade）时，裁决得克萨斯州堕胎法违反宪法。裁决的
主要思想是：认为胚胎（embryo）和胎儿（fetus）尚未成为完整的
人，不受宪法第十四条修正案保护；在孕期的前六个月，能否堕胎是
妇女个人的隐私权。它与避孕、性、婚姻、生殖、分娩等一样，是受
宪法所保障的个人基本权利，不得予以剥夺；但是，在怀孕的第 24 ~
28 周时，胎儿可以离开子宫而独自存活，妇女的堕胎权应当受到限
制。在这一时期，胎儿的生命权高于怀孕妇女的隐私权和选择权。这
个判决改变了全国的堕胎政策。在某些州，甚至怀孕后期的堕胎也是
可以的。1973 年最高法院对"罗伊诉韦德案"的裁决，在美国立即引
起轩然大波。两派间的论战，由此展开。由于涉及宗教、伦理以及人
的生存权、价值观等深层问题，争论变得越来越激烈，一直持续到现
在。争论的焦点是谁的权利更重要：一个是未出生的婴儿，另一个是
怀孕妇女。一些迹象表明，目前在美国，主张对堕胎进行严格限制的
力量重新占了上风。①

关于美国的堕胎法及其争论，我们可以从德沃金《自由的法——
对美国宪法的道德解读》和波斯纳《性与理性》等著作了解到一些情
况。最近国内出版了一本译著《妇女对法律的反抗——美国的"罗
伊"案判决前堕胎法的理论与实践》（The Abortionist—A Woman A-
gainst Law，作者 Rickie Solinger，徐平译，广西师范大学出版社 2003
年 8 月版）。它讲述了一个女堕胎师的故事，从一个侧面叙述了美国
堕胎法的历史。作为一个"职业的"堕胎师，露丝从 1918 年到 1968
年，共实施了 4 万次堕胎，是"堕胎界女王"。她工作认真，技术熟

---

① 参见赵梅《"选择权"与"生命权"——美国有关堕胎问题的论争》，《美国研究》1997
年第 4 期；〔美〕德沃金《自由的法——对美国宪法的道德解读》，刘丽君译，上海人民
出版社，2001，第 59 ~ 185 页；〔美〕波斯纳《性与理性》，苏力译，中国政法大学出版
社，2002，第 356 ~ 388 页；〔美〕波斯纳《道德和法律理论》，苏力译，中国政法大学出
版社，2002，第 156 ~ 158 页。

练，从来没有出过事故。她的客人主要是乱伦和强奸的被害人、无人照管的少女、通奸的妻子、被虐待的妻子等。她为自己的工作而自豪。她认为堕胎完全是个人的事情。而她自己在少女时代也曾经堕胎，并有比较自由的性经历。她一生中多次因堕胎而被捕，1968 年 2 月，已经 74 岁的她最后一次入狱。她在 1969 年 12 月去世，没有等到最高法院对"罗伊诉韦德案"作出裁决。不过后来她被称为"一位走在时代前面的妇女"。其实这本书并不是露丝的个人传记，作者是以露丝的一生为线索，回顾 20 世纪以来，美国法律、社会、医学、妇女对堕胎的看法的历史。当然，露丝的故事不是杜撰的，而是作者根据法院的档案和露丝的回忆录、狱中日记等资料写成的。作者的这种写作方法，使人读她的书时不觉得枯燥。这本书是 1995 年出版的，它针对的是越来越严重的堕胎法复辟的危险。作者企图以此书来证明，那些鼓吹禁止堕胎的人是在歪曲历史。

顺便说，"罗伊诉韦德案"主角罗伊也有一个曲折的、耐人寻味的故事。罗伊的真名叫 Norma McCorvey。她幼年受到过身体和心灵上的伤害。有一段时期她进入改造学校。青少年时，遭受过性伤害。她 16 岁结婚，婚后常常受到丈夫的殴打。她还酗酒，用迷幻药，而且有双性的性关系。因堕胎之事起诉达拉斯县的地方检察官 Wade，其实并不是她自己的主意。她是被两个主张堕胎合法的女律师 Sara Weddington 和 Linda Coffee 物色来做诉讼工具的。虽然是讼案的主角，她自己一生却没有堕过胎。诉讼结束后，她表明自己的身份，开始在一些堕胎诊所中任职，偶然也做些演讲，接受访问。在堕胎诊所任职期间，她亲眼看到了诊所内部的真相。这对她触动很大。堕胎诊所为了赚钱，往往不告诉求诊的妇女，堕胎经常对人体造成后遗症。也没有警告她们，心灵可能受到的创伤。例如，有些怀孕的妇女在手术中，因不小心看到婴儿的手脚而昏厥，痛悔终身。尤其是中、后期堕胎，抽出来的胚胎还可能是活的，医生用剪刀剪开颈后，抽出脑浆。所有的"标本"都装在玻璃罐里，放入冰箱，然后再卖给医院，或是医学研究机构。这是堕胎诊所的一大收入，胎儿越成熟，可"服务"的器官越多，价值就越高。后来，在偶然的机会里，她结识了一些反堕胎人士。她和一位叫容达（Ronda）的反堕胎人士来往比较多。容达的两个女儿很可爱，经常到她服务的诊所玩。她们非常爱这位"阿姨"。容达告诉过她，自己当年差一点就把老大堕掉了。有一天，她与容达以及她的女儿一同去买家具。上车回家前，她忽然注意到容达车尾贴着一块牌子，上面写着："堕胎停止一个跳动的心脏"。容达那可爱的大女儿正好跟在后面。突然一个念头闪入她心头：如果当年容达把这小女孩堕掉了，今天又会是什么样的情形呢？她坐上了车子，戴上太阳眼镜，泪水流满面颊。后来有一次，容达的女儿邀请她去参加她们教会的布道会。站到牧师的台前，她感到自己从牧师的眼中看到了耶稣。在耶稣面前，她感到自己罪孽深重，特别是她在堕胎合法化上所扮演的角色。她开始号响大哭。1995 年，她接受洗礼，并离开堕胎诊所。许多人也因她的离开而离开。她快乐地说："我终于被爱征服了！"她的转变成为新闻界的大事。许多媒体都访问她。后来她写了一本回忆录《被爱征服》（Won by Love），表示了忏悔。她还在达拉斯成立了一个叫作"不再罗伊"（Roe No More）的组织，专门辅导堕胎妇女。[①]

露丝的故事和罗伊的故事，一正一反，充分说明了堕胎问题在法律特别是在伦理上的复杂性。可惜，《被爱征服》在我国还没有出版。

我们中国人对西方国家堕胎问题的重要性和复杂性，难以搞得清楚。不过了解一下也好。例如，在了解西方国家的堕胎问题之后，我们可以知道，西方人士对中国计划生育政策和一些地方强制堕胎、溺婴现象进行批评，不都是或者主要不是出于政治的动机。而且，西方国家的关于堕胎问题的政策对我们的生活也有影响。从某种意义上说，如果没有对堕胎的限制，避孕的方法和工具也不会越来越进步。而避孕的方法和工具的进步，使得性行为更加安全和自由。这是反堕胎者始料未及的（最初反堕胎的一个动机就是防止性行为的放纵）。

---

① 参见熊璩《被爱征服——堕胎运动主角马孔薇女士的故事》，《进深特刊》第 8 期，http://behold. oc. org/？p = 23229。

实际上，堕胎在我国也曾经是个问题。这是说未婚女性的堕胎。非婚的性关系，即使在很封闭的时期也存在。已婚者的婚外性关系导致意外怀孕的情况不是很多，因为他们有避孕工具和药物。未婚者就有些麻烦。在 20 世纪 90 年代以前，避孕工具和药物不能公开卖，已婚者是从单位里管计划生育的人那里领取的。在这种情况下，如果管计划生育的人嘴不严实，那些已婚者的性交频率可以成为众所周知的事情。这样的事情不是没有发生过。而未婚者的性关系由于缺乏工具和药物的保护，虽然小心，但情急之中难免疏忽。城市居民都有合同医院，但堕胎却去不得合同医院，因为那样会暴露隐私。解决的办法有三：第一剧烈运动，但大多不灵，并且危险；第二找那些暗藏的非法医生，这会出什么后果就听天由命了，而事实上那时非法医生并不好找；第三托关系走后门，以虚假的身份到非合同医院，这是最常见的。当时，未婚女性堕胎，不是胎儿的生命权问题，也不是怀孕女性的选择权问题，当然也不是什么计划生育问题，而是性道德问题。这可是要命的问题。还好，这样的时代已经基本过去了。在今天的中国，性行为的安全性有了双重保险，不仅有方便可靠的避孕方法，而且可以合法而隐私地进行堕胎。这是西方国家也不能比的。随之而来的当然是性行为的自由。似乎可以说，堕胎的合法化、隐私化，避孕工具和药物的方便性、可靠性，是性自由的技术保障。希望我的这些话不会被歪曲地利用，促使某些人愚蠢地把禁止堕胎、禁止避孕工具和药物的随意使用作为消除卖淫嫖娼和非婚性关系的方法。

西方国家对堕胎还有一些限制。主要是对堕胎时间的限制，限制或者禁止后期堕胎。这些限制不只是考虑孕妇的利益，而更主要的是考虑胎儿的生命权。美国比较宽松，但也有 28 周之界限。法国 1975 年堕胎法规定，在孕期的前 10 周中妇女有选择堕胎的权利。但在决定作出之前，怀孕妇女必须向政府服务机构提出咨询。医生、顾问应向其说明生命的价值，以及作为一个母亲对社会的贡献，极力劝阻其堕胎。一周后，若她仍执意堕胎，方可实行手术。在法定期限之后堕胎，实施堕胎者构成犯罪，在 1993 年以前怀孕妇女也要被监禁两个月。个别西方国家仍然继续着原来严格的堕胎法。例如在爱尔兰，只有当妇女由于怀孕而导致生命危险时，堕胎才是被允许的。即使是被强奸怀孕，也不能堕胎。① 在英格兰，即使是没有成功的非法堕胎，仍然构成堕胎罪或者残害胎儿罪，可处终身监禁。一般地说，妊娠不满 28 周时堕胎构成堕胎罪，满 28 周后堕胎的构成残害胎儿罪。根据德国刑法，堕胎仅有孕妇同意是不够的，而必须是为顾及孕妇现在和将来的生活情况，医学上认为孕妇有生命危险或严重损害其身体或精神健康之危险，除堕胎以外别无他法可避免的。不符合这个条件的堕胎构成犯罪，实施者和孕妇均罚。德国刑法关于堕胎罪的规定有 8 条之多，相当详细。所以说，在西方国家堕胎不是容易的事情。

不过，另一方面，西方国家也有许多非婚孕妇乐意把孩子生下来，那里没有计划生育问题，出生登记也不是难事，人们也不把非婚怀孕生育看成大逆不道的事情。生孩子不必结婚，结婚也不必生孩子。所以有许多未婚妈妈和未婚父亲（已婚第三者是另外的事情）。而在中国，生养一个非婚性关系所带来的孩子，麻烦可就大了。因而未婚孕妇基本都堕胎了，虽然她们中间一定有人很想生下她的孩子。在对待非婚孩子这一问题上，我们的社会就不如西方国家开明了。我的意见，每一个人都有生育孩子（一个）的权利，而不论这个孩子是否为婚生；每一个怀孕的妇女都有把孩子生下来的权利，而不论这个孩子的父亲是谁。非婚生的孩子应享有与婚生孩子同等的权利。未婚妈妈也应享有与其他妈妈同等的权利，至少应有合法的产假。至于未婚妈妈以及未婚父亲以后结婚又生孩子，是否违反计划生育，那是另外的问题。

计划生育是没有办法的办法。在当今中国，不论谁执政，都会实

---

① 2018 年 5 月 25 日，爱尔兰举行全民公投，推翻了原有的堕胎法案。这次公投后，爱尔兰将颁布新法律，允许妇女孕期 12 周前堕胎，之后如果遇胎儿畸形，或者妇女有生命危险等特殊情况，也可允许妇女在胎儿 22 周前堕胎。参见孔琳琳《爱尔兰就废除堕胎禁令举行全民公投：三分之二赞成》，中国新闻网，2018 年 5 月 27 日，http://www.chinanews.com/gj/2018/05－27/8523624.shtml；张琪《爱尔兰公投支持废止堕胎禁令》，新华网，2018 年 5 月 27 日，http://www.xinhuanet.com/2018－05/27/c_1122894549.htm。

施这一制度。这不是一个理论问题。应当说计划生育是违反自然规律的。在所有动物中，只有人类有避孕、堕胎、规划生育时间的行为。计划生育对人类的一个惩罚，就是妇女的痛经、乳腺癌和子宫癌。一个已婚并过正常性生活的妇女，因为经常处于生育、哺乳状态中，月经发生的情况很少，可以顺利到达更年期并顺利度过更年期。人口的膨胀，原因很多。最重要的是人口死亡率的降低。生存竞争、优胜劣汰这种可使人口与环境平衡的自然规律，由于科技的发达以及随之带来的医疗卫生条件的提高，被打破了。而科技进步的程度又没有适应人口膨胀的需要。这是一个巨大的矛盾。在这种被动的形势下，在中国这样一个科技、经济比较落后、资源相对匮乏而人口过多的国家，计划生育就成为无奈的选择。但是强制性的计划生育只能治标，不能治本。不改变中国传统的婚姻观念、家庭观念、传承观念、血统观念，不实现妇女的解放和男女的平等，就不能让计划生育成为自觉。中国城市人口增长率的下降，还有计划生育制度之外的原因，即婚姻、家庭、生育观念的变化。有许多家庭是基于自己的观念和自己的利益，自愿地决定晚育或者不育。这证明自愿的而非强制的计划生育是可行的。要想使农村人口增长率下降，从根本上来说，也必须改变传统的观念。记得看过一个电视节目，采访一个农村小保姆，她在一个年轻夫妇家里看孩子，问她在城里几年后有什么收获，她说她知道了一定不能多生。在必须实施不得已的计划生育政策时，应当最大可能地保护生命和人权。杀婴就是谋杀，必须严惩。对强迫怀孕的妇女堕胎的行为，应立强制堕胎罪加以惩罚。

不由得想起莫泊桑的小说《人妖之母》。[①] 一个田庄的女工非婚怀孕，十分害怕和苦恼，想掩盖怀孕的迹象。她发明了一种用木条和粗绳子制成的腰甲，紧紧勒在肚子上，而且越勒越紧。但后来孩子还是生了下来，不过由于腰甲束缚得太厉害，婴儿严重变形了，头变成长的，四肢扭曲像葡萄藤，躯干很小，圆得像一个胡桃。人们认为她生

---

① 《莫泊桑短篇小说全集》第二卷，李青崖译，湖南文艺出版社，1991。

了一个"人妖"，把她叫作女魔王。她失去了工作。她抚养了这个孩子，却憎恨他。当地教堂害怕她扼杀自己的孩子，给予她警告。后来，江湖卖艺的人看中了"人妖"，用 500 法郎买了去，而且每年还要给她 400 法郎。这种意外之财使她产生故意生人妖卖钱的想法。她生了许多，活着的就有 11 个。她因此成了富人。司法机构设法干涉她，但找不到违法的证据。

第八节　制定《性侵害未成年人犯罪防治法》的必要性及其主要内容

 提案

关于制定《性侵害未成年人犯罪防治法》的提案

（政协十二届全国委员会第五次会议第 1428 号／
政治法律类 149 号，2017 年 3 月）

一　性侵害未成年人犯罪的范围和危害性

性侵害犯罪主要是指强奸罪（含奸淫幼女）、强制猥亵罪、猥亵儿童罪等。性侵害犯罪严重侵犯他人人身权利和性权利，破坏社会秩序和社会风化。成年人针对未成年人特别是儿童实施的性侵害犯罪的危害性尤其严重，不仅残害未成年人生命或身心健康，毁坏他们未来的生活，对他们的父母和家庭造成沉重打击，而且引发群众的恐慌情绪和对有关部门的强烈意见，极大降低社会安全感和治安满意度。性侵害未成年人犯罪的加害人人格低下、心理变态、道德败坏，犯罪的主观恶性大且难以改变，犯罪手段卑鄙恶劣且后果严重，往往多次或者连续作案，刑满释放后重新犯罪率很高。有些加害人是对未成年人负有特殊职责的人员，如长辈、监护人、教师等，利用其优势地位或者被害人孤立无援的境地，迫使未成年被害人就范，实施性侵害，虽未使用暴力，但悖逆人伦和师德，亦不容恕。

二　其他国家或地区防治性侵害未成年人犯罪的立法

法律应当保护所有人免受性犯罪的侵害。对施加于任何人的性侵害犯罪都应当严密预防和坚决予以打击。而未成年人群体是弱势群体，必须加以着重保护。对性侵害未成年人犯罪的防治，应当采取更加严厉、更加严密的特殊对策。

各国或地区均将性侵害未成年人的犯罪作为预防、惩治的重点。20 世纪 90 年代以后，针对性侵害未成年人犯罪及其加害人的特点，许多国家在刑法之外，制定专门的防治性侵害未成年人犯罪的法律，采取特别的措施预防未成年人遭受性犯罪侵害，对性侵害未成年人犯罪的加害人给予严厉制裁，并将强制管治延续到刑满释放之后。美国联邦制定了一系列防治性侵害儿童和性暴力犯罪的法案，如关于性犯罪人登记和社区公告的《雅各布·威特灵侵犯儿童犯罪和性暴力罪犯登记法》《梅根法》《亚当·沃尔什儿童保护和安全法》《防止非法儿童性交易需求的国际梅根法》等，其中一些法案以被害儿童的名字命名；美国有些州规定对保释或者缓刑的性侵害罪犯强制施以电子监控，如佛罗里达州的《杰西卡法》；有些州制定《性暴力侵害者法》，为防止有性变态或者人格障碍的性侵害儿童和性暴力犯罪人重新犯罪，在他们刑满释放后，实施不定期的民事监禁，继续强制治疗和矫正。英国有《性犯罪人法》，并且实行"儿童性侵罪犯信息披露计划"。在亚洲，韩国也制定了《青少年性保护法》，规定性侵害未成年人犯罪人在出狱后应向有关机构登记，有关机构可以公布他们的信息。中国台湾地区的"性侵害犯罪防治法"也以防治性侵害未成年人犯罪为重点。有些国家或地区还通过法律，对性侵害未成年人犯罪的加害人强制施以化学（激素）去势治疗，或者以自愿接受这种治疗作为减刑、假释的条件。

三　建议制定《性侵害未成年人犯罪防治法》

在我国，性侵害未成年人犯罪及其防治问题也受到高度重视。《刑法》《未成年人保护法》等法律均有防治性侵害未成年人犯罪的规定。最高人民法院、最高人民检察院、公安部、司法部还在 2013 年出台了《关于依法惩治性侵害未成年人犯罪的意见》。但是，我国的有关规定侧重于性侵害未成年人犯罪的定罪量刑和刑罚执行的法律适用问题，而在性侵害未成年人犯罪的事前预防、性侵害未成年人犯罪加害人的矫正和刑满释放后的管理等方面存在薄弱、空白之处。

为更有效防治性侵害未成年人犯罪，切实保护未成年人合法权益，建议在《刑法》、《未成年人保护法》和《关于依法惩治性侵害未成年人犯罪的意见》的基础上，制定《性侵害未成年人犯罪防治法》，创新性侵害未成年人犯罪防治机制，重点加强性侵害未成年人犯罪的预防、加害人的刑中矫治和刑后管理的措施。

四 《性侵害未成年人犯罪防治法》要点

（1）中小学每学年应开设与学生生理、心理状况相适应的性侵害犯罪预防辅导课程，并建立性侵害预防咨询制度。对幼儿园、中小学校工作人员进行性侵害犯罪预防对策培训，以使他们能够及时发现未成年人遭受性侵害的情况。

（2）幼儿园、中小学、医院等机构的工作人员和村民委员会、居民委员会的人员或者其他人发现性侵害未成年人犯罪或疑似性侵害未成年人情况的，应当及时向公安机关报告。公安机关应当及时采取处置措施。

（3）公安机关、人民检察院、人民法院办理未成年人遭受性侵害的刑事案件，应当保护被害人的名誉和隐私。

（4）公安机关、人民检察院、人民法院办理未成年人遭受性侵害的刑事案件，不适用当事人和解（被害人谅解）程序。

（5）各类媒体、出版物和互联网等不得报道、披露性侵害未成年人犯罪被害人的姓名、照片或其他可能借以识别其身份的资料、信息。

（6）建立全国性侵害犯罪加害人和性侵害犯罪嫌疑人的信息数据库（包括指纹、掌纹、DNA、照片等）。

（7）对于判决已生效的性侵害未成年人犯罪案件，人民法院在依法保护被害人隐私的前提下，应当在互联网公布相关裁判文书，未成年人犯罪的除外。

（8）对有性心理障碍或其他精神障碍的被判处监禁刑的性侵害未成年人犯罪加害人，应在服刑期间实行治疗和矫正。

（9）被判处监禁刑的性侵害未成年人犯罪加害人，一般不得假释和暂予监外执行。确因患严重疾病而保外就医的，依法实行社区矫正，并进行电子跟踪，同时可以禁止其从事特定活动，进入特定区域，接触特定的人。

（10）建立性侵害未成年人犯罪加害人登记报告制度。性侵害未成年人犯罪加害人在刑满释放后，应向居住地公安机关登记；在迁居时，应向公安机关报告。

（11）建立性侵害未成年人犯罪加害人信息社区通告制度。性侵害未成年人犯罪加害人刑满释放后，居住地公安机关应向加害人所在社区村民委员会、居民委员会通告加害人的犯罪情况和姓名、居住地址等信息；加害人所在社区的居民需要了解性侵害未成年人犯罪加害人信息的，在提出申请后，村民委员会、居民委员会应当根据公安机关的通告予以告知。

（12）完善性侵害未成年人犯罪加害人非刑事强制治疗制度。性侵害未成年人犯罪加害人有严重精神障碍，依据《刑法》《刑事诉讼法》[1] 不负刑事责任但也未予以"强制医疗"的；或者有性心理障碍或其他精神障碍，负刑事责任，在刑满后释放的，应由居住地公安机关根据《精神卫生法》[2] 送往医疗机构诊断，实施非自愿住院治疗，或者在公安机关监督下实施非自愿社区治疗。在《性侵害未成年人犯罪防治法》作出上述规定后，《精神卫生法》应当作出相应修改补充。

（13）对未成年人实施性侵害的人被判处刑罚的，终身不得从事可能

---

① 《中华人民共和国刑事诉讼法》，1979 年 7 月 1 日第五届全国人民代表大会第二次会议通过，根据 1996 年 3 月 17 日第八届全国人民代表大会第四次会议《关于修改〈中华人民共和国刑事诉讼法〉的决定》第一次修正，根据 2012 年 3 月 14 日第十一届全国人民代表大会第五次会议《关于修改〈中华人民共和国刑事诉讼法〉的决定》第二次修正，根据 2018 年 10 月 26 日第十三届全国人民代表大会常务委员会第六次会议《关于修改〈中华人民共和国刑事诉讼法〉的决定》第三次修正。

② 《中华人民共和国精神卫生法》，2012 年 10 月 26 日第十一届全国人民代表大会常务委员会第二十九次会议通过，自 2013 年 5 月 1 日起施行；根据 2018 年 4 月 27 日第十三届全国人民代表大会常务委员会第二次会议《关于修改〈中华人民共和国国境卫生检疫法〉等六部法律的决定》修正。

与未成年人频繁接触的职业。

[复函摘要]

全国人大常委会法制工作委员会（法工委函〔2017〕72号，2016年7月3日）：略

[阐述]

对这个提案，《中国妇女报》作了报道，人民网转载。①

全国人大常委会法工委的复函篇幅比较长，内容也比较详细，其中表示"您在提案中就有效防止未成年人遭受性侵害，提出了很多有重要价值的建议"，但法工委不同意公开复函。我仅曾向《检察日报》概括地透露过有关部门对制定《性侵害未成年人犯罪防治法》的看法：经公、检、法、司等部门共同研究，虽然有不同意见，但总体认为，可在进一步总结实践经验的基础上进行研究论证。②

我的提案建议整合《刑法》、《未成年人保护法》和《关于依法惩治性侵害未成年人犯罪的意见》的有关规定，并且创新性侵害未成年人犯罪防治机制，制定符合中国国情的《性侵害未成年人犯罪防治法》。对其他一些国家加强预防、惩治性犯罪特别是性侵害未成年人犯罪的举措，提案也有所借鉴。

一　性侵害犯罪人的刑后强制住院治疗制度

20世纪90年代以后，有些国家或地区，把对再犯危险较高的性犯罪人的监禁延续到监禁刑满之后，即刑后强制住院治疗。美国一些州通过民事监禁（civil confinement）法案，规定对某些性侵害犯罪人，为防止他们再犯，在他们监禁刑期结束之后实施一种期限不定的预防性监禁（preven-

---

① 乔虹：《"不仅在于惩治，更重要的是预防"　政协委员呼吁制定"性侵害未成年人犯罪防治法"》，《中国妇女报》2017年3月10日；《政协委员呼吁制定"性侵害未成年人犯罪防治法"》，人民网，2017年3月10日，http://fj. people. com. cn/n2/2017/0310/c372371 - 29833778. html。

② 《提议制定性侵未成年人犯罪防治法获回应》，《检察日报》2018年5月14日。

tive detention），给予治疗和矫正。这类性犯罪人被称为“性侵害者”（sexual predator），他们曾经多次用暴力手段对他人实施性侵害，或者对儿童实施性侵害，通常有精神障碍（主要是反社会型人格障碍和性变态），但亦有刑事责任能力。各州的民事监禁法名称不同，一般称为“性侵害者法”（sexual predator law）或者“性暴力侵害者法”（sexually violent predator law）。华盛顿州在1990年率先通过《性暴力侵害者法》。堪萨斯州的《性暴力侵害者法》在1997年 Kansas v. Hendricks 一案中得到联邦最高法院的支持。该法案允许对任何因“精神变态”（mental abnormality）和人格障碍（personality disorder）可能进行性暴力侵害行为的人实施非自愿的无限期民事监禁。亨德里克斯有长期性侵害儿童的历史。在刑期结束即将出狱时，有关当局依据《性暴力侵害者法》将其转为民事监禁。亨德里克斯不服。法院拒绝其对该法案合宪性（constitutionality）的挑战，但同意陪审团审理其案。在审理中，亨德里克斯承认自己患有恋童症且未治愈，当他有压力时，仍然对儿童怀有性欲。陪审团认定他是一个标准的性暴力侵害者，因为恋童癖就是一种精神变态。法院决定将他民事监禁。他提出上诉。州最高法院审理后认为，非自愿民事收容（involuntary civil commitment）必须基于“精神疾病”（mental illness），而《性暴力侵害者法》规定的预先收容（precommitment）的“精神异常”条件不能满足“实质性”正当程序（“substantive”due process）的要求，因而决定废止《性暴力侵害者法》。州最高法院还认为，在亨德里克斯刑满释放后，再将其监禁，违背刑法不得“溯及既往”（ex post facto，亦译“执行事后法律”）和“一罪二罚”（double jeopardy，亦译“双重危险”“重复处罚”）的原则。联邦最高法院调卷审理该案，推翻了堪萨斯州最高法院的意见。其理由是：首先，堪萨斯州《性暴力侵害者法》定义的“精神异常”满足“实质性”正当程序的要求。一个人受宪法保护的免受身体约束的自由利益（liberty interest）也可能在民法领域被推翻。本院一贯支持非自愿收容的法规，允许拘禁那些无法控制自己行为从而对公众健康和安全构成危险的人，只要这种收容是根据适当程序和证据标准进行的。本院从未要求各州非自愿民事收容法规采用任何特定的具有法律意义的医学用语。立法机关不必使用特定的

"精神疾病"用语，而可以使用类似用语。其次，堪萨斯州《性暴力侵害者法》未设立刑事程序，非自愿监禁不属于刑罚，虽然它紧随刑期。该法属于民法性质，其监禁程序不构成再次起诉。因此，该法并无"溯及既往"和"一罪二罚"的问题。[1]

中国台湾地区也建立了性侵害犯罪人刑后强制治疗制度。2005 年，台湾地区"刑法"第九十一条之一（系 1999 年增加[2]）得到修正，将性侵害犯罪人强制治疗的实施从刑前改为刑后：犯强制性交、强制猥亵、乘机性交猥亵、与幼童性交猥亵、利用权势性交猥亵、血亲性交、公然猥亵、诈术性交、强盗强制性交、海盗强制性交、掳人勒赎强制性交等罪，"而有下列情形之一者，得令入相当处所，施以强制治疗：一、徒刑执行期满前，于接受辅导或治疗后，经鉴定、评估，认有再犯之危险者。二、依其他法律规定，于接受身心治疗或辅导教育后，经鉴定、评估，认有再犯之危险者。前项处分期间至其再犯危险显著降低为止，执行期间应每年鉴定、评估有无停止治疗之必要"。第一项系指对在监服刑且接受辅导或治疗（刑中治疗）的犯罪人，在刑满出狱前经评估仍有再犯危险者，给予强制治疗；第二项系指对已经返回社区的犯罪人，在依据"性侵害犯罪防治法"[3] 接受辅导或治疗之后，经评估仍有再犯危险者，给予强制治疗。

我们也应当构建性侵害犯罪人刑后强制治疗制度。刑后强制治疗不同于对"实施暴力行为，危害公共安全或者严重危害公民人身安全"、"经法

---

[1] Kansas v. Hendricks, 521 U.S. 346 (1997), https://supreme.justia.com/cases/federal/us/521/346/case.html.

[2] 中国台湾地区"刑法"第九十一条之一原文为："犯……之罪者，于裁判前应经鉴定有无施以治疗之必要。有施以治疗之必要者，得令入相当处所，施以治疗。前项处分于刑之执行前为之，其期间至治愈为止。但最长不得逾三年。前项治疗处分之日数，以一日抵有期徒刑或拘役一日或第四十二条第四项裁判所定之罚金额数。"

[3] 中国台湾地区"性侵害犯罪防治法"第二十条规定：有期徒刑或保安处分执行完毕以及被决定假释、缓刑、免刑、缓起诉处分的性侵害犯罪之加害人，经评估认有施以治疗辅导之必要者，市、县主管机关应命其接受身心治疗或辅导教育；第二十二条规定：接受身心治疗或辅导教育的性侵害犯罪之加害人，经鉴定、评估其自我控制再犯预防仍无成效者，市、县主管机关得具相关评估报告，送请该管地方法院检察署检察官、军事检察署检察官依法声请强制治疗。

定程序鉴定"无刑事责任能力、"依法不负刑事责任"、"有继续危害社会可能"的精神病人实施的"强制医疗",其决定和实施不适用"依法不负刑事责任的精神病人的强制医疗程序",也不同于对被判处监禁刑的精神障碍罪犯在监禁刑执行期间的治疗、矫正。对于性侵害犯罪人刑后强制治疗制度,需要以创新精神进行设计,突破固有思维和规定,并且兼顾预防犯罪和保障人权两个方面,既发挥其防止性侵害犯罪人重新犯罪的作用,又避免这种措施被滥用,造成对公民合法权益的侵犯。(1)刑后强制治疗是非刑罚的强制措施,这是其基本定位。(2)刑后强制治疗构成对适用对象权利和自由的限制,须依法律规定的程序实施,应由司法行政机关申请、人民法院决定、人民检察院监督。(3)对刑后强制治疗的适用标准、决定机关、决定程序、执行、复查、终止等基本问题,应由《刑法》、《刑事诉讼法》和《监狱法》①以及《精神卫生法》根据自身性质,各有侧重,分别加以规定。(4)刑后强制治疗只应适用于实施性侵害(即强奸、强制猥亵和对儿童实施奸淫、猥亵)的犯罪人。(5)刑后强制治疗只应适用于有精神障碍(非指狭义的精神病)的性侵害犯罪人。(6)刑后强制治疗只应适用于监禁刑执行完毕但有再犯危险的性侵害犯罪人。

刑后强制治疗不必拘泥于住院治疗一种形式。可以借鉴社区矫正和一些国家、地区精神卫生法上的强制社区治疗做法,建立刑后强制社区治疗机制。

性侵害犯罪人刑后强制治疗应是《性侵害未成年人犯罪防治法》的主要内容之一。

二　性侵害犯罪人信息登记与公告制度

有些国家或地区还建立了性侵害犯罪人信息登记与公告制度。在美国,1994 年《联邦暴力犯罪控制与法律执行法》(Federal Violent Crime Control

---

① 《中华人民共和国监狱法》,1994 年 12 月 29 日第八届全国人民代表大会常务委员会第十一次会议通过,根据 2012 年 10 月 26 日第十一届全国人民代表大会常务委员会第二十九次会议通过的《全国人民代表大会常务委员会关于修改〈中华人民共和国监狱法〉的决定》修正。

and Law Enforcement Act of 1994）第 17 部分之 A《雅各布·威特灵侵害儿童和性暴力罪犯登记法》（Jacob Wetterling Crimes Against Children and Sexually Violent Offender Registration Act，以下简称《威特灵法》）要求各州对判过刑的强奸犯进行登记，在其释放后 10 年内进行追踪；当他们住在某地时，要提醒当地执法机关注意。罪犯登记法案名称中的雅各布·威特灵是一个 11 岁男孩的名字，他于 1989 年 10 月 22 日被一个男人劫持后失踪，据判断是被性侵杀害了。有几个州自行制定或者根据联邦《威特灵法》制定了自己的性罪犯登记法，但最初的作用并不明显。1994 年 7 月 29 日，在新泽西州，一个 7 岁的小姑娘梅根·坎卡（Megan Nicole Kanka）被一个有强奸前科的邻居强奸后杀害。当梅根家人和附近的居民得知该邻居有前科时，感到极为愤怒，强烈抗议当局没有把他的情况告知居民。为了保护社区成员的安全，防止此类悲剧的再次发生，在公众的推动下，新泽西州通过一项包括两个部分的法案，除了规定性犯罪人在释放后应向有关机构登记，还规定有关机构在危险性性侵害者释放后应将其信息告知其所在社区，即"社区告知"（community notification）。这个关于性犯罪人登记和信息告知的法案（Registration and Community Notification Laws）通常被称为《梅根法》（Megan's Law），在 1994 年 10 月 31 日经签署纳入新泽西州刑法的性侵害法。1996 年 5 月 17 日，美国总统克林顿签署的国会制定的联邦《梅根法》增入《威特灵法》。它要求各州政府在性侵害者释放后将其登记的信息进行公告（public notification）。联邦《梅根法》并不是像新泽西州那样的积极告知（active notification），而是需要公众自行查看。联邦《梅根法》警告，如果某个州不能遵守联邦规定的最低信息公告标准，将有可能失去联邦政府对该州打击犯罪拨款的 10%。2006 年 7 月，鉴于性犯罪人利用各州有关法律的差异在州间移动以规避制裁，美国国会又制定了《亚当·沃尔什儿童保护和安全法》（Adam Walsh Child Protection and Safety Act），进一步强化性犯罪人登记和公告制度。该法的名称是为纪念 6 岁男孩亚当·沃尔什，他在 1981 年 7 月被一个连环杀手绑架杀害。2016 年 2 月 8 日，美国总统奥巴马签署一项新的梅根法——《防止非法儿童性交易需求的国际梅根法》（International Megan's Law to Prevent Demand for Child Sex Trafficking），规定当注册的性犯罪人出国旅行时，应告知有关国家，具体的方法是在护照上注明识别标志。

在英国，1997 年 8 月，议会通过《性犯罪人法》（Sex Offenders Act 1997），其第一部分是关于性犯罪人向警方登记的要求（Notification requirements for sex offenders）。它适用于被审判认定犯有性犯罪的人和实施性犯罪但因精神错乱或者残疾而被判无罪的人。根据规定，性犯罪人必须在释放后的 14 天内向警察机关登记其姓名、出生日期和住址，以后若有变更亦必须在 14 天内通知警察机关。但是这项法律不适用于 1997 年以前被判刑的性犯罪人。2000 年 7 月，英国发生一起奸杀女童案。8 岁小女孩萨拉·佩恩（Sarah Payne）被一名性犯罪惯犯奸杀。2001 年 12 月，该罪犯被判处终身监禁。对此，许多人包括萨拉的父母并不满意，他们要求制定一个像美国《梅根法》那样的《萨拉法》（Sarah's Law），公告性侵害者的黑名单。由于存在争议，特别是担心性犯罪人在信息公开后隐匿、失踪，从而给儿童带来更大的危险，英国没有出台关于必须公告性犯罪人信息的《萨拉法》，而是在 2007 年决定从 2008 年开始试点实行一个"儿童性侵罪犯披露计划"（The Child Sex Offender Disclosure Scheme）。该计划旨在通过加强公众与警方的联系，让公众更多参与儿童保护，形成儿童安全保护网络。当市民认为与自己有一定关系的儿童有遭受某人性侵害的危险时，可以根据程序向主管机构申请了解该人的情况。如果该人曾因儿童性侵害被定罪，或者该人虽未曾因儿童性侵害被定罪，但经评估分析存在实施儿童性侵害的危险，主管机构应向申请人或者儿童的父母、照顾者、监护人告知有关信息。如果发现存在立即或迫在眉睫的侵害儿童的危险而需要采取紧急行动，主管机构则必须立即采取行动，并应遵守现有的保护儿童程序。申请人不得故意或者恶意提供关于自己和儿童等方面的虚假信息。申请人必须签署承诺，保证对获得的信息保密。这项计划自 2010 年 8 月 1 日起在英格兰和威尔士扩大实施。

亚洲的韩国在 2000 年通过《青少年性保护法》，规定对未成年人实施性侵害的犯罪人在出狱后应向有关机构登记信息，有关机构可以公布这些犯罪人的信息。2001 年 8 月，韩国政府在官方网站上公布了 169 名强奸罪犯及恋童症者的姓名、出生日期、职业、籍贯。这 169 名性罪犯中，有 38.5% 犯有强奸罪，28% 犯有性暴力罪，16% 与未成年人发生性行为。该资料将在网上公示 6 个月。①

我认为，应当在加强、完善对刑满释放的性侵害犯罪人的常规管理和强制治疗的同时，建立符合中国国情的性犯罪人信息公告制度。性犯罪人信息公告应当只适用于实施强奸、强制猥亵、奸淫和猥亵儿童等性侵害的犯罪人。犯罪人信息在公安机关管理的网站公告。所公告的信息，包括犯罪人的姓名、年龄、住址、工作场所、近照和犯罪记录（须保护被害人隐私）。信息公告的时间一般为 5 年。在 5 年内没有重新犯罪的，不再公布信息。对于严重性侵害的犯罪人，还应当实行社区告知。

对刑满释放的性侵害犯罪人的隐私权问题应有正确的认识。在中国，法院对性犯罪案件的审理虽然可能不公开，但宣判都必须公开进行。有些案件还被媒体实名报道。所以，一个人曾经犯罪的信息并不属于隐私。而公民也享有对法院审判结果的知情权。性侵害犯罪人信息公告制度实际是把公民对法院审判结果的知情权转化为国家、政府有关机关的义务。这个制度的要害不在于公告谁曾经犯罪，而在于公告这个人的住址。这可能会对他有一定消极影响，但也就这么多。另外，建立性侵害犯罪人信息公开制度，明确哪些人的哪些个人信息可以公布，在客观上亦可形成对性侵害犯罪人的其他隐私的保护。在性侵害犯罪人信息公开制度下，任何个人和组织、机构不得擅自披露性侵害犯罪人的隐私。

为贯彻落实审判公开原则，保障公众知情权和监督权，促进司法公正，最高人民法院在 2010 年 11 月 8 日制定了《关于人民法院在互联网公布裁判文书的规定》（法发〔2010〕48 号），对人民法院在互联网公布裁判文书的原则、范围、程序等作出具体规定。2013 年 11 月 21 日，最高人民法院发布新的《关于人民法院在互联网公布裁判文书的规定》（法释〔2013〕26 号）。从 2014 年 1 月 1 日起，各级人民法院都须上网公布裁判文书。为此，最高人

---

① 《韩国政府网上曝光性罪犯资料》，ChinaByte 网，2001 年 8 月 31 日，http://www.yesky.com/20010831/1416300.shtml。

民法院建立了规范、统一的裁判文书网——中国裁判文书网。根据 2013 年发布的规定，涉及"个人隐私"的裁判文书不予公布；法院在互联网公布裁判文书时，应当保留当事人的姓名或者名称等真实信息，但必须采取符号替代方式对刑事案件中被害人、被判处三年有期徒刑以下刑罚以及免予刑事处罚，且不属于累犯或者惯犯的被告人等当事人的姓名进行匿名处理；应当删除自然人的家庭住址、通讯方式、身份证号码、银行账号、健康状况等个人信息和未成年人的相关信息等信息。2016 年，最高人民法院又对《关于人民法院在互联网公布裁判文书的规定》作了修订，并于 2016 年 8 月 29 日发布（法释〔2016〕19 号，自 2016 年 10 月 1 日起施行）。与 2013 年版相比，2016 年规定的变化主要有：取消了关于涉及"个人隐私"的裁判文书不予公布的限制；"匿名处理"改为"隐名"处理（保留姓氏，名字以"某"替代）；被判处三年有期徒刑以下刑罚以及免予刑事处罚，且不属于累犯或者惯犯的被告人不予隐名；除根据规定进行隐名处理的以外，当事人是自然人的，保留姓名、出生日期、性别、住所地所属县、区。另外，2013 年最高人民法院、最高人民检察院、公安部、司法部《关于依法惩治性侵害未成年人犯罪的意见》第 30 条规定："对于判决已生效的强奸、猥亵未成年人犯罪案件，人民法院在依法保护被害人隐私的前提下，可以在互联网公布相关裁判文书，未成年人犯罪的除外。"性犯罪案件裁判文书的公布，有利于公众对性犯罪案件的了解，但不能完全取代需要建立的性侵害犯罪人信息公告制度。这些文书散见于全部裁判文书中，不便于查阅，而且虽然有犯罪人姓名但没有近期照片和住址，警示性还不够强。

2006 年，我在《性犯罪：精神病理与控制》（第一版）中提出建立性侵害犯罪人信息公开制度。当时，国内对这个问题尚未给予重视。近十年来，有越来越多的人主张建立这一制度。2016 年 6 月，浙江省慈溪市检察院牵头法院、公安机关等出台《性侵害未成年人犯罪人员信息公开实施办法》。该办法规定，对符合条件的实施严重性侵害未成年人行为的犯罪人员，在其刑满释放后或者假释、缓刑期间，通过发文各单位的门户网站、微信公众号、微博等渠道对其个人信息进行公开，方便公众随时查询，警示犯罪，预防未成年人受到性侵害。同时，该办法对性侵害未成年人犯罪人员信息应当公开的情形和例外条件、公开期限、公开内容、公开途径、公开程序均作了明确规定，旨在有效遏制性侵害案件多发势头，保障未成年人健康成长。① 此事引起争议和讨论。我原则上支持慈溪市的做法，但同时认为，先由国家制定有关基本法律，如《性侵害未成年人犯罪防治法》，再由地方制定具体实施办法可能更为妥当。

2019 年 2 月，最高人民检察院下发《2018—2022 年检察改革工作规划》。其中提出建立健全性侵害未成年人违法犯罪信息库和入职查询制度。② 有关人士表示，检察机关将联合有关部门积极推动把性侵害未成年人违法犯罪信息查询设置为教师资格申请和教职工招聘的前置程序，促进预防性侵害制度落实，全面构建起防范性侵害未成年人犯罪堤坝。③ 这些举措意味着有关制度的建设进一步加快。

三 对性侵害犯罪人的化学控制

在中国历史上，曾有一种被称为"去势"的"宫刑"，施与淫乱之人和其他罪大之人。④ 汉代孔安国传（注）《尚书·吕刑》："宫，淫刑也，男子割势，妇人幽闭，次死之刑。"唐代孔颖达疏："宫刑为淫刑也。男子之阴名为势，割去其势，与椓去其阴，事亦同也。妇人幽闭，闭于宫，使不得出也。本制宫刑，主为淫者，后人被此罪者未必尽皆为淫。"⑤ 有人认为宫、割分别针对女子和男子。《尚书刑德放》曰："宫者，女子淫乱，执

① 参见屠春技、岑瑾《浙江慈溪：公开性侵未成年人犯罪人员信息》，《检察日报》2016 年 6 月 13 日；姚建龙、刘昊《"梅根法案"的中国实践：争议与法理——以慈溪市〈性侵害未成年人犯罪人员信息公开实施办法〉为分析视角》，《青少年犯罪问题》2017 年第 2 期。
② 最高人民检察院：《2018—2022 年检察改革工作规划》，最高人民检察院网上发布厅，2019 年 2 月 12 日，http://www.spp.gov.cn/xwfbh/wsfbt/201902/t20190212_407707.shtml#1。
③ 陈菲：《最高检将推动性侵犯罪信息查询成为教师从业前置程序》，新华网，2019 年 2 月 27 日，http://www.xinhuanet.com//2019 - 02/27/c_1210069377.htm。
④ 参见（清）沈家本《历代刑法考》第一册，邓经元、骈宇骞点校，中华书局，1985，第 183 ~ 191 页。
⑤ （汉）孔安国传、（唐）孔颖达正义《尚书正义》，黄怀信整理，上海古籍出版社，2007，第 786 ~ 787 页。

置宫中不得出。割者，丈夫淫，割其势也已。"[1] 亦有现代学者考证，宫刑仅指男子割势。[2] 此刑在隋代以后不用。

近代有些西方国家对性罪犯实施去势手术（castration，asexualization，切除睾丸），以消除其性犯罪的生理基础，防止他们继续犯罪。后因受到批评而逐渐放弃。近几十年来，一种化学去势疗法（chemical castration）成为替代做法。化学去势疗法就是激素疗法（hormonal treatment）。在美国的一些州，如加利福尼亚州、佛罗里达州、俄勒冈州，允许通过注射合成雌性激素使强奸儿童的罪犯失去性功能。注射从罪犯出狱开始，一直持续到政府权威部门认为没有必要时为止。近年来，越来越多的国家允许对性罪犯实施化学去势疗法。

《晋书·刑法志》记刘颂主张恢复肉刑的言论："亡者刖足，无所用复亡。盗者截手，无所用复盗。淫者割其势，理亦如之。"[3] 但以当今理念来看，对性罪犯施行外科去势手术与将逃犯、小偷的手脚砍掉一样，都是不人道的。在中国当然不应该施行这种外科手术，不论这种手术是否经过本人同意，是施行于精神障碍性罪犯，还是施行于普通性罪犯。但是，应当研究化学或者药物治疗控制不良性行为的可行性。如果可以发现或者研制可以治疗、控制不良性行为而又没有多大副作用的药物，对于性犯罪的控制无疑将有重大的支持。

近年来，社会上主张对严重性犯罪人实施化学去势的呼声高涨。然而，鉴于这种疗法具有争议，在当代中国也缺乏实践基础，我没有在提案中作出有关建议。

---

①　引自（宋）李昉等撰《太平御览》，卷第六百四十八，刑法部十四，中华书局，1960，第2899页。《尚书刑德放》系汉代无名氏著作，古本已佚，今存佚文十余条。

②　蔡枢衡：《中国刑法史》，广西人民出版社，1983，第60页。

③　（唐）房玄龄等撰《晋书》，卷三十，志第二十刑法，中华书局，1974，第932页。

第四章

刑事司法制度的完善

刑事司法制度，主要包括刑事诉讼制度、刑事执行制度。本章所列提案涉及的问题都可以归入刑事司法制度。精神病犯罪人的强制医疗也属于这个范畴，但因也是刑法问题，且具有特殊性，故另列一章。

第一节　制定《看守所法》，调整
看守所管理体制

📚 提案

关于完善看守所管理制度，制定《看守所法》的提案

（政协十一届全国委员会第二次会议第2658号/

政治法律类255号，2009年3月）

云南"躲猫猫"事件的发生不是偶然的。此案和类似事件的发生不仅暴露出执法部门存在有法不依、玩忽职守的问题和监督部门监督不到位的问题，还暴露出相关法律制度存在严重缺陷。为防止类似事件的发生，应当在总结和吸取教训的基础上，完善有关立法。

看守所是羁押依法被逮捕、刑事拘留的犯罪嫌疑人和被告人的机关，并且承担部分短刑犯的刑罚执行（根据《刑事诉讼法》，对于被判处有期

徒刑的罪犯，在被交付执行刑罚之前，剩余刑期在一年以下的，由看守所代为执行）。为保障刑事诉讼活动顺利进行，维护在押人员合法权益，必须依法对看守所进行严格管理。目前，看守所管理的主要法律依据是国务院在 1990 年颁布的《中华人民共和国看守所条例》。这个条例发挥过积极的作用，但许多内容落后于司法实践的要求，有的规定、概念（如"人犯"）也不符合《刑事诉讼法》等法律，应当予以更新。更根本的问题是，看守所的活动是在刑事诉讼过程中进行的，超出了行政管理范畴，仅由行政法规加以规范，既是不够的，也是不妥的。根据《中华人民共和国立法法》有关原则，有关犯罪、刑罚和诉讼的事项，必须由全国人民代表大会及其常务委员会制定法律，之后国务院可根据执行法律的需要制定行政法规。因此，完善看守所管理制度，不是修改《看守所条例》的问题，而是应由全国人大常委会制定《中华人民共和国看守所法》的问题。而且，《看守所条例》实施近 20 年，积累了丰富的经验教训，从行政法规"升格"为法律的条件已经成熟。

制定《看守所法》，不仅可以更好地完善看守所管理制度，提升有关规范的法律效力，而且有利于人民检察院对看守所工作实施检察监督。这次"躲猫猫"事件经最高人民检察院的直接检察得以真相大白，说明了看守所检察的重要性。但是，晋宁县检察院驻看守所检察室，懈怠职守，没有尽到监督的责任，也说明看守所检察工作还存在一些问题。其中一个重要问题是法律制度问题。根据《人民检察院组织法》的明确规定，对于看守所的活动是否合法，人民检察院实行监督。但是，监督的标准即看守所的活动规范却未有法律（狭义的）加以规定。2008 年 2 月，最高人民检察院出台了《人民检察院看守所检察办法》，但其第一条却规定："为规范看守所检察工作，根据《中华人民共和国刑事诉讼法》《中华人民共和国看守所条例》等规定，结合看守所检察工作实际，制定本办法。"根据《刑事诉讼法》是应当的，但依据《看守所条例》这个行政法规，有悖于《宪法》第一百三十一条规定的"人民检察院依照法律规定独立行使检察权，不受行政机关、社会团体和个人的干涉"的原则，也不符合《刑事诉讼法》第七条"人民法院、人民检察院和公安机关进行刑事诉讼，应当分工负责，互相配合，互相制约，以保证准确有效地执行法律"的规定。检察的独立性因此打了折扣，从而其公正性也容易受到怀疑。但可以给予一定理解的是，由于《刑事诉讼法》并没有关于看守所管理的具体规定，除《看守所条例》外，看守所检察也没有其他较高级别的具体规范可以依据了。从根本上说，人民检察院实施看守所检察，其标准应依据法律而不应依据行政法规。如果制定《看守所法》，人民检察院对看守所的检察便有了强有力的法律根据，有利于独立公正地进行监督。

制定《看守所法》应着重解决以下几个方面的问题。

（一）改变看守所的管辖

看守所由公安机关管辖弊大于利，建议改由司法行政部门管辖。主要理由是：（1）公安机关也是侦查机关，由公安机关管辖看守所，固然方便公安机关采取讯问、鉴定、辨认等侦查措施，但不利于避免刑讯逼供、超期羁押等问题。改由司法行政部门管辖后，司法行政部门与公安机关互相配合，互相制约，有利于而不是妨碍侦查工作的合法进行。（2）看守所具有一定的监狱职能，而监狱工作正是由司法行政部门主管的。由司法行政部门管辖看守所，理顺了关系，更有利于刑罚的依法执行和对罪犯的管理。

在改变一般看守所管辖体制的同时，对国家安全机关和军队的看守所，因其具有特殊性，仍应规定分别由国家安全机关和军队管辖。

（二）加强对在押人员合法权益的保护

根据《刑事诉讼法》"未经人民法院依法判决，对任何人都不得确定有罪"的原则，看守所羁押的犯罪嫌疑人、被告人并不是罪犯。《看守所法》应根据他们的特殊法律地位，明确规定他们依然享有的权利，并制定措施加以切实保护。对于《刑事诉讼法》第九十六条和《律师法》[①] 第三

---

① 《中华人民共和国律师法》，1996 年 5 月 15 日第八届全国人民代表大会常务委员会第十九次会议通过，根据 2001 年 12 月 29 日第九届全国人民代表大会常务委员会第二十五次会议《关于修改〈中华人民共和国律师法〉的决定》第一次修正，2007 年 10 月 28 日第十届全国人民代表大会常务委员会第三十次会议修订，根据 2012 年 10 月 26 日第十一届全国人民代表大会常务委员会第二十九次会议《关于修改〈中华人民共和国律师法〉的决定》第二次修正，根据 2017 年 9 月 1 日第十二届全国人民代表大会常务委员会第二十九次会议《关于修改〈中华人民共和国法官法〉等八部法律的决定》第三次修正。

十三条规定的但《看守所条例》没有规定从而在实践中经常遇到阻力的"律师会见权"，《看守所法》应有具体的保障条款。

（三）进一步细化看守所羁押执行程序

《看守所条例》对看守所羁押执行程序的规定比较原则。1991 年公安部印发《中华人民共和国看守所条例实施办法（试行）》，有关规定比较详细。根据公安部印发《实施办法》的通知，该办法暂在内部试行，待试行一年后由公安部修订发布，但自 1991 年"试行"了这么多年也没有修订并正式发布。《看守所法》应吸收《看守所条例》以及《看守所条例实施办法（试行）》的有关合理内容，并根据社会主义法治和人权保护的要求，加以修订完善。

（四）明确看守所违法行为和事故的处理程序和法律责任

特别是应当规定，在押人员在羁押期间死亡，而其家属对死亡原因有疑义的，应由人民检察院主持死亡原因的鉴定，并根据鉴定结论进行处理。

（五）加强对看守所活动的法律监督

《看守所条例》也有关于人民检察院监督的规定，但比较"软"，例如它规定："看守所应当教育工作人员严格执法，严守纪律，向人民检察院报告监管活动情况"，"看守所对人民检察院提出的违法情况的纠正意见，应当认真研究，及时处理，并将处理结果告知人民检察院"，"人犯揭发、控告司法人员违法行为的材料，应当及时报请人民检察院处理"。《看守所法》应改变这种被动的监督模式，建立人民检察院主动监督机制，对监督的职责、程序、效力、法律责任和看守所相应的义务等问题作出具体规定。另外，《看守所法》应妥善协调侦查机关与看守所之间的关系，保证侦查活动依法顺利进行。

[复函摘要]

公安部（公提字〔2009〕第 101 号，2009 年 6 月 26 日）：

一 关于制定《看守所法》

《看守所条例》颁布以来，对于规范看守所执法和管理，保障刑事诉讼顺利进行发挥了重要作用。但是，随着国家民主与法制建设的进步，《看守所条例》与形势、任务的需要不相适应的问题日渐突出，有的规定与《刑事诉讼法》相冲突，有的规定已经落后于实际工作需要，实践中出现的新情况、新问题也无执法依据，因此，完善看守所立法十分必要。对此，我们考虑从以下两个方面进行：一是修改《刑事诉讼法》，明确看守所法律地位和羁押问题。看守所作为刑事羁押机关，虽然不直接参与刑事诉讼活动，但与刑事诉讼活动密切相关，是直接为刑事诉讼服务的。但《刑事诉讼法》在这方面存在严重缺位，因此，我们将积极参与《刑事诉讼法》修改工作，建议立法机关在修改《刑事诉讼法》时，明确看守所的性质和羁押的对象、条件、程序、期限等问题，将羁押纳入刑事诉讼程序，进一步完善诉讼制度。二是修改《看守所条例》，完善看守所管理制度。看守所的刑事羁押性质，决定了看守所立法必须要以《刑事诉讼法》为依据，在《刑事诉讼法》相关规定缺位的情况下，制定《看守所法》的条件还不成熟。因此，看守所立法应采取循序渐进的方式，先修改《看守所条例》，等条件成熟时再制定《看守所法》。目前，我们已经着手《看守所条例》修改工作。

二 《看守所条例》拟重点解决的问题

修改《看守所条例》过程中，我们将认真吸取您在提案中提出的意见，重点解决以下几个问题：

（一）依法充分保障在押人员合法权益。修改《看守所条例》拟将保障在押人员合法权益作为重要内容，明确规定看守所依法保障在押人员合法权益的原则、内容和方式方法，将保障权益工作具体化。一是建立告知制度。收押时告知在押人员在羁押期间依法享有的权利和必须遵守的管理规定。二是保证在押人员会见、通信权，规定会见、通信的对象、程序等。三是保证在押人员辩护和获得律师帮助权，特别是要保障律师会见权，规范凭证、程序等。四是保证在押人员控告、举报权。看守所要实行在押人员约见所领导和驻所检察官制度；对在押人员的申诉、控告、举报材料，公安机关应当调查、核实，并将结果通知当事人。五是保障在押人员必要的生活、卫生条件。按照国家规定标准供应伙食，保证每日必要的室外活动和休息时间，在押人员的医疗保健列入当地卫生防疫计划，由当地卫生行政部门指定医院在看守所设立门诊或者医疗机构承担看守所在押人员的医疗任务等。

（二）明确并细化收押、异地羁押、换押等羁押执行程序。为了有效解决刑讯逼供和超期羁押问题，使看守所严格依法实施羁押，并对办案机关实施监督制约，拟对羁押的条件和程序进行严格规范。一是规范收押的对象、凭证和不予收押的情形等。二是规范异地羁押的条件和审批程序。三是规范换押的情形和程序等。

（三）完善监督制度，明确法律责任。为了保证看守所严格、公正执法，拟对看守所的监督和法律责任作出规定。一是规范监督的主体和看守所接受监督的方式方法等；二是规范看守所接受人民检察院法律监督的范围和程序；三是规范看守所人民警察的禁止性行为，以及违反之后应当承担的法律责任；四是规范看守所事故的处理程序。

三 关于看守所管理体制

我们认为公安机关管理看守所的体制符合中国国情，不宜改变。主要理由是：

（一）看守所由公安机关管理，有利于更好地打击犯罪，保证安全。当前，我国正处于人民内部矛盾凸显期、刑事犯罪高发期、对敌斗争复杂期，公安机关肩负的打击犯罪、维护社会治安稳定的任务十分繁重。看守所由公安机关管理，一是有利于违法犯罪信息的采集和研判。看守所每年收押犯罪嫌疑人、被告人上百万人次，日均在押几十万人，这些人员信息是"国家违法犯罪人员信息库"的基础信息源，对公安机关预防和打击违法犯罪有着重要作用。公安机关管理看守所，方便数据的统计和分析，有助于提高预防和打击犯罪的效率。二是有利于提高公安机关侦破案件能力。看守所在押人员掌握较多的犯罪线索，是名副其实的"刑事犯罪情报库"。公安机关管理看守所，可以及时掌握这些犯罪线索，扩大侦查范围，拓宽侦破渠道，加快破案速度，提高侦查破案能力。三是有利于公安机关处置看守所突发事件，保证安全。确保看守所安全稳定，是看守所保证刑事诉讼活动顺利进行的首要任务。看守所设置分散，不仅每天人员进出频繁，成分复杂，流动性大，而且犯罪嫌疑人、被告人在诉讼中的思想和心理极不稳定，容易发生暴力袭警、劫持人质、暴力脱逃等突发性事件。公安机关管理看守所，可以跨警种及时调集警力、物力，迅速处置突发事件。如果由两个部门管理，一旦发生重大突发事件，跨部门的沟通、协调、配合可能会延误战机。

（二）看守所由公安机关管理，符合我国的法律制度和司法实践，体现了社会主义法制文明。其一，刑事羁押场所的管理体制与所在国的刑事法律制度有密切关系。在国外，审前保释是常规，羁押是例外，羁押是为庭审服务的；而在我国，审前羁押是常规，保释是例外，羁押是为侦查、起诉、审判服务的。从我国刑事诉讼的程序看，侦查是刑事诉讼的开始和基础，侦查质量直接影响起诉和审判工作。根据《刑事诉讼法》的规定，除法律另有规定的以外，刑事案件的侦查由公安机关进行，公安机关是侦查破案的主要力量。看守所由公安机关管理，有助于侦查办案部门与监管部门的协调配合，保证侦查办案工作的顺利进行。看守所由公安机关管理，符合我国的法律制度和法制精神。其二，看守所与监狱分开的管理体制体现了社会主义法制文明。我国法律规定，未经法院判决，对任何人都不得确定有罪。看守所的性质、任务与监狱有着本质的不同，我国现行法律将审前羁押职能与对罪犯的刑罚执行职能分别配置给不同的国家机关的做法，从制度上确立了犯罪嫌疑人、被告人不同于罪犯的法律地位，既便于有关部门各司其职、各负其责，也便于对犯罪嫌疑人、被告人和罪犯实行区别对待、区别管理，从而有利于保证其合法权益的实现，是我国法制文明的具体体现。

（三）刑讯逼供和超期羁押问题与看守所管理体制没有必然联系。刑讯逼供和超期羁押的发生是由多种因素造成的，既有执法人员法制观念淡薄，人权保护意识不强，执法监督不力的主观原因，也有法律制度和监督制约机制不完善的客观原因，与看守所管理体制没有关系。关于刑讯逼供。刑讯逼供主要发生在送押之前。1998年以来，全国公安机关共查处刑讯逼供案件中，发生在看守所的占总数的1%。由此可见，刑讯逼供并不是主要发生在看守所内。相反，看守所为遏制刑讯逼供采取了很多制约措施。比如，凡新入所人员一律进行体检，除询问疾病史外，重点检查体表有无伤痕。体表有伤的，要求送押人员出具说明并签名，看守所将在押人员受伤情况报告案件主管机关和人民检察院；伤情严重的不适宜羁押的，不得收押。要求看守所提讯室一律用铁栅栏隔离，提讯人员和在押人员分别走不同的出入口，避免人身接触等。

关于超期羁押。超期羁押不是看守所超期关押，而是公、检、法三家办案机关超过法定羁押期限在办案，因此，三家都存在超期羁押问题。2003 年，公、检、法三家在全国范围内开展了清理超期羁押专项行动，超期羁押问题已经得到有效遏制。截至 2009 年 5 月底，公安、检察机关超期的不足 10 人，法院超期的也只有 20 几人。因此，在没有改变看守所管理体制的情况下，超期羁押现象仍在逐年减少。

[阐述]

对刑事诉讼制度，我的关注一直在精神病犯罪人处遇方面，其他问题没有做过专门的研究。对看守所及其管理制度，只是偶尔留意。云南"躲猫猫"事件①和类似事件的发生促使我重温刑事诉讼法学的相关部分，梳理、比较有关学术观点，继而分析了看守所管理实践中的问题，然后形成并"率先"② 在 2009 年"两会"上提出《关于完善看守所管理制度，制

---

① 《云南男子死在看守所　民警称其玩"躲猫猫"撞到墙》，网易，2009 年 2 月 13 日，http://
news. 163. com/09/0213/14/521OJOHR00011229. html；《昆明市晋宁县公安局公布"躲猫猫"
事件调查结果》，中国政府网，2009 年 2 月 20 日，http://www. gov. cn/jrzg/2009 - 02/20/
content_1237720. htm；《云南检察机关将尽快公布"躲猫猫"事件调查结果》，中国政府网，
2009 年 2 月 25 日，http://www. gov. cn/jrzg/2009 - 02/25/content_1242939. htm；《躲猫猫调
查结果公布：死者系被牢头狱霸殴打致死》，新浪新闻，2009 年 2 月 27 日，http://news.
sina. com. cn/c/2009 - 02 - 27/171817303385. shtml；《云南躲猫猫案一审宣判　两名警察
获刑》，新浪新闻，2009 年 8 月 14 日，http://news. sina. com. cn/c/2009 - 08 - 14/1321184
35922. shtml；《云南躲猫猫案一审宣判 1 名狱霸被判无期》，新浪新闻，2009 年 8 月 15
日，http://news. sina. com. cn/p/2009 - 08 - 15/035516126055s. shtml。
② 《〈看守所法（征求意见稿）〉截止之日报道》，搜狐立法网，2017 年 7 月 17 日，http://
www. sohu. com/a/157863007_772384；周颋、王紫祎：《防冤假错案　〈看守所法〉带来
"及时雨"》，《民主与法制时报》2017 年 7 月 19 日。

定〈看守所法〉的提案》。提案和复函的全文，被收入全国政协提案委员会编的《把握人民的意愿·政协第十一届全国委员会提案及办理复函选·2009 年卷》。① 这个提案被报道后广受关注。② 还有媒体将我的这个提案列为 2009 年"两会"的"五大最具影响力议案提案"之首。③ 全国政协的机关刊物《中国政协》在 2010 年报道了该提案。④ 我的提案可能反映了许多专家学者已有的但尚未引起有关部门重视或者有关部门不愿意正视的意见，因而促进了法学界、公安司法界和公众对看守所管理制度的进一步公开讨论。不久，2009 年 4 月中旬，有 20 多名律师、学者向全国人民代表大会常务委员会提交了《关于改革看守所体制及审前羁押制度的公民建议书》。

这个提案的"要害"是改变看守所的管理体制即实行"羁侦分离"。对此，公安部的复函着重予以辩驳，鲜明地阐释了自己的立场。不论是否赞成，应当承认，公安部的观点自有其道理。

但是，公安部说制定《看守所法》的条件还不成熟，坚持先修改《看守所条例》，让人很难理解。制定《看守所法》至少有助于提升看守所制度的法律位阶，更好地实现人民检察院对看守所的监督。而且，如我的提案所言，根据《立法法》，看守所的运行和管理属于有关犯罪、刑罚和诉讼的事项，应当由全国人民代表大会或其常务委员会制定法律。

2010 年，公安部将其修订的新《看守所条例（送审稿）》报送国务院提请审议，但就此搁置。2012 年 3 月 14 日，第十一届全国人民代表大会

---

① 全国政协提案委员会编《把握人民的意愿·政协第十一届全国委员会提案及办理复函选·2009 年卷》，新世界出版社，2010，第 470 ~ 476 页。

② 杨傲多：《刘白驹：看守所条例该升级》，《法制日报》2009 年 3 月 10 日；《"躲猫猫"非偶然〈看守所条例〉已"过时"——全国政协委员刘白驹接受记者采访时呼吁应将条例升级为法》（未署作者），《东亚经贸新闻》2009 年 3 月 11 日；黄洁、朱雨晨：《"躲猫猫事件"或将催生〈看守所法〉全国政协委员建议看守所交由司法行政机关管理》，《法制日报》2009 年 3 月 12 日；连玉明、武建忠主编《百姓关注什么》，中国时代经济出版社，2009，第 135 页；人民网舆情监测室编《网络舆情热点面对面》，新华出版社，2012，第 207 页。

③ 《五大最具影响力议案提案》（未署作者），《潇湘晨报》2009 年 3 月 14 日。

④ 《全国政协委员刘白驹建议制定〈看守所法〉》，《中国政协》2010 年第 5 期。

第五次会议通过《全国人民代表大会关于修改〈中华人民共和国刑事诉讼法〉的决定》，《刑事诉讼法》关于看守所的规定有所变化和增加。2013年8月公安部发布新的《看守所留所执行刑罚罪犯管理办法》，废止2008年的旧办法。2013年10月，全国人民代表大会常务委员会将《看守所法》列入未来五年立法规划。[①] 起草工作由国务院（具体为公安部）牵头。2017年6月15日，公安部公布《看守所法（公开征求意见稿）》，向社会公开征求意见。然而，这个征求意见稿却受到普遍诟病，批评直指其第六条规定"国务院公安部门主管全国看守所工作"。

第二节　罪犯保外就医制度的完善

📑 提案

关于完善罪犯保外就医法律制度的提案

（政协十一届全国委员会第二次会议第1070号提案/

政治法律类130号，2009年3月）

根据《刑事诉讼法》有关规定，被判处有期徒刑或者拘役的罪犯，有严重疾病需要保外就医的，可以暂予监外执行。保外就医是一项既维护社会主义法治的严肃性，又体现社会主义人道主义精神的刑事政策和制度设计，一方面可以保证刑罚继续执行，一方面保护了罪犯的合法权益，有利于促使罪犯的悔悟和改造。但是，由于法律不健全和有法不依、执法不严等原因，保外就医制度在实施过程中存在很多问题。突出的问题如：个别执法人员徇私舞弊、滥用保外就医；一些不具备条件的罪犯被保外就医，逃避在监狱中接受刑罚；一些保外就医的罪犯脱管失控，形同"自由人"，等于免除了刑罚，有的甚至报复举报人或进行其他违法犯罪活动。社会上对此意见很大，舆论甚至质疑保外就医会不会成为罪犯特别是贪官和黑恶势力的"避风港""保护伞"。

---

① 《十二届全国人大常委会立法规划（共68件）》，全国人大网，2013年10月31日，http://www.npc.gov.cn/npc/xinwen/syxw/2013-10/31/content_1812101.htm。

现行罪犯保外就医制度及其实施过程中存在的问题主要有：

（一）法律规范过于原则，且存在冲突。对于这样一项重要的制度，在基本法层面，目前只有《刑事诉讼法》（1996 年）和《监狱法》（1994 年）两部法律在有关监外执行或暂不收监问题的几条规定中加以规范，过于原则简单，操作性差。两法有的规定还存在冲突，造成理解和执行的分歧。司法部、最高人民检察院、公安部在 1990 年发布的《罪犯保外就医执行办法》（含附件《罪犯保外就医疾病伤残范围》）的规定虽然比较具体，但内容与《刑事诉讼法》和《监狱法》多有严重抵触。而且，《罪犯保外就医执行办法》由于其所依据的《劳动改造条例》（1954 年）已于 2001 年被国务院废止，其自身的合法性也存在疑问。根据我国立法原则，法律的效力高于行政法规、部门规章和司法解释，同一机关制定的法律，新的规定与旧的规定不一致的，适用新的规定，因而，实施保外就医理应首先遵照《刑事诉讼法》，但实际上一些监狱仍然执行《罪犯保外就医执行办法》中的过时规定，甚至故意规避《刑事诉讼法》。例如，《刑事诉讼法》明确规定，保外就医应由省级人民政府指定的医院开具证明文件，而有的监狱却根据《罪犯保外就医执行办法》，由监狱医院或者就近的县级医院检查鉴定。

最高人民检察院为加强对包括保外就医在内的监外执行的监督检察，于 2008 年出台了《人民检察院监外执行检察办法》。但是，由于关于保外就医的法律法规本身存在诸多问题，监督检察的效果不容乐观。

（二）保外就医的适用对象不够明确。根据《刑事诉讼法》规定，保外就医只能适用于被判处有期徒刑或者拘役的、有严重疾病确需在监狱外就医、没有社会危险性的罪犯。但是，《刑事诉讼法》没有说明判处死缓或无期徒刑的罪犯在减为有期徒刑后是否可以适用保外就医。分析立法原意，是为保证刑罚的严肃性，对保外就医的适用持比较严格的态度，只有"被判处"而不是被减刑为有期徒刑的罪犯才可保外就医。而罪行严重被判处死缓、无期徒刑的罪犯如果罹患严重疾病，只能在监狱系统的医院就医或者在监狱的直接控制下在其他医院就医。但是，有些机构竟违背《刑事诉讼法》，不适当地根据《监狱法》关于被判处无期徒刑的罪犯，可以暂予监外执行的规定和《罪犯保外就医执行办法》关于原判无期徒刑和死缓，后减为无期徒刑的罪犯，从执行无期徒刑起服刑 7 年以上的，也可以适用保外就医的规定，对判处死缓或无期徒刑后减为有期徒刑的罪犯适用保外就医。例如，带黑社会性质组织的头目邹显卫因犯故意杀人罪、流氓罪、非法拘禁罪，1995 年 4 月被判处死缓，1997 年 12 月减刑为服刑十七年，2000 年 3 月 21 日被保外就医，4 月 7 日即带十余人将一人伤害致死，造成十分恶劣的社会影响。[①]

（三）关于保外就医医学条件及其鉴定的规定不够严谨。《罪犯保外就医执行办法》的附件《罪犯保外就医疾病伤残范围》存在不少问题：一是适用近 20 年而未作修订，有些内容落后于医学发展；二是许多疾病伤残没有列出严重程度的指标；三是它规定了"其他需保外就医的疾病"，赋予执行者过大的自由裁量权；四是将艾滋病作为保外就医的条件，弊大于利。关于疾病伤残的鉴定，《罪犯保外就医执行办法》只是规定"鉴定结论应经医院业务院长签字，加盖公章，并附化验单、照片等有关病历档案"，而没有对鉴定人的资格、鉴定的程序、鉴定书的内容、虚假鉴定的法律责任等作出规定，客观上给个别执法人员、鉴定人员贪赃枉法留有不少漏洞。例如前述邹显卫案，被邹买通的监狱管理人员，竟利用别人的脑部核磁共振片子，谎报邹患有脑瘤，并对邹做虚假精神病鉴定，为邹办理了保外就医。

（四）对保外就医保证人的义务没有严格规定。保外就医的一个重要法律条件是有保证人担保。保证人应当有义务监督保外就医的罪犯遵守有关法律法规，督促和帮助他们医治疾病，在发现他们违反有关法律法规或进行其他违法犯罪活动时，及时向有关机关报告。对保证人未履行义务的，应给予处罚，构成犯罪的，依法追究刑事责任。但是，《刑事诉讼法》只对"取保候审"的保证人规定了条件和义务，而没有对保外就医的保证人作出任何规定。《罪犯保外就医执行办法》也只是有"取保人应当具备管束和教育保外就医罪犯的能力，并有一定的经济条件。取保人资格由公

---

① 杨清林：《大连监狱腐败黑幕侦破纪实》，《检察风云》2003 年第 23 期。

安机关负责审查","保外就医罪犯由取保人领回到当地公安机关报到"等简单规定。实际上，保外就医保证人的担保形同虚设。

（五）对保外就医罪犯的活动缺少必要约束。保外就医是一种特殊的刑罚执行方式。除了在监狱外就医这一特殊性，保外就医的罪犯仍然处在刑罚之中，保外就医期间计入执行刑期。保外就医的罪犯经治疗疾病痊愈或者病情基本好转，应当收监执行刑罚。不但如此，保外就医罪犯的人身自由也应当受到必要的限制，除日常生活外，不能随便从事与治病无关的活动，否则，刑罚的执行就无从谈起，也没有理由将保外就医期间计入执行刑期。然而，《刑事诉讼法》、《监狱法》以及《罪犯保外就医执行办法》都没有对此问题作出规定。只有公安部1995年发布的《公安机关对被管制、剥夺政治权利、缓刑、假释、保外就医罪犯的监督管理规定》规定，保外就医的罪犯应当遵守国家法律、法规和公安部制定的有关规定；在指定的医院接受治疗；确因治疗、护理的特殊要求，需要转院或者离开所居住区域的，必须经公安机关批准；进行治疗疾病以外的社会活动必须经公安机关批准；遵守公安机关制定的具体监督管理措施。但是，由于没有配套相应的惩罚措施，这些规定难以起到应有的作用。许多保外就医的罪犯像普通人一样可以自由活动，保外就医的刑罚属性荡然无存。

（六）防治保外就医罪犯逃避收监的措施不够有力。根据《刑事诉讼法》、《监狱法》以及《罪犯保外就医执行办法》有关规定，保外就医的情形消失后，例如经治疗疾病痊愈或者病情基本好转后，罪犯刑期未满的，应当及时收监执行刑罚。但实际上，保外就医罪犯通过骗取延保、拒绝治疗、隐藏逃跑等方式逃避收监的情况时有发生。究其原因，除有关机关因职责不明、责任心不强、力量不足等原因而疏于监管外，与制裁逃避收监的法律措施不够有力有直接关系。仅有《罪犯保外就医执行办法》规定，保外就医罪犯未经公安机关批准擅自外出的期间不计入执行刑期。实际上，罪犯隐藏逃跑被抓获后，只是服完其未执行的刑期而已。为防止保外就医的罪犯逍遥法外，法律应明确规定：保外就医的罪犯逃避收监，按脱逃罪论处；还应规定，对故意为逃避收监罪犯提供隐藏处所、帮助其逃匿的保证人、亲属或其他人，按窝藏罪论处。

　　为维护司法公正，防止司法腐败，切实发挥保外就医的积极作用，对上述问题必须下大力气解决。建议全国人大常委会、国务院尽快修订、制定有关法律、法规。经过努力，真正建立起具有中国特色的规范合理、程序严密、措施得当、监督有力的保外就医制度体系。

　　首先，全国人大常委会修订《监狱法》或制定《刑罚执行法》。现行《监狱法》应按其内容分解为《监狱组织法》（或《监狱管理法》）和《刑罚执行法》两部法律。《刑罚执行法》作为规范刑罚执行的基本法和专门法，应设专章对罪犯保外就医的基本问题包括保外就医的适用对象、基本条件、审批程序、保证人的义务（包括保证金）、罪犯保外就医时的规范、保外就医的中止、保外就医执行机关和监督机关的职责等作出全面的规定。《刑罚执行法》的有关规定应在原则上与《刑事诉讼法》保持一致。

　　其次，国务院根据新修订的《监狱法》或新制定的《刑罚执行法》关于保外就医的规定，就保外就医中属于行政范畴的事项和问题，例如保外就医的疾病伤残范围、标准和鉴定程序，执行机关的保外就医工作职责，制定《罪犯保外就医执行条例》。

　　原有的《罪犯保外就医执行办法》则应予废止。

[复函摘要]

　　司法部（〔2009〕司发函第148号，2009年7月16日）：略

[阐述]

　　20世纪90年代，我在写作《精神障碍与犯罪》一书时，曾经对精神病罪犯适用暂予监外执行和保外就医问题做过研究。我认为，处置有刑事责任能力被判处监禁刑、但无服刑能力的精神病犯罪人，应当根据犯罪人的社会危险性状况分别适用两种方式：其一，无社会危险性的，适用保外就医，暂予监外执行；其二，有社会危险性的，适用强制医疗。人民法院在判决时，如果发现犯罪人无服刑能力，但有社会危险性，可以在宣告判决时决定强制医疗。监狱在办理收监手续时，如果发现交付执行刑罚的犯

罪人无服刑能力，但有社会危险性，可以向交付执行的人民法院提出实施强制医疗的建议。犯罪人经强制医疗恢复服刑能力后，如果原判刑期尚未执行完毕，应当收监继续执行刑罚。对后一种方式，《刑事诉讼法》和《监狱法》尚无规定，应当加以补充。①

2009 年的《关于完善罪犯保外就医法律制度的提案》没有"老调重弹"（但指出有人通过虚假精神病鉴定办理保外就医），而是转换新的视角，主要考虑的是维护司法公正、防止司法腐败。媒体报道也注意到这一点。②

司法部不同意公开复函内容。其大意是，保外就医工作总体情况是好的，中央对完善保外就医法律制度很重视，有关部门正在修改《罪犯保外就医执行办法》（后于 2014 年废止）和制定《暂予监外执行规定》（后于 2014 年制定印发）。

2012 年新《刑事诉讼法》有关暂予监外执行（包括保外就医）的规定，决定批准程序更为严密，监督管理更为严格。新《刑事诉讼法》第二百五十四条（原第二百一十四条修正）规定："对被判处有期徒刑或者拘役的罪犯，有下列情形之一的，可以暂予监外执行：（一）有严重疾病需要保外就医的；（二）怀孕或者正在哺乳自己婴儿的妇女；（三）生活不能自理，适用暂予监外执行不致危害社会的。""对被判处无期徒刑的罪犯，有前款第二项规定情形的，可以暂予监外执行。""对适用保外就医可能有社会危险性的罪犯，或者自伤自残的罪犯，不得保外就医。""对罪犯确有严重疾病，必须保外就医的，由省级人民政府指定的医院诊断并开具证明文件。""在交付执行前，暂予监外执行由交付执行的人民法院决定；在交付执行后，暂予监外执行由监狱或者看守所提出书面意见，报省级以上监狱管理机关或者设区的市一级以上公安机关批准。"第二百五十五条（新增）规定："监狱、看守所提出暂予监外执行的书面意见的，应当将书面

---

① 刘白驹：《精神障碍与犯罪》，社会科学文献出版社，2000，第 826~831 页。
② 徐盈雁：《别让保外就医罪犯成了"自由人"刘白驹委员建议完善相关法律制度》，《检察日报》2009 年 3 月 9 日；张伟杰：《保外就医走样 班房铁门洞开》，《工人日报》2011 年 10 月 15 日。

意见的副本抄送人民检察院。人民检察院可以向决定或者批准机关提出书面意见。"第二百五十六条（原第二百一十五条修正）规定："决定或者批准暂予监外执行的机关应当将暂予监外执行决定抄送人民检察院。人民检察院认为暂予监外执行不当的，应当自接到通知之日起一个月以内将书面意见送交决定或者批准暂予监外执行的机关，决定或者批准暂予监外执行的机关接到人民检察院的书面意见后，应当立即对该决定进行重新核查。"第二百五十七条（原第二百一十六条修正）规定："对暂予监外执行的罪犯，有下列情形之一的，应当及时收监：（一）发现不符合暂予监外执行条件的；（二）严重违反有关暂予监外执行监督管理规定的；（三）暂予监外执行的情形消失后，罪犯刑期未满的。""对于人民法院决定暂予监外执行的罪犯应当予以收监的，由人民法院作出决定，将有关的法律文书送达公安机关、监狱或者其他执行机关。""不符合暂予监外执行条件的罪犯通过贿赂等非法手段被暂予监外执行的，在监外执行的期间不计入执行刑期。罪犯在暂予监外执行期间脱逃的，脱逃的期间不计入执行刑期。""罪犯在暂予监外执行期间死亡的，执行机关应当及时通知监狱或者看守所。"

2014年，最高人民法院、最高人民检察院、公安部、司法部、国家卫生计生委发布的《暂予监外执行规定》（司发通〔2014〕112号）对暂予监外执行的实施有进一步要求。《暂予监外执行规定》第三条规定："对暂予监外执行的罪犯，依法实行社区矫正，由其居住地的社区矫正机构负责执行。"对保外就医，该文件有多个条款作出规定。主要有第六条："对需要保外就医或者属于生活不能自理，但适用暂予监外执行可能有社会危险性，或者自伤自残，或者不配合治疗的罪犯，不得暂予监外执行。""对职务犯罪、破坏金融管理秩序和金融诈骗犯罪、组织（领导、参加、包庇、纵容）黑社会性质组织犯罪的罪犯适用保外就医应当从严审批，对患有高血压、糖尿病、心脏病等严重疾病，但经诊断短期内没有生命危险的，不得暂予监外执行。""对在暂予监外执行期间因违法违规被收监执行或者因重新犯罪被判刑的罪犯，需要再次适用暂予监外执行的，应当从严审批。"第七条："对需要保外就医或者属于生活不能自理的累犯以及故意杀人、强奸、抢劫、绑架、放火、爆炸、投放危险物质或者有组织的暴力性犯罪的罪犯，原被判处死刑缓期二年执行或者无期徒刑的，应当在减为有期徒刑后执行有期徒刑七年以上方可适用暂予监外执行；原被判处十年以上有期徒刑的，应当执行原判刑期三分之一以上方可适用暂予监外执行。""对未成年罪犯、六十五周岁以上的罪犯、残疾人罪犯，适用前款规定可以适度从宽。""对患有本规定所附《保外就医严重疾病范围》的严重疾病，短期内有生命危险的罪犯，可以不受本条第一款规定关于执行刑期的限制。"第十条："罪犯需要保外就医的，应当由罪犯本人或者其亲属、监护人提出保证人，保证人由监狱、看守所审查确定。罪犯没有亲属、监护人的，可以由其居住地的村（居）民委员会、原所在单位或者社区矫正机构推荐保证人。保证人应当向监狱、看守所提交保证书。"第十一条："保证人应当同时具备下列条件：（一）具有完全民事行为能力，愿意承担保证人义务；（二）人身自由未受到限制；（三）有固定的住处和收入；（四）能够与被保证人共同居住或者居住在同一市、县。"第十二条："罪犯在暂予监外执行期间，保证人应当履行下列义务：（一）协助社区矫正机构监督被保证人遵守法律和有关规定；（二）发现被保证人擅自离开居住的市、县或者变更居住地，或者有违法犯罪行为，或者需要保外就医情形消失，或者被保证人死亡的，立即向社区矫正机构报告；（三）为被保证人的治疗、护理、复查以及正常生活提供帮助；（四）督促和协助被保证人按照规定履行定期复查病情和向社区矫正机构报告的义务。"第十三条："监狱、看守所应当就是否对罪犯提请暂予监外执行进行审议。经审议决定对罪犯提请暂予监外执行的，应当在监狱、看守所内进行公示。对病情严重必须立即保外就医的，可以不公示，但应当在保外就医后三个工作日以内在监狱、看守所内公告。"第二十一条："社区矫正机构应当及时掌握暂予监外执行罪犯的身体状况以及疾病治疗等情况，每三个月审查保外就医罪犯的病情复查情况，并根据需要向批准、决定机关或者有关监狱、看守所反馈情况。"《暂予监外执行规定》还在第三十四条规定："最高人民检察院、公安部、司法部1990年12月31日发布的《罪犯保外就医执行办法》同时废止。"该规定有一个附件《保外就医严重疾病范围》，细化了保外就医适用的医学条件。

2016 年 8 月，司法部印发《监狱暂予监外执行程序规定》（2016 年 8 月 18 日司法部部长办公会议审议通过）。该文件根据《刑事诉讼法》、《监狱法》和《暂予监外执行规定》等有关规定，结合刑罚执行工作实际，对暂予监外执行的诊断、检查、鉴别程序，暂予监外执行的审批程序，暂予监外执行的提请程序，暂予监外执行的交付程序，暂予监外执行的收监和释放程序作出了具体规定。

另外，2013 年公安部制定的《看守所留所执行刑罚罪犯管理办法》设有"暂予监外执行"一节，也有关于保外就医的规定。

第三节　严格限定"被害人谅解制度"的适用

提案

关于进一步严格限定"被害人谅解制度"适用，禁止
严重刑事案件的判决书使用被告人取得被害人或其
家属"谅解"之辞的提案

（政协十一届全国委员会第五次会议第 1607 号/
政治法律类 123 号，2012 年 3 月）

近几年，常见刑事判决书有这样的说辞：被告人对被害人或者被害人家属进行了赔偿，"取得了谅解"，故对其从轻处罚。甚至，一些严重刑事案件的判决书也有这种说辞。例如"男子勒死女友后与尸体共处一室 5 天玩网游"案（2012 年 2 月 17 日报道），法院鉴于被告人归案后如实供述自己的罪行，认罪态度好，有悔罪表现，且与被害人家属达成调解协议，对被害人家属进行了赔偿，取得谅解，可对其从轻处罚，遂以故意杀人罪判处被告人有期徒刑 15 年，剥夺政治权利 5 年。又如"男子酒后遇单身女子见色起意　遭反抗将其砸死"案（2012 年 1 月 17 日报道），法院认为，被告人违背妇女意志，欲奸淫妇女，遭反抗后采用暴力手段致人死亡，已构成强奸罪。强奸并致人死亡，论罪应予严惩，但鉴于被告人积极赔偿被害人损失取得谅解，且当庭认罪，依法可从轻处罚，故判处其死刑，缓期二年执行，剥夺政治权利终身。又如"打工仔奸杀女中学生被判死缓"案

（2006 年 10 月 24 日报道），法院审理认为，被告人采取暴力手段奸淫妇女，其行为构成强奸罪，且后果严重，依法应予严惩。鉴于刘某归案后认罪态度较好，其亲属积极向被害人赔偿了经济损失，获得黄某某父母的真诚谅解，故对被告人刘某判处死刑，可不立即执行。又如"19 岁男子强奸朋友 12 岁女友"案（2011 年 12 月 13 日报道），法院认为被告人自愿认罪，有悔罪意识，主动赔偿了被害方经济损失并取得了谅解，对其从轻处理，判处有期徒刑 3 年。另外，还出现过没有赔偿也获得"谅解"的刑事判决。例如"浙江南浔两协警强奸醉酒女子获刑三年"案（2009 年 10 月 29 日报道，即所谓"临时性强奸案"），法院根据犯罪事实，考虑到两人属临时性的即意犯罪，事前并无商谋，且事后主动自首（实际上无自首情节），并取得被害人谅解，给予酌情从轻处罚，分别判处两被告人三年有期徒刑。又如"强奸朋友妻被判三年　醉酒丈夫在旁竟毫无反应"案（2012 年 2 月 23 日报道），法院经审理查明，被告人的行为确已构成强奸罪，但归案后能如实供述自己的罪行，又获得张某妻子（被害人）的谅解，判处有期徒刑三年。

根据《现代汉语词典》，"谅解"是指"了解实情后原谅或消除意见"，常用于误解、矛盾解除之后。在民事诉讼、行政诉讼中，经调解、协商，原被告双方有可能达成和解协议。在无严重后果的过失犯罪和情节轻微的故意犯罪案件中，被害人也可能根据被告人悔罪、赔偿表现，给予被告人一定程度的"谅解"。在这几类案件中，判决书使用"谅解"之辞，虽不是很贴切，但只要"谅解"是原告或者被害人的真实意思表示，一般是没有问题的。

在情节、后果不轻微但还不够严重程度的犯罪案件中，被告人的悔罪和赔偿，也可能促使被害人或其家属仁慈为怀，同意或者建议法院从轻处罚被告人。但是，被害人或其家属的这种心理和态度，实际上是一种有条件的、一定程度的"宽宥（宽恕、饶恕）"，而不是"了解实情后原谅或消除意见"意义上的"谅解"。

遭受损失的被害人或其家属向被告人索偿，是正当的要求。赔偿被害人或其家属的损失，是被告人必须承担的法律责任。判处被告人赔偿被害人或其家属的损失，是法院判决的应有之义。在情节、后果不轻微但还不够严重程度的犯罪案件中，根据宽严相济刑事政策，对于赔偿被害人或其家属损失的被告人，法院当然应当将他们与没有悔罪、拒绝赔偿的被告人加以区别，并可根据他们的整体认罪、悔罪表现，同时考虑被害人或其家属的意见，在处罚上予以一定程度的从轻。法官以合法、适当的方式帮助被害人或其家属索偿损失，或者促使被告人或其家属赔偿损失，也是好事。但是，判决书把被害人或其家属对被告人的一定程度的"宽宥"说成"谅解"，则颇为不当。

将"谅解"之辞用于恶性杀人、重伤致残、强奸既遂等严重刑事案件的判决书，更是情理不容。被严重伤害的被害人或者痛失亲人的被害人家属怎么可能因为获得一些赔偿而"谅解"曾经穷凶极恶的被告人？他们对被告人的深仇大恨怎么可能如此化解？他们的心灵、生活和社会关系怎么可能因此"恢复"？凡理智之人都可判断，这些判决书中的"谅解"之辞，根本不可能是被害人或其家属的真实意思表示，即使他们极为希望获得赔偿，也绝不会心甘情愿地说出"谅解"二字。虽然有的被害人或其家属可能签署所谓"谅解书"或者"调解协议"，但多是出于无奈，甚至有可能是因为受到被告人或其家属的威胁、要挟。什么"积极赔偿""主动赔偿"也多是不符合实际的溢美、夸大之辞。

把"谅解"之辞强加于严重刑事案件的被害人或其家属，残忍地构成对他们的二次伤害，是对他们人格的严重贬损，更是对那些已经死亡的被害人的极大侮辱，同时也是对社会伦理底线的公然触犯，对公众智商和情感的肆意蔑视。前述"强奸朋友妻被判三年 醉酒丈夫在旁竟毫无反应"案和"浙江南浔两协警强奸醉酒女子获刑三年"案，判决书竟然说被害妇女"谅解"强奸犯，这置她们的品格、操守于何地？"19岁男子强奸朋友12岁女友"案，被害人是一个幼女，行为能力不完整，不具有法律意义上的性理解能力，如何能够"谅解"被告人？

前述几个案件的判决，不仅滥用"谅解"之辞，而且处罚偏轻甚至畸轻，报道之后，无一例外遭到公众特别是网民的批评和声讨。这种事情屡屡发生，社会影响极坏，使法律的严肃性、司法的公正性受到严重质疑和损害。人们认为，被告人赔偿就可以免于死刑或者从轻处罚，是"花钱买命""花钱买刑"，保护了富人和官员，违背了法律面前人人平等的法治原则；法官丧失公正立场，千方百计寻找从轻处罚被告人的理由，并且充当为被告人服务的"掮客""说客"，利用被害人或其家属希望获得赔偿的心理，迫使被害人或其家属表示"谅解"。这些谴责虽然可能出于某种程度的误解，抑或不那么客观，但也不无理由，反映了人们对法院和司法的不信任。

被告人是否赔偿，只应是法院应当综合考虑的被告人整体认罪、悔罪表现中的一个因素，但在许多案件中却不恰当地成为量刑轻重、是否判处死刑的重要的、关键性的砝码。有些被害人家属因为担心接受被告人赔偿被法院视为"谅解"被告人，使法院从轻处罚被告人（特别是可能判处死刑的案件），因而拒绝接受他们理应得到的赔偿。由此，在被害人或其家属、被告人或其家属和法院、检察院之间上演了一出出激烈的、让观者眼花缭乱的博弈，例如药家鑫案。

从根本上说，被告人如果赔偿可以从轻处罚的刑事政策——学界称之为"被害人谅解制度"，一般不能适用于情节恶劣、后果严重的严重刑事案件，更不能适用于情节十分恶劣、后果十分严重、民愤极大的重大刑事案件。近几年来，我国刑事审判提倡恢复性司法，贯彻宽严相济刑事政策，这是正确的。但在实践中，由于认识、立场等多方面的原因，出现了一些刑事案件处罚偏宽的问题。针对这一情况，2010年2月8日，最高人民法院下发了《关于贯彻宽严相济刑事政策的若干意见》（以下简称《意见》）。《意见》比较全面、准确地阐述和规定了宽严相济刑事政策，对刑事审判工作具有重要、积极的指导意义。其中规定了"被害人谅解"问题。虽然"谅解"的说法明显属于用词不当、词不达意，但《意见》对其还是有严格、明确限制的。《意见》第23项规定："被告人案发后对被害人积极进行赔偿，并认罪、悔罪的，依法可以作为酌定量刑情节予以考虑。因婚姻家庭等民间纠纷激化引发的犯罪，被害人及其家属对被告人表示谅解的，应当作为酌定量刑情节予以考虑。犯罪情节轻微，取得被害人谅解的，可以依法从宽处理，不需判处刑罚的，可以免予刑事处罚。"第

40 项规定："对于刑事自诉案件，要尽可能多做化解矛盾的调解工作，促进双方自行和解。对于经过司法机关做工作，被告人认罪悔过，愿意赔偿被害人损失，取得被害人谅解，从而达成和解协议的，可以由自诉人撤回起诉，或者对被告人依法从轻或免予刑事处罚。"也就是说，根据《意见》，"谅解"以及在其基础上的从轻处罚，只能适用于因婚姻家庭等民间纠纷激化引发的犯罪案件、犯罪情节轻微的案件和刑事自诉案件。前述几个案件的判决书都明显违反了《意见》的规定。其中"男子勒死女友后与尸体共处一室 5 天玩网游"案，虽有一定的双方矛盾因素，但被告人与尸体共处一室 5 天玩网游的恶劣情节，足以将其排除于"因婚姻家庭等民间纠纷激化引发的犯罪"之外。如果排除徇私枉法等原因，这些案件以及其他类似案件的判决说明，基层法院（不限于基层法院）普遍需要端正、提高对《意见》的理解、认识，以利于准确贯彻执行《意见》。

另外需要指出，《意见》第 41 项关于"要尽可能把握一切有利于附带民事诉讼调解结案的积极因素，多做促进当事人双方和解的辩法析理工作，以更好地落实宽严相济刑事政策，努力做到案结事了。要充分发挥被告人、被害人所在单位、社区基层组织、辩护人、诉讼代理人和近亲属在附带民事诉讼调解工作中的积极作用，协调各方共同做好促进调解工作，尽可能通过调解达成民事赔偿协议并以此取得被害人及其家属对被告人的谅解，化解矛盾，促进社会和谐"的规定，由于没有限定刑事主案的性质，可能造成了基层法院理解上的偏差，认为所有附带民事诉讼的刑事案件都有"通过调解达成民事赔偿协议并以此取得被害人及其家属对被告人的谅解"的问题。

建议最高人民法院尽快下发通知，进一步严格限定"被害人谅解制度"的适用；禁止在严重刑事案件的判决书中使用被告人取得被害人或其家属"谅解"之辞。还应规定，其他刑事案件判决书也应慎用被告人取得被害人或其家属"谅解"之辞，或者用"被害人（或其家属）有所宽宥"的说法替代"取得被害人（或其家属）谅解"的说法。

同时，呼吁有关部门建立、完善被害人救助制度。

[复函摘要]

最高人民法院办公厅（法办〔2012〕295号，2012年8月13日）：

诚如您在提案中所述，当前，在人民法院的刑事裁判文书中确有出现"谅解"一词的情形，目的在于客观反映被害人的主张，但使用不当，确实容易给社会公众造成"花钱买刑"的误解。您的建议我院将认真考虑，使之适用更科学、准确、规范。

关于您提出的建立、完善被害人救助制度的建议，2009年3月，我院会同有关部门联合印发了《关于开展刑事被害人救助工作的若干意见》，刑事被害人救助工作在全国范围内全面推开。《意见》下发三年多来已取得很大进展。目前，我院正在中央政法委的组织协调下，会同有关部门推动此项工作的不断深化。

[阐述]

被害人谅解制度是宽严相济刑事政策的产物，也可以说是"恢复性司法"（restorative justice）① 的产物。在2008年全国"两会"期间，我就表示过对不正确适用宽严相济刑事政策的担忧："实行宽严相济的刑事政策，应该明确宽在何处，严在何方，严防司法实践中模糊办案，避免随意性和片面性。司法审判中适用法律一定慎重，切实维护法律权威。"这是2008年3月13日《检察日报》"委员热议高检院工作报告"栏目记录的我的一句话。

2012年3月在全国政协会议上，我除了提交《关于进一步严格限定"被害人谅解制度"适用，禁止严重刑事案件判决书使用被告人取得被害人或其家属"谅解"之辞的提案》，还在小组讨论"两高"报告时就此问题发言。发言的内容不如提案完整，但说法更为尖锐，甚

---

① 参见〔英〕詹姆斯·迪南《解读被害人与恢复性司法》，刘仁文、林俊辉等译，中国人民公安大学出版社，2009；〔英〕格里·约翰斯通《恢复性司法：理念、价值与争议》，郝方昉译，中国人民公安大学出版社，2011；〔英〕格里·约翰斯通、〔美〕丹尼尔·W.范内斯主编《恢复性司法手册》，王平等译，中国人民公安大学出版社，2012。

至有些尖刻。①我的意见也得到一些委员的支持。最高人民法院审判委员会副部级专职委员、二级大法官王秀红没有计较我的莽撞，她表示法律用词不是中性的，必须有明确的是非观念，包括文字和口头语言都很严谨。对于我提出的问题，她认为相关部门应该很好地研究，防止造成误导和对法律的亵渎。王秀红说："个人认为，严重的刑事犯罪原则上是不应该用'谅解'这样的词汇的。"②

一些媒体报道了我的发言，转发者更多。据《检察日报》正义网络传媒研究院2012年3月13日"舆情观察"综述：

> 3月13日，在"两高"报告讨论会上，政协委员刘白驹"慎用'谅解'"的观点，被多家媒体进行了报道。如《京华时报》刊文《委员建议严重刑案判决书禁用被告取得谅解之辞》，《南方都市报》刊文《政协委员刘白驹："谅解不适用于严重刑事案"》，《山东商报》刊文《委员谈"刑事和解制度"：无异于花钱买刑》，《齐鲁晚报》刊文《刘白驹：刑事判决书慎用"谅解"》等。其中《京华时报》的报道当日共被转载39次，其他媒体的报道被转载较少。新浪微博以"你是否支持严重刑案判决禁用被告获谅解之辞？"为主题所做的网络调查显示，有73.2%的网友表示支持，16.1%表示反对，10.7%的网友表示说不清。③

应当承认，我的这份提案更像"评论"，而且让人感觉我纠结词语，近乎"抠字眼"。当时，我估计全国政协会议秘书处提案组可能不予"立案"，而是将其转为"意见和建议"送最高人民法院"参阅"（即不作答复）。没有想到最高人民法院（办公厅）给予了答复，而且态度坦诚，尽

① 李慧：《"委员们说出了我们法官的心声"——社科界政协委员讨论"两高"报告侧记》，《光明日报》2012年3月13日；郭启明：《政协委员刘白驹："谅解不适用于严重刑事案"》，《南方都市报》2012年3月13日。
② 王僖、刘志浩：《刘白驹：刑事判决书慎用"谅解"》，《齐鲁晚报》2012年3月12日。
③ 《检察日报》正义网络传媒研究院2012年3月13日"舆情观察"综述，http://www.jcrb.com/zhuanti/szzt/2012qglh/yqgc/201203/t20120313_824748.html。

管复函很简约。

2012 年新《刑事诉讼法》增设"当事人和解的公诉案件诉讼程序"，列为第五编"特别程序"的第二章。被害人谅解被纳入刑事和解制度。第二百七十七条规定："下列公诉案件，犯罪嫌疑人、被告人真诚悔罪，通过向被害人赔偿损失、赔礼道歉等方式获得被害人谅解，被害人自愿和解的，双方当事人可以和解：（一）因民间纠纷引起，涉嫌刑法分则第四章、第五章规定的犯罪案件，可能判处三年有期徒刑以下刑罚的；（二）除渎职犯罪以外的可能判处七年有期徒刑以下刑罚的过失犯罪案件。""犯罪嫌疑人、被告人在五年以内曾经故意犯罪的，不适用本章规定的程序。"第二百七十八条规定："双方当事人和解的，公安机关、人民检察院、人民法院应当听取当事人和其他有关人员的意见，对和解的自愿性、合法性进行审查，并主持制作和解协议书。"第二百七十九条规定："对于达成和解协议的案件，公安机关可以向人民检察院提出从宽处理的建议。人民检察院可以向人民法院提出从宽处罚的建议；对于犯罪情节轻微，不需要判处刑罚的，可以作出不起诉的决定。人民法院可以依法对被告人从宽处罚。"按照这些规定，我的提案列举的那些严重暴力犯罪案件都不属于可以适用刑事和解的范围。

2014 年，为进一步规范刑罚裁量权，最高人民法院发布《关于常见犯罪的量刑指导意见》，在全国中级、初级人民法院正式实施。该文件明确了量刑的指导原则、基本方法，确定了常见量刑情节的适用及其调节比例。2017 年，最高人民法院将《关于常见犯罪的量刑指导意见》加以修订，再行印发。其中规定："对于积极赔偿被害人经济损失并取得谅解的，综合考虑犯罪性质、赔偿数额、赔偿能力以及认罪、悔罪程度等情况，可以减少基准刑的 40% 以下；积极赔偿但没有取得谅解的，可以减少基准刑的 30% 以下；尽管没有赔偿，但取得谅解的，可以减少基准刑的 20% 以下。其中抢劫、强奸等严重危害社会治安犯罪的应从严掌握。"较之以往，这个指导意见更为严谨。但是，强奸等严重危害社会治安犯罪仍然列入谅解制度的适用范围，尽管要求"从严掌握"，却没有明确从严掌握的尺度。这让人们的担忧难以消除。

2017 年，有媒体报道，有些学者和司法工作者为被害人谅解或刑事和解制度辩护，并回应我和其他学者的质疑。① 其意在整体上没错，但能否说服公众就很难说了。

2018 年有三个案件的处理，使被害人谅解制度或者刑事和解制度再次受到公众强烈批评。

陕西应急救援总队特勤支队队长聂某杀人、猥亵案。2016 年 1 月 15 日凌晨 4 时许，陕西应急救援总队特勤支队队长聂某在西安市高新区甘家寨西区东门外等候女友时，发现俩女孩乘出租车回家，遂起性侵之念。聂某从自己车内取出一把榔头尾随二人，连续猛击俩女孩头部，致二人受伤倒地。其中一女孩倒地挣扎中，聂某拽掉其裤子进行猥亵。随后，聂某逃离现场。经法医鉴定，姐姐头部遭受钝性外力作用，致重型开放性颅脑损伤死亡；妹妹属重伤二级，伤残程度八级。经查，2001 年聂某因盗窃罪被判处有期徒刑三年，2011 年 1 月因强奸罪被判处有期徒刑两年七个月，2012 年 6 月 19 日减刑释放。2016 年 12 月 5 日，西安市中级人民法院一审判处聂某死刑。在一审中，法院认为聂某的投案自首不足以轻判，而且对于受害人的赔偿没有到位，加之聂某释放 5 年内有过强奸罪前科，构成累犯，所以最后判处聂某死刑。随后，聂某提起上诉。2018 年 1 月 20 日，陕西省高级人民法院作出终审判决，撤销了西安市中级人民法院的（2016）陕01 刑初 230 号刑事附带民事判决第一项，即被告人聂某犯故意杀人罪，判处死刑，剥夺政治权利终身之刑事判决部分；上诉人聂某犯故意杀人罪，判处死刑，缓期二年执行，剥夺政治权利终身；对上诉人聂某限制减刑。陕西省高级人民法院二审前对该案民事部分进行了"背对背"调解，最终聂某家属答应赔偿受害者家属 90 万元。受害人目前还欠医院的医药费，幸存的妹妹后期还需要大量治疗费用。受害人家属迫于生活的需要，接受了最后 90 万元的赔偿。但是，他们难以写出谅解书。②

重庆滴滴顺风车司机杀人、猥亵案。2017 年 5 月 14 日 11 时 27 分许，

---

① 参见徐小康、沈寅飞《花钱买刑？这个锅刑事和解不背》，《检察日报》2017 年 3 月 29 日。

② 崔永利：《聂李强终审改判死缓　赔偿 90 万元》，《华商报》2018 年 1 月 22 日；《陕西聂李强案二审改判引争议　舆论呼吁法官释法》，《政法舆情》2018 年第 5 期。

被告人周某通过"滴滴出行"软件接到被害人甘某（女，殁年 30 岁）发出的从重庆市永川区前往重庆市巴南区的顺风车订单后，于当日 12 时 20 分许驾车接到甘某，随后前往巴南区。途中，因周某迟到及对行驶路线不熟悉等，周某与甘某引发口角纠纷。当日下午，周某驾车行至重庆市江津区德感街道城海滨江春城小区附近路口时，再次与甘某发生口角纠纷。周某心生怨气，停车与甘某发生抓扯，甘某抓住周某的下身，周某遂使用车内放置的红布和风筝线对甘某的颈部通过缠绕的方式进行紧勒，并使用麻绳对甘某的手脚进行捆绑。其间，周某为报复甘某在反抗中抓其下身，将一红酒开瓶器的圆柱状部分插入甘某阴道内。后周某搭载甘某继续行驶，并于当晚驾车途经重庆市璧山区来凤街道王家湾璧津三百梯公路路段时，将甘某抛弃至公路边涵洞下。经法医鉴定，甘某系机械性窒息死亡。同月 18 日，公安人员将周某抓获。周某归案后如实供述了其犯罪事实。同年 12 月 21 日，周某亲属与被害人亲属达成赔偿协议，被害人亲属对周某表示谅解。重庆市第五中级人民法院审理重庆市人民检察院第五分院指控被告人周某犯故意杀人罪、强制猥亵罪一案，于 2017 年 12 月 27 日作出（2017）渝 05 刑初 87 号刑事判决，认定被告人周某犯故意杀人罪，判处死刑，缓期二年执行，剥夺政治权利终身；犯强制猥亵罪，判处有期徒刑三年，决定执行死刑，缓期二年执行，剥夺政治权利终身。2018 年 2 月 5 日，重庆市高级人民法院核准重庆市第五中级人民法院的判决。①

河南平顶山少年强奸案。2018 年 9 月 19 日，河南省平顶山市鲁山县人民检察院通过官方微博发表了一篇文章《鲁山一初中生一时冲动犯错 检察官介入下双方冰释前嫌》。该文说，小赵今年 16 岁，是鲁山县某中学初二学生。暑假里，小赵和 17 岁女孩小花强行发生了性关系（据平顶山市检察院官方微信公众号 8 月 10 日推送的文章，小花因为这次侵害染上了传染性疾病，急需治疗）。7 月 24 日，鲁山县人民检察院作出批准逮捕的决定。承办案件的检察官韩某要"最大限度地关注未成年嫌疑人的成长"，

---

① 夏祥洲：《重庆一滴滴司机杀害猥亵女乘客　获亲属谅解，凶手被判死缓》，《重庆晚报》2018 年 8 月 28 日。

深入了解小赵的家庭成长环境，对嫌疑人小赵进行心理疏导，帮助其认识到自己行为的错误。小赵写下悔过书和致歉信，希望能够得到被害人小花的谅解，也希望自己能够早日回到学校继续上学。于是，办案检察官将双方的父母叫到一起，联系当地调解委员会对双方进行和解，"一切都以有利于孩子的成长为先"。最终，双方父母"冰释前嫌"，自愿签订了和解协议书，小赵家长赔偿了小花父母 8 万元。然后，鲁山县人民检察院的检察官又赶在 9 月初开学之前，将小赵的强制措施由逮捕变更为取保候审，小赵得以在开学时回到了学校。小赵的母亲给检察院送来了锦旗，上书"执法为民、尽职尽责、情系少年、倾心相助"。这一微博被报道后，引发舆论的质疑。几天后，河南省人民检察院对媒体做出了回应。该院宣传处处长张某表示，经过调查发现地方检察院宣传报道过程中用词不当，系释法说理不充分造成的舆论事件，"宣传把握得不是太好，写了让大家容易产生歧义的一些细节"，接下来将加强教育培训，并考虑启动问责程序。①2018 年 10 月 9 日，河南省人民检察院发出情况通报："被告人赵某强奸一案，由河南省鲁山县公安局立案侦查，于 2018 年 7 月 17 日提请逮捕，鲁山县人民检察院于 7 月 24 日以犯罪嫌疑人赵某涉嫌强奸犯罪作出批准逮捕决定。8 月 27 日，案件移送鲁山县人民检察院审查起诉。因赵某为16 周岁未成年人，系在校初中学生，本人认罪悔罪，办案机关经听取被害人方面意见，依据刑事诉讼法和未成年人刑事案件办理规定，依法将赵某的强制措施由逮捕变更为取保候审。10 月 9 日，鲁山县人民检察院依法将被告人赵某强奸一案向鲁山县人民法院提起公诉。审查起诉期间，鲁山县人民检察院官微 9 月 19 日对该案进行了公开报道。但该案涉及未成年人及隐私，办案程序尚在进行，此间进行报道是错误的，并且报道中多处表述错误、用语明显不当，造成十分不良的社会影响。我院已责成鲁山县人民检察院认真整改，吸取教训。感谢和欢迎社会各界对检察

---

① 崔天奇、李凡：《检察院回应"调解未成年强奸案冰释前嫌"：正调查》，新浪网，2018 年 9 月 22 日，http://news.sina.com.cn/c/2018－09－22/doc-ihkhfqnt5787290.shtml；刘洋、雷燕超、赵朋乐：《强奸案冰释前嫌？河南检方：用词不当》，《新京报》2018 年 9 月 26 日。

工作的监督支持!"①

第四节　制定刑事执行法典的建议

提案

关于制定《中华人民共和国刑事执行法》的提案

（政协十二届全国委员会第三次会议第 2083 号/

政治法律类 255 号，2015 年 3 月）

中国特色社会主义法律体系已经形成，但还不够完备。一个突出的不足是还缺少一部统一、完整的刑事执行法典。一个国家的刑事法律体系，是由刑法、刑事诉讼法和刑事执行法这三个部分构成的。一般认为，刑事执行是指法定的国家专门机关依法将人民法院作出的发生法律效力的刑事判决、裁定的内容付诸实施的各种活动。而从刑事司法的整体性考虑，人民法院作出的某些刑事强制措施（类似于保安处分）的"决定"（例如对依法不负刑事责任的精神病人强制医疗的决定）的执行也应列入刑事执行的范畴。也就是说，广义的刑事执行既包括刑罚的执行，也包括作为实施刑法禁止的危害行为的法律后果的刑事强制措施的执行。刑事执行是整个刑事司法活动最后的同时也是十分重要的环节。刑事执行法对于正确执行刑罚和刑事强制措施，惩罚和改造罪犯，预防和减少犯罪，保证公正司法，保障刑事被害人和刑事执行相对人（刑事被执行人）合法权益具有不可或缺的重要作用。综观成文法各国，虽然并非都有独立的刑事执行法典，但是具有统一、完整的刑事执行法典，无疑是一个国家刑事法律体系相对完善的主要标志。

目前，我国关于刑事执行的规范散见于《刑法》、《刑事诉讼法》和《监狱法》等法律以及一些司法解释文件、行政法规中。《刑法》和《刑事诉讼法》中关于刑事执行的规定是刑事执行的依据，但都比较原则简

---

① 《河南鲁山县"未成年强奸案冰释前嫌"嫌疑人被提起公诉》，河南检察微信公众号，2018 年 10 月 9 日。

约。《监狱法》虽然可以说是一部刑事执行法律（它同时或者说主要是一部狱政管理法，因而属于行政法范畴而非刑事法范畴），但是它在刑罚执行方面，仅仅限于对监禁刑（有期徒刑、无期徒刑和死刑缓期二年执行）的执行和监禁刑的暂予监外执行、减刑、假释的规制，且也比较粗略和存在漏洞。对于管制（包括管制中的社区矫正）、拘役、死刑立即执行等主刑，罚金、没收财产、剥夺政治权利、驱逐出境等附加刑，拘役和三年以下有期徒刑的缓刑等刑罚及其变更的执行，判决无罪、免除刑事处罚后的立即释放的执行，以及强制医疗决定的执行，《监狱法》都没有加以规定，也是其无力承载的。这些种类的刑罚和刑事强制措施，应当如何执行，在法律（全国人大或其常委会制定）层面，都缺乏具体、清晰的可操作性的规范。而且，由于没有统一完整的刑事执行法典，对刑事执行各类问题缺乏顶层、系统设计，导致有关法律、法规关于刑事执行的某些规定欠协调，刑事执行主体不统一，决定机关和执行机关不分，刑事执行的法律监督力度不够等诸多问题。

中国共产党十八届四中全会《关于全面推进依法治国若干重大问题的决定》虽然没有具体提到"刑事执行法"，但提出了"优化司法职权配置"的任务，指出应当"健全公安机关、检察机关、审判机关、司法行政机关各司其职，侦查权、检察权、审判权、执行权相互配合、相互制约的体制机制。完善司法体制，推动实行审判权和执行权相分离的体制改革试点。完善刑罚执行制度，统一刑罚执行体制"。这一任务，落实到刑事司法和刑事立法领域，其中一项重要工作，就是制定一部统一、完整的刑事执行法典：《中华人民共和国刑事执行法》。

我国刑事执行制度的建设不能再走老路，即继续采取分散立法的模式。虽然刑事执行制度的完善，并不是靠制定一部法典就可毕其功于一役的（即使有《刑事执行法》，有关司法解释、行政法规的辅助也是必要的和正常的），但是，刑事执行制度的法典化将使复杂、多类、分散的刑事执行构成完整、有机的体系，有利于公正合理地规制行刑权或者执行权，统一或者协调刑事执行主体，加强刑事执行的管理和监督。与其继续分散地因而往往也是顾此失彼地修修补补，不如下定决心重新建构，用三至五年的时间，制定出一部中国特色社会主义的统一、完整的《刑事执行法》。制定颁布统一、完整的《刑事执行法》将改变我国刑事立法比较重视实体法和程序法而不够重视执行法的状态，并将使我国的刑事法律体系和刑事执行体制的完整性和规范性在世界居于先进水平。

有的司法机关已经认识到统一刑事执行的体制或者体系问题。例如，最高人民检察院最近将其"监所检察厅"更名为"刑事执行检察厅"，在原有职责的基础上，增加了执行死刑临场监督、社区矫正监督、财产刑执行监督、指定居所监视居住执行监督、羁押必要性审查监督、强制医疗执行监督等职责。这些职责主要涉及刑罚执行监督、刑事强制措施执行监督、强制医疗执行监督三个方面，均属于刑事执行检察的范畴。

更重要的是，制定科学、公正的《刑事执行法》是防止发生司法不公甚至司法腐败的刻不容缓的要求。多年以来，现行刑事执行法律的缺陷在刑事执行实务中有着比较充分的暴露。特别是，减刑、假释、暂予监外执行存在一些突出问题及薄弱环节，个别执法司法人员徇私舞弊、权钱交易、失职渎职，导致违法违规办理减刑、假释、暂予监外执行情形屡有发生。这些问题亟待从法律上加以防范，设置更为严密的执行和监督程序。

启动制定《刑事执行法》的条件已经基本成熟。《刑法》和《刑事诉讼法》经过几次修正，其中关于刑事执行的基本原则更为明晰。有关司法解释文件、行政法规中关于刑事执行的规定也更为细致。同时，对刑事执行理论和实践问题，有关学术界和实务界已经作了长期和深入的研究，使《刑事执行法》的制定具有良好的理论基础。

因此，建议国家立法机关尽快将《刑事执行法》提上立法日程。《刑事执行法》应当以《宪法》为根据，合理整合《刑事诉讼法》（特别是第四编）和《监狱法》（特别是第三章）以及有关司法解释、行政法规中的有关规定，并且按照建设社会主义法治国家的总体要求，根据中国实际，借鉴外国经验，对刑事执行的任务和基本原则、刑事执行机关、刑事执行人员、刑事执行监督、各类刑罚的执行、特殊刑事强制措施的执行、社区矫正的执行、刑事执行相对人的权利保护等问题作出系统规定。

对《监狱法》，应予以保留，但须加以修订，将其中刑事执行的一些内容适当剥离，使其集中于狱政管理、监督和罪犯的教育改造，严密防止监管人员玩忽职守、徇私枉法、虐待或者放纵罪犯以及罪犯破坏监管秩序、骚乱、脱逃等情况的发生。

由于《刑事执行法》涉及公安机关、检察机关、审判机关、司法行政机关，不宜委托其中某一个部门起草，而应由全国人民代表大会常务委员会法制工作委员会直接组织起草。另外，《刑事执行法》具有刑事基本法的地位，与《刑法》《刑事诉讼法》一样，应当由全国人民代表大会（而非其常务委员会）审议通过。

[复函摘要]

全国人大常委会法制工作委员会（法工委函〔2015〕183号，2015年7月15日）：

刑罚执行是刑事诉讼程序的重要环节。只有公正、正确地执行刑罚，才能维护刑事判决的严肃性，达到刑事诉讼的目的。刑法总则中对主刑、附加刑作出了明确规定，并规定了减刑、假释等刑罚具体运用制度。刑事诉讼法在第四编中对执行作了专编规定，分别针对死刑、无期徒刑、有期徒刑、拘役、管制、剥夺政治权利、罚金，没收财产等刑罚种类的执行主体、执行程序，以及暂予监外执行、缓刑、假释的审批和执行程序作了明确规定。同时，全国人大常委会还专门制定了监狱法，对监狱执行刑罚的活动进行了具体规定。刑法、刑事诉讼法、监狱法等法律为刑罚的执行提供了较为完善的法律规范。根据十八届四中全会决定和中央深化司法体制改革的任务要求，目前，国务院有关部门正在研究起草社区矫正法草案，拟在条件成熟时提请全国人大常委会审议。看守所立法也列入了十二届全国人大立法规划，有关部门正在研究起草，其中也包含了看守所执行余刑三个月以下徒刑和拘役刑罚的内容。

2012年修改刑事诉讼法，总结实践经验，根据各方面意见，对刑罚执行制度作了进一步修改完善：一是，严格规范暂予监外执行的适用。为进一步体现人道主义原则，明确暂予监外执行适用于被判处无期徒刑的罪犯中怀孕或者正在哺乳自己婴儿的妇女；为严格这一制度的执行，进一步明确暂予监外执行的决定、批准和及时收监的程序；为防止罪犯利用这一制度逃避刑罚，增加规定：不符合暂予监外执行条件的罪犯通过贿赂等非法手段被暂予监外执行的，其在监外执行的期间不计入执行刑期，罪犯在暂予监外执行期间脱逃的，脱逃的期间不计入执行刑期。二是，强化人民检察院对减刑、假释、暂予监外执行的监督。为保证严格执法，增加规定：监狱、看守所提出减刑、假释建议或者暂予监外执行的书面意见的，应当同时抄送人民检察院。人民检察院可以向人民法院或批准机关提出书面意见。三是，对社区矫正执行作出规定。明确规定对于被判处管制、宣告缓刑、假释或者暂予监外执行的罪犯，依法实行社区矫正，由社区矫正机构负责执行。

近年来，有关方面对刑事执行立法提出了一些意见和建议，有的建议制定统一的刑事执行法或者刑罚执行法，有的建议修改刑事诉讼法，将刑事执行交由司法行政机关统一负责。关于立法形式，目前各方面还存在不同意见。有观点认为，刑罚执行属于刑事诉讼的内容，一些国家也是在刑事诉讼法中加以规定的，对于刑罚执行的问题，应通过刑事诉讼法解决；也有观点认为，应当制定一部单行的刑事执行法，对刑事执行的内容集中作出规定；还有观点认为，关于刑罚执行，目前采取的由刑事诉讼法对基本问题作出规定，再由监狱法、社区矫正法等单行法律针对不同刑罚的执行作出具体规定的做法，是可行的。这几种观点分歧较大，且涉及刑事诉讼法等法律的体例结构和法律部门划分等理论问题。关于调整刑事执行主体，十八届四中全会决定提出，完善刑罚执行制度，统一刑罚执行体制。目前有关部门正在抓紧工作，对统一刑罚体制问题进行研究。对于是否制定刑事执行法的问题，需要结合中央确定的改革任务，进一步研究论证，听取各方面的意见。

[阐述]

这个提案的内容实际上是对我之前几个有关刑事诉讼或者刑事执行的提案建议的总结。我主要是从中国特色社会主义法律体系的完整性，以及刑事执行法律的系统性和科学性的角度，建议制定刑事执行法典的。媒体报道时强调了制定刑事执行法在防治司法腐败方面的意义。①

全国人大常委会法制工作委员会的复函清楚地说明了在制定刑事执行法典问题上的各种意见以及国家立法工作机关目前在这个问题上的态度。总之，需要进一步研究论证。但我以为，应当尽早确定制定刑事执行法典的目标。

提案和复函都说到社区矫正制度。这是刑事执行工作的新课题。

2011 年 2 月 25 日第十一届全国人民代表大会常务委员会第十九次会议通过的《刑法修正案（八）》、2012 年《全国人民代表大会关于修改〈中华人民共和国刑事诉讼法〉的决定》和《全国人民代表大会常务委员会关于修改〈中华人民共和国监狱法〉的决定》正式建立了非监禁性社区矫正的刑罚制度。根据修正后的《刑法》第三十八条、第七十六条和第八十五条，对判处管制或宣判缓刑、假释的犯罪人，依法实行社区矫正。2012 年新《刑事诉讼法》第二百五十八条（原第二百一十七条修正）规定："对被判处管制、宣告缓刑、假释或者暂予监外执行的罪犯，依法实行社区矫正，由社区矫正机构负责执行。"新《监狱法》第二十七条规定："对暂予监外执行的罪犯，依法实行社区矫正，由社区矫正机构负责执行。原关押监狱应当及时将罪犯在监内改造情况通报负责执行的社区矫正机构。"第二十八条规定："暂予监外执行的罪犯具有刑事诉讼法规定的应当收监的情形的，社区矫正机构应当及时通知监狱收监；刑期届满的，由原关押监狱办理释放手续。罪犯在暂予监外执行期间死亡的，社区矫正机构应当及时通知原关押监狱。"

2012 年 1 月 10 日，最高人民法院、最高人民检察院、公安部、司法部发布《社区矫正实施办法》，对社区矫正的实施和社区矫正人员的管理作出具体规定。

2016 年 12 月 1 日，国务院法制办公室公布《社区矫正法（征求意见

---

① 谢文英：《刘白驹委员建议：尽快制定"刑事执行法"，预防高墙内腐败》，《检察日报》2015 年 3 月 4 日；李瑾等：《终结"高墙内的腐败"，司法还需扎牢后门》，《工人日报》2015 年 3 月 13 日（这篇报道亦被收入最高人民法院新闻局编《司法公正的进程——2015年两会期间新闻宣传及报道选编》，人民法院出版社，2015）。

稿)》，向全社会征求意见。① 从讨论情况看，意见分歧不小。

第五节　触刑未成年人处遇制度的
重构与司法化

📑 提案

关于加强防治未成年人违法犯罪，完善触刑
未成年人收容教养制度的提案

（政协十二届全国委员会第五次会议第 1551 号/

政治法律类 163 号，2017 年 3 月）

近几年，未成年人发生严重危害行为的问题受到社会关注，特别是不满十四周岁未成年人发生触犯刑法即刑法禁止的严重危害行为如杀人、伤害、强奸、抢劫，但因未达刑事责任年龄而不负刑事责任的问题成为舆论热点。《未成年人保护法》甚至被一些人讥讽为"未成年人犯罪保护法"。面对这一状况，许多人主张《刑法》适当降低刑事责任起始年龄（如十二岁），扩大犯罪主体范围。② 这种意见虽然自有道理，但缺乏对十四岁以下未成年人生理、心理发育程度的整体科学评估作为根据。而且，追究发生严重危害行为的十四岁以下未成年人的刑事责任，使其成为有"前科"之人，对其一生影响甚大，并不一定有利于其改邪归正，反而可能令其"破罐破摔"，走上反社会的不归之路。然而另一方面，目前普遍实行的对发生严重危害行为的十四岁以下未成年人由学校、家长进行教育或者送入工读学校，以及由家长对受害人进行民事赔偿的做法，已被实践证明效果不

---

① 《法制办关于〈中华人民共和国社区矫正法（征求意见稿）〉公开征求意见的通知》，http://www.gov.cn/xinwen/2016 - 12/01/content_5141139.htm。

② 在 2019 年"两会"上，降低刑事责任年龄问题仍然是一个热点。有些全国人大代表建议：将我国刑法所规定的未成年人刑事责任年龄下限降低到十二周岁；同时调整相对负刑事责任年龄为十二周岁到十四周岁，已满十二周岁不满十四周岁的未成年人，只对性质极其恶劣的犯罪行为承担刑事责任；相应地调整完全负刑事责任年龄为十四周岁。参见《30 名代表联名：建议未成年人刑责年龄降到 12 周岁》，http://news.sina.com.cn/o/2019 - 03 - 12/doc-ihrfqzkc3305510.shtml。

彰。主要问题是，这些措施缺乏足够的惩戒性、威慑性；有些家长没有能力或者拒不进行管教，或者管教不当。

为加强维护社会秩序和保护未成年人，对不满十四岁未成年人发生触犯刑法行为，应当在刑罚和一般教育之外找寻另一种惩戒模式，而利用和改革已有的未成年人收容教养制度是比较可行的选择。建议修改《刑法》、《刑事诉讼法》以及《未成年人保护法》、《预防未成年人犯罪法》[①]，完善触刑未成年人收容教养（建议改称"未成年人收容矫治"）制度，确认其非刑罚的刑事强制矫治措施的性质，并且通过司法程序决定实施。同时，加强未成年人收容教养专门机构的建设和管理。

一　修改《刑法》，明确规定收容教养的对象起始年龄、适用条件和期限

未成年人收容教养制度是在 20 世纪 50 年代开始建立的。1956 年最高人民检察院、最高人民法院、内务部、司法部、公安部联合发布的《对少年犯收押界限、捕押手续和清理等问题的联合通知》规定，十三周岁以上未满十八周岁的未成年人犯罪程度尚不够负刑事责任的，有家庭监护的应即释放，交其家庭管理教育，对无家可归的，则应由民政部门负责收容教养。1979 年《刑法》第十四条第四款规定："因不满十六周岁不予刑事处罚的，责令他的家长或者监护人加以管教；在必要的时候，也可以由政府收容教养。"这一规定为 1997 年《刑法》第十七条第四款沿用。《预防未成年人犯罪法》第三十八条也有同样规定。《预防未成年人犯罪法》还在第三十九条规定："未成年人在收容教养期间，执行机关应当保证其继续接受文化知识、法律知识或者职业技术教育；对没有完成义务教育的未成年人，执行机关应当保证其继续接受义务教育。""解除收容教养的未成年人，在复学、升学、就业等方面与其他未成年人享有同等权利，任何单位

---

① 《中华人民共和国预防未成年人犯罪法》，1999 年 6 月 28 日第九届全国人民代表大会常务委员会第十次会议通过，根据 2012 年 10 月 26 日第十一届全国人民代表大会常务委员会第二十九次会议通过的《全国人民代表大会常务委员会关于修改〈中华人民共和国预防未成年人犯罪法〉的决定》修正。

和个人不得歧视。"

但是，未成年人收容教养究竟是刑事措施，还是行政措施，在法律上和实践中还不明确。而且，《刑法》第十七条第四款仅规定"在必要的时候，也可以由政府收容教养"，没有明确规定收容教养的条件，执行起来具有随意性。为更有效防治未成年人发生触犯刑法的严重危害行为和保障未成年人合法权益，应当改革、完善未成年人收容教养制度，将其全面纳入刑事法律，使之成为非刑罚的刑事强制矫正措施。收容教养的适用对象、条件和期限应由《刑法》加以公正、合理地规定。对未成年人实行收容教养，必须以《刑法》有关规范为基本法律依据。

对于收容教养的对象及其起始年龄，在实践和学术上曾有争议。1991年《未成年人保护法》第三十九条曾经规定（2006年修正的《未成年人保护法》无此规定）："已满十四周岁的未成年人犯罪，因不满十六周岁不予刑事处罚的，责令其家长或者其他监护人加以管教，必要时也可以由政府收容教养。" 1993年4月26日公安部《关于对不满十四岁的少年犯罪人员收容教养问题的通知》针对《未成年人保护法》的规定指出，1979年《刑法》第十四条第四款中的"不满十六岁"的人既包括已满十四岁犯罪，应负刑事责任，但不予刑事处罚的人，也包括未满十四岁犯罪，不负刑事责任的人。《未成年人保护法》第三十九条的规定不是修改《刑法》。对未满十四岁的人犯有杀人、重伤、抢劫、放火、惯窃罪或者其他严重破坏社会秩序罪的，应当依照《刑法》第十四条的规定办理，即在必要的时候，可以收容教养。1995年10月23日公安部《公安机关办理未成年人违法犯罪案件的规定》规定，"未成年人违法犯罪案件"中包括"《刑法》第十四条第四款规定由政府收容教养的案件"，但没有明确限定收容教养的起始年龄。而在学术界，有意见认为收容教养对象只包括已满十四岁不满十六岁具有刑事责任能力的未成年人。

根据当代未成年人的身心发展和发生触刑危害行为的实际情况，为更有效预防未成年人犯罪，对现行《刑法》第十七条第四款的"不满十六周岁"的人，应当确认为包括发生故意杀人、故意伤害致人重伤或者死亡、强奸、抢劫、贩卖毒品、放火、爆炸、投毒等严重危害行为的不满十四周岁未成年人。但是，《刑法》第十七条第四款没有直接规定"不满十六周岁"的人包括不满十四周岁的人，需要加以明确。同时，应当规定"不满十四周岁"的人的年龄下限，以"已满十二周岁"为宜，否则收容教养适用范围过大，有滥用之虞。还有人主张将收容教养对象扩大至有"严重不良行为"的未成年人，是不可取的。作为《刑法》设置的强制矫正措施，只应适用于有一定辨认能力而发生刑法禁止行为的未成年人。对十二周岁以下触犯刑法或者有严重不良行为的未成年人可以送入工读学校进行矫治和接受教育。

《刑法》还须规定收容教养的期限。关于收容教养的期限，1982 年 3 月 23 日公安部在《关于少年犯管教所收押收容范围的通知》中规定，收容教养的期限一般为一至三年。1997 年 12 月 3 日公安部还在《关于对少年收容教养人员提前解除或减少收容教养期限的批准权限问题的批复》中规定，如果收容教养人员在收容教养期间有新的犯罪行为，符合收容教养条件的，由公安机关对新的犯罪行为作出收容教养的决定，并与原收容教养的剩余期限合并执行，但实际执行期限不得超过四年。但是，仅由公安部在其文件中规定收容教养的期限，不具有法律的权威性。

另一方面，对触刑未成年人应继续坚持以家庭管教为主。只有在没有家长、监护人，或者家长拒绝管教、不能管教、管教无效，有可能继续实施严重危害行为的情况下，才应实施收容教养。

基于上述考虑，建议将《刑法》第十七条第四款修改为：

　　已满十二周岁的人发生严重危害行为因不满十四周岁不负刑事责任的，已满十四周岁的人犯罪因不满十六周岁不予刑事处罚的，责令其家长或者监护人加以管教；家长或者监护人不能有效管教，有继续发生严重危害行为可能的，可以予以六个月以上三年以下收容教养。

二　《刑事诉讼法》增设未成年人收容教养程序

收容教养虽然不是刑罚，但在一定时间内限制了未成年人的人身自由，根据法治、人权原则，不应由政府具体为公安机关决定，而应纳入司法程序。因而，《刑事诉讼法》需要增设未成年人收容教养程序，即：将《刑事诉讼法》第五编"特别程序"的第一章"未成年人刑事案件诉讼程序"修改为"未成年人刑事案件诉讼和收容教养程序"，或者在第五编"特别程序"中另外专设"依法不予刑事处罚的未成年人的收容教养程序"一章。

其基本原则与内容如下：

（1）对发生严重危害行为的未成年人予以收容教养，由人民法院决定。

（2）公安机关认为发生危害行为的未成年人符合收容教养条件的，应当写出收容教养意见书，移送人民检察院。对于公安机关移送的未成年人收容教养案件或者在审查起诉过程中认为未成年犯罪嫌疑人符合收容教养条件的，人民检察院应当向人民法院提出收容教养的申请。人民法院在审理案件过程中认为未成年被告人符合收容教养条件的，可以作出收容教养的决定。对实施暴力行为的未成年人，在人民法院决定收容教养前，公安机关可以采取临时的保护性约束措施。

（3）人民法院受理收容教养的申请后，应当组成合议庭进行审理。人民法院审理收容教养案件，应当通知被申请人或者被告人的法定代理人到场。被申请人或者被告人没有委托诉讼代理人的，人民法院应当通知法律援助机构指派律师为其提供法律帮助。

（4）人民法院经审理，对于被申请人或者被告人符合收容教养条件的，应当在一个月以内作出收容教养的决定。被决定收容教养的人及其法定代理人、近亲属对收容教养决定不服的，可以向上一级人民法院申请复议。

（5）人民检察院对收容教养的决定和执行实行监督。

（6）设立未成年人收容教养所，由司法行政部门管理。

［复函摘要］

全国人大常委会法制工作委员会（法工委函〔2017〕74号，2017年7月3日）：略

[阐述]

对复函内容，全国人大常委会法制工作委员会不同意公开，其意可用"认真考虑"一句概括。我的建议，旨在确认不满十四岁触刑（发生刑法禁止的行为但因未达刑事责任年龄而不被刑事追究，不构成严格意义上的"犯罪"）未成年人收容教养（收容矫治）的非刑罚的刑事强制矫治措施的性质，将收容教养（收容矫治）起始年龄降低为已满十二岁，并且通过司法程序决定实施。①这种制度虽有以前收容教养的基础，但创新之处较多，的确需要慎重研究。

近几年，对于不满十四岁触刑未成年人的处遇，我国司法机关一直在进行制度与实践的探索。例如，最高人民检察院《2018—2022年检察改革工作规划》要求：深化涉罪未成年人的教育感化挽救工作，探索建立罪错未成年人临界预防、家庭教育、分级处遇和保护处分制度。②

同时，还存在是否应当降低治安管理处罚责任年龄的问题。我认为不宜改变《治安管理处罚法》关于"不满十四周岁的人违反治安管理的，不予处罚，但是应当责令其监护人严加管教"的规定，但应降低行政拘留处罚执行年龄。建议修改《治安管理处罚法》关于"违反治安管理行为人有下列情形之一，依照本法应当给予行政拘留处罚的，不执行行政拘留处罚：（一）已满十四周岁不满十六周岁的；（二）已满十六周岁不满十八周岁，初次违反治安管理的"的规定（详见本书第七章第一节），有效发挥行政拘留对违反治安管理未成年人的惩戒作用。

与不满十四岁未成年人触刑涉法问题相关联，在2017年全国政协会议上，我在接受记者采访和小组讨论政府工作报告时，提出进一步重视校园欺凌的防治。③

---

① 李卓谦：《刘白驹：加强防治未成年人犯罪》，《民主与法制时报》2017年3月22日。

② 最高人民检察院：《2018—2022年检察改革工作规划》，最高人民检察院网上发布厅，2019年2月12日，http://www.spp.gov.cn/xwfbh/wsfbt/201902/t20190212_407707.shtml#1。

③ 高航：《政协委员关注校园欺凌：建立有效法律体系防止校园暴力》，《检察日报》2017年3月7日；张素：《委员问诊中国青少年"书生文弱"难题》，中国新闻网，2017年3月12日，http://www.chinanews.com/sh/2017/03-12/8171862.shtml；司晋丽：《刘白驹委员：给予校园欺凌更多关注》，人民政协网，2017年3月28日，http://www.rmzxb.com.cn/c/2017-03-28/1444772.shtml。

校园欺凌也称"霸凌"（bully，bullying），一般是指在中小学校内外，学生（通常是多个或群体）长期或者多次对同学实施恐吓、胁迫、骚扰、侮辱、勒索、虐待、殴打以及歧视、贬低、孤立、起外号等行为。欺凌行为人可能没有意识到自身行为属于欺凌。构成欺凌的各种行为就单次表现而言，其性质可能不十分恶劣，但如果是持续性或者集体实施，将会对受害人的心理、人格造成巨大伤害，甚至导致精神障碍或者自杀，或者因为在受到欺凌时没有得到学校、老师和有关机构的关心、帮助而怨恨社会，或者铭记仇恨在多年以后行凶报复欺凌行为人。欺凌行为人在其他场合、事件中也可能是欺凌受害人。欺凌行为人尤其是挑头者大多缺乏良好的家庭环境，或父母离异，或父母教育方式不当，或父母远在他乡、无暇顾及，容易受到社会不良风气和不法之徒影响，而学校疏于品德培养、心灵关怀，致使其人格未能健康成长，出现品行障碍（conduct disorder），开始具有反社会型人格障碍（antisocial personality disorder）的一些特征，正处于向反社会型人格障碍者发展的过程中。

在我国，由于单次的欺凌行为可能不构成违法犯罪，或者行为人可能未达到承担法律责任的年龄，许多行为人不会受到法律制裁，因而校园欺凌未得到有效控制，已经成为严重的社会问题。不论是为了保护受害人的身心健康与合法权益，还是为了挽救、教育欺凌行为人，学校和社会各方面都应高度重视校园欺凌问题，采取有力措施予以防范和治理。2016 年 4 月 28 日，国务院教育督导委员会办公室发布《关于开展校园欺凌专项治理的通知》，指出：近年来，发生在学生之间蓄意或恶意通过肢体、语言及网络等手段，实施欺负、侮辱造成伤害的校园欺凌事件，损害了学生身心健康，引起了社会高度关注。为加强对此类事件的预防和处理，决定开展校园欺凌专项治理。2016 年 11 月 1 日，教育部、中央综治办、最高人民法院、最高人民检察院、公安部、民政部、司法部、共青团中央、全国妇联等九部门出台《关于防治中小学生欺凌和暴力的指导意见》。该意见提出一系列防治学生欺凌和暴力事件的举措，具有重要意义。但是，该意见是在现有法律制度上形成的，而现有法律尚无防治校园欺凌行为的专门规定，需要加以弥补。在美国，1999 年以来，从佐治亚州开始，各州都通过了反欺凌（霸凌）法（bullying laws，anti-bullying laws，泛指各州禁止欺凌的法律规定。最初是法案，通过后编入州法典）。有些州的反欺凌法所禁止的，不仅有在校园发生的面对面的欺凌，还包括网络欺凌（cyber bullying）——利用互联网对他人实施谩骂、侮辱、骚扰、暴露隐私等伤害。我国也有必要制定防治校园欺凌行为的法律或者法规，或者在已有的《未成年人保护法》、《预防未成年人犯罪法》和《治安管理处罚法》中明确加入防治校园欺凌行为（包括网络欺凌）的内容。[①] 欺凌行为构成犯罪的或者违反治安管理的，应对行为人依法惩处。对未达到刑事责任年龄或者未达到治安管理处罚责任年龄的欺凌行为人，应依法给予行为矫正和心理矫正。同时强化学校、家庭、公安机关等方面的管理责任。对欺凌行为受害人也要及时提供适当的精神卫生和心理咨询服务。

---

① 据 2019 年 2 月的报道，全国人大社会建设委员会已经启动《未成年人保护法》《预防未成年人犯罪法》的系统修改工作，有关校园欺凌问题将在修改中得到体现。董小迪：《未成年人保护法今年将大修　会体现校园欺凌问题》，中国网，2019 年 2 月 15 日，http://news. china. com. cn/txt/2019 – 02/15/content_74469518. htm。

第五章
精神病犯罪人的强制医疗

我自 20 世纪 80 年代中期开始研究精神病人①犯罪及其刑事责任能力、强制医疗等问题。近二十年，我对有关问题的考察，加入了精神卫生的视角。由《刑法》《刑事诉讼法》规定的针对精神病犯罪人的强制医疗，与《精神卫生法》规定的适用于一般精神障碍患者的非自愿住院（包括保安性非自愿住院和救护性非自愿住院）一起，共同构成精神障碍患者非自愿住院制度。在非自愿住院范畴之下，为区别于精神卫生法上的非自愿住院，我亦将对精神病犯罪人实施的强制医疗称为"刑事性非自愿住院"。

第一节　对有严重危害行为的无刑事责任能力
精神病人应一律强制治疗

 提案

关于对有严重危害行为的无刑事责任能力精神
病人应一律由政府强制治疗的提案

（政协十届全国委员会第五次会议第 1124 号/

政治法律类 104 号，2007 年 3 月）

精神病人有可能在精神障碍的影响、支配下发生危害行为，并造成危

---

① 我国《刑法》和《刑事诉讼法》使用"精神病人"概念，其意与"精神障碍者"、"精神疾病患者"或"精神障碍患者"基本相同。参见拙文《论精神疾病患者的刑事责任能力》，《法学研究》1990 年第 4 期。

害结果。一般认为，在缺乏有效看护、管理的情况下，精神病人的犯罪率高于一般人群的犯罪率。早在 1992 年，有关部门就指出："目前，全国精神疾病患者已达 1000 万人，其中严重危害社会治安的精神病患者即有 120 万人。"[①] 而现在，我国至少有 1600 万精神病人（广义的）。[②] 每年还不断产生新的精神病人。其中，不少精神病人没有得到有效看护、管理，甚至流浪于社会。精神病人违法犯罪的报道屡见不鲜。最为严重的问题是，有些精神病人在犯罪后没有得到适当处理，仍然自由活动，重新犯罪。群众对此意见很大。

根据人道主义和刑事责任理论，犯罪的精神病人如果无刑事责任能力，不负刑事责任，不受刑事处罚。对此，我国《刑法》在第十八条中规定，"精神病人在不能辨认或者不能控制自己行为的时候造成危害结果，经法定程序鉴定确认的，不负刑事责任"。这是正确的。但是，精神病人犯罪有精神障碍方面的原因，如果不对其加以必要的治疗，消除或者控制他们犯罪的病理原因，他们有可能继续犯罪。而且，由于精神病人往往不能自觉自愿地寻求和接受医疗，因而对于拒绝治疗的犯罪的精神病人应当实施强制治疗。这符合社会的整体利益和精神病人的根本利益。19 世纪以后，许多国家都制定实行了对无刑事责任能力的精神病犯罪人强制治疗的制度。例如：《意大利刑法典》第 222 条规定："在因精神病、酒精或麻醉品慢性中毒或者又聋又哑被开释的情况下，一律适用收容于司法精神病院，时间不少于 2 年。""如果法律为所实施的行为规定处以无期徒刑，收容于司法精神病院的最短持续期为 10 年；如果依法应判处最低不少于 10 年的有期徒刑，收容的最短持续期为 5 年。"《德国刑法典》第 63 条规定："实施违法行为时处于无责任能力或限制责任能力状态的，法院在对行为人及其行为进行综合评价后，如认为该人还可能实施违法行为因而对公众

---

① 刘国航：《我国公安精神病管制工作亟需加强》，《法制日报》1992 年 12 月 6 日。这篇关于全国安康医院院长会议的报道，提到公安部有关部门透露的精神疾病患者数量。

② 2001 年 10 月，全国第三次精神卫生工作会议指出，目前中国有严重精神疾病患者约 1600 万人。参见殷大奎《齐心协力，脚踏实地，全面推进新世纪精神卫生工作——全国第三次精神卫生工作会议报告》，《中国心理卫生杂志》2002 年第 1 期；杜海岚《我国 1600 万人患严重精神疾病，精神卫生立法须尽快》，《法制日报》2001 年 10 月 31 日。

具有危险性的，可命令将其收容于精神病院。"

我国《刑法》也规定了对不负刑事责任的精神病犯罪人实施强制治疗的制度。根据《刑法》第十八条中的规定，对不负刑事责任的精神病犯罪人，"应当责令他的家属或者监护人严加看管和医疗；在必要的时候，由政府强制医疗"。我国的刑事强制治疗制度包括两个层次。第一，责令精神病人的家属或者监护人严加看管和医疗。"看管和医疗"也具有强制性，但这种强制性是间接的，是通过精神病人的家属或者监护人来实现的。第二，在必要的时候，由政府强制医疗。这是严格意义上的强制治疗。但是，这种强制医疗，只是在"必要"的时候才由政府实施。也就是说，在我国《刑法》上，对不负刑事责任的精神病犯罪人的处理措施，是以"应当责令他的家属或者监护人严加看管和医疗"为主，以"政府强制医疗"为辅。

这种制度设计存在先天的缺陷，其实施效果也很不理想。"责令精神病人的家属或者监护人严加看管和医疗"虽然比较符合我国传统习惯，并且有助于避免某些家属或者监护人把管教责任推给政府或者放松自己的管教责任，但实施难度很大。不负刑事责任的精神病犯罪人，一般病情都比较严重，缺乏精神医学知识和必要手段的家属或者监护人很难加以有效的管理。有些家属或者监护人对精神病人心存恐惧，避之唯恐不及。在现实中，处于被"看管"之中的精神病人攻击家属或者监护人的事情并不少见。由于精力和财力的限制，有些家属或者监护人也难以长期承担看管不负刑事责任的精神病犯罪人或者送其住院医疗的责任。而且，也没有法律明确规定家属或者监护人不履行看管和医疗的义务应承担什么法律责任。这样，便有许多不负刑事责任的精神病犯罪人没有得到医疗，无人看管，长年累月地游荡于社会之中，成为不安定的因素。另一方面，有些贫困家庭为防止患精神病的亲人继续犯罪，在无力送医院治疗的情况下，不得不长期将他们关锁，使他们处于悲惨的境地，基本人权得不到保护。有的家庭甚至"大义灭亲"，将可能继续犯罪的患精神病的亲人杀害。

"在必要的时候，由政府强制医疗"这一规定是在1997年《刑法》修订时增加的，1979年《刑法》无此规定。这是一个进步。但是，对什么是

"必要的时候"，《刑法》以及立法机关、司法机关没有给予解释，在实践中只能靠公安、司法机关工作人员裁量，执行结果相差很大。这破坏了社会主义法治的统一，也在客观上给个别公安、司法人员的徇私枉法提供了可乘之机。有些实施了严重危害行为例如杀人、强奸的精神病人被一放了之，后来又再次作案。有些罪犯买通司法精神医学鉴定人员，进行虚假精神病鉴定，得以逍遥法外。这使人民群众对《刑法》关于精神病人的规定、司法精神医学鉴定产生很大的误解和意见，认为《刑法》关于精神病人的规定、司法精神医学鉴定是放纵犯罪。有些人把无刑事责任能力的鉴定结论讽刺地称为"免死金牌""杀人执照"。另外，我国尚无法律对强制医疗的期限、解除强制治疗的条件等重要问题作出规定。被强制医疗的精神病犯罪人有可能在没有治愈或病情没有得到控制的情况回到社会，重新犯罪，或者引起居民的不满和恐慌。据报道，有的社区的居民就联合抵制曾经犯罪的精神病人回来。

防止无刑事责任能力的精神病犯罪人重新犯罪，虽然家属、监护人以及社区需要承担相应的责任，但主要责任应当由国家、政府承担。以前，《刑法》规定防止无刑事责任能力的精神病犯罪人重新犯罪的责任主要由家属、监护人承担，主要基于国家财力不足、精神卫生薄弱等客观原因。随着社会主义现代化建设事业的发展，我国国力不断增强，精神卫生水平不断提高，国家、政府已经有能力在防止无刑事责任能力的精神病犯罪人重新犯罪方面承担更大的责任。因而，应当进一步强化政府强制治疗制度。这对于维护社会治安，促进社会和谐，具有十分重要的意义。在现阶段，至少是，对有严重危害行为的无刑事责任能力的精神病犯罪人应一律由政府强制医疗。这是因为，有严重危害行为并且无刑事责任能力的精神病人，通常病情严重，家属、监护人以及社区难以管理，由政府强制医疗比较稳妥。

因此，建议修订《刑法》第十八条第一款规定，即将"精神病人在不能辨认或者不能控制自己行为的时候造成危害结果，经法定程序鉴定确认的，不负刑事责任，但是应当责令他的家属或者监护人严加看管和医疗；在必要的时候，由政府强制医疗"修订为：

精神病人在不能辨认或者不能控制自己行为的时候造成危害结果，经法定程序鉴定确认的，不负刑事责任，但是应当责令他的家属或者监护人严加看管和医疗；对有杀人、伤害、强奸、放火等严重危害行为的精神病人，一律由政府强制医疗。

在《刑法》未修订之前，可先由最高人民法院制定司法解释。

[复函摘要]

全国人大常务委员会法制工作委员会（法工委议〔2007〕73号，2007年6月20日）：

根据我国刑法规定，精神病人在不能辨认或者不能控制自己行为的时候造成危害结果，经法定程序鉴定确认的，不负刑事责任，但是应当责令他的家属或者监护人严加看管和医疗；在必要的时候，由政府强制医疗。建议中所说的对有杀人、伤害、强奸、防火等严重危害行为的精神病人，一律由政府强制医疗的意见，涉及到是否应对"强制医疗"的适用条件以及对强制医疗的执行和法律救济等问题作出规定，也涉及到对是否是精神病人进行评估的主体、程序进行严格规定的问题。目前有关部门正在对有关问题进行调查研究，总结实践经验，认真研究论证相关的立法问题。

[阐述]

在现代中国，精神病犯罪人强制治疗制度的法律化始于1979年《刑法》。然而，只可以说，该法对强制治疗——还不能称之为"强制医疗"——给予了一定程度的承认。

1979年《刑法》第十五条第一款规定："精神病人在不能辨认或者不能控制自己行为的时候造成危害结果的，不负刑事责任；但是应当责令他的家属或者监护人严加看管和医疗。"看管，主要指在家监护。医疗，包括门诊治疗和住院治疗。防止精神病人发生危害行为，以及对发生危害行为精神病人进行医疗，主要是国家的责任。但是《刑法》第十五条没有规定法院或者公安机关应当对无刑事责任能力的精神病人实施强制住院治疗，而将具体的看管和医疗的责任规定于他们的家属和监护人。这主要是因为当时政府还没有足够的经济条件承担所有精神病犯罪人的住院治疗。在立法时，有人认为只规定"责令他的家属或者监护人严加看管和医疗"是不够的，应当增加"必要时由政府强制医疗"。但是考虑到精神病医疗机构不足的实际情况，以及为了避免某些家属或者监护人把管教责任推给政府或者放松自己的管教责任，立法没有采纳上述意见。①

分析1979年《刑法》第十五条，可以明确两点：第一，对精神病犯罪人的看管和医疗，不是由法院或者公安机关直接实施，而是由精神病犯罪人的家属或者监护人具体执行；第二，家属或者监护人对精神病犯罪人的看管和医疗，是根据法院或者公安机关的命令进行的。这决定着"看管和医疗"具有一定的强制性。首先，法院或者公安机关的命令是强制性的——尽管《刑法》没有规定家属或者监护人不履行看管和医疗应受到什么惩罚。其次，法院或者公安机关命令的强制性，将最终作用于精神病犯罪人，可能导致其非自愿住院。这种强制性，与"政府强制医疗"相比，是通过家属或者监护人的执行来间接实现的。可以说，1979年《刑法》允许对精神病犯罪人加以强制住院治疗，但同时要求强制住院治疗应当由精神病犯罪人的家属或者监护人负责落实。因此，不能因为1979年《刑法》没有规定"强制医疗"，就断言当时不存在对精神病犯罪人的强制住院治疗。

1979年《刑法》第十五条没有解决这样几个问题：（1）"责令家属或者监护人严加看管和医疗"的主体是谁？是法院，是检察院，还是公安机关？或者说，对已经起诉的，由法院"责令"，对没有起诉的，由公安机关"责令"？（2）如果精神病犯罪人没有家属或者监护人，或者找不到其家属或者监护人，是否可以由司法机关或者公安机关决定实施强制住院治疗？（3）如果精神病犯罪人的家属或者监护人没有尽到"严加看管和医疗"的责任，是否可以由司法机关或者公安机关决定实施强制住院治疗？（4）如果精神病犯罪人的家属或者监护人确实没有能力履行"严加看管和

---

① 参见高铭暄《中华人民共和国刑法的孕育和诞生》，法律出版社，1981，第42页。

医疗"的责任，司法机关或者公安机关是否可以经家属或者监护人的同意实施强制住院治疗？1979年《刑事诉讼法》也没有涉及这些问题。

因为1979年《刑法》第十五条不能满足防治精神病人犯罪的实际需求，所以，1988年《全国公安机关第一次精神病管治工作会议纪要》（以下简称《纪要》）突破《刑法》第十五条，明确提出，对严重危害社会治安的精神病人，应当强制收治，治愈后应当准予出院。对下列精神病人应当由公安机关管理的精神病管治院——随后统一称"安康医院"——予以收治：（1）有杀人、放火、强奸、爆炸行为的；（2）严重扰乱党政军机关办公秩序和企事业单位生产、工作秩序的；（3）严重扰乱公共秩序、交通秩序，危害公共安全的；（4）当众出丑，有伤风化的；（5）影响社会安定，造成严重后果的。公安机关管理的精神病管治院收治上述精神病人，都应经精神病司法医学鉴定。《纪要》没有提到法院和司法程序。也就是说，对犯罪人，只要是经精神病司法医学鉴定，确认为精神病人（不必须无刑事责任能力），不论是否经过审判，不论家属、监护人是否同意，公安机关都可以强行收治。

《纪要》所列五类情形，既有违反刑事法律的行为，也有违反治安管理法律的行为。但是，对违反治安管理精神病人的强制收治，其实也没有明确的法律依据。1957年制定的《治安管理处罚条例》在1986年经过大幅度修改。1986年《治安管理处罚条例》第十条规定："精神病人在不能辨认或者不能控制自己行为的时候违反治安管理的，不予处罚，但是应当责令其监护人严加看管和治疗。"在1987年和1994年，《治安管理处罚条例》又经过两次修订，但第十条未变。2005年，《治安管理处罚条例》修订为《治安管理处罚法》，原第十条调整为第十三条，而内容亦未改动。与1979年《刑法》一样，1986年《治安管理处罚条例》或者2005年《治安管理处罚法》，只是规定"应当责令其监护人严加看管和治疗"——不同之处是没有提到家属，而没有明确规定公安机关可以强制收治。一种意见认为，对于违反治安管理的精神病人，如果经其监护人同意，公安机关可以强制收治；一种意见认为，如果公安机关责令其监护人严加看管和治疗，而监护人没有严加看管和治疗，或者没有监护人，或者找不到监护人，公安机关可以将违反治安管理的精神病人强制收治。而根据《纪要》来看，对于违反治安管理的精神病人，不论其监护人是否同意，公安机关都可以强制收治。

对违法犯罪精神病人，公安部门称为"肇事肇祸精神病人"。"肇事"是指实施治安管理法律禁止的危害社会治安的行为，"肇祸"是指实施刑事法律禁止的危害社会治安的行为。肇祸精神病人由安康医院收治。① 而肇事精神病人，主要由安康医院收治，也可以由公安机关委托其他精神病院收治。

实际上，在 20 世纪 80 年代，我国建立起一种混合型的行政性肇事肇祸精神病人强制住院治疗的制度。"混合型"是说，强制住院治疗的对象既包括违反刑法的精神病人，也包括违反治安管理的精神病人。"行政性"是说，强制住院治疗由行政机关即公安机关决定。对于这个制度，在国家层次，只有政策，而没有法律予以整体、系统规范，具体办法由地方制定。

总体上看，混合型行政性肇事肇祸精神病人强制住院治疗的制度，尽管产生了防治精神病人违法犯罪的积极作用，但是存在明显缺点：（1）有一定法律依据，但远不充分；（2）法律属性不明，刑法、行政法混淆；（3）由行政机关决定，缺乏规范程序和司法监督；（4）由于国家没有颁布关于肇事肇祸精神病人强制住院治疗的基本法律，各地方的立法在概念、标准、程序等方面差异比较大，造成不同地区公民权利的不平等，不符合国家法治统一原则。

不过，在 1979 年《刑法》施行期间，由于经费和医院数量的限制，虽然公安机关想尽量多地收治肇事肇祸精神病人，但许多肇事肇祸精神病人还是被"责令他的家属或者监护人严加看管和医疗"。然而，事实上，有不少肇事肇祸精神病人包括实施了严重危害行为的精神病犯罪人，并没有得到家属或者监护人的"严加看管和医疗"。相比于制度的不规范，这是更被质疑的问题。无刑事责任能力的精神病犯罪人，一般病情都比较严

---

① 参见张湖《精神病人监护医院——安康医院的地位和作用》，载林准主编《精神疾病患者刑事责任能力和医疗监护措施》，人民法院出版社，1996。

重，缺乏精神病学知识和必要手段的家属或者监护人很难加以有效的管理。有些家属或者监护人对危险性精神病人心存恐惧，避之唯恐不及，更不敢"严加看管"。在现实中，处于被"看管"之中的精神病犯罪人攻击伤害家属或者监护人的事情并不少见。由于精力和财力的限制，有些家属或者监护人不愿意或者无法长期承担看管无刑事责任能力的精神病犯罪人或者送其住院医疗的责任。这样，便有许多无刑事责任能力的精神病犯罪人无人看管，也没有得到医疗，长年累月地游荡于社会之中，成为不安定的因素。

还有，对一些具有危险性但没有或者找不到家属和监护人的精神病犯罪人，有的公安机关陷于两难境地。既然他们无刑事责任能力，不负刑事责任，就不能继续羁押，可是如果予以释放，因为无人看管和治疗，很可能再度犯罪；如果送精神病院治疗，公安机关又无力承担费用。由于这些原因，有的无刑事责任能力的精神病犯罪人便被不适当地长期羁押在看守所。

在1979年《刑法》施行期间，为了更加有效地防治精神病人犯罪和更加规范地运用强制医疗，刑法学界和司法精神病学界不断有人提议建立精神病犯罪人强制医疗的制度。经过长期的理论和物质条件的准备，《刑法》在1997年修订时，针对无刑事责任能力的精神病犯罪人的管理，增加了"政府强制医疗"的内容。1997年《刑法》第十八条第一款规定："精神病人在不能辨认或者不能控制自己行为的时候造成危害结果，经法定程序鉴定确认的，不负刑事责任，但是应当责令他的家属或者监护人严加看管和医疗；在必要的时候，由政府强制医疗。"尽管这一规定比较原则，并且是过渡性的——它仍然把家属或者监护人的看管和医疗作为主要措施，政府实施强制医疗，只是在"必要的时候"——但它标志着精神病犯罪人强制医疗制度在中国的正式然而也是初步的建立。对于什么是"强制医疗"，并没有立法或者司法解释，但从实践来看，它是指强制精神病犯罪人住院，并强制进行治疗，而不包括在其他一些国家或者地区出现的社区或者院外强制治疗。自此，在我国，"强制医疗"一词有了特定含义——对经法定程序鉴定确认的、无刑事责任能力、不负刑事责任的精神病犯罪人的非自愿住院治疗，这使其区别于其他非自愿住院治疗。

强制医疗不是刑罚，对此无人持有异议。分歧比较大的问题是，强制医疗是刑事法性的措施，还是行政法性的措施。有些学者认为，强制医疗是在刑法中规定的，有别于在行政法规定的强制措施，因而应当把它视为刑事强制措施，其中有的学者认为它是一种保安处分。而有些学者则强调罪与非罪、刑罚与非刑罚的本质不同，认为强制医疗虽然规定在刑法中，但实际上是行政性的，是行政强制措施。我认为，强调罪与非罪、刑罚与非刑罚的本质不同，与承认强制医疗是刑事措施并不冲突。无刑事责任能力精神病人的危害行为，虽然不构成刑法上的犯罪，不能处以刑罚制裁，但其认定、防治毕竟是刑法、刑事诉讼法和其他刑事法律以及刑事司法需要处理的问题。人为地把它排除于刑事法律和刑事司法领域，既不利于防止精神病人实施危害行为，也不利于保障精神病人的合法权益。应当肯定并且维护强制医疗的刑事法律性质。正是这一性质，决定其不应由行政机关决定。至于强制医疗是否属于保安处分，在很大程度上取决于我国刑法是否采用保安处分的概念。强制医疗无疑具有保安处分的性质。

什么是需要由政府强制医疗的"必要的时候"？强制医疗的性质和功能决定，它应当以人身危险性为标准。但是由于医疗条件和资源的限制，还不能对全部有继续犯罪可能的精神病犯罪人都给予强制医疗。因此，对犯罪的危害性也应给予考虑。危害性是指曾经实施的犯罪的危害严重程度。精神病犯罪人如果继续犯罪，很有可能实施同样的犯罪，因而可以从其曾经犯罪的危害严重程度推断其继续犯罪的危害严重程度。也就是说，强制医疗应当主要针对有可能继续实施严重犯罪的无刑事责任能力的精神病犯罪人。

不过，《刑法》和立法机关以及最高人民法院、最高人民检察院都没有对"必要的时候"给予权威解释。

由于缺乏清晰的法定标准，是否应当采取强制医疗，往往靠公安、司法机关工作人员的裁量，执行结果相差很大。这也在客观上给个别公安、司法人员的徇私枉法提供了可乘之机。有些实施了严重危害行为如杀人、强奸的精神病犯罪人既没有得到刑罚制裁，也没有被强制医疗，而是被以

"责令家属或者监护人严加看管和医疗"的名义一放了之，后来又再次作案。有些罪犯或其家属甚至买通执法、司法人员和司法精神医学鉴定人员，进行虚假鉴定。这使公众对《刑法》关于精神病人犯罪不负刑事责任的规定、司法精神医学鉴定产生很大的误解和意见，认为《刑法》关于精神病人犯罪不负刑事责任的规定、司法精神医学鉴定是放纵犯罪。有些人把无刑事责任能力的鉴定结论讽刺地称为"免死金牌""杀人执照"。

另一方面，有些贫困家庭为防止罹患精神病的亲人继续犯罪，在无力送医院治疗的情况下，不得不长期将他们关锁，使他们处于悲惨的境地，基本人权得不到保护。有的家庭自行实施防卫或者"大义灭亲"，将继续犯罪或有可能继续犯罪的罹患精神病的亲人杀死。

基于上述考虑，2007 年在全国政协会议上，我提交了《关于对有严重危害行为的无刑事责任能力精神病人应一律由政府强制治疗的提案》。①

后来，《刑法》第十八条第一款没有修改，但似乎可以说，我的意见与 2012 年修正《刑事诉讼法》的第二百八十四条在本质上是一致的。

第二节　完善《刑事诉讼法》有关精神病犯罪
嫌疑人、被告人问题的规定

提案

关于完善《刑事诉讼法》有关精神病犯罪嫌疑人、
被告人问题规定的提案

（政协十届全国委员会第五次会议第 0765 号/

政治法律类 081 号，2007 年 3 月）

如何处理精神病人犯罪，不仅是刑法上的特殊问题，而且也是刑事诉讼法上的特殊问题。我国《刑法》规定，"精神病人在不能辨认或者不能

---

① 张立：《刘白驹委员呼吁修改刑法和刑诉法，加强对涉案精神病人管理》，《检察日报》2007年 3 月 4 日；《全国政协委员、中国社会科学院科研局研究员刘白驹：有严重危害行为精神病人应由政府强制治疗》，人民网，2007 年 3 月 15 日，http://theory.people.com.cn/GB/49150/49153/5474690.html。

控制自己行为的时候造成危害结果，经法定程序鉴定确认的，不负刑事责任"。相应地，我国《刑事诉讼法》对有关程序作出了规定。但是，《刑事诉讼法》的现有规定过于简单，并且存在严重疏漏，容易导致理解上和实践上的混乱和错谬，不利于司法公正的实现。因此，建议在修订《刑事诉讼法》时，系统全面地考虑精神病犯罪嫌疑人、被告人问题，完善细化有关程序、规定，以保护精神病犯罪嫌疑人、被告人的合法权益，准确惩罚犯罪分子。具体建议主要是：

一　赋予犯罪嫌疑人、被告人的辩护人以及近亲属申请进行精神病鉴定的权利

根据《刑事诉讼法》第一百一十九条"为了查明案情，需要解决案件中某些专门性问题的时候，应当指派、聘请有专门知识的人进行鉴定"，第一百二十一条"侦查机关应当将用作证据的鉴定结论告知犯罪嫌疑人、被害人。如果犯罪嫌疑人、被害人提出申请，可以补充鉴定或者重新鉴定"，第一百五十九条"法庭审理过程中，当事人和辩护人、诉讼代理人有权申请通知新的证人到庭，调取新的物证，申请重新鉴定或者勘验"之规定，可以推论，初次精神病鉴定应当由司法机关提起，犯罪嫌疑人、被告人的辩护人只能申请补充鉴定或者重新鉴定。这样的规定有其缺陷。精神病的认定是极为复杂的。在公安、司法机关与犯罪嫌疑人、被告人的辩护人之间，存在意见不同是正常的。搞清真相的最公正的办法是进行精神病鉴定。如果初次精神病鉴定只能由司法机关提起，而犯罪嫌疑人、被告人的辩护人不能申请，不仅不利于犯罪嫌疑人、被告人合法权益的保护，而且也会造成公众对司法公正的怀疑。因而，应当赋予犯罪嫌疑人、被告人的辩护人申请进行精神病鉴定的权利。在侦查、审查起诉阶段，还应当允许犯罪嫌疑人、被告人的近亲属申请进行精神病鉴定。实际上，司法实践的某些方面已经突破了《刑事诉讼法》的规定。例如，最高人民检察院制定的《人民检察院刑事诉讼规则》第二百五十五条规定："在审查起诉中，发现犯罪嫌疑人有患精神病可能的，人民检察院应当依照本规则的有关规定对犯罪嫌疑人进行鉴定。犯罪嫌疑人的辩护人或者近亲属以犯罪嫌

疑人有患精神病可能而申请对犯罪嫌疑人进行鉴定的，人民检察院也可以依照本规则的有关规定对犯罪嫌疑人进行鉴定，并由申请方承担鉴定费用。"这个规定是比较合理的，其原则精神应被《刑事诉讼法》吸收，并适用于整个刑事诉讼过程。

二 明确规定精神病刑事鉴定的基本问题

为规范司法精神医学鉴定工作，最高人民法院、最高人民检察院、公安部、司法部和卫生部在 1989 年联合颁布了《精神疾病司法鉴定暂行规定》。而在《刑事诉讼法》于 1996 年修订后，由于与《刑事诉讼法》有关规定相冲突，《精神疾病司法鉴定暂行规定》部分地甚至整体地不能继续适用，但也没有及时修订（卫生部起草了一个"精神疾病司法鉴定管理办法"推荐稿）。2005 年全国人大常委会《关于司法鉴定管理问题的决定》虽然包括法医类鉴定，还特别提到"法医精神病鉴定"，但并没有权威部门说明"法医精神病鉴定"包括《刑事诉讼法》所说的"精神病鉴定"。在我国，司法精神医学鉴定与法医鉴定一直处于不同的系统。司法精神医学鉴定依附于医院，而法医鉴定依附于司法机关或司法行政机关。一般也不把从事司法精神医学鉴定的专家称为法医。法医一般是专职的，而司法精神医学鉴定工作者除有时参加鉴定外，其主要工作是临床，要给人看病。可以说，除《刑事诉讼法》一条原则性规定外（第一百二十条），精神病刑事鉴定目前基本处于无法可依的状态。建议《刑事诉讼法》对于精神病鉴定问题作出更明确、更具体的规定，至少应当对鉴定人资格、鉴定基本程序作出规定。这也将为今后有关部门制定《精神疾病司法鉴定管理办法》提供更坚实的法律基础。

三 建立对无诉讼能力的犯罪嫌疑人、被告人中止诉讼的制度

为了使有罪的人依法得到应有的惩罚，保障无罪的人不受刑事追究，《刑事诉讼法》赋予犯罪嫌疑人、被告人一系列诉讼权利，并规定了相应的诉讼义务。犯罪嫌疑人、刑事被告人依法行使诉讼权利和履行诉讼义务，是刑事诉讼活动合法、公正进行的重要条件。但是，犯罪嫌疑人、被

告人如果是精神病人，有可能因辨认能力的丧失而无法理解诉讼权利和诉讼义务，不能行使诉讼权利和履行诉讼义务，即无诉讼能力（亦称受审能力、诉讼行为能力）。例如，他们可能由于不能理解对他们的指控，而无法对指控作出正常的反应；可能由于不能理解辩护权的意义，而不进行自我辩护；他们甚至可能在罪恶妄想的支配下进行自我诬陷。在这种情况下进行刑事诉讼，是不公正的，也是不人道的，应当中止。最高人民检察院《人民检察院刑事诉讼规则》第二百四十一条规定："侦查过程中……犯罪嫌疑人患有精神病及其他严重疾病不能接受讯问，丧失诉讼行为能力的，经检察长决定，中止侦查。中止侦查的理由和条件消失后，经检察长决定，应当恢复侦查。"第二百七十三条规定："在审查起诉过程中犯罪嫌疑人潜逃或者患有精神病及其他严重疾病不能接受讯问，丧失诉讼行为能力的，人民检察院可以中止审查。"最高人民法院《关于执行〈中华人民共和国刑事诉讼法〉若干问题的解释》第一百八十一条规定："在审判过程中……被告人患精神病或者其他严重疾病……致使案件在较长时间内无法继续审理的，人民法院应当中止审理。……中止审理的原因消失后应当恢复审理。中止审理的期间不计入审理期限。"但是，严格地说，这几项司法解释性规定，都不能在《刑事诉讼法》中找到明确依据。为保证刑事诉讼的严肃性，建议将这些司法解释性规定修改完善，上升为《刑事诉讼法》的正式条款。《刑事诉讼法》还应对诉讼能力的认定标准、鉴定程序、复查等基本问题作出明确规定。

四　完善决定强制医疗的程序

根据《刑法》第十八条规定，对因无刑事责任能力而不负刑事责任的精神病犯罪人，在必要的时候，实施强制医疗（参见本人另一提案《关于对有严重危害行为的无刑事责任能力精神病人应一律由政府强制医疗的提案》）。在刑事诉讼中，刑事责任能力本质上是审判中的概念。确认行为人是否犯罪，应不应当追究其刑事责任，是审判机关即人民法院的职权。无刑事责任能力的精神病犯罪人，经审理不负刑事责任但有强制医疗必要的，由人民法院在宣告无罪判决时一并宣告予以强制医疗。但是，根据

《刑事诉讼法》第十五条"有下列情形之一的，不追究刑事责任，已经追究的，应当撤销案件，或者不起诉，或者终止审理，或者宣告无罪：……（六）其他法律规定免于追究刑事责任的"的规定，在侦查阶段和审查起诉阶段，公安机关和人民检察院也可以对犯罪嫌疑人的刑事责任能力进行鉴定，进而根据鉴定结论作出撤销案件或作出不起诉处理。然而，公安机关和人民检察院对于作出撤销案件或作出不起诉处理的精神病犯罪人是否应当实施强制医疗，《刑事诉讼法》没有作出规定。这使得在司法实践中做法不一。有的精神病犯罪人被强制医疗，有的被交由其家属或者监护人看管和治疗，有的则被一放了之，结果重新犯罪。而公安机关和人民检察院将犯罪嫌疑人不经审判地无罪开释，容易引起社会上认为公安机关和人民检察院及其人员包庇罪犯的非议，破坏公安机关和人民检察院的公正形象。另一方面，强制医疗是一种限制、剥夺人身自由的刑事性强制措施，应是审判的结果，由公安机关和人民检察院决定也不妥当。为避免原有做法的弊病，建议《刑事诉讼法》规定：公安机关和人民检察院经鉴定认为犯罪嫌疑人患有精神病，不负刑事责任，应当撤销案件，或者不起诉，责令他的家属或者监护人严加看管和医疗；对有杀人、伤害、强奸、放火等严重危害行为的精神病人，应当提起实施强制医疗的申请，由人民法院裁定。

对于无诉讼能力的精神病犯罪人，虽然应当中止侦查、审查起诉和审理，但也应实施强制治疗，待其诉讼能力恢复后继续侦查、审查起诉和审理。公安机关和人民检察院对无诉讼能力的精神病犯罪人实施强制医疗，也应向人民法院提出申请，由人民法院裁定。

[复函摘要]

全国人大常委会法制工作委员会（法工委议〔2007〕81号，2007年6月20日）：

刑法第十八条规定，精神病人在不能辨认或者不能控制自己行为的时候造成危害结果，经法定程序鉴定确认的，不负刑事责任，但是应当责令他的家属或者监护人严加看管和医疗；在必要的时候，由政府强制医疗。

刑事诉讼法对处理精神病人的案件也作了一些原则规定。近年来，一些方面提出，刑事诉讼法关于精神病人鉴定等问题的规定不够具体明确，实践中存在一些问题，如犯罪嫌疑人、被告人的辩护人和近亲属是否有权申请或者直接委托精神病鉴定；如何保证精神病鉴定的质量；对精神病人案件的撤销程序和决定强制医疗的具体程序以及强制医疗的执行程序等，这些问题都需要在刑事诉讼法中进一步完善。十届全国人大常委会已将刑事诉讼法的修改列入立法规划。我们正在抓紧调查研究，听取各方面对刑事诉讼法的修改意见。您提出的关于完善刑事诉讼法有关精神病犯罪嫌疑人、被告人问题的建议，我们将在立法工作中认真研究。

[阐述]

精神病犯罪人的强制医疗不仅是刑事实体法上的问题，而且是刑事程序法上的问题。

1997 年《刑法》第十八条第一款规定的"由政府强制医疗"，意思不够清楚。究竟是由政府决定强制医疗，还是由政府实施强制医疗？根据法理推断，强制医疗的前提是无刑事责任能力，而对有无刑事责任能力的判定，关系到确认行为人是否犯罪，应不应当追究其刑事责任，是法院的职权。而且，强制医疗虽然不是刑罚，但它构成对人身自由的限制或者剥夺，根据现代法治原则，应当由法院决定。而政府（具体为公安机关），只是承担强制医疗的实施，是执行者而非决定者。①

分析 1996 年《刑事诉讼法》，强制医疗启动的合法途径有两种。第一，法院对检察院提起公诉的案件进行审理，如果发现被告人有罹患精神病的可能，可以决定对被告人按照法定程序进行鉴定；如果法院根据鉴定结论认定被告人无刑事责任能力，还应决定是否对被告人予以强制医疗，进而在宣告不负刑事责任的判决时一并宣告是否予以强制医疗。第二，根据 1996 年《刑事诉讼法》第十五条"有下列情形之一的，不追究刑事责任，已经追究的，应当撤销案件，或者不起诉，或者终止审理，或者宣告

---

① 刘白驹：《精神障碍与犯罪》，社会科学文献出版社，2000，第 822～823 页。

无罪：……（六）其他法律规定免于追究刑事责任的”的规定，在侦查阶段和审查起诉阶段，公安机关和人民检察院也可以对犯罪嫌疑人的刑事责任能力按照法定程序进行鉴定，进而根据鉴定结论作出撤销案件或作出不起诉处理。① 公安机关、检察院如果认定犯罪嫌疑人无刑事责任能力而作出撤销案件或者不起诉决定的，可以提出实施强制医疗的申请，由法院决定。

随之出现一个问题。法院决定经审理不负刑事责任的无刑事责任能力的精神病犯罪人实施强制医疗，基本上可以适用 1996 年《刑事诉讼法》规定的一般刑事责任程序；但是，1996 年《刑事诉讼法》没有规定对公安机关、检察院关于强制医疗的申请进行裁决的程序。从根本和整体上说，决定是否对已被认定不负刑事责任的精神病犯罪人实施强制医疗，不同于对犯罪嫌疑人和刑事被告人刑事责任的追究，应当有其不同于一般刑事诉讼程序的特别程序。这是《刑事诉讼法》需要修订补充的。

由于 1997 年《刑法》第十八条规定精神病犯罪人“由政府强制医疗”，以及《刑事诉讼法》没有规定由法院审理公安机关、检察院强制医疗申请的特别程序，公安机关认为自己有权决定对作出撤销案件或者不起诉处理的精神病犯罪人实施强制医疗。安康医院根据公安机关的《强制医

---

① 1998 年《公安机关办理刑事案件程序规定（修正）》（1998 年 4 月 20 日公安部部长办公会议通过）第二百三十三条规定：“为了查明案情，解决案件中某些专门性问题，应当指派、聘请具有鉴定资格的人进行鉴定。”第二百三十四条规定：“鉴定的范围，包括刑事技术鉴定、人身伤害的医学鉴定、精神病的医学鉴定……等。”第一百一十三条规定：“对被拘留的犯罪嫌疑人审查后，根据案件情况报经县级以上公安机关负责人批准，分别作出如下处理：……（四）具有本规定第一百六十八条规定情形之一的，撤销案件，释放被拘留人，发给释放证明。需要予以行政处理的，依法处理。”第一百六十八条规定：“经过侦查，发现具有下列情形之一的，应当撤销案件：……（六）其他依法不追究刑事责任的。”1998 年《人民检察院刑事诉讼规则》（1998 年 12 月 16 日由最高人民检察院第九届检察委员会第二十一次会议通过）第二百五十五条规定：“在审查起诉中，发现犯罪嫌疑人有患精神病可能的，人民检察院应当依照本规则的有关规定对犯罪嫌疑人进行鉴定。犯罪嫌疑人的辩护人或者近亲属以犯罪嫌疑人有患精神病可能而申请对犯罪嫌疑人进行鉴定的，人民检察院也可以依照本规则的有关规定对犯罪嫌疑人进行鉴定，并由申请方承担鉴定费用。”第二百八十九条规定：“人民检察院对于犯罪情节轻微，依照刑法规定不需要判处刑罚或者免除刑罚的，经检察委员会讨论决定，可以作出不起诉决定。”

疗决定书》接收被强制医疗人员。有的地方的公安机关还出台了强制医疗场所管理办法。

公安机关决定强制医疗，自认为还有《人民警察法》（1995年2月28日第八届全国人民代表大会常务委员会第十二次会议通过）的依据。该法第十四条规定："公安机关的人民警察对严重危害公共安全或者他人人身安全的精神病人，可以采取保护性约束措施。需要送往指定的单位、场所加以监护的，应当报请县级以上人民政府公安机关批准，并及时通知其监护人。"但是，推敲第十四条的含义，"保护性约束措施"和"送往指定的单位、场所加以监护"，都应当是指临时性的紧急措施，而不是长期的强制医疗。因此，《人民警察法》第十四条不能成为公安机关有权决定强制医疗的法律依据。

在1996年《刑事诉讼法》施行期间，强制医疗的决定既有法院作出的，也有公安机关作出的，后者更多见。公安机关决定强制医疗，虽然没有明确的法律依据，但也没有权威机关加以纠正。由公安机关决定强制医疗，可能有利于提高办案效率，但总体上看，弊大于利。第一，强制医疗构成对公民人身自由的限制或剥夺，根据现代法治原则，不应由行政机关决定。第二，未经诉讼程序或者未经完整的诉讼程序就决定强制医疗，过于草率，不利于保护涉案精神病人和被害人的利益。第三，公安机关决定强制医疗的过程，缺乏有力的制约和监督，给一些人徇私枉法、权钱交易留下可乘之机。第四，未经审判就以无刑事责任能力为由对犯罪人实施强制医疗，使其避免了刑罚，容易引起社会上认为公安机关和检察院及其人员包庇罪犯的非议，破坏公安机关和检察院的公正形象。

为改变这一状况，2007年3月我在提出前述《关于对有严重危害行为的无刑事责任能力精神病人应一律由政府强制治疗的提案》的同时，又提出了《关于完善〈刑事诉讼法〉有关精神病犯罪嫌疑人、被告人问题规定的提案》。建议《刑事诉讼法》增加规定：公安机关和人民检察院经鉴定认为犯罪嫌疑人患有精神病，不负刑事责任，应当撤销案件，或者不起诉，责令他的家属或者监护人严加看管和医疗；对有杀人、伤害、强奸、放火等严重危害行为的精神病人，应当提起实施强制医疗的申请，由人民法院裁定。

第三节　精神病犯罪人强制医疗刑事
诉讼程序的发展

⬛ 提案

关于进一步完善精神病犯罪人强制医疗刑事诉讼程序的提案

（政协十一届全国委员会第五次会议第 1608 号/

政治法律类 124 号，2012 年 3 月）

我国《刑法》第十八条规定："精神病人在不能辨认或者不能控制自己行为的时候造成危害结果，经法定程序鉴定确认的，不负刑事责任，但是应当责令他的家属或者监护人严加看管和医疗；在必要的时候，由政府强制医疗。"但是，以前立法机关、司法机关没有对什么是"必要的时候"给予权威解释，在实践中只能靠公安、司法机关工作人员自行裁量，执行结果不一。有些实施了严重危害行为例如杀人、强奸的精神病人没有得到治疗、看管，又再次作案，群众意见很大。同时，我国《刑事诉讼法》对实施危害行为的精神病人（以下称为"精神病犯罪人"）强制医疗的决定程序等问题没有专门作出规定，实际运作比较混乱，对强制医疗也缺乏有效的监督。

针对上述状况，本人曾于 2007 年提交《关于对有严重危害行为的无刑事责任能力精神病人应一律由政府强制医疗的提案》和《关于完善〈刑事诉讼法〉有关精神病犯罪嫌疑人、被告人问题规定的提案》，对我国《刑法》和《刑事诉讼法》完善有关精神病犯罪人强制医疗问题发表建议和意见。我认为，处理精神病犯罪人强制医疗问题的基本原则是，使需要强制医疗的犯罪人得到强制医疗，避免不需要强制医疗的犯罪人被强制医疗，同时防止犯罪人伪装精神病借强制医疗之机逃避刑罚。

令人欣慰的是，2011 年 8 月的《刑事诉讼法修正案（草案）》（以下简称"草案"）增设了"对实施暴力行为的精神病人的强制医疗程序"。2011 年 12 月，根据公众意见，立法机关又对该程序的有关规定进行了补充。

"草案"的有关规定是很有必要的，将会对公正妥善处理精神病犯罪人强制医疗问题产生积极作用。但是，从更全面、更合理的处理精神病犯罪人强制医疗问题的角度考察，"草案"规定还有明显不足，需要进一步完善。

第一，"草案"规定，"人民法院可以决定强制医疗"，其中之"可以"具有不确定性，裁量弹性过大，留有漏洞，难免出现应当决定强制医疗但因徇私舞弊等原因而不决定强制医疗的情况。实际上，"草案"条款对强制医疗已经设置明确且严格的条件，即"实施暴力行为危害公共安全或者致人死亡、重伤，经法定程序鉴定确认，依法不负刑事责任，有继续危害社会可能的"。凡符合这一条件的精神病犯罪人，一律予以强制医疗，是适当的，并不为过。因此，建议以"应当"取代有关条款中的"可以"（三处）。

第二，"草案"规定，"对实施暴力行为的精神病人强制医疗，由人民检察院向人民法院提出申请"，但是没有规定，如果人民法院决定不实施强制医疗，人民检察院是否可以"抗诉"，没有形成人民检察院对人民法院的制约。2011年12月，立法机关对《刑事诉讼法修正案（草案）》作出"被决定强制医疗的人、被害人及其法定代理人、近亲属对强制医疗决定不服的，可以向上一级人民法院申请复议"的补充，但没有提到提出申请的人民检察院，有所不妥，应予补充。

第三，《刑事诉讼法》应当完善因精神病犯罪人无刑事责任能力而撤销案件或作出不起诉处理的程序。在刑事诉讼中，刑事责任能力本质上是审判中的概念。行为人在实施危害行为时是否不能辨认或者不能控制自己行为，是否不负刑事责任，最终的司法判定应由法院做出。但是，在实践中，根据《刑事诉讼法》第十五条"有下列情形之一的，不追究刑事责任，已经追究的，应当撤销案件，或者不起诉，或者终止审理，或者宣告无罪：……（六）其他法律规定免于追究刑事责任的"的规定，在侦查阶段和审查起诉阶段，公安机关和人民检察院也可以对犯罪嫌疑人的刑事责任能力进行鉴定，进而根据鉴定结论作出撤销案件或作出不起诉处理，对无刑事责任能力的犯罪嫌疑人不经审判地进行处置或无罪开释。这么做，虽然节约了司法资源，但容易引起社会上认为公安机关和人民检察院及其人员包庇罪犯的非议，损害公安机关和人民检察院的公正形象。因此，《刑事诉讼法》应当健全公安机关和人民检察院因精神病犯罪人无刑事责任能力而撤销案件或作出不起诉处理程序的监督机制。应当规定，对公安机关和人民检察院因精神病犯罪人无刑事责任能力而撤销案件或作出不起诉处理的，被害人及其法定代理人、近亲属如果有异议，可以申请重新鉴定。

第四，《刑事诉讼法》还应对"责令"家属或者监护人对精神病犯罪人严加看管和医疗的程序、执行等问题作出规定。《刑法》第十八条关于责令家属或者监护人严加看管和医疗精神病犯罪人的规定，本质上也是一种强制措施。强制体现在"责令"和"严加看管和医疗"两个方面。通过家属或者监护人实施的强制医疗，也在一定程度上限制其人身自由，是一种间接强制医疗，可称为"准强制医疗"。但在我国法律上，"责令"的主体、程序、执行、监督还是空白。除人民法院外，公安机关和人民检察院对于作出撤销案件或作出不起诉处理的精神病犯罪人，是否可以或者应当责令其家属或者监护人严加看管和医疗？对家属或者监护人是否履行严加看管和医疗的责任，由谁监督，如何监督？家属或者监护人未能履行严加看管和医疗的责任，应承担什么法律后果？对这些问题，《刑事诉讼法》应有原则规定，以使"严加看管和医疗"的制度真正得到执行。

[复函摘要]

全国人大常委会法制工作委员会（法工委议〔2012〕84 号，2012 年 6月 15 日）：略

[阐述]

在我递交这个提案的几天之后，2012 年 3 月 14 日，第十一届全国人民代表大会第五次会议通过《全国人民代表大会关于修改〈中华人民共和国刑事诉讼法〉的决定》。其中一个重要内容，是《刑事诉讼法》增设了"依法不负刑事责任的精神病人的强制医疗程序"一章（第五编第四章，

第二百八十四条至第二百八十九条）。这一章在《刑法》第十八条关于强制医疗的规定基础上，进一步明确了强制医疗的适用标准，规定了强制医疗应由检察院申请、法院决定的基本程序，并对强制医疗的解除程序和检察院的监督等作出设置。依法不负刑事责任的精神病人的强制医疗程序的建立，是完善强制医疗制度，使之切实司法化、具有正当性的有力举措，对于保障公众安全、维护社会和谐有序，保障涉案精神病人的人权具有重要的意义，也是我国精神卫生发展的一个实质性进步。

对我的提案，全国人大常委会法制工作委员会给出了比较长和比较细致的答复，但不同意公开复函内容。其实，复函也没有什么特别不可公开之处。它主要是根据新的《刑事诉讼法》，对我提出的问题和具体建议作了解释和说明，并表示将结合《刑事诉讼法》修改后实施的实际情况认真研究，通过司法解释予以明确。

现在来看，虽然我的提案递交时间是滞后的，但其意见不完全属于"马后炮"，因为我提出的问题有一些继续存在。

一 关于法院"可以"而不是"应当"决定强制医疗的问题

《刑事诉讼法》关于强制医疗程序的基本规定是其第二百八十四条："实施暴力行为，危害公共安全或者严重危害公民人身安全，经法定程序鉴定依法不负刑事责任的精神病人，有继续危害社会可能的，可以予以强制医疗。"这一条款的内容，具有实体法的性质，本应通过修订1997年《刑法》第十八条加以规定，先由《刑事诉讼法》来规定虽然未尝不可，但毕竟跨越法律部门，在法理上不很顺畅。这一基本规定，整体上是适当、可行的，但有一个很大的缺陷，即法院"可以"而不是"应当"决定强制医疗。

第一，《刑事诉讼法》第二百八十四条对强制医疗已经设置明确且严格的条件，凡符合这一条件的精神病犯罪人，一律予以强制医疗，是适当的，并不为过。实在想不出，对于完全符合上述条件的行为人，还有什么理由可以使他免于强制医疗。精神病犯罪人的家属或监护人可能声称他们完全有能力对行为人严加看管和医疗，使行为人无继续危害社会可能，因而不必施以强制医疗。但是，强制医疗无须经家属或者监护人同意，他们有无能力对精神病犯罪人严加看管和医疗，根本就不是强制医疗的法定条件。如果家属或者监护人有无能力对行为人严加看管和医疗可以成为强制医疗的条件，强制医疗制度势必再次形同虚设。至少，家属或者监护人可能以有能力严加看管和医疗为理由用尽诉讼手段，从而增加诉讼成本，浪费诉讼资源，降低诉讼效率。

例如北京首例审结的强制医疗案。2012 年 11 月 30 日，患有精神分裂症的宋某在北京市地铁 2 号线鼓楼大街站，将在站台边候车的李某推下站台，致李某被进站列车碾轧严重受伤。宋某经法定程序鉴定，依法不负刑事责任。后被采取临时保护性约束措施。检察院向法院提出要求宋某接受强制医疗的申请。在庭审过程中，检察院对宋某可能具有的社会危险性提交了大量的证据。然而宋某的法定代理人却提出，家人有条件治疗、看护宋某，并保证其不再发生危害社会的行为，请求法院驳回申请。法院经审理认为，宋某在 2007 年 2 月就被诊断为患有精神分裂症，其间虽经多方治疗但无明显好转。2012 年 1 月至 2012 年 10 月，宋某曾连续多次无故辱骂、殴打他人。2012 年 11 月 30 日又在毫无缘由和征兆的情况下突然将他人推下地铁站台，其行为严重危害了他人人身和公共安全，具有现实的社会危险性。2013 年 3 月 17 日，法院依法作出准予对其强制医疗的决定。①

一审法院的该决定随即生效，宋某被强制医疗。但在法定期限内，宋某的法定代理人不服，向北京市第一中级人民法院申请复议。北京市第一中院受理后依法组成合议庭审理此案，并在宋某的法定代理人明确不为宋某委托诉讼代理人的情况下，依照法律规定通知法律援助机构指派律师为宋某提供法律帮助。在查阅卷宗后，承办法官立即前往北京市安康医院综合考察、评估宋某的治疗康复状况，不仅会见了宋某本人，询问其对被强制医疗以及其法定代理人申请复议的意见，而且针对宋某的病情及治疗现状，对宋某的主管医生进行了详细的询问。此外，承办法官还听取了宋某

---

① 王斌、张安静：《法援助推北京首例强制医疗案结案》，《法制日报》2013 年 3 月 30 日；《北京审结首例强制医疗案》，《京华时报》2013 年 4 月 2 日。

的法定代理人及诉讼代理人的意见，同时听取了被害人的意见，并征求了检察机关的意见。经认真研究案情并综合考量目前宋某的疾病程度、治疗状态及其监护人的看管情况，法院认为，宋某目前仍存在继续危害社会的可能，应当予以强制医疗。2013 年 4 月 24 日，北京市第一中级人民法院经过审理，审结宋某强制医疗复议申请案，最终决定驳回复议申请，维持原决定。①

此案，宋某的法定代理人向上一级法院申请复议，从程序上看，依据的是《刑事诉讼法》第二百八十七条第二款"被决定强制医疗的人、被害人及其法定代理人、近亲属对强制医疗决定不服的，可以向上一级人民法院申请复议"，实际上，依据的是《刑事诉讼法》第二百八十四条规定。《刑事诉讼法》第二百八十七条第二款的规定是必要的，有利于防止强制医疗的不当适用。但是，申请复议的理由，应当是对"实施暴力行为，危害公共安全或者严重危害公民人身安全"的事实认定是否准确，"不负刑事责任的精神病人"的鉴定意见是否准确以及鉴定程序是否合法，"有继续危害社会可能"的评定是否准确这三个方面的问题提出质疑或否定。宋某的法定代理人可能认为家属或监护人完全有能力对行为人严加看管和医疗，从而使行为人无法继续危害社会即不具有"继续危害社会可能"。这是对"继续危害社会可能"概念的误解。继续犯罪的可能亦称"再犯可能性"。这是强制医疗适用的危险性要件。再犯可能性取决于行为人的身心条件，而不是客观条件。是否存在继续犯罪的可能，是一种判断。这种判断，应当在已经发生的犯罪事实和行为人犯罪时以及目前的精神状态和身体状态的基础上作出。如果确认行为人的精神状态表明其精神障碍已经痊愈，当然可以判定其不具有因精神障碍继续犯罪的可能。但是，这样的判定，从精神医学揭示的精神障碍发生规律来看，不可能对一个"实施暴力行为，危害公共安全或者严重危害公民人身安全，经法定程序鉴定依法不负刑事责任的精神病人"作出，也没有人敢于作出。曾经努力地论证其无

---

① 李佳：《北京市首例强制医疗申请复议案今日审结》，中国法院网，2013 年 4 月 25 日，ht-tps：//www. chinacourt. org/article/detail/2013/04/id/951531. shtml；杨昌平：《精神分裂患者将他人推下地铁　法院宣判对其强制医疗》，《北京晚报》2013 年 4 月 25 日。

刑事责任能力的鉴定人，将会同样努力地论证其有继续犯罪的可能，需要强制医疗。一方面说无刑事责任能力，一方面说无继续犯罪可能性，几乎是做不到的事情。而且，断定精神病犯罪人无继续犯罪可能，结果他们出去后继续犯罪，这个责任太大。对于宋某这样一个"实施暴力行为，危害公共安全或者严重危害公民人身安全，经法定程序鉴定依法不负刑事责任的精神病人"，除非他在实施危害行为后发生身体残疾、瘫痪等严重疾病而无行动能力，才有可能判定他无继续犯罪的可能。但宋某不属于这种情况。宋某的家人爱子之心可悯，不能说他们胡搅蛮缠，他们只是从"可以予以强制医疗"规定中的"可以"看到了希望而尽自己最大的努力。

第二，"可以"具有不确定性，给法官留下很大的自由裁量同时也可能是权力寻租的空间，难免出现应当决定强制医疗，但因徇私舞弊等原因，而仅决定"责令他的家属或者监护人严加看管和医疗"的情况。对此问题的防治，看起来只能靠加强监督了。其中最重要的是检察院的监督。《刑事诉讼法》第二百八十九条规定："人民检察院对强制医疗的决定和执行实行监督。"对此，下一个提案及其讨论有进一步分析。

二　关于检察院对法院不予强制医疗的决定是否可以抗诉的问题

在我国诉讼法中，法院的"决定"是指法院在办理案件过程中对某些程序性问题或者依法由法院依职权对某些问题进行处理的一种形式。法院的决定作出后，一般都是立即生效，不能上诉或抗诉。[①]

由于强制住院是一种"决定"，作为强制医疗申请者的检察院，对于法院不予以强制医疗的决定，无法"抗诉"，而申请复议者限于"被决定强制医疗的人、被害人及其法定代理人、近亲属"，检察院只能进行监督，提出纠正意见，没有形成检察院对法院的有力制约。

三　关于因无刑事责任能力而撤销案件或作出不起诉处理的问题

我的提案指出，实施暴力行为，危害公共安全或者严重危害公民人身

---

① 参见全国人大常委会法制工作委员会刑法室《〈中华人民共和国刑事诉讼法〉释义及实用指南》，中国民主法制出版社，2012，第509页。

安全的人，有可能不经法院审理就被处理，既没有被判决服刑，也没有予以强制医疗。也就是，在侦查阶段和审查起诉阶段，公安机关和检察院对犯罪嫌疑人的刑事责任能力进行鉴定，进而根据鉴定结论作出撤销案件或作出不起诉处理。虽然，《刑事诉讼法》第一百四十六条规定"侦查机关应当将用作证据的鉴定意见告知犯罪嫌疑人、被害人。如果犯罪嫌疑人、被害人提出申请，可以补充鉴定或者重新鉴定"，第一百七十六条规定"对于有被害人的案件，决定不起诉的，人民检察院应当将不起诉决定书送达被害人。被害人如果不服，可以自收到决定书后七日以内向上一级人民检察院申诉，请求提起公诉。人民检察院应当将复查决定告知被害人。对人民检察院维持不起诉决定的，被害人可以向人民法院起诉。被害人也可以不经申诉，直接向人民法院起诉"，第二百零四条规定"被害人有证据证明对被告人侵犯自己人身、财产权利的行为应当依法追究刑事责任，而公安机关或者人民检察院不予追究被告人刑事责任"，被害人可以向法院提起自诉，但是，《刑事诉讼法》并没有明确规定，对于依法不负刑事责任的精神病人符合强制医疗条件的，公安机关、检察院在撤销案件或者作出不起诉决定的同时，应当提出强制医疗的意见或者申请；被害人要想维护自身权益，使行为人受到应有的刑事处罚，更多的是靠自己。这一问题，在《刑事诉讼法》修正后，根据公安部、最高人民检察院的有关规定，才得以进一步明确。

根据公安部《公安机关办理刑事案件程序规定》（2012 年 12 月 3 日发布）第三百三十一条和第三百三十二条规定，公安机关发现实施暴力行为，危害公共安全或者严重危害公民人身安全的犯罪嫌疑人，可能属于依法不负刑事责任的精神病人的，应当对其进行精神病鉴定。对经法定程序鉴定依法不负刑事责任的精神病人，有继续危害社会可能，符合强制医疗条件的，公安机关应当在七日以内写出强制医疗意见书，经县级以上公安机关负责人批准，连同相关证据材料和鉴定意见一并移送同级人民检察院。最高人民检察院《人民检察院刑事诉讼规则（试行）》（2012 年 10 月 16 日修订）第五百四十五条规定："人民检察院发现公安机关应当启动强制医疗程序而不启动的，可以要求公安机关在七日以内书面说明不启动的理由。经审查，认为公安机关不启动理由不能成立的，应当通知公安机关启动程序。"第五百四十六条规定："人民检察院发现公安机关对涉案精神病人进行鉴定的程序违反法律或者采取临时保护性约束措施不当的，应当提出纠正意见。"

《人民检察院刑事诉讼规则（试行）》第五百四十八条还规定："在审查起诉中，犯罪嫌疑人经鉴定系依法不负刑事责任的精神病人的，人民检察院应当作出不起诉决定。认为符合刑事诉讼法第二百八十四条规定条件的，应当向人民法院提出强制医疗的申请。"也就是说，对于公安机关没有提出强制医疗意见书而移送起诉的案件，检察院在审查起诉时，发现犯罪嫌疑人有患精神病可能，或者犯罪嫌疑人的辩护人或者近亲属以犯罪嫌疑人有患精神病可能而申请对犯罪嫌疑人进行鉴定，检察院可以进行鉴定；对经法定程序鉴定依法不负刑事责任的精神病人，检察院应当作出不起诉决定，认为符合强制医疗条件的，应当向法院提出强制医疗申请。

四 关于如何处理检察院决定不申请强制医疗的精神病行为人的问题

根据《人民检察院刑事诉讼规则（试行）》第五百三十九条"对于实施暴力行为，危害公共安全或者严重危害公民人身安全，已经达到犯罪程度，经法定程序鉴定依法不负刑事责任的精神病人，有继续危害社会可能的，人民检察院应当向人民法院提出强制医疗的申请"，第五百四十四条"人民检察院应当在接到公安机关移送的强制医疗意见书后三十日以内作出是否提出强制医疗申请的决定。对于公安机关移送的强制医疗案件，经审查认为不符合刑事诉讼法第二百八十四条规定条件的，应当作出不提出强制医疗申请的决定，并向公安机关书面说明理由；认为需要补充证据的，应当书面要求公安机关补充证据，必要时也可以自行调查"规定，以及前述第五百四十八条规定，人民检察院对于经鉴定系依法不负刑事责任但又不符合强制医疗条件的精神病人，是可以作出不起诉决定和不申请强制医疗决定的。

那么，应当如何处理那些经鉴定系依法不负刑事责任但又不符合强制医疗条件因而人民检察院作出不起诉决定和不申请强制医疗决定的精神病行为人？人民检察院在决定不起诉和不申请强制医疗之后，是否可以将已经采取的某种强制措施通过一定程序转换为精神卫生法上的保安性非自愿住院？人民检察院已经商请公安机关采取临时的保护性约束措施的，人民检察院或者公安机关是否可以将临时的保护性约束措施通过一定程序转换为精神卫生法上的保安性非自愿住院？对此，《人民检察院刑事诉讼规则（试行）》没有涉及。公安部《公安机关办理刑事案件程序规定》只是规定，对实施暴力行为的精神病人，在人民法院决定强制医疗前，公安机关可以在必要时将其送精神病医院接受治疗；而没有规定，对经鉴定系依法不负刑事责任但又不符合强制医疗条件因而人民检察院作出不起诉决定和不申请强制医疗决定的精神病行为人，可以在必要时将其送精神病医院接受治疗。根据《刑事诉讼法》以及《人民检察院刑事诉讼规则（试行）》，不起诉的决定，由人民检察院公开宣布。被不起诉人在押的，应当立即释放；被采取其他强制措施的，人民检察院应当通知执行机关解除。但是，对经鉴定系依法不负刑事责任但又不符合强制医疗条件的精神病行为人，不宜一放了之，至少还应当责令他的家属或者监护人严加看管和医疗。对此，《人民检察院刑事诉讼规则（试行）》和《公安机关办理刑事案件程序规定》也都没有作出规定。由于不起诉决定和不申请强制医疗决定是人民检察院作出的，人民检察院理应在宣布不起诉决定和不申请强制医疗决定的同时，责令精神病犯罪人的家属或者监护人严加看管和医疗。另外，根据《刑事诉讼法》以及《人民检察院刑事诉讼规则（试行）》，由公安机关移送起诉或者移送强制医疗意见书的案件，人民检察院在作出不起诉决定或者不申请强制医疗决定后，应当将不起诉决定书送达公安机关或者向公安机关书面说明不提出强制医疗申请的理由。在这种情况下，似也可以由公安机关责令精神病犯罪人的家属或者监护人严加看管和医疗。然而，家属或者监护人严加看管和医疗的落实需要经常予以监督，这一监督责任由公安机关承担为宜。应当有法律规定，对经鉴定系依法不负刑事责任但又不符合强制医疗条件的精神病犯罪人，在必要时，可由公安机关强制送诊。在此问题上，《刑法》、《刑事诉讼法》和《精神卫生法》需要作出协调性修订补充。

第四节 制定《强制医疗管理条例》的建议

提案

关于建议国务院尽快制定《强制医疗管理条例》的提案

（政协十一届全国委员会第五次会议第1609号/

政治法律类125号，2012年3月）

经过修订的《刑事诉讼法》，规定了对实施暴力行为的精神病人的强制医疗程序，基本解决了强制医疗的刑事诉讼问题。但是，关于强制医疗实施和管理的具体法律、法规尚付阙如。因此，建议国务院在《刑事诉讼法修正案》和《精神卫生法》通过后，根据《刑法》、《刑事诉讼法》和《精神卫生法》有关规定，尽快制定《强制医疗管理条例》，进一步完善对实施暴力行为的精神病人的强制医疗制度。

《强制医疗管理条例》主要包括以下几方面内容：

（一）强制医疗的性质。迄今，我国法律、法规或司法解释没有说明什么是"强制医疗"。在当今精神医学中，"强制医疗"有多种含义，可指"强制住院治疗"，但又可分指"强制住院"和"强制治疗"，或者分指"强制住院医疗"和"强制社区医疗"。从精神医学发展趋势看，"强制社区医疗"在未来将会获得很大发展。各种强制医疗模式在精神病犯罪人权利的限制程度、医疗机构的治疗手段和责任等方面有很大不同。分析立法本意，《刑法》所说"强制医疗"是指传统意义上的"强制住院治疗"。但这只是学术分析而已。《强制医疗管理条例》应当对究竟采取何种强制医疗模式作出明确界定。

（二）强制医疗机构的设置与管理。强制医疗机构兼具精神医疗和治安管理功能，这种特殊性使其建立与管理超出了一般医疗机构管理法规的范畴，有必要加以专门规定。

（三）强制医疗机构的安全级别。目前我国各地区的安康医院既收治实施暴力行为的犯罪精神病人，也收治实施肇事肇祸行为的非犯罪精神病人。由于他们的病情严重程度和危险性不同，收治于同样规格的精神病院，既不便于治疗管理，也不容易避免重性病人对轻性病人的侵害。建议借鉴发达国家经验，根据病人的病情和危险性轻重，将强制医疗机构分成若干安全级别，逐步实行分级管理。

（四）被强制医疗者权利的保障与限制。实施暴力行为的精神病人不同于一般病人，也不同于根据《精神卫生法》被实施非自愿住院治疗的精神病人。对这些病人的管理可能更为严格，治疗约束手段可能更为特殊。但同时，他们的一些基本权利应当得到符合国际公认标准的保障。

（五）复查、解除程序。为避免对实施暴力行为的精神病人的强制医疗不适当长期延续，同时为避免他们在疾病没有缓愈、危险性没有消除时出院，造成新的危害，《强制医疗管理条例》应将《刑事诉讼法》（目前是修正案草案）关于"强制医疗机构应当定期对被强制医疗的人进行诊断评估。对于已不具有人身危险性，不需要继续强制医疗的，应当及时提出解除意见，报决定强制医疗的人民法院批准。被强制医疗的人及其近亲属有权申请解除强制医疗"的规定具体化、标准化。

（六）监督程序。建议国务院商最高人民检察院，根据《刑事诉讼法》（目前是修正案草案）关于"人民检察院对强制医疗机构的执行活动是否合法实行监督"的规定，在《强制医疗管理条例》中具体规定有关监督程序。

（七）与《精神卫生法》的关系。《精神卫生法》是精神障碍患者权益和治疗问题的基本法，《精神卫生法》的一些原则和规定也应当适用于强制医疗。但是，强制医疗又有其特殊性，不能完全适用《精神卫生法》。对这种关系，应加以必要调整。国务院法制办公室《精神卫生法（草案）》（2010 年 10 月第三次征求意见稿）曾经对强制医疗问题作出规定（它规定强制医疗由公安机关决定是不正确的），但后来向社会公开的"征求意见稿"和全国人大常委会审议"草案"完全没有提到强制医疗，这是不妥当的，可能让人产生《精神卫生法》完全适用或者完全不适用于强制医疗的误解。为避免《强制医疗管理条例》与《精神卫生法》发生不必要的冲突，建议国务院根据强制医疗的特殊性，对正在制定中的《精神卫生法》

提出补充意见，对强制医疗问题作出原则规定。而《强制医疗管理条例》也应对与《精神卫生法》的关系作出原则规定。

[复函摘要]

公安部（公提字〔2012〕19 号，2012 年 6 月 28 日）：

经商全国人大法工委，现答复如下：

《刑法》第十八条规定，精神病人在不能辨认或者不能控制自己行为的时候造成危害结果，经法定程序鉴定确认的，不负刑事责任。但是应当责令他的家属或者监护人严加看管和医疗；在必要的时候，由政府强制医疗。为切实保障公众安全、维护社会和谐秩序，充分保护精神病人的权利，2012 年 3 月 14 日十一届全国人大五次会议通过的《关于修改〈中华人民共和国刑事诉讼法〉的决定》，设置了依法不负刑事责任的精神病人的强制医疗程序，明确了强制医疗的适用范围、决定、解除、审理以及法律援助和法律救济等内容，同时还规定了人民检察院对强制医疗的决定和执行实行监督。修改后的《刑事诉讼法》将于 2013 年 1 月 1 日起施行，目前有关部门正在抓紧制定相关司法解释规定。精神卫生法草案也已经提交全国人大常委会审议，目前全国人大常委会法制工作委员会正根据常委会审议意见和各方面意见对草案进行进一步的修改和完善。因此，尽快制定出台与上述法律相配套的行政法规、部门规章及有关工作制度，就强制医疗的具体程序及其他一些具体问题作出明确规定，不仅为实践所急需，而且条件已经成熟。

为了与修改后的《刑事诉讼法》所设置的依法不负刑事责任的精神病人的强制医疗程序相配套和衔接，加快推进强制医疗工作的规范化、法制化、制度化建设，公安部启动了《强制医疗的具体程序》的起草制定工作，并明确了进度要求和工作时限。《强制医疗的具体程序》的具体内容将涉及您所关心的强制医疗的性质、强制医疗机构的设置与管理、被强制医疗者的权利保障与限制、对被强制医疗者的风险评估及分级管理、对被强制医疗者的诊断评估、解除强制医疗以及强制医疗的监督程序等内容。下一步，公安部将在与最高人民检察院、最高人民法院等有关部门进行沟通协调和共同研究的基础上，努力推动其尽快出台，以更好地保障修改后的《刑事诉讼法》的有效贯彻实施。

对于您提出的建议国务院尽快制定《强制医疗管理条例》的提案，全国人大常委会法制工作委员会已经认真研究，并表示将在制定精神卫生法过程中加以认真考虑。公安部也将推动《强制医疗的具体程序》尽快出台。

[阐述]

这个提案是对前一个提案的补充和延伸。

在 2012 年全国政协十一届五次会议期间，我除了提交讨论这个提案，还在小组讨论《刑事诉讼法》修正法草案时发言，赞成刑诉法修正草案列入强制医疗程序，规定被强制医疗的人及其近亲属有权申请解除强制医疗，但认为有关条款比较原则，主张制定《强制医疗管理条例》加以细化。[①]

围绕这个建议制定《强制医疗管理条例》的提案，补充叙述或者讨论两个问题。

一　强制医疗的管理与监督

这个提案的提出，可谓"正当其时"。其实，当时我并不知晓公安部正在起草《强制医疗的具体程序》。然而，虽然"为实践所急需，而且条件已经成熟"，公安部复函所说《强制医疗的具体程序》并没有很快出台。

2013 年 4 月，公安部下发《关于加强和改进安康医院有关工作的通知》，要求加快推进安康医院改制工作，统一将安康医院改为强制医疗所。

2016 年 6 月 8 日，国务院法制办公室公布公安部起草的《强制医疗所条例（送审稿）》，向社会征求意见。[②] 其名称与我建议的《强制医疗管理

---

① 陈训迪：《刘白驹：建议刑诉草案写入被强制住院的人有起诉权》，中国网，2012 年 3 月 9 日，http://news.china.com.cn/2012lianghui/2012 - 03/09/content_24850646.htm；李杰等：《怎么算"必要"？怎么算"可以"？》，《山东商报》2012 年 3 月 9 日。

② 《国务院法制办公室关于〈强制医疗所条例（送审稿）〉公开征求意见的通知》，中国政府法制信息网，2016 年 6 月 8 日，http://www.chinalaw.gov.cn/article/cazjgg/201606/20160600480990.shtml。

条例》和公安部复函说的《强制医疗的具体程序》都不一样，让我想起《看守所条例》和《看守所法》。

《强制医疗所条例（送审稿）》规定，强制医疗所是强制医疗决定的执行场所。被人民法院依照《刑法》和《刑事诉讼法》决定强制医疗的人员，在强制医疗所执行。强制医疗所应当依法对被强制医疗人员进行相应的治疗、康复、看护和监管。强制医疗所应当依法保障被强制医疗人员合法权益，不得侮辱、体罚、虐待被强制医疗人员，或者指使、纵容他人侮辱、体罚、虐待被强制医疗人员。设区的市级以上地方人民政府公安机关主管本行政区域强制医疗所的管理工作。卫生计生部门负责强制医疗所的医疗业务指导和管理。民政部门负责对符合救助条件的被解除强制医疗的人员按照国家有关规定予以供养、救助。强制医疗所执行强制医疗的活动依法接受人民检察院的法律监督。《强制医疗所条例（送审稿）》还对强制医疗所的建设与保障、收治程序、管理制度、医疗与康复、强制医疗评估与解除、相关法律责任等问题作了规定。

我从中国政府法制信息网看到《强制医疗所条例（送审稿）》，觉得虽然条文不多，比较原则，但内容还算全面，基本可行，便没有提出修改意见。唯有一个问题，人民检察院的监督如何在条例中规定？我在提案中建议国务院商最高人民检察院，在《强制医疗管理条例》中具体规定有关监督程序，而《强制医疗所条例（送审稿）》只是原则规定"强制医疗所执行强制医疗的活动依法接受人民检察院的法律监督"。但如果详细规定，则超出国务院的立法权限。因此，《强制医疗所条例》有可能像《看守所条例》那样升格为《强制医疗所法》。

近年来，最高人民检察院连续出台对关于强制医疗决定程序监督和强制医疗执行检察的规定，对强制医疗给予全过程的监督和检察。

2016年6月，最高人民检察院印发《人民检察院强制医疗执行检察办法（试行）》（下称《办法》）。[①]

---

① 《最高检印发〈人民检察院强制医疗执行检察办法（试行）〉规范强制医疗执行检察工作》，最高人民检察院网上发布厅，2016年6月22日，http://www.spp.gov.cn/xwfbh/wsf-bt/201606/t20160622_120515.shtml。

　　《办法》明确强制医疗执行检察的任务是保证国家法律法规在强制医疗执行活动中正确实施，维护被强制医疗人的合法权利，保障强制医疗执行活动依法进行；强制医疗执行检察的职责包括对法院、公安机关的交付执行活动以及对强制医疗机构的收治、医疗、监管等活动是否合法实行监督，对强制医疗执行活动中发生的职务犯罪案件进行侦查等。《办法》规定强制医疗执行检察职责由检察院刑事执行检察部门负责。针对目前我国强制医疗机构的名称和管理体制没有明确规定的实际情况和有关文件规定，《办法》规定检察院对强制医疗所的强制医疗执行活动可以实行派驻检察或者巡回检察，对受政府指定临时履行强制医疗职能的精神卫生医疗机构应当实行巡回检察。

　　为了防止正常人"被精神病"和应当被追究刑事责任的人"假精神病"问题的出现，《办法》第九条、第二十二条分别规定：检察院发现强制医疗机构收治未被法院决定强制医疗的人的，应当依法及时提出纠正意见；检察院发现被强制医疗人不符合强制医疗条件，法院作出的强制医疗决定可能错误的，应当在五个工作日以内报经检察长批准，将有关材料转交作出强制医疗决定法院的同级检察院，收到材料的检察院公诉部门应当在二十个工作日以内进行审查，并将审查情况和处理意见书面反馈负责强制医疗执行监督的检察院。

　　为依法保障被强制医疗人的合法权益，《办法》规定了检察机关依法对强制医疗机构的医疗、监管活动及解除强制医疗活动进行监督，发现有殴打、体罚、虐待或者变相体罚、虐待被强制医疗人，违反规定对被强制医疗人使用约束措施，没有依照规定保障被强制医疗人生活标准，没有依照规定安排被强制医疗人与其法定代理人、近亲属会见、通信，没有定期对被强制医疗人进行诊断评估，对于不需要继续强制医疗的被强制医疗人没有及时向作出强制医疗决定的人民法院提出解除意见等违法情形的，应当依法及时提出纠正意见。《办法》同时规定，检察院应当及时审查处理被强制医疗人及其法定代理人、近亲属的控告、举报和申诉；应当在强制医疗机构设立检察官信箱并定期开启检察官信箱；检察人员应及时与要求约见的被强制医疗人或者其法定代理人、近亲属等谈话，听取情况反映，受理控告、举报、申诉等。

此外,《办法》还规定了检察机关发现强制医疗执行活动中执法不规范、安全隐患等问题的检察建议制度,发现在强制医疗活动中公安机关、法院、强制医疗机构工作人员违法违纪行为的处理程序,以及检察人员在强制医疗执行监督中违纪违法的责任追究制度。针对检察机关对2013年以前公安机关决定强制医疗的精神病人被执行强制医疗的活动是否要监督的争议,《办法》明确了2012年底以前公安机关依据《刑法》第十八条的规定决定强制医疗且2013年以后仍在强制医疗机构执行强制医疗的精神病人,检察机关应当对其被执行强制医疗的活动实行监督。

2018年2月,最高人民检察院印发《人民检察院强制医疗决定程序监督工作规定》(下称《规定》),坚决防止和纠正犯罪嫌疑人"假冒精神病人"逃脱法律制裁和普通人"被精神病"而错误强制医疗。①

为提高监督准确性,及时发现"假精神病"和"被精神病",《规定》明确要求,人民检察院办理公安机关移送的强制医疗案件,可以会见涉案精神病人,询问办案人员、鉴定人,听取涉案精神病人法定代理人、诉讼代理人意见,向涉案精神病人的主治医生、近亲属、邻居、其他知情人员或基层组织等了解情况,向被害人及其法定代理人、近亲属等了解情况,就有关专门性技术问题委托具有法定资质的鉴定机构、鉴定人进行鉴定,开展相关调查。

《规定》进一步强化了检察院对精神病鉴定程序的监督工作。按照《规定》,检察院办理公安机关移送的强制医疗案件,发现公安机关对涉案精神病人进行鉴定的程序存在鉴定机构不具备法定资质,或者精神病鉴定超出鉴定机构业务范围、技术条件;鉴定人不具备法定资质,精神病鉴定超出鉴定人业务范围,或者违反回避规定;鉴定程序违反法律、有关规定,鉴定的过程和方法违反相关专业的规范要求;鉴定文书不符合法定形式要件;鉴定意见没有依法及时告知相关人员;鉴定人故意作虚假鉴定等

---

① 《最高检出台〈规定〉进一步规范强制医疗决定监督工作　坚决防止和纠正"假精神病""被精神病"》,最高人民检察院网上发布厅,2018年2月26日,http://www.spp.gov.cn/spp/xwfbh/wsfbt/201802/t20180226_367788.shtml。

六种具体情形的，应当依法提出纠正意见。

《规定》明确了强制医疗审理活动监督的内容，规定检察院对法院强制医疗案件审理活动实行监督，主要发现和纠正对未通知被申请人或者被告人的法定代理人到场的；被申请人或者被告人没有委托诉讼代理人，未通知法律援助机构指派律师为其提供法律帮助的；未组成合议庭或合议庭组成人员不合法的等十种违法情形。

为及时发现和纠正被强制医疗人"假冒精神病"逃避刑事法律制裁，《规定》指出，检察院审查同级法院强制医疗决定书或驳回强制医疗申请决定书，可以听取被害人及其法定代理人、近亲属的意见并记录附卷。

针对普通程序转适用强制医疗程序的案件，《规定》强调，对于检察院提起公诉的案件，法院在审理案件过程中发现被告人可能符合强制医疗条件，决定依法适用强制医疗程序进行审理的，检察院应当在庭审中发表意见。对法院作出的宣告被告人无罪或者不负刑事责任的判决、强制医疗决定，检察院应当进行审查，对判决确有错误的，应当依法提出抗诉，对强制医疗决定或者未作出强制医疗的决定不当的，应当提出书面纠正意见。法院未适用强制医疗程序对案件进行审理，或未判决宣告被告人不负刑事责任，直接作出强制医疗决定的，检察院应当提出书面纠正意见。

《规定》对公安机关办理强制医疗案件的侦查活动监督、强制医疗决定执行中发现的错误强制医疗决定的监督以及检察院提出纠正意见和审查可能错误强制医疗决定的内部工作程序和司法权责等内容分别作出详细规定。《规定》明确指出，强制医疗决定程序的监督，由人民检察院公诉部门负责。

二 强制医疗与精神卫生法非自愿住院治疗的关系

在我提出关于建议国务院尽快制定《强制医疗管理条例》的提案时，《精神卫生法》还处在制定过程中，所以当时只能对强制医疗与精神卫生法非自愿住院治疗的关系问题作出简单的预测性分析。在《精神卫生法》出台后，这个问题就可以看得比较清晰了。

关于这个问题，《精神卫生法》只作了原则规定，即第五十三条："精神障碍患者违反治安管理处罚法或者触犯刑法的，依照有关法律的规定处理。"这似乎是说，精神障碍患者违反《治安管理处罚法》或者触犯《刑法》的，依照《刑法》、《刑事诉讼法》以及《治安管理处罚法》的规定处理就可以了，与《精神卫生法》无关。其实不然。

第一，对有些触犯《刑法》的精神障碍患者，应当根据《精神卫生法》实施保安性非自愿住院。《刑法》规定，精神病人在不能辨认或者不能控制自己行为的时候造成危害结果，经法定程序鉴定确认的，不负刑事责任，但是应当责令他的家属或者监护人严加看管和医疗；在必要的时候，由政府强制医疗。《刑事诉讼法》规定，实施暴力行为，危害公共安全或者严重危害公民人身安全，经法定程序鉴定依法不负刑事责任的精神病人，有继续危害社会可能的，可以予以强制医疗。也就是说，精神障碍患者在不能辨认或者不能控制自己行为的时候发生的犯罪，如果不属于危害公共安全或者严重危害公民人身安全的暴力行为，不得对其实施刑事性的强制医疗。另外，精神障碍患者在不能辨认或者不能控制自己行为的时候发生的犯罪，即使属于危害公共安全或者严重危害公民人身安全的暴力行为，并且他们有继续危害社会的危险，法院也可能因为某些特殊原因，决定不对其实施强制医疗。那么，应当如何处置不负刑事责任也不适用强制医疗的犯罪精神障碍患者？《刑法》的规定是，应当责令他们的家属或者监护人严加看管和医疗。但是，严加看管和医疗是否包括由家属或者监护人送诊、住院治疗？家属或者监护人是否可以不将他们送诊、住院治疗？我认为，根据《精神卫生法》，既然对没有危害他人安全行为而仅有危害他人安全危险的精神障碍患者都可以实施非自愿住院治疗，那么对犯罪精神障碍患者就更可以实施非自愿住院治疗。否则，将造成尚未犯罪的精神障碍患者应当非自愿住院、已经犯罪的精神障碍患者无须非自愿住院的奇异、尴尬局面。这种失衡破坏了法律的公正性、严肃性。因此，对于不负刑事责任也不适用强制医疗的犯罪精神障碍患者，应当根据《精神卫生法》强制送诊。如果经诊断确认符合《精神卫生法》规定的非自愿住院治疗条件，应当给予非自愿住院治疗。对于这些犯罪精神障碍患者，一般应当由公安机关责令其家属或者监护人送诊，如果家属或者监护人拒不送诊，或者没有家属或者监护人，应当由公安机关送诊。

第二，对有些违反《治安管理处罚法》的精神障碍患者（肇事精神障碍患者），也应当根据《精神卫生法》实施保安性非自愿住院。《治安管理处罚法》规定，精神病人在不能辨认或者不能控制自己行为的时候违反治安管理的，不予处罚，但是应当责令其监护人严加看管和治疗。① 然而，《治安管理处罚法》也没有规定严加看管和治疗是否包括非自愿住院治疗，以及如果违反治安管理的精神障碍患者的家属或者监护人拒不送诊，或者没有家属或者监护人，公安机关是否可以送诊。《精神卫生法》提供了法律依据。肇事精神障碍患者如果符合《精神卫生法》规定的非自愿住院治疗条件，应当给予非自愿住院治疗。也是应当由公安机关责令其家属或者监护人送诊，如果家属或者监护人拒不送诊，或者没有家属或者监护人，应当由公安机关送诊。不过，在这里，《精神卫生法》规定的非自愿住院治疗只能适用于发生危害他人安全行为或者有危害他人安全危险的肇事精神障碍患者。至于发生其他违反治安管理行为的肇事精神障碍患者，公安机关只能责令其监护人严加看管和治疗。

第三，应当防止触犯刑法或者被指控触犯刑法的人被不当地适用《精神卫生法》上的非自愿住院。有两种情形尤须加以防范：一是有关机关可能为规避司法程序包括《刑事诉讼法》设置的制约和监督更强的强制医疗程序，利用《精神卫生法》非自愿住院程序的简便性，将触犯刑法或者被指控触犯刑法的人作为一般"危险性"患者送诊、住院，达到限制其人身自由的目的；二是触犯刑法或者被指控触犯刑法的人，可能为规避刑罚或者刑事性的强制医疗，自行或者通过其亲属等买通有关机关的工作人员，使其躲入精神病院，并利用住院期限的不确定性争取早日出院。

对于与《刑法》、《刑事诉讼法》以及《治安管理处罚法》的衔接，《精神卫生法》的现有规定过于简单，应当补充内容，或者通过其他法规加以具体规定。我在 2017 年《关于完善精神卫生法非自愿住院制度的提案》中也表示过这个意见。

---

① 《治安管理处罚法》第十三条关于"应当责令其监护人严加看管和治疗"的规定没有提到"家属"，应当修订补充。

第六章

《精神卫生法》的制定和实施

　　精神障碍患者①是一类特殊病人群体。许多精神障碍患者对自己患病和治疗的态度与躯体疾病患者有很大不同，意识不到或者不承认自己患病，不主动治疗或者拒绝治疗。由于得不到治疗，有些患者病情更加严重，不能适应社会，或者被社会排斥，甚至遭到他人侵害；有些患者丧失辨认控制能力，在精神病理因素影响下发生严重危害他人和社会的行为。针对这些不主动或者拒绝治疗的精神障碍患者，各国建立了非自愿住院治疗的处遇制度。但是，精神病学对于精神障碍及其患者的诊断和鉴别存在较大局限，非自愿住院治疗制度如果设置得不合理，极易被滥用而导致精神正常者被当作精神障碍患者拘禁于精神病院；而如果不建立这一制度，或者设置得过于苛严、繁琐，又不利于对精神障碍患者实施治疗和预防他们违法犯罪。非自愿住院治疗是精神卫生法的核心问题，也是刑法、刑事诉讼法、治安管理处罚法和民法的重要问题。在中国，非自愿住院制度发展迟缓、曲折。长久

---

　　① 在精神医学领域和精神卫生立法过程中，对患有精神障碍的人，曾有"精神病人"（有广、狭两义）和"精神病患者"、"精神疾病患者"、"精神障碍者"、"精神障碍患者"等称谓。《精神卫生法》最终采用了"精神障碍患者"概念。参见拙著《非自愿住院的规制：精神卫生法与刑法》，社会科学文献出版社，2015，第321～346页。

以来，有关研究没有受到重视，且因处于多学科交叉、边缘领域，学术基础非常薄弱。

从 2003 年我的第一个全国政协提案《关于加快制定〈精神卫生法〉，保护精神病人住院权的提案》到 2017 年我履行全国政协委员职责的最后一个提案《关于完善〈精神卫生法〉非自愿住院制度的提案》，在十五年里我一共提出 11 项以精神障碍患者权益保障、《精神卫生法》的制定与完善特别是非自愿住院的规制为主题的提案，提案时间与《精神卫生法》的制定和施行同步，恰成一个系列。这些提案既反映了精神卫生立法进程，也是我对精神卫生法非自愿住院问题研究的阶段性成果。

在中国，精神卫生法被归入行政法部门，这主要是因为它以精神卫生工作和精神障碍患者的管理为主要内容。但是，对精神障碍患者权益的保障也是其重要内容，因而它也可以归入社会法部门。我对精神卫生法的研究，以精神障碍患者的非自愿住院治疗制度为重点。精神障碍患者的非自愿住院治疗作为一种处遇制度，具有对精神障碍患者进行治疗和管理的双重属性或者功能。两项之中，我更关注后者。

如本书第五章所显示的，我在关注精神卫生法及其非自愿住院治疗制度的同时，还在关注刑事性非自愿住院制度即强制医疗的立法问题。实际上，我对刑事强制医疗的研究开始得更早，是对强制医疗的研究将我引入精神卫生法及其非自愿住院治疗制度研究的。刑事强制医疗与精神卫生法非自愿住院治疗两者，具有诸多相同或者相似之处。至少，从精神障碍和精神病学角度而言，它们都属于医疗、住院问题。第五章所涉提案和本章所涉提案基本上都可以归入"非自愿住院"这个大题目之下。但是，根据法律部门和法学学科的划分，精神卫生法非自愿住院属于行政法范畴（与民法、社会法也有密切关系），强制医疗属于刑法、刑事诉讼法范畴，所以我将有关强制医疗的提案纳入前列刑事立法部分。

第一节　精神障碍患者的住院权

提案

关于加快制定《精神卫生法》，保护精神病人住院权的提案

（政协十届全国委员会第一次会议第 180 号/

政治法律类 0014 号，2003 年 3 月）

目前在我国，对有犯罪或者违反治安管理行为的精神病人，可以根据《刑法》和《治安管理处罚条例》等法律予以强制住院进行治疗。但对无犯罪或者违反治安管理行为的精神病人，在他们不愿意住院的情况下，是否可以强制住院，没有法律规定。在这种法律背景下，出现两种情况。第一，有些不需要住院的精神病人或者根本没有精神病的正常人被强制住院，合法权益遭到侵害。第二，有些很有可能实施危害行为的精神病人，没有得到必要的治疗和管束，从而造成危害后果。

正确处理精神病人的住院权问题是避免这两类情况发生的关键。住院权即住院自决权，也可以理解为拒绝住院权。精神病不同于躯体疾病。如果精神病人自己不感到痛苦，所患精神病没有损害其身体健康或者不会导致其死亡，也无可能伤害自己或者他人，可以不治疗、不住院，外人不宜干涉。目前，在国际上，精神病人的住院权得到普遍的承认。联合国《保护患精神疾病的人和改善精神卫生保健的原则》也明确规定了精神病人的住院权。在国内，精神病人的住院权没有得到法律的承认。有些人认为，由于病情严重而完全丧失认识能力的精神病人，不可能行使住院权。如果听任精神病人拒绝住院，可能会使他们贻误治疗，病情加重。对于没有认识能力的精神病人，可以根据《民法通则》关于精神病人监护问题的规定由其监护人决定住院。但实际上，《民法通则》和有关司法解释并没有规定监护人可以强制精神病人住院。从根本上说，判断自己是否罹患精神病以及是否需要住院的能力，并不是"民事行为能力"。决定自己是否住院这件事，也不是民法所规范的"民事活动"。

从现代人权与法治的立场考察，强制精神病人住院，构成对其人身自由的限制，并有可能对其身心健康造成伤害，是事关公民基本人权的问题，本质上主要属于公法范畴。禁止非法剥夺或者限制公民的人身自由，是公认的人权基本原则。精神病人作为公民，应当享有受到宪法规定和保护的人身自由，非经法律不得剥夺或者限制。如果确有必要限制甚至取消某些精神病人的住院权，国家应当通过公法加以明确规定。在多数国家，对强制精神病人住院的问题，一般是由精神卫生法加以规定的。这些国家的民法都没有授权监护人或者家属可以强制精神病人住院。

不应把决定精神病人的住院的权利授予监护人、家属和病人单位，因为他们可能与精神病人有利益上的冲突。也不应把这种权利授予可能在精神病人住院过程中获得经济利益的精神病院。为防止滥用强制住院措施，特别是为防止某些人把强制住院当作迫害他人的工具，以及防止一些精神病院把强制住院当作获取不当经济利益的手段，有必要对适用强制住院的条件加以严格限定。对非法强制住院的行为，应按非法拘禁论处。革命导师马克思 1858 年在《布尔韦尔－利顿夫人的囚禁》一文中曾猛烈批评家属强制把精神病人或者没有精神病的人关进精神病院的做法，并称之为"罪行"（马恩全集第 12 卷，第 562～567 页）。

但是，精神病人的住院权也不应当是绝对的。对精神病人的住院权的尊重和保护，不能以牺牲他人、社会的利益为代价。当精神病人有可能在精神病的支配和影响下违法犯罪的时候，他如何对待自己所患的精神病就已经不完全是他个人的事情了。有可能违法犯罪，已经预示将出现某种危害，所以具有社会危险性。为保护社会和多数人的利益，应当消除这种危险。因此对有社会危险性的精神病人应当强制住院治疗。另外基于人道主义，对于有自杀、自残危险的精神病人，也应当强制住院治疗。许多国家都有这种非刑事性的强制住院的制度。我国应当尽快建立这一制度。

非刑事性的强制住院只能适用于具有社会危险性和自身危险性的精神病人，而且危险性应当达到一定的程度，不住院并加以治疗看护就不足以预防危害的发生。决定实施强制住院的机构应当是人民法院。适用对象的精神状态和危险性须由精神医学专家鉴定和评估。鉴定评估专家不能是收治精神病人的医院的人员。在紧急情况下，为阻止精神病人可能立即实施违法犯罪或者自杀、自残行为，被法律授权的精神卫生工作者，也可以对精神病人进行临时性的强制治疗。对被强制住院的精神病人的精神状况和危险性程度要进行定期复查。如果精神病人经治疗痊愈或者病情明显缓解，危险性消失或者明显降低，具备出院条件，应安排出院。强制住院治疗的费用主要由国家补贴。

精神病人的住院权和强制精神病人住院的问题，是精神卫生法的核心问题。精神卫生法在我国已经起草多年，几经修改，但迄今尚未出台。希望有关部门加快立法速度。2001 年 12 月，上海制定了中国第一部地方性精神卫生法规《上海市精神卫生条例》，它没有对强制住院及其条件问题作出明确规定，而是含糊其词地规定了一种医生主导、监护人协助的非自愿住院制度，是不可取的。由于精神卫生法要规范精神病人和精神卫生机构的关系，为保证精神卫生法的公正性，应当有利益中立的人权问题专家和社会保障工作者参与立法，并尽可能广泛地听取精神病人家属和曾患精神病的人的意见。

[复函摘要]

卫生部办公厅（卫办提函〔2003〕248 号，2003 年 9 月 17 日）：

目前，受多种因素影响，精神病人因经济困难无力就医，精神病院因病人来源少而减少面积，专业人员流失和生存危机的问题是存在的，这些问题如不能及时解决，将影响精神卫生服务的提供和人民群众精神健康水平的提高，进而影响我国精神卫生事业的发展。

针对这些问题，卫生部、民政部、公安部、中残联于 2002 年 4 月 10 日联合印发了《中国精神卫生工作规划（2002—2010 年）》，提出了以下措施：

一、提高接受基本医疗的重点精神疾病患者比例。对参加医疗保险的重点精神疾病患者（精神分裂症、抑郁症及双相情感障碍、精神发育迟滞伴发精神障碍等）适当降低个人支付比例。对"三无"人员、无业贫困人员、农村贫困人员中的重点精神疾病患者应通过政府、社会、家庭等多种渠道提供医疗救助。对有危害社会和他人安全行为的各类精神疾病患者提供必要的医疗救助，使其精神症状及行为问题能得到及时有效干预和监测。

二、按照国家医疗卫生体制改革精神，扩大和调整现有精神卫生专业机构的服务方向和重点，提高医疗、康复服务质量。在精神卫生专业机构严重短缺的地方，有计划合理增加精神卫生专业机构数量或综合性医院的精神科床位数量，使精神卫生服务的布局更趋合理化。

三、加强精神卫生人才培养，提高专业水平。有计划地采取多种方式对现有精神卫生专业人员进行在职培训，提高对精神疾病和心理行为问题的预防、诊断、治疗、护理、康复、监测、健康教育及防治管理的业务水平和工作能力。

四、加快精神卫生立法进程。近两年，精神卫生法已列入卫生部立法计划，我部正在组织相关人员修改精神卫生法的条文及配套文件的编写工作。我部将在修改过程中，把精神病人住院权和强制精神病人住院问题作为研究重点，写进法文。

[阐述]

这是我的第一个全国政协提案。当时，精神卫生法对于大众甚至学术界而言，还是很陌生的，这个提案以及后来几个关于精神卫生法和精神障碍患者权利的提案，几乎没有引起媒体注意。[①]

卫生部办公厅的复函是给四名政协委员的，我是其中之一。大概因为我们都关心精神卫生事业的发展，但我们不是联名提案，而是分别提案，且具体关注问题可能也不同。这种复函方式不很可取。

复函的主要内容显然不是基于我的提案，它仅在最后提及精神病人住院权和强制精神病人住院问题。可以说，当时卫生部还没有认识到非自愿住院问题的重要性和复杂性，更不会想到将在这个问题上出现那么大的分歧和博弈。

（一）提案的背景

如何规定国家、政府和社会在救济精神障碍患者方面的责任和力度，如何规定非自愿住院治疗，是现代精神卫生法的两大核心问题。第一个问题的关键，是国家能够在多大程度上保障确实需要治疗的精神障碍患者可

---

① 杨雪梅：《委员的立法呼声》，《人民日报》2003 年 3 月 11 日。

以得到尽可能好的治疗、护理，这与国家的经济社会发展水平有关。在 20 世纪 80~90 年代的中国，由于国力不足，这个问题更为突出。"应该住院的没有住院"主要是患者家庭贫困而国家不能提供足够救助造成的。而随着国家经济的发展，这个问题的艰巨性逐渐减小。进入 21 世纪后，加大财政对精神卫生工作的投入力度，已经成为政府的承诺和行动。这个时候，如何规定非自愿住院治疗的问题凸显出来。一方面，"被精神病"事件时有发生，经媒体报道和网络传播后引起社会高度关注；另一方面，法学界和社会有关方面介入一直由卫生部门闭门造车的精神卫生法的讨论，人们开始从法治人权的角度审视非自愿住院治疗制度。

非自愿住院治疗不是单纯的医疗、卫生问题，也不是一般的医患矛盾问题。其关键之处体现在同等重要且可能存在一定冲突的三个方面：一是如何使一些病情严重的患者不因他们不能主动求医而得不到必要的治疗；二是如何防止精神障碍患者违法犯罪；三是如何防止精神正常者被强制住院治疗。这个问题十分复杂，涉及个人、家庭、单位、医院、政府、司法和经济、社会、政治等多个方面。而且不仅涉及精神障碍患者及其家庭，还涉及精神正常者，也就是说，涉及所有人。因而，解决起来难度极大，在各国都是如此。

然而，国家立法机关最初将精神卫生法当作一般的卫生法规，采取部门立法模式，委托卫生部组织起草。我国精神病学界对这部法律的制定是很积极的，希冀它能够规定国家不断加大对精神卫生的投入，使精神障碍患者都得到治疗，提高精神卫生工作者的待遇，明确患者家属的送治责任。特别是，精神病学界主张将自清末就开始形成的住院治疗模式（主要是救护性非自愿住院）合法化，以避免精神病院和精神科医生受到责任追究。精神病学界普遍认为，一个人只要存在重性精神障碍（实际上不限于此），需要住院治疗，精神病院就可以将他们收治，完全不必考虑他们的态度，他们的家属或者所在单位有责任办理住院手续。

改革开放以后，我国精神病学界对外国精神卫生和有关立法状况逐渐了解，但对西方国家实行的住院自愿等原则很不理解，甚至心存恐惧，继而采取坚决的反对态度。在《民法通则》于 1986 年颁布以后，他们自以为原有的住院治疗模式有了法律依据。1990 年 11 月 22 日《法制日报》有一篇报道《立足国情民情，搞好精神卫生立法》，介绍了由卫生部与世界卫生组织联合主办的全国卫生立法研讨会的情况和当时我国精神病学界在精神障碍患者住院自愿和治疗自决权问题上的立场。在这次研讨会上，美国、法国、日本等国的专家作了学术报告，介绍国外精神卫生立法的经验。可是，对外国专家的观点，与会代表不以为然："我们的精神卫生立法还必须以国情和民情为依据，以国家法律为准绳，从实际出发，集中解决当前的一些主要问题，并使之具有现实可行性；我们要借鉴外国的先进和成功经验，也要汲取他们的失败教训，要从社会基础、民族文化、伦理道德和价值观念等方面的对比中，建立自己的规范，并使之具有导向性。"报道还说："与会代表对西方精神卫生法所主张的病人住院自愿和治疗自决权问题，也多持审慎和保留态度。《中华人民共和国民法通则》第十三条规定：'不能辨认自己行为的精神病人是无民事行为能力人，由他的法定代理人代理民事活动。'重性精神病患者无自知力，不承认有病，因而也不能辨认自己是否需要治疗和住院的行为，依法应当属于无民事行为能力人，所以主张决定其住院和治疗诸事宜，应由他的法定代理人或监护人代理。代表们认为坚持这一原则，不仅适用我国的法律规定，也可以避免出现西方所发生的主要弊端，并使病人获得实际的利益。"[①]

1991 年 12 月联合国大会通过《保护患精神疾病的人和改善精神卫生保健的原则》（Principles for the protection of persons with mental illness and the improvement of mental health care，亦译《保护精神病患者和改善精神保健的原则》），规定了"应尽一切努力避免非自愿住院"的基本原则，并为非自愿住院设置了比较严格的标准和程序。1997 年和 1998 年，中国政府先后签署《经济、社会、文化权利国际公约》（International Covenant on Economic，Social and Cultural Rights）——2001 年全国人大常委会批准、《公民权利和政治权利国际公约》（International Covenant on Civil and Political Rights）——尚未批准。这对精神卫生法的制定提出更高的要求。中国精

---

① 周恩：《立足国情民情，搞好精神卫生立法——全国精神卫生立法研讨会述评》，《法制日报》1990 年 11 月 22 日。

神病学界的一些有识之士感到固守原有模式是不可行的，开始反思原有模式的弊端，并探索建立既符合国际准则又符合不断发展变化的中国国情的非自愿住院制度。然而，精神病学界还是有许多人没有接受新观念。卫生部门对如何规定非自愿住院处于犹疑不定状态。这是《精神卫生法》的制定工作在 90 年代出现停滞和拖延的重要原因之一。

（二）精神病人的住院权

我对非自愿住院和精神卫生法问题的关注，始于我在 20 世纪 90 年代撰写《精神障碍与犯罪》一书时。早先在 80 年代初，我看过反映苏联滥用强制住院情况的《谁是疯子》① 等书，了解到存在将精神正常的人强制送入精神病院关押的事情，但没有多想。在撰写《精神障碍与犯罪》时，不可避免地涉及精神障碍患者犯罪的防治和精神障碍患者权利的保护问题。

从社会防卫的角度，我提出，不仅应当对有危害行为但因无刑事责任能力而不负刑事责任的精神障碍犯罪人实施强制医疗，而且，应当对尚无危害行为但具有社会危险性即很有可能将要发生危害行为的精神障碍患者实施强制治疗。我还谈及精神卫生法的制定问题。我认为，对精神障碍患者的治疗、住院自决权应当给予一定程度的承认。精神障碍毕竟不同于躯体疾病。如果精神障碍患者自己不感到痛苦，也无可能伤害自己或者他人，不治疗、不住院也无妨。另外，是否治疗、住院不能由精神障碍患者的家属或者监护人决定。但是，治疗、住院自决权也不是绝对的，可能伤害自己或者他人以及罹患器质性精神障碍的患者的治疗、住院权应当受到限制。强制地或者说违背其意志地对拒绝治疗、拒绝住院但有可能犯罪的精神障碍患者进行治疗，以及使其住院，与保护精神障碍患者的人权并不构成不可调和的矛盾。关键的问题是如何和由谁认定精神障碍患者可能犯罪，以及由谁决定对有可能犯罪的精神障碍患者实施强制性治疗和住院。有可能犯罪，意味着还没有犯罪，因此这种状态不具有社会危害性，也不具有可惩罚性。有可能犯罪的人，既不是罪犯，也不是犯罪嫌疑人。不能

---

① 〔苏〕若列斯·亚·麦德维杰夫、罗伊·亚·麦德维杰夫：《谁是疯子?》，钱诚译，群众出版社，1979。

以对待罪犯和犯罪嫌疑人的方式对待他们。但是可能犯罪，已经预示将出现某种危害，因此这种状态具有社会危险性。为保护他人和社会的利益，应当消除这种危险。但采取的措施，不应当是刑法的。对有社会危险性的精神障碍患者实施强制治疗和住院，并不是进行惩罚，而是为了治疗、缓解以及控制他们的疾病。由于强制治疗和住院，在一定程度上限制了精神障碍患者的人身自由。为防止滥用强制治疗和住院，有必要对适用强制治疗和住院的条件加以限定。这个条件应当兼顾精神障碍患者个人和社会的利益。有社会危险性的精神障碍患者的治疗管理问题，须由法律加以规范。这个问题，以及精神障碍患者权益的保护、精神障碍医疗机构和精神卫生服务机构的设置与管理、司法精神医学鉴定、精神障碍犯罪人的处遇等问题，是精神卫生法的内容。①

在《精神障碍与犯罪》于 2000 年出版后，有些读者就有关问题与我联系，进行咨询。有一些被告人家属说，他们的孩子因精神障碍发生危害行为，没有经过鉴定就被判刑入狱。还有被害人家属反映，加害者通过关系被鉴定为无刑事责任能力而逍遥法外。出乎意料的是，还有一些人说，他们精神正常，但曾经因其他原因，例如单位矛盾、家庭纠纷、邻里冲突，被当作精神障碍患者由单位、家人或者有关部门强制送入精神病院治疗。我不能判断他们是否患有精神障碍，但他们的遭遇令我同情，力所能及地提供了一些意见和帮助。这促使我进一步关注精神卫生法和非自愿住院问题，并将它列为我下一阶段的研究课题。

最初的研究心得，是在 2002 年 10 月，接受当时的《北京法制报》记者的采访，做了一版强制住院的专题。这是国内媒体最早的讨论强制住院的报道。2003 年的《关于加快制定〈精神卫生法〉，保护精神病人住院权的提案》，主要是在这篇访谈的基础上形成的。当时，在回答记者提出的若干问题时，我谈了在那个时期对精神卫生法问题的基本看法，主要讲的是对具有危险性的精神病人（即精神障碍患者）的强制住院问题（现补充注释）。②

---

① 刘白驹：《精神障碍与犯罪》，社会科学文献出版社，2000，第 340～353 页。
② 陈洁：《谁该被送进精神病院——精神病人强制住院法律问题专家访谈》，《北京法制报》2002 年 10 月 17 日。

　　住院权即住院自决权，也可以理解为拒绝住院权。这种权利是针对没有犯罪、违法行为的精神病人而言的。在中国精神医学界，许多人对精神病人的住院权持保留的态度。他们认为，由于病情严重而完全丧失认识能力的精神病人，不可能行使住院权。这些精神病人拒绝住院，并不是出于理智。如果听任精神病人拒绝住院，可能会使他们贻误治疗，病情加重。根据人道主义原则，对于没有认识能力的精神病人，可以由其监护人决定住院。他们认为《民法通则》关于无民事行为能力和限制民事行为能力的精神病人监护问题的规定提供了这样做的法律依据。实际上，《民法通则》和有关司法解释并没有对精神病人的住院问题作出直接规定，也不能从有关条文中推导出监护人可以决定精神病人住院问题的结论。判断自己是否罹患精神病以及是否需要住院的能力，并不是"民事行为能力"。决定自己是否住院这件事，也不是民法所规范的"民事活动"。不过，《民法通则》和有关司法解释关于精神病人监护问题的规定与精神病人的住院问题也有一定关系。这就是，根据这些规定，监护人有义务在精神病人要求治疗、住院的前提下安排其治疗、住院，有义务保护精神病人免受非法的强制治疗、住院，有义务阻止对精神病人不当的医疗处置。还需指出，精神病人的家属并不能自然成为监护人，虽然家属很有可能成为精神病人的监护人。根据《民法通则》规定，一个需要被监护的成年人，必须是无民事行为能力或者限制民事行为能力的精神病人；而一个成年人被认定为无民事行为能力人或者限制民事行为能力人，必须有证据表明他是精神病人，并且必须经过他的利害关系人的申请和法院的宣告。

　　从现代人权与法治的立场考察，强制精神病人住院，构成对其人身自由的限制，并有可能对其身心健康造成伤害，是事关公民基本人权的问题，虽然在某些方面与民法有关（例如办理住院手续），但本质上主要属于公法范畴，不宜通过民法解决。禁止非法剥夺或者限制公民的人身自由，是公认的人权基本原则。精神病人作为公民，当然应当享有受到宪法规定和保护的人身自由，非经法律不得剥夺或者限制。根据法治精神和宪法原则，如果没有相反的法律规定，每个人都享有决定是否治疗以及如何治疗自己所患疾病的权利。如果确有必要限制甚至取消某些精神病人的住院权，国家应当制定公法性的法律加以明确规定。目前，在多数法治国家，对强制精神病人住院的问题，一般是由精神卫生法加以规定的。无论如何，不应把决定精神病人的住院的权利授予任何个人——无论他是精神病人的监护人还是家属，以及与精神病人有利害关系的单位。当然，也不应把这种权利授予可能在精神病人住院过程中获得经济利益的精神病院。

为防止滥用强制住院措施，特别是为防止某些人把强制住院当做迫害他人的工具，以及防止一些精神病院把强制住院当做获取不当经济利益的手段，有必要对适用强制住院的条件加以严格限定，非依法不得实行。对非法强制住院的行为，应按非法拘禁论处。

像所有权利一样，精神病人的住院权也不应当是绝对的。对精神病人的住院权的尊重和保护，不能以牺牲他人、社会的利益为代价。当精神病人有可能在精神病的支配和影响下违法犯罪的时候，他如何对待自己所罹患的精神病就已经不完全是他个人的事情了。有可能违法犯罪，虽然意味着还没有违法犯罪，不具有社会危害性，但是已经预示将出现某种危害，所以具有社会危险性。为保护社会和多数人的利益，应当消除这种危险。因此我认为，对有社会危险性的精神病人也可以强制住院。许多国家都有这种强制住院制度。通常所说的强制住院，即指这种强制住院。我国没有这个制度，在实践中，没有区分有社会危险性的精神病人和一般精神病人。这导致了一些应强制住院的精神病人没有被强制住院，而一些无需强制住院的精神病人被强制住院的现象。这两种倾向都是不对的。建议我国尽快建立这一制度。

这种强制住院只能适用于具有社会危险性的精神病人，而且精神病人的社会危险性应当达到一定的程度，不住院并加以治疗看护就不足以预防其违法犯罪。决定实施强制住院的机构应当是法院或者公安机关。适用对象的精神状态和社会危险性须由精神医学专家鉴定和评估。鉴定评估专家不能是收治精神病人的医院的人员。在紧急情况下，为阻止精神病人可能立即实施违法犯罪行为，被法律授权的精神卫生工作者，也可以对精神病人进行强制治疗。这种治疗是一种临时性的处置措施。是否需要进行强制住院，应当通过一般程序确定，并对被强制住院的精神病人的精神状况和社会危险性程度进行定期复查。如果精神病人经治疗痊愈或者病情明显缓解，社会危险性消失或者明显降低，具备出院条件，应安排出院。

精神卫生的一个重要内容就是精神病人人权的保护。从某种意义上说，精神卫生运动的历史，就是不断提高精神病人的待遇、尊重精神病人的治疗权和住院权、改善精神病院的条件、改革精神病人管理模式的历史。各国的精神卫生立法和联合国《保护患精神疾病的人和改善精神卫生保健的原则》都规定了精神病人的权利以及强制住院问题。强制住院，既是法律问题、人权问题，也是精神卫生问题。我们热切期望我国的《精神卫生法》尽快制定出来。要知道，法国在1838年就制定了精神卫生法性质的法律。

需要指出，由于精神卫生法要规范精神病人和精神卫生机构的关系，为保证精神卫生法的公正性，应当有利益中立的人权问题专家和社会保障工作者参与立法，并尽可能广泛地听取精神病人家属和曾罹患精神病的人的意见，而不能由卫生部门闭门造车。

在欧洲国家的近代民法中，无民事行为能力者的精神病人，被称为禁治产人。禁治产人由其配偶、父母等作为监护人。但是，监护人并没有自行处理禁治产人住院问题的权利。住院问题一般是由亲属会议或者家庭法院决定的。1804年《法国民法典》规定，将禁治产人留居家中疗养或送精神病院、医院治疗，须由亲属会议按照禁治产人疾病的性质和财力决定。[①]《日本民法典》在1947年前规定，将禁治产人送入精神病院或监置于私宅应得亲属会议同意，1947年修改为，将禁治产人送入精神病院或其他类似场所，应经家庭法院许可。[②]这样的规定，显然是为防止监护人侵犯禁治产人的利益。监护人虽多是与

① 《法国民法典（拿破仑法典）》，李浩培、吴传颐、孙鸣岗译，商务印书馆，1979。
② 《日本民法典》，王书江译，中国法制出版社，2000。

精神病人有婚姻、血缘关系之人，但他们未必不会与精神病人发生利益上的冲突。近几十年来，随着对精神病人人权的更加重视，传统的禁治产人制度受到越来越激烈的批评，人们认为宣告某人为禁治产人的做法具有歧视性的效果，① 因此，许多国家的民法都进行了修改。1992 年，《德国民法典》废除了禁治产人制度，对无民事行为能力的精神病人的监护被修改为照管，而且照管人不得擅自对被照管人实施剥夺自由的安置措施。② 现行《法国民法典》不仅废除禁治产人制度，代之以精神紊乱成年人的保护制度，而且明确宣布："采取何种医疗方式，尤其是住院治疗还是在家庭内治疗，与适用于民事利益的保护制度无关。"③

（三）马克思关于非自愿住院问题的论述

我在提案中引用了卡尔·马克思《布尔韦尔－利顿夫人的囚禁》一文的观点。我在 20 世纪 90 年代撰写《精神障碍与犯罪》时，梳理和介绍了《资本论》引用的关于精神障碍问题的资料。当时，我还没有读过《布尔韦尔－利顿夫人的囚禁》。后来打算研究精神卫生法问题，为了解英国精神卫生法的早期发展，我再次想到从马恩著作中寻找资料，并从《马克思恩格斯全集目录》④ 中检索到《布尔韦尔－利顿夫人的囚禁》等文章。找来学习，深受启发，写了一篇读后感《卡尔·马克思对精神病人问题的关注》（署名法正居士），2007 年 4 月发表于互联网"学术观察论坛"和我的博客，曾被转载和抄袭。⑤ 2010 年 4 月 6 日，我在《中国社会科学报》发表短文《我们需要什么样的〈精神卫生法〉》，依然引用了《布尔韦尔－利顿夫人的囚禁》的观点。在 2015 年 1 月出版的《非自愿住院的规制：精神卫生法与刑法》一书中，我将布尔韦尔－利顿夫人被囚禁一事列

---

① 参见〔德〕迪特尔·梅迪库斯《德国民法总论》，邵建东译，法律出版社，2001。
② 《德国民法典》，郑冲、贾红梅译，法律出版社，2001 年。
③ 《法国民法典》，罗结珍译，中国法制出版社，1999。
④ 《马克思恩格斯全集目录》，人民出版社，1976。
⑤ 对马克思这篇文章，任何人都可以引用，但是，拙作《卡尔·马克思对精神病人问题的关注》有自己的叙述、概括方式和评论，也有著作权。

为非自愿住院的典型案例。读后感原文如下（增加注释和人物原名）：

兴趣极为广泛的卡尔·马克思，对精神病人问题也是很关注的。仅在1858年，马克思就至少发表了四篇与之有关的文章。这四篇文章收在《马克思恩格斯全集》第十二卷。

有两篇文章讲当时的普鲁士国王弗里德里希－威廉四世的疯癫症。弗里德里希－威廉四世的疯癫症至迟在1848年就存在了。当时他得了脑炎，还受到惊吓刺激。后来脑炎虽然治愈，但留下了精神障碍。我分析，他患的应当是现在所说的"脑炎（颅内感染）所致精神病"。这是一种比较严重的器质性精神障碍，主要表现为六种综合征：（1）意识模糊综合征，即谵妄；（2）遗忘综合征，即柯萨科夫综合征，突出表现为严重的近事遗忘；（3）智能减退，或称痴呆综合征；（4）精神病性状态。患者有明显的妄想，或有持久、反复出现的幻觉，或有紧张综合征（包括紧张性兴奋与紧张性木僵），或有明显的情感障碍；（5）神经症综合征，如神经衰弱综合征、癔症样症状、疑病症状、强迫症状等；（6）性格改变。其中，最基本、最常见的是意识模糊综合征、遗忘综合征和痴呆综合征。弗里德里希－威廉四世经常发生妄想，例如有时把自己想象成一名士兵，有时性格暴躁，动手打过大臣。但他发病具有周期性，也有神志清醒的时候。这个特点被当局用来布置他精神正常的骗局。王后经常守着她的丈夫，抓住他的每一个神志清醒的时期，让他出现在人民面前，或者让他在公共场合露面，教他演习他应该扮演的角色。或许是因为他们没有子女，所以才出如此下策。但是，由于王族成员的争吵，国王患病的事情最终被暴露。马克思评论道："德国作家豪弗在他的一篇故事里描写了一个喜欢说短道长、专爱无事生非的小城镇，在一天早上，突然发现它那里最时髦的人物、实际上在社交界占头把交椅的大红人，原来不过是一只化装的猴子，因而大为惊愕，失去了它平素那种安然自得的心情。现在，普鲁士人民，或者说一部分普鲁士人民，大概正由于一种更不愉快的发现而感到万分沉痛：他们竟被一个疯子统治了整整二十年。至少，人民已在暗自猜疑，忠实的普鲁士'臣民'被朝廷的一个大规模骗局巧妙地愚弄了。"在此情况下，弗里德里希－威廉四世不得不让亲王摄政。他在给亲王的诏书中说："鉴于我目前仍不能亲理国政，特敦请殿下在暂时、临时等等意义上，作为摄政王代表我行使国王权力，务期竭尽全部德才，仅对上帝负责。"亲王在他给内阁的诏书中称："遵照国王的要求并根据宪法第五十六条，本人作为王位的男性直接继承者承负国家摄政之责，并依照宪法第五十一条召集王国议会两院会议。"马克思认为这两个诏书之间存在矛盾："请看，国王在诏书中表现出他是一个有自主力的人，而且他是自愿暂时引退的。可是，亲王却同时抬出'国王的要求'和'宪法第五十六条'，而宪法第五十六条是以国王患精神病或被停，以致不能亲自任命摄政人选为前提的。再者，国王在他的诏书中要求摄政王在行使他的权力时'仅对上帝负责'，可是这位亲王抬出了宪法，把全部责任都推给现任内阁。根据摄政王引据的条款，'王位直接继承者'应立即召集两院举行联席会议，决定'有无必要实行摄政'。为了剥夺议会的上述权力，要强调国王自愿隐退的，可是为了不致完全依赖于国王的任性，又抬出了宪法。可是，摄政王提出的论点是有漏洞的，因为他所依据的是两种彼此不相容的权利。"随后，马克思评论了普鲁士的宪法，指出宪法对国王的无上权力只是一种纸上的约束，当初国王是在"认为有可能借助宪法进行统治"的条件下接受了宪法。

另一篇文章是《英国疯人数目的增加》，反映了马克思对经济与精神病关系的观察。他指出："英国社会史上恐怕找不出现代财富和赤贫现象相应增长这一点更确凿无疑的事实了。有趣的是，这条规律大概对疯人数目也适用。大不列颠疯人数目的增加不下于出口额的增长，而且超过人口的增长。……在1853年至1857年商业空前繁荣时期，英格兰和威尔士的疯人人数目迅速增加。"马克思指出："一方面，现有的疯人病院太庞大了，以致无法使它们维持正常的状态，而另一方面它们的数量又太少，赶不上精神病的迅速增长。首先必须把疯人病院严格划分为两类：不可医治的病人的收容所和可以医治的病人的医院。把不可医治的病人和可以医治的病人混合收容，两者都不能得到应有的护理或治疗。"对于贫苦疯人的状况，马克思给予很大的同情，他说："总而言之，英国绝大多数马厩，与习艺所的疯人病房相比，就像是客厅一样；马厩里四条腿的牲畜受到的待遇，与贫苦居民阶层的疯病患者受到的待遇相比，不能不说是爱护备至了。"

　　四篇文章中最重要的是《布尔韦尔－利顿夫人的囚禁》，1858 年 7 月 23 日写于伦敦。① 这篇文章是对精神正常的布尔韦尔－利顿夫人（Rosina Bulwer-Lytton，1802～1882）被家人强行送入精神病院这一事件的评论。马克思没有详细介绍事件的整个过程。我梳理分析一下，大体是：布尔韦尔－利顿夫人的丈夫爱德华·布尔韦尔爵士（Edward Bulwer-Lytton，1803～1873），是在伦敦新闻界的文化圈子里具有重要影响的人物。而布尔韦尔－利顿夫人与其丈夫政见不合，并且似乎给他造成相当大的麻烦，破坏他最近的议会选举。于是，爱德华·布尔韦尔爵士决定通过他们的儿子罗伯特·布尔韦尔－利顿（Robert Bulwer-Lytton，1831～1891）处理布尔韦尔－利顿夫人。罗伯特·布尔韦尔－利顿显然与其母亲关系不好，有17年没有和她见面，也没有通过信，而在他父亲被重新选入议会的哈特福的选民会上才同她相会。当布尔韦尔－利顿夫人离开选民会，到哈特福市长那里去向他借用市政厅大厦做讲演会场时，罗伯特·布尔韦尔－利顿派了一位医生到市长公馆去检查他母亲的精神状态。后来，他母亲在伦敦克拉哲斯街黑尔·汤普逊先生家里遭到绑架，她的堂姊妹莱夫斯女士跑到街上，看到罗伯特·布尔韦尔－利顿等在外面，就央求他管一管这件事，不要让别人把他母亲送到精神病院，这时他竟无动于衷地说这与他不相干。这件事后来被一些政客利用，被公布出来，引起关注。爱德华·布尔韦尔爵士父子受到舆论谴责。但是，各党派政客只是利用此事，而对布尔韦尔－利顿夫人的遭遇本身并不关心。对此，马克思评论

----

① 此前，马克思在 1858 年 7 月 16 日曾写过一篇评论布尔韦尔－利顿夫人事件的文章，但没有刊登。

说："事情的真相常常只有通过迂回曲折的政治倾轧方式才能在英国报端的一个角落里透露出来。对于一件真正的凶恶行为所持的似乎出自内心的义愤，归根到底不过是别有用心的装腔作势；呼吁社会主持公道不过是为了发泄私愤。至于那些大无畏的舞文弄墨的骑士，则不论布尔韦尔夫人是永远呆在伦敦的疯人收容所里还是被人家比在圣彼得堡或维也纳更加巧妙、更加神不知鬼不觉地收拾掉，实际上他们都是毫不在乎的；要不是她运气好，被帕麦斯顿①一眼看中，认为可以借她来作为分裂托利政府的工具，文化界因袭守旧的礼仪是会使她没有任何可能进行申述的。"

马克思更关心布尔韦尔夫人被拘禁这一事件本身。罗伯特·布尔韦尔-利顿面对指责，对自己的行为进行辩解，说他"作为布尔韦尔-利顿夫人的儿子，比任何人都更有权利出来保护她，自然，对全部情况也比任何其他人了解得更真切"。马克思指出，罗伯特·布尔韦尔-利顿长期不关心其母亲，并且是他父亲所策划的阴谋的主要参与者之一，没有资格当布尔韦尔-利顿夫人的保护人。罗伯特·布尔韦尔-利顿还辩解说，他母亲"根本没有被送进疯人收容所"，而只不过是被送进了医生罗伯特·加丁纳·希尔先生的"私立病院"。马克思认为这不过是诡辩。虽然希尔医生管理的魏克病院按照法律并不属于"收容所"之列，而属于"首都官准私立疯人病院"之列，但两者并没有本质不同。

靠"精神错乱症"吃饭的希尔医生也出来辩解，他说布尔韦尔夫人完全没有受到禁闭，相反地，她可以使用马车，而且在她被迫留住期间，几乎每天晚上都乘车去散心。马克思认为这并不意味着他们没有把布尔韦尔夫人作为精神病人对待。他指出，"装模作样的亲热、耐着性子的笑脸、哄小孩般的劝导、曲意逢迎的废话、机巧投递的眼色、一群训练有素的护理人员的故作镇静，——这一切，都像灌水

---

① Henry John Temple Lord Palmerston，1784～1865，亦译"巴麦尊"，曾担任英国外交大臣和首相。

法、紧束衣、粗暴的监视人和黑暗的病房一样，能有效地把任何一个头脑正常的女人逼疯。不论怎么说，医生希尔先生和利顿先生的声明简单归结起来就是，他们的的确确是把布尔韦尔夫人当成疯子，只不过对她使用的是新办法，而不是旧规矩"。

马克思还指出，同意绑架布尔韦尔夫人的那些医生，绝不是什么"最有经验和最权威的医生"。爱德华·布尔韦尔爵士雇来的人里面有那么一位罗斯先生，他是伦敦的一个药商，显然是由于获准经售药品而一跃为精神病名医；还有一位黑尔·汤普逊先生，他曾同韦斯明斯特病院有点往来，但同科学却一点关系也没有。只是由于外来压力，爱德华·布尔韦尔爵士着了慌，感到必须让步时，他才去找医学界真正著名的人物。而《心理学医学杂志》编辑福布斯·温斯劳医生宣称，"检查了布尔韦尔－利顿夫人的心理状态以后"，他认为"完全可以不再限制她的自由"。

这时，罗伯特·布尔韦尔－利顿不得不同意恢复其母亲的自由。马克思认为，恢复自由是必要的，但更重要的要解决的问题，是剥夺她的自由是否合法。如果一个巡警被控非法扣押了自由的英国人，而他竟说，他已经恢复了被押者的自由，因此自己没有做错事，他把这作为理由来替自己辩解，岂不令人好笑？显然，马克思主张追究罗伯特·布尔韦尔－利顿非法拘禁的法律责任。

罗伯特·布尔韦尔－利顿声称已经恢复其母亲的自由。他说，"我的母亲现在住在我这里，她的行动不受限制。她自己愿意同我、还有她自己选择的一位女伴和亲戚做一次短期旅行"。对此，马克思给予驳斥。他说，利顿先生的信上注明的是"公园街1号"，即他父亲在市内的住址。这不就是说他们已经把布尔韦尔夫人从布伦特弗德的拘禁处转移到伦敦一个新的拘禁处，完全把她送到凶狠敌人的掌心中去了吗？有谁能保证她的"行动不受限制"呢？至少，她在交给她的和解书上签字时不是自由的，而是在经受着希尔医生的改良治疗法的折磨。这个事件中最重要的一点是：爱德华爵士讲话的时候，布尔韦尔夫人总是沉默的。虽然人们都知道她长于文字，可是公众没有见到过一篇她所写的声明。她写了一份关于自己所受到的待遇的报告，却被人巧妙地从接到这份报告的人那里弄走了。

轰动一时的布尔韦尔夫人被当作精神病人囚禁一事，在政治交易的背景下，经一位内阁大臣的干预，作为家庭纠纷，通过家庭协议而得到解决。但马克思认为，这事情并没有完。他强调，不论他们夫妇之间目前取得了什么样的协议，英国公众感兴趣的是这样一个问题：能以重金收买两个贪婪医师的无耻阔人有没有权利在疯人待遇法的掩盖下发出 lettres de cachet（拘捕令）？还有一个问题：能不能听任一个内阁大臣用简单的家庭和解来了结一件昭然若揭的罪行？

卡尔·马克思确实是走在时代前面的伟人。他在精神病人强制住院问题上的观点，与当代精神卫生理念是一致的，对于我国制定精神卫生法具有指导意义。他认为，故意将精神正常者当作精神病人强制住院，是一种罪行，应追究行为人的刑事责任。这是我极为赞成的。

马克思这四篇短文，都是为美国《纽约每日论坛报》写的评论。马克思没有职业，写书的稿费不足以养家，日常生活很大程度上依赖恩格斯接济。1851 年起，马克思应邀为《纽约每日论坛报》撰稿（有一部分出自恩格斯手笔），他每星期必须写两篇文章，每篇得稿酬 2 英镑。这对马克思一家的生活有很大帮助。但到 1857 年，由于美国发生经济危机，《纽约每日论坛报》对马克思的态度转为冷淡，稿酬减少一半，有些文章也不给发表，被退回或者被扔掉。而在那时马克思正忙于撰写《政治经济学批判》，还时常生病。可以说，马克思对这份工作十分厌烦，可又不得不为之。不过，这并不影响那些文章的价值。马克思写这些文章时，态度是很认真严肃的，并不轻易落笔。例如，《普鲁士国王的疯癫症》写于 1858 年 10 月，而早在一年前，马克思就开始关注这个事情。1857 年 10 月 31 日，马克思在给恩格斯的信中，问恩格斯"对我们国父的痴呆有什么看法？"[①] 正如梅林（Franz Erdmann Mehring，1846～1919）评论马克思在《纽约每日论坛

---

① 《马克思恩格斯全集》第 29 卷，人民出版社，1972，第 197 页。

报》上发表的那些文章所言："他忠于自己的信念，把借以糊口的文笔生涯也变成了崇高的事业。由于他在写论文时经过深入刻苦的研究，他就使这些论文具有了不朽的价值。"①

马克思对精神病人问题的关注，应当不限于这四篇文章。我还没有系统搜罗。但不能不提的是，在《资本论》中，马克思注意到工作状况、生活环境与精神障碍之间的关系。他引用了不少医学报告说明这个问题。例如：约翰·西蒙医生在一份报告中说："虽然我的职务上的观点仅限于医学方面，然而最普通的人道不容许我忽视这种灾祸的另外一面。在灾祸达到较严重的程度时，几乎必然会使人们不顾任何体面，造成肉体和肉体机能如此龌龊的混杂，如此毫无掩饰的性的裸露，以致使人像野兽而不像人。受这种影响会使人堕落，时间越久，堕落越深。对于在这样可诅咒的环境下出生的儿童来说，这种环境本身就是一种寡廉鲜耻的洗礼。如果想让处在这种状况下的人们在其他方面努力向上，追求以身心纯洁为本质的文明气氛，那是绝对无望的。"约翰·西蒙医生在另外一份报告中指出："传染病协会的秘书德克利夫先生，有特别多的机会考察第一流成衣店的女工的健康情况，他在每20个自称'完全健康'的女工中，发现只有一个是健康的；其余的人都在不同程度上显得体力疲惫、神经衰弱以及各种各样由此引起的机能失调。他所列举的原因，首先是劳动时间过长。他估计，甚至在淡季，每天至少也劳动12小时；第二是工场过分拥挤，通风很差，煤气灯使空气变得污浊不堪，食物不够或者太差，以及对住房是否舒适漠不关心。"《资本论》中还有几个材料值得注意。一个工厂视察员在其报告中指出，露天漂白厂的女工的健康状况比纺织女工还要坏得多，恶性歇斯底里是她们常见的一种病。一份公共卫生报告指出，一些妇女由于外出就业，无法照料自己的孩子，导致一些孩子死亡，"母亲对自己的子女也惊人地丧失了自然感情——她们通常对

---

① 〔德〕弗·梅林：《马克思传》，樊集译，人民出版社，1965，第301页。

子女的死亡并不十分介意，有的甚至……直接设法弄死他们"。①

顺便说，恩格斯也注意到这个问题。恩格斯在"根据亲身观察和可靠材料"写成的《英国工人阶级状况》中指出，"我们随便把目光投到什么地方，到处都可以看到经常的或暂时的贫困，看到因生活条件或劳动本身的性质所引起的疾病以及道德的败坏；到处都可以看到人的精神和肉体在逐渐地无休止地受到摧残"。恩格斯在书中引用了几位医生的话说明工人的健康状况，其中的霍金斯博士说："我必须承认，从曼彻斯特的工厂里领给我看的一切男孩子和女孩子都是抑郁而苍白的；他们脸上没有一点青年人通常具有的生动、活泼和愉快的表情。……无节制、放荡、不关心将来，这就是工厂居民的主要恶习，这些毛病都很容易从今天的制度所产生的风气上得到解释，而且是几乎不可避免地从这个制度里产生出来的。大家都公认，消化不良、抑郁病和全身衰弱在这类工人中是非常普遍的现象；在十二小时的单调的工作之后，想找点什么东西来刺激一下，那真是太自然了，而当上述疾病终于出现的时候，他们就愈来愈频繁地到烧酒里面去寻求解脱。"②

第二节 精神病患者的选举权

提案

关于修改有关法律进一步明确精神病人选举权问题的提案

（政协十届全国委员会第二次会议第 524 号/

政治法律类 46 号，2004 年 3 月）

选举是人民依法行使当家作主权利的重要方式。根据法治原则和我国《宪法》，每一个公民都享有选举权和被选举权；对公民选举权和被选举权

---

① 参见马克思《资本论》第 1 卷和第 3 卷，人民出版社，1975。

② 恩格斯：《英国工人阶级状况》，人民出版社，1956。

的限制或者剥夺，必须由法律来规定。精神病人（包括智障者）也享有选举权和被选举权。不过由于精神障碍的影响，有些精神病人没有能力行使选举权和被选举权，理应不参加选举。但是，对精神病人的选举权和被选举权的限制，必须以法律为根据。目前，我国有关法律在精神病人选举权和被选举权问题上，所作出的规定不够明确具体，或者没有作出规定，致使一些选举在如何处理精神病人参加选举的问题上出现不应有的混乱，影响了选举工作的严肃性，甚至造成对公民基本政治权利的侵犯。

一、《中华人民共和国全国人民代表大会和地方各级人民代表大会选举法》① 第二十六条第二款规定："精神病患者不能行使选举权利的，经选举委员会确认，不列入选民名单。"这条规定所确定的基本原则是正确的。但是仅仅根据这条规定还不足以妥善处理精神病人参加人大选举的问题。

第一，它没有规定认定精神病人不能行使选举权利的医学和心理学标准。精神病人的病情不同，不是所有的精神病人都是丧失理智、没有认识能力和行为能力的。究竟哪些精神病人是没有认识能力和行为能力的，必须按照科学的标准来认定。而且，精神病人各种能力的保持程度也不完全一样，存在着某种能力丧失而其他能力尚存的情况。因而认定选举能力，应当有独立的科学标准。虽然我国《民法通则》和《刑法》规定了精神病人民事行为能力和刑事责任能力的认定标准，但是精神病人选举能力不同于民事行为能力和刑事责任能力，丧失民事行为能力或者刑事责任能力，并不必然丧失选举能力。不能用认定民事行为能力和刑事责任能力的标准

---

① 《中华人民共和国全国人民代表大会和地方各级人民代表大会选举法》，1979 年 7 月 1 日第五届全国人民代表大会第二次会议通过，根据 1982 年 12 月 10 日第五届全国人民代表大会第五次会议《关于修改〈中华人民共和国全国人民代表大会和地方各级人民代表大会选举法〉的若干规定的决议》第一次修正，根据 1986 年 12 月 2 日第六届全国人民代表大会常务委员会第十八次会议《关于修改〈中华人民共和国全国人民代表大会和地方各级人民代表大会选举法〉的决定》第二次修正，根据 1995 年 2 月 28 日第八届全国人民代表大会常务委员会第十二次会议《关于修改〈中华人民共和国全国人民代表大会和地方各级人民代表大会选举法〉的决定》第三次修正，根据 2004 年 10 月 27 日第十届全国人民代表大会常务委员会第十二次会议《关于修改〈中华人民共和国全国人民代表大会和地方各级人民代表大会选举法〉的决定》第四次修正，根据 2010 年 3 月 14 日第十一届全国人民代表大会第三次会议《关于修改〈中华人民共和国全国人民代表大会和地方各级人民代表大会选举法〉的决定》第五次修正。

来认定选举能力。

第二，在程序上，没有规定认定精神病人的选举能力必须经过司法精神医学鉴定。某些人可能会利用这个漏洞剥夺实际上没有精神病但对领导个人有意见的人的选举权。选举委员会的确认应当并且只能是最后的确认，在其确认之前，必须经过法定程序进行司法精神医学鉴定。

第三，由于《中华人民共和国全国人民代表大会和地方各级人民代表大会选举法》第二十六条第二款规定过于简单，地方人民代表大会代表选举实施细则的有关规定也难以科学周到。例如，《江西省各级人民代表大会代表选举实施细则》第十九条规定："无法行使选举权和被选举权的精神病患者和无法表达意志的痴呆人，经监护人同意或者医疗部门证明，选举委员会确认，不列入选民名单。患间歇性精神病的选民，列入选民名单，选举时发病的，不行使选举权利。"根据这个规定，只要经精神病人监护人的同意，选举委员会就可以将该精神病人排除在选民名单之外，很不妥当。这个规定也没有说，所谓患间歇性精神病的选民在"选举时发病"应当由谁认定。

第四，由于《中华人民共和国全国人民代表大会和地方各级人民代表大会选举法》第二十六条第二款规定过于简单，各地方的人民代表大会代表选举实施细则的有关规定有一定差异，有的差异还很大。例如《湖南省县级以下人民代表大会代表直接选举实施细则》第二十四条"无法行使选举权利的精神病人，经选举委员会确认后不予登记，但在选举期间能够行使选举权利的间歇性精神病人应予登记"就和《江西省各级人民代表大会代表选举实施细则》相应规定有原则性差异。这种差异，会造成各地方公民基本政治权利的不平等，在此地可以参加选举的，换个地方就有可能不让参加选举。这有悖于我国法制统一的原则。

二、《中华人民共和国村民委员会组织法》① 甚至没有作出类似于《中华人民共和国全国人民代表大会和地方各级人民代表大会选举法》第二十

---

① 《中华人民共和国村民委员会组织法》，1998 年 11 月 4 日第九届全国人民代表大会常务委员会第五次会议通过。

六条第二款那样的规定。例如，《中华人民共和国村民委员会组织法》第十二条规定："年满十八周岁的村民，不分民族、种族、性别、职业、家庭出身、宗教信仰、教育程度、财产状况、居住期限，都有选举权和被选举权；但是，依照法律被剥夺政治权利的人除外。"根本没有提到精神病人参加选举的问题。也许是意识到《中华人民共和国村民委员会组织法》的这个漏洞，一些地区在制定本地区"村民委员会选举办法"时做了一些弥补。例如《广东省村民委员会选举办法》第十条规定："无法行使选举权和被选举权的精神病患者和无法表达意志的痴呆人员，经村民选举委员会确认，不列入选民名单。"《黑龙江省村民委员会选举办法》第九条中规定："丧失行为能力的精神疾病患者不列入选民名单。"但是，在《中华人民共和国村民委员会组织法》没有对精神病人参加村民委员会选举问题作出原则规定的情况下，地方自行规定限制精神病人参加村民委员会选举的基本权利，不具有合法性。也还有一些地区制定的"村民委员会选举办法"没有对精神病人的选举权问题作出规定，可以说，在那些地区精神病人有权参加村民委员会选举。各地方如此自行其是，离法制统一的要求相去甚远。

三、《中华人民共和国城市居民委员会组织法》[①] 以及地方的居民委员会选举办法，存在与《中华人民共和国村民委员会组织法》以及各地方的村民委员会选举办法同样的问题。

四、《中华人民共和国全国人民代表大会和地方各级人民代表大会选举法》《中华人民共和国村民委员会组织法》《中华人民共和国城市居民委员会组织法》都没有规定精神病人的被选举权问题，这也不够严谨。在这种情况下，从理论上说，没有参政议政基本能力的精神病人是有可能被选举进入有关机构或者组织中去的。

我国有1000多万的精神病人，如何处理他们的选举权和被选举权问题绝不是小事。随着我国社会主义政治文明和法治建设进一步加强，以及我国将正式加入《公民权利与政治权利国际公约》，有关问题必将愈加突出。

---

① 《中华人民共和国城市居民委员会组织法》，1989年12月26日第七届全国人民代表大会常务委员会第十一次会议通过。

建议立法机关尽快对有关法律进行必要的修改。

[复函摘要]

（一）全国人大常委会法制工作委员会（法工委议〔2004〕36号，2004年6月25日）：

选举法第二十六条第二款规定："精神病患者不能行使选举权利的，经选举委员会确认，不列入选民名单。"村委会组织法和居委会组织法对于精神病人行使选举权利没有规定，主要是考虑到地方性法规可以参照选举法的有关规定作出具体规定。修改选举法已列入全国人大常委会今年的立法计划，目前有关部门正在调查研究，积极工作，着手提出修改方案。对于您提出的建议，我们将在立法工作中认真予以研究。

（二）民政部办公厅（民办函〔2004〕540号，2004年6月10日）：

村（居）委会直接选举制度，是我国宪法、法律规定的一项重要制度，由村（居）民直接投票选举村（居）委会成员，是宪法、法律赋予村（居）民的一项重要民主权利。但是，对精神病人如何在村（居）委会行使选举权利，《中华人民共和国村民委员会组织法》《中华人民共和国城市居民委员会组织法》没有作出具体规定。为了解决这个问题，许多省（区、市）在其制定的村民自治配套法规中作出相关规定，如天津、内蒙古、辽宁、安徽、河南、湖南、云南、甘肃在本省（区、市）的地方法规中都明确规定，精神病患者经村民选举委员会确认，监护人同意及医院相关证明，患病期间，可暂不行使选举权利，不列入选民名单，但在精神恢复正常后应恢复行使选举权利。在我部组织编写的《中华人民共和国村民委员会选举规程》中，对此也作出说明：精神病患者、严重智力障碍人员，由于不具有行为能力和正常的精神状态，在其犯病期间停止行使选举权利。精神病患者精神正常后可以恢复行使选举权。认定精神病患者和智力严重障碍人员应以医院的证明为准，并经其监护人认可后才能停止其选举权利。鉴于现行的《村委会组织法》难以把村委会选举的许多技术性、程序性问题表述清楚，我部于2003年7月29日向国务院提交了《关于将制定〈中华人民共和国村民委员会选举法〉列入第十届全国人大常委会立法规划的函》（民函〔2003〕153 号），建议将制定该法列入第十届全国人大立法规划，与修订《村民委员会组织法》同步进行。在新制定或修订的法律中，我们将把您提出的问题作为重要问题一并考虑。

《居委会组织法》的修订，已列入全国人大常委会今年的立法计划，我部已与中央有关部门一起，就法律的修订完善问题进行了研究探讨，并征求了各界特别是基层干部群众的意见和建议，在综合、吸收各方面意见的基础上已形成了《居委会组织法》修订意见稿，按照工作计划，不久将把修订意见稿报请国务院提交全国人大常委会审议。

[阐述]

精神病患者的选举权，是一个很少有人重视和研究的问题。

1953 年《全国人民代表大会及地方各级人民代表大会选举法》（中央人民政府政务院 1953 年 3 月 1 日公布）第五条规定："有下列情形之一者，无选举权和被选举权：一、依法尚未改变成份的地主阶级分子；二、依法被剥夺政治权利的反革命分子；三、其他依法被剥夺政治权利者；四、精神病患者。"[1] 中央选举委员会《关于选民资格若干问题的解答》（1953 年 4 月 3 日）第二十二项对"甚么是精神病患者？为甚么精神病患者无选举权和被选举权？"的问题作了解答："精神病患者，就是指：经医院、医生或机关、团体证明心神丧失、精神错乱的人。因为他们已失去了行使自己意志的能力，故不应享有选举权和被选举权。间歇性精神病患者，有选举权和被选举权，并应列入选民名单。"[2] 后在 1958 年召开的全国精神病防治工作会议上，卫生部副部长贺彪回顾人大选举时谈及对选民中精神病患者情况的调查："我国精神病的发病率，今天尚无全面的统计，但在调查选民时，因精神不正常不发选民证的人数约为千分之一至千分之二。"[3]

---

[1] 《中华人民共和国全国人民代表大会及地方各级人民代表大会选举法》，人民出版社，1953。

[2] 中央人民政府法制委员会编《中央人民政府法令汇编（1953）》，法律出版社，1955，第41 页。

[3] 贺彪：《积极进行精神病的防治工作》，《中华神经精神科杂志》1958 年第 5 号。

1979 年 7 月 1 日第五届全国人民代表大会第二次会议通过的新《全国人民代表大会及地方各级人民代表大会选举法》第二十三条规定："选民登记按选区进行。无法行使选举权和被选举权的精神病患者，不列入选民名单。"1982 年 12 月 10 日第五届全国人民代表大会第五次会议修正《选举法》时，对"选民登记按选区进行"另行规定，第二十三条内容仅为"无法行使选举权和被选举权的精神病患者，不列入选民名单"。1986 年 12 月 2 日第六届全国人民代表大会常务委员会第十八次会议又对《选举法》作出修正，第二十三条中关于精神病患者的规定调整为第二款，内容也有较大变化："精神病患者不能行使选举权利的，经选举委员会确认，不列入选民名单。"原来的"无法行使选举权和被选举权"为"不能行使选举权利"取代，并增加"经选举委员会确认"的限制。1995 年 2 月 28 日第八届全国人民代表大会常务委员会第十二次会议进一步修正《选举法》，原第二十三条调整为第二十六条。此后，《选举法》关于精神病患者的规定未再变化。

我提出的《村民委员会组织法》《居民委员会组织法》补充关于精神病患者选举问题规定的建议，未被考虑。《精神卫生法》更是回避了这个问题。至于民政部办公厅所言之《村民委员会选举法》，迄今未经全国人大或其常委会审议通过。精神病人的选举权问题，仍然没有得到有关部门足够的重视。

记得最初引起我注意到精神病患者选举权这个问题的，是《中国青年报》2003 年 8 月 15 日的一篇报道。报道说，黑龙江省鹤岗市东山区红旗乡新兴村村委会换届选举中出现怪事，智障患者参加了村委会换届选举的投票。之后，互联网上有人发表文章，认为不能剥夺"弱智公民"的选举权。① 我不完全同意这一意见，在"思想帝国"论坛发表了一篇短文（《精神病人的选举权》，2003 年 8 月 19 日，署名法正居士）。我认为，根据法治原则和我国《宪法》，每一个公民都享有选举权和被选举权；对公

---

① 何向东：《"弱智公民"也有选举权》，红网，2003 年 8 月 18 日，http://hn. rednet. cn/c/2003/08/18/453289. htm。

民选举权和被选举权的限制或者剥夺，必须由法律来规定。然而，我国有关法律在精神病人选举权和被选举权问题上，所作出的规定不够明确具体，或者没有作出规定，致使一些选举在如何处理精神病人参加选举的问题上出现不应有的混乱，影响了选举工作的严肃性，甚至造成对公民基本政治权利的侵犯。这是 2004 年《关于修改有关法律进一步明确精神病人选举权问题的提案》的由来。

十四年以后，2018 年 8 月又有媒体报道了一个"精神三级残疾"者当选村委会主任的荒唐事情，暴露出村民委员会选举制度和精神障碍诊断、残疾人补助工作仍然存在的粗疏和漏洞。陕西省绥德县中角镇延家沟村选举村委会班子时，将一名精神病人延某列为候选人，并当选村委会主任，这让村民怀疑选举的公平性。有村民称，延某是一名残疾人，系精神病三级，编号为绥 16521。村民说："延某几年来都领着残疾补助，精神病患者却成了村主任候选人，这是拿村民的生活开玩笑。"村民向绥德县中角镇政府提出异议。该镇党委得知情况后向绥德县残联了解到，2014 年 5 月 16日，延某在绥德县辛店精神病康复医院被诊断有心境障碍，认定为精神三级残疾，随后在绥德县残联办理残疾证。然而，经过了解延某没有既往精神病史，后要求延某前往绥德精神康复医院进行诊断，诊断证明显示正常。中角镇提供的绥德县精神康复医院的诊断证明显示，延某情绪稳定，表情自然，意识明朗，注意力集中，对自己的情况有足够的了解和自知力，与常人无异。记者联系到延某，延某表示："2014 年，我在绥德学驾照期间认识了一个人，因为经常睡不着，所以通过他人关系办理了残疾人手续，以精神病三级办理的。"延某承认自己几年来一直领取着残疾人补助，但是实际上他并不是精神病患者，并不影响选举。但不少村民质疑："既然办理了残疾人手续还领取残疾人补助，而自己却承认是一个正常人，那么就有骗取国家残疾人补助的嫌疑，能参与竞选村主任吗？""如果骗取残疾人补助，是否涉嫌违法，相关部门就不追究这个责任么？"① 8 月 6 日，绥德县纪委回应称，经医院再次鉴定，未发现延某患有精神病性症状。经

---

① 杨虎元：《持精神病三级残疾证男子当选村委会主任》，《华商报》2018 年 8 月 1 日。

查，延某的残疾证是绥德精神康复医院的副院长办理的，"2015 年 3 月证才办下来，2016 年开始享受（残疾补贴），目前一共享受 1800 块钱（残疾补贴）"。纪委还称，因"村民发现他有精神病还能当村长"，延某在选举前十天申请注销精神病三级残疾证，结果系统升级无法注销。中角镇党委书记刘某表示，在推荐初步候选人之前，她并不知道延某有精神三级残疾，"但是王书记（中角镇党委副书记王某）找他谈的时候，他说是有这么个证，他的表现就是晚上睡不好觉，白天精神恍惚。（我们）让他去诊断看他有没有精神病，结果那个证明写着无异于常人，所以让他参与了村里面的选举"。刘某称，如果延某涉嫌套取残疾补助，"那肯定不适合（做村主任）"。①

第三节 精神障碍患者的人权保障

提案

关于加强精神障碍者人权保障建设，抓紧
制定《精神卫生法》的提案

（政协十届全国委员会第二次会议第 1209 号/

医药卫体类 83 号，2004 年 3 月）

我国《宪法》即将作出修改，增加尊重和保障人权的内容。这对我国社会主义人权建设事业提出了更高的要求，也对我国的精神障碍者人权保障工作提出了更高的要求。改革开放以来，我国精神障碍者的人权保障，虽然有很大进步和成绩，但仍然存在诸多欠缺，精神障碍者的人权状况还不能令人满意，一些问题令人忧虑。立法滞后是制约我国精神障碍者人权保障工作发展的一个重要因素。

精神障碍者是一类特殊的弱势群体。由于精神障碍的影响，精神障碍者不能或者难以融入正常人社会，不能或者难以主张和维护自己的权利，

---

① 张建斌等：《精神病三级残疾证男子当选村主任，政府这样回应》，新京报网，2018 年 8 月 8 日，https://mp.weixin.qq.com/s/yVklpgDm9iHdAIKJy73Oig。

因而他们比其他弱势群体更需要文明公正的法律的保护。在世界范围内，现代精神障碍人权保障运动已经发展百年，从最初的改善精神病院的条件，已经进步到全面保障精神障碍者的权利，精神障碍者的治疗与管理模式发生巨大的变化。在这种变化中，起主动作用的是关于精神障碍者的人权理念和法律。现代精神障碍者人权保护的基本理念是：精神障碍者有权获得可以得到的最好的精神卫生护理；精神障碍者作为人，应当受到人道的待遇，应当最大范围地享有与其他人一样的人权；对精神障碍者权利的任何限制必须依法进行，并应当减少到最少限度。已经有 100 多个国家制定实施《精神卫生法》，对精神障碍者的基本权利加以保护。联合国和有关的国际组织也积极倡导对精神障碍者人权的保护。对精神障碍者人权的保护已经成为国际人权保护的一个组成部分。

相比之下，我国对精神障碍者人权的法律保护逊于国际水平。一个突出的标志是，精神障碍者人权保护和精神卫生工作的基本法——《精神卫生法》迟迟没有制定出来。这与我国经济、政治、社会和法制发展水平不相适应。改革开放以来，我国经济建设、精神文明和政治文明建设取得巨大成就，人民生活水平得到很大提高，经济政治文化权利得到越来越坚实的保障。而精神障碍者的状况虽有改善，但其幅度明显低于一般人。儿童、妇女、老年人、残疾人和少数民族都有专门的法律保护其权利，唯独精神障碍者没有专门的法律可以依靠。精神障碍者在其利益受到不公正、不合理的侵害时，难以获得司法救济。这种状况必须改变。应当让精神障碍者和其他人一样享受到改革开放和社会文明进步的成果。

精神卫生立法的落后还影响了我国作为一个文明古国和一个社会主义大国的国际声誉，削弱了我国在国际人权斗争领域的发言权。有种种迹象表明，我国在精神障碍者人权保护和精神卫生工作中的薄弱环节，正在被国际上的敌对势力用来作为攻击我国政治经济制度的口实和突破口。甚至可以说，在关于精神障碍者人权保护问题的国际斗争中，我们处于劣势。

必须从人权保护的高度和实施宪法的高度认识精神卫生立法的重要性和必要性。那种认为精神卫生法可有可无，或者认为精神卫生立法不很紧迫的观点是极为错误的。这不仅是对上千万精神障碍者人权的漠视，也是对许许多多精神障碍者悲惨境遇的漠视，更是对辛勤工作在精神卫生领域的医疗护理人员长期努力的漠视。我国已经签署《经济、社会、文化权利国际公约》和承诺签署《公民权利和政治权利国际公约》，我国《宪法》又即将明确把尊重和保障人权列为基本原则，在这种时候，必须加快精神卫生立法步伐。

多年来卫生部在精神卫生立法方面做了大量的工作，已经为精神卫生立法打下比较好的基础。但是，精神卫生法有关公民多方面的权利，涉及面很广，不限于卫生工作。为了推动精神卫生立法的速度和便于从多方面角度考虑问题，现在应当提升起草制定工作的层次。建议国务院将精神卫生法列入 2004 年立法计划，力争在一、两年内向全国人大常务委员会提出法律案。同时，建议全国人大常务委员会将《精神卫生法》列入本届立法规划。即使本届最终不能完成立法，也可为下一届审议通过提供良好条件。

重要的是，精神卫生立法应当"提速"！

[复函摘要]

卫生部办公厅（卫办提函〔2004〕168 号，2004 年 6 月 21 日）：

精神卫生问题既是重大的公共卫生问题，也是较为突出的社会问题，而立法上的滞后将严重阻碍精神卫生工作进一步深入开展。精神卫生立法体现着国家政治、经济、文化、医疗卫生和人权保障等诸多方面的现状。因此国际社会和各国政府近二十几年来相当重视这一问题。

我部认为：我国精神卫生立法工作已有一定的基础，我国精神卫生事业虽然底子薄，基础差，发展不平衡，但总体上看，通过几代人的不懈努力，精神卫生工作已经初具规模，一些地区已建成三级精神病防治管理网络、成立了各级精神卫生工作领导小组负责协调管理工作，全国范围内拥有较为完善的精神卫生专业机构和具有一定数量和质量的专业人员队伍，精神卫生服务的面逐步拓宽，学校的心理健康教育和咨询正在起步，在社区精神卫生服务方面已经积累了不少经验，精神卫生的教育和研究取得了相当成绩，精神卫生的组织管理方面也有一定成效。

我国现有的一系列法律法规和精神卫生管理规定等为精神卫生法制管

理的不断完善创造了有利条件，我部在 20 世纪 80 年代就已组织专家起草《中国精神卫生法》，经多次有组织地修改，目前，已完成了第 15 稿，收集整理了国内有关法律条文，翻译了英国、日本等国家的精神卫生法规。最近，卫生、公安、民政等部门关于报请国务院办公厅转发《关于进一步加强精神卫生工作意见》的请示中，把制定精神卫生法作为我国今后要进行的重要工作之一，提出要加速精神卫生法的立法进程，建立完善相关的法律、法规制度，依法管理精神卫生工作。

我部已将《精神卫生法》立法项目列入立法计划，积极开展法规的调研及相关资料的整理工作，争取 2004 年下半年上报国务院，列入国家立法计划。

[阐述]

2004 年 3 月 14 日，第十届全国人民代表大会第二次会议通过《宪法》修正案，首次将"人权"概念引入《宪法》，明确规定"国家尊重和保障人权"。[①] 那年"两会"之前，已知《宪法》修正案的大致内容。我的这个提案便着重从人权保障角度论证了制定精神卫生法的必要性和紧迫性。

我曾经对人权问题作过肤浅的研究。最初是从科研管理的角度，跟踪了解我国学术界关于人权问题的研究动态。[②] 1993 年 11 月初至 12 月初，我随同中国社会科学院法学研究所王家福和韩延龙、王可菊、信春鹰同志，对德国、波兰的人权理论与实践进行了一个月的考察，回国后研究撰写了系列专题报告（共 15 篇，我执笔 9 篇并协助王家福先生统稿）。1994 年，应韩延龙先生之约，为《中国人权建设》一书撰写"社会科学研究自由的实现"一节。[③] 我在 2000 年出版的《精神障碍与犯罪》，涉及精神障

---

① 全国人民代表大会常务委员会法制工作委员会编《中华人民共和国法律（2013 年版）》，人民出版社，2013。

② 刘白驹：《国际法上的人权问题研究概况》，《学术动态》总第 600 期，1991 年 5 月 25 日；刘白驹：《法学所召开人权理论研讨会》，《学术动态》总第 612 期，1991 年 7 月 10 日；刘白驹：《马克思主义人权与社会主义人权》，《社科参考报》1991 年 8 月 26 日。

③ 苏明主编《中国人权建设》，四川人民出版社，1994，第 649～664 页。

碍患者的人权保障，但未能展开。在该书"前言"中，我检讨没有专门设立和讨论"作为犯罪被害人的精神障碍者"专题："对精神障碍者犯罪问题大谈特谈，而没有对精神障碍者被犯罪侵犯问题给予专门的讨论，对精神障碍者是不公允的，对此我深感歉疚。"① 而《关于加强精神障碍者人权保障建设，抓紧制定〈精神卫生法〉的提案》和其他几个关于精神障碍患者权利和精神卫生法的提案，就是一个初步的弥补。

这个提案强调，精神障碍患者是一类特殊的弱势群体，需要加以特别的保护。我认为，精神障碍患者群体的特殊性，主要表现在以下几个方面。

第一，精神障碍患者不是国际人权法上的"少数人"。在每一个社会的人口中，精神障碍患者都居于少数，而且少数的地位影响到他们在社会上的和法律上的处遇，但是他们并不属于国际人权法上的"少数人"。根据联合国《公民权利和政治权利国际公约》第二十七条的界定，"少数人"（minorities，或译"少数群体"）是指"人种的、宗教的或语言的少数人"。因而，国际人权法中保护"少数人"的原则，并不针对而且至少不能直接适用于精神障碍患者。

第二，精神障碍患者不能整体地归入残疾人这个群体。只有少数智力障碍严重的精神发育迟滞患者和病情严重的精神障碍患者，由于精神、智力的长期缺陷或者损伤而无法在与他人平等的基础上充分和切实地参与社会，甚至无法自行维持日常生活，可以列入联合国《残疾人权利公约》（Convention on the Rights of Persons with Disabilities）以及中国《残疾人保障法》② 所说"残疾人"的范畴。

第三，精神障碍患者不构成社会学意义上的"群体"即"社会群体"（social groups）。在中文里，"群体"泛指本质上有共同点的个体组成的整体。③ 在社会学中，"社会群体"是一个狭义的术语，比较接近中文里的

---

① 刘白驹：《精神障碍与犯罪》，社会科学文献出版社，2000，第 4 页。

② 《中华人民共和国残疾人保障法》，1990 年 12 月 28 日第七届全国人民代表大会常务委员会第十七次会议通过，2008 年 4 月 24 日第十一届全国人民代表大会常务委员会第二次会议修订。

③ 中国社会科学院语言研究所词典编辑室编《现代汉语词典》（第 5 版），商务印书馆，2005，第 1137 页。

"团体"的意思。美国社会学家戴维·波普诺（David Popenoe）将其定义为"两个或更多的人，他们有共同的认同及某种团结一致的感觉，对群体中每个人的行为都有相同而确定的目标和期望"。群体成员形成了一种社会结构，并能产生一套具有独特意义和价值观的亚文化。① 而典型的精神障碍患者即精神病性障碍患者或者狭义的精神病人在发病期间不具有合群性，他们不会因为患有精神障碍哪怕是同一类型的精神障碍而彼此认同，继而在精神障碍基础上自觉形成一个共同体和独特的亚文化。而且，有些病情不严重的精神障碍患者，平时生活工作在"正常"的人群中，与"正常人"交往，并形成一般的社会关系，只不过可能有自己的思维方式和行为方式。

第四，精神障碍患者也不构成主要以社会经济地位标准划分、以经济贫困为主要特征的"社会弱势群体"。近十几年来，我国社会学、法学等学科进行了对"社会弱势群体"的研究。如果根据社会学界以社会地位和生存状态来界定社会弱势群体的观点，那些由精神科医生根据医学标准认定的存在各种各样精神障碍的人，不能构成一个"社会弱势群体"。因为他们的社会性差异太大了，他们有不同的社会适应能力，分处于不同的社会阶层，"百万富翁"患有精神障碍的并不罕见。

精神障碍患者是否可以构成"群体"，尚有探讨余地，而其"弱势"则是不争的事实。精神障碍患者的"弱势"，是相对于"正常"的人们这个更大的"群体"而言的，主要是指精神障碍患者在社会上处于相对不利地位和更容易受到伤害。看起来，精神障碍患者的"弱势"似乎是其自身原因即精神障碍导致的认识能力和行为能力的缺损所造成的，但实质上，精神障碍患者的"弱势"在很大程度上取决于社会和法律对待他们的态度，所谓认识能力和行为能力的缺损只不过是社会和法律给予他们的评价。

精神障碍患者的"弱势"主要是歧视的结果，也导致更严重的歧视。

---

① 〔美〕戴维·波普诺：《社会学》（上），刘云德、王戈译，辽宁人民出版社，1987，第285页；〔美〕戴维·波普诺：《社会学》（第十一版），李强等译，中国人民大学出版社，2007，第191页。

联合国《保护精神病患者和改善精神保健的原则》指出："不得有任何基于精神病的歧视，'歧视'（discrimination）系指会取消或损害权利的平等享受的任何区分（distinction）、排除（exclusion）或选择（preference）。"对精神障碍患者的歧视，是基于对精神障碍患者的偏见。根据心理学的解释，所谓"偏见"（prejudice），就是以不充分或不正确的信息为根据而形成的对某人、某群体或某事物的一种片面乃至错误的看法和态度。其特点是以偏概全，常有过分简单化的倾向，形成之后常带有固执的、刻板的和泛化的性质。① 偏见、刻板印象与污名化密切相关。对精神障碍患者的污名化，就是对精神障碍患者的负面的刻板印象或社会典型化。

精神障碍患者污名化导致或者推动了对精神障碍患者的"社会排斥"（social exclusion）。精神障碍患者遭到社会排斥，通常不是因为"正常"的人们害怕与他们竞争，而是因为各种企事业单位认为他们能力低下，适应性较差，容易惹事，不好管理，不愿意雇用他们，以及"正常"的人们认为他们言行特异，难以捉摸，不好相处，因而心存厌恶、戒备或者恐惧。英国学者戴维·皮格瑞姆（David Pilgrim）指出，精神障碍患者往往在很多领域经历过社会排斥。（1）劳动力市场劣势。精神病患者（指严重精神障碍患者）通常都是失业的，他们的病历会危及将来所有的就业。仅有少数精神病患者能找到工作。精神障碍患者失业人数是身体残疾者失业人数的三倍多。（2）大众媒体的嘲笑和敌意。大众媒体反映并助长了公众对精神障碍患者的敌意与不信任。某些特定报纸倾向于刊登将精神障碍问题与暴力相联系的报道。很少有报道认为病人是暴力的受害者或者是社会中有生产能力的或具有创造性的成员。大众媒体会把对癫狂的一般文字描述通过不严肃、诙谐的故事方式呈现，而这种倾向很可能加重媒体受众对精神障碍患者的拒绝与不信任。（3）贫困。在某种程度上，贫困来自劳动力市场的劣势。精神障碍患者更可能住在贫穷混乱的地区。在这些贫穷地区，噪声、污染、垃圾和交通堵塞等问题都很严重。除了这些环境压力外，社会网络也非常糟糕，犯罪率居高不下。他们的日常生活毫无规律可

---

① 参见《中国大百科全书·心理学卷》，中国大百科全书出版社，1991，第231页。

言，物质滥用严重，身体健康下降。（4）法律歧视。这主要是指医院通过各种办法，迫使精神障碍患者同意住院治疗，即"伪自愿"住院。医院的合法权力可以通过一些特殊方式将精神障碍患者从社会中排斥出去。这些合法权力曾经仅限于在医院中使用，但现在已经越来越多地扩展到社区环境。①

在我国，上述问题也都不同程度地存在。在我国媒体上和日常生活中也存在对精神障碍患者的污名现象，以至于人们对"武疯子""花疯子""丑疯子"以及精神病人是"定时炸弹"或者"不定时炸弹"之类的歧视性、侮辱性的说法习以为常。甚至有些地方法规也曾有这样的内容。譬如，1996年汕头市人民政府出台的《关于坚决清理"三无"人员的通告》就规定，对"扰乱社会秩序的武疯子、丑疯子"应依法予以清理。有时排斥还扩大到精神障碍患者的亲属。例如，据2005年11月的报道，鉴于接连发生精神障碍患者在幼儿园、学校肇事造成重大后果的事件，北京东城区和西城区教委作出决定，对于外地大学生要求进京从事教师职业者，教委将调档查询，若其三代之内有亲属曾患精神病，则该外地学生不能进京从事教师行业。对于已在岗，有三代之内亲属曾患精神病的京籍老师，一旦发现其有精神病征兆，立即停职。② 应当说，有关部门的用心是好的，但其决定缺乏精神病学和法律根据。有的精神障碍的遗传性虽然比较明显，但并不等于所有精神障碍都有遗传性，也不意味该精神障碍的患者的后代都必然患病。上述有关部门的做法是以偏概全，殃及无辜。而且，什么人可以当教师是一个事关公民劳动权利的大问题，应当由国家在教师法这类法律中，在不违背宪法和科学的前提下规定。一个区教委没有权利规定精神障碍患者的后代不能当教师。从法治、人权角度说，一个人只要自己没有精神障碍表现，不论他父辈中哪个人，有多么严重的精神障碍，都不能被视为精神障碍患者或者潜在的精神障碍患者，他应当享有与其他公民一样的权利。

---

① 参见〔英〕David Pilgrim《心理健康关键概念手册》，张庆伟等译，高等教育出版社，2006，第179~183页。

② 韦让：《当教师要查三代精神病史》，《北京晨报》2005年11月19日。

　　"弱势"的精神障碍患者最悲惨的遭遇还不是遭到上述的"社会排斥",而是被"正常"的人们实施的犯罪所伤害,包括被奴役(例如强迫"弱智者"无偿劳动)、强奸、殴打、欺诈、强迫卖淫等。精神障碍患者容易受到伤害,很大程度上与法律、社会对他们的保护不够有关。

第四节　精神卫生法上的非自愿住院治疗模式

提案

关于将《精神卫生法》列入全国人大"十一五"立法规划的提案

（政协十届全国委员会第四次会议第 1063 号/
政治法律类 115 号，2006 年 3 月）

　　我国目前至少有 1600 万精神障碍者。每年还不断产生新的精神障碍者。精神障碍者是一类特殊的弱势群体。由于精神障碍的影响,精神障碍者不能或者难以融入社会,不能或者难以主张和维护自己的权利。许多精神障碍者得不到及时、人道的治疗和护理。精神障碍者受到歧视和虐待的情况时有发生。例如,有儿童福利院为便于管理竟将智障少女送到医院切除子宫。[①] 对精神障碍者的歧视甚至扩展到他们的亲属、后代身上。例如,北京某区有关部门竟然规定,对于外地大学生要求进京从事教师职业者,应调档查询,若其三代之内有家属曾患精神病,则该外地学生不能进京从事教师行业。[②] 同时,精神障碍者肇事肇祸也已成为一个社会问题。有些精神障碍者不能辨认或者控制自己的行为,很有可能实施危害行为,但由于没有得到必要且人道的管理,从而造成危害后果。有些贫困家庭为防止患病的亲人肇事肇祸,在无力送医院治疗的情况下,不得不长期将他们关锁,使他们处于悲惨的境地。还有一种情况也不能忽视和容忍:有些根本

---

① 杨华云:《福利院切除两智障少女子宫　医生称类似手术常见》,《东方早报》2005 年 4 月 21 日;鞠靖:《福利院切智障少女子宫的人道伦理争议》,《南方周末》2005 年 6 月 9 日;陈剑:《南通"切除智障少女子宫案"宣判》,《中国青年报》2006 年 7 月 10 日。

② 韦让:《当教师要查三代精神病史》,《北京晨报》2005 年 11 月 19 日。

没有精神障碍的正常人，因为与家人、单位等发生矛盾纠纷等原因，被强制住院治疗，合法权益遭到侵害。这些问题都说明，我国的精神卫生工作和精神障碍者人权保障工作亟待改善和加强。

制约我国精神卫生和精神障碍者的人权保障发展的一个重要因素是立法滞后，精神卫生和精神障碍者人权保护的基本法——《精神卫生法》迄今没有制定出来。儿童、妇女、老年人、残疾人、艾滋病患者都有专门的法律保护其权利，唯独精神障碍者没有专门的法律保障其权利。这与我国经济、政治、社会和法制发展水平不相适应，也不符合建设社会主义和谐社会的要求。这种状况必须尽快改变。应当让精神障碍者和其他人一样享受到改革开放和社会文明进步的成果。

在世界范围内，精神卫生和精神障碍者人权保障同步发展，已过百年。现代精神卫生和精神障碍者人权保护的基本理念是：精神障碍者有权获得可以得到的最好的治疗和护理；精神障碍者应当最大范围地享有与其他人一样的权利；对精神障碍者权利的任何限制必须依法进行，并应当减少到最低限度。已经有100多个国家或地区制定实施了精神卫生法。联合国和有关的国际组织也积极倡导对精神障碍者人权的保护。

精神障碍者的人权保护，是精神卫生法的核心问题。而住院权、治疗权是精神障碍者最重要的权利。一方面，精神障碍者有权获得治疗和护理；另一方面，精神障碍不同于躯体疾病，如果精神障碍者自己不感到痛苦，所患精神障碍没有损害其身体健康或者不会导致其死亡，也无可能伤害自己或者他人，可以不治疗、不住院，外人不宜干涉。目前，在国际上，精神障碍者的住院权、治疗权得到普遍的承认。联合国《保护患精神疾病的人和改善精神卫生保健的原则》也明确规定了精神障碍者的住院权、治疗权。但是，精神障碍者的住院权、治疗权也不是绝对的。在特别情况下，为保护社会、公众利益和精神障碍者的根本利益，也可以对精神障碍者实施非自愿住院治疗。由于对精神障碍者实施非自愿住院治疗，构成对其人身自由的限制，是事关公民基本人权的问题，不能由其家属、监护人、单位或者精神卫生医疗机构和公安机关单方面自行决定。为了防止非自愿住院治疗措施被滥用，尤其是为了防止精神正常者被强制住院治疗，精神卫生法应当公正合理地规范非自愿住院治疗的条件、程序和责任。对非法关锁、强制住院的，如果情节恶劣、后果严重，应按非法拘禁罪处罚。

我国应当建立两种非自愿住院治疗制度。

第一，保安性强制住院治疗。

基于社会、公众利益，对有社会危险性即可能在精神障碍的支配和影响下危害他人或社会的精神障碍者应当强制住院治疗。基于人道主义，对于有可能自杀、自残的精神障碍者，也应当给予强制住院治疗。这种保安性的强制住院治疗制度，是国际人权保护准则所允许的，并为世界各国普遍采用，但在我国尚未建立。

决定保安性强制住院治疗的程序必须严格。最理想的设置是，由人民法院决定实施保安性强制住院治疗。但根据目前国情并借鉴外国做法，精神卫生法可规定由公安机关经法定程序决定实施保安性强制住院治疗（这和公安机关决定强制戒毒类似）。任何人如果根据事实认为应当对有危险性的疑似精神障碍者实施保安性强制住院治疗，都可以向公安机关报告。接到报告后，公安机关经过审查如果认为有实施强制住院治疗的必要，应当及时组织两名以上独立的司法精神医学专家对适用对象的精神状态、危险性进行鉴定。各专家一致形成的实施保安性强制住院治疗的意见，方可被采纳。当事人及其家属或监护人有权要求重新进行精神医学鉴定。在公安机关作出决定前，当事人及其家属或监护人要求听证的，公安机关应当及时依法举行听证。对公安机关决定不服，当事人及其家属或监护人有权申请行政复议，或者直接向法院提出行政诉讼。公安机关和法院不得根据先前作出的精神医学鉴定认定当事人无复议申请能力或诉讼能力，并以此为由不受理当事人的复议申请或诉讼。在紧急情况下，为阻止精神障碍者可能立即实施危害行为，公安机关可以对疑似精神障碍者实施临时性（不超过 24 小时）的约束，公安机关也可以将疑似精神障碍者移送精神卫生医疗机构，由精神卫生医疗机构对疑似精神障碍者实施临时性（不超过 3 日，必要时可延长至 7 日，重新鉴定的时间不计入其中）的强制观察和治疗。在临时性约束、观察和治疗结束前，公安机关应作出是否实施强制住院治疗的决定。在对疑似精神障碍者实施强制措施的 24 小时之内，公安机关应当将实施强制措施的原因和处所通知其家属、监护人和单位。保安性强制住院治疗的费用，应由国家支付。

第二，救护性非自愿住院治疗。

为保护精神障碍者的根本利益，对属于下列情况的因丧失行为能力而不能自愿住院治疗的精神障碍者，应当收住精神卫生医疗机构进行治疗：（1）病情严重，不住院治疗就可能发生生存危险的；（2）生活不能自理或不能自我保护且身份不明、无人看护的。实施救护性非自愿住院治疗必须基于或者符合精神障碍者的最大利益。

精神障碍者的家属、监护人，公安机关和民政机关，其他单位和个人通过公安机关或民政机关，都可以向精神卫生医疗机构提出对上述精神障碍者或疑似精神障碍者实施救护性非自愿住院治疗的请求，接诊的精神卫生医疗机构无正当理由不得拒绝救治和看护。接诊后，精神卫生医疗机构如果认为有实施救护性非自愿住院治疗的必要，应向当地卫生行政管理机关提出申请，由卫生行政管理机关指定两名以上接诊精神卫生医疗机构外的精神医学专家对适用对象的精神状态和住院治疗的必要性进行评估。各专家一致形成实施救护性非自愿住院治疗的意见后，由精神卫生医疗机构负责人批准实施救护性非自愿住院治疗。在作出评估之前，精神卫生医疗机构可以对精神障碍者或疑似精神障碍者实施临时性（不超过 3 日，必要时可延长至 7 日）的强制观察和治疗。在对精神障碍者或疑似精神障碍者实施强制观察和治疗的 24 小时之内，精神卫生医疗机构应将实施强制观察治疗的原因通知其的家属、监护人和单位，没有家属、监护人和单位的，或者找不到其家属、监护人和单位的，应通知公安机关。实施救护性非自愿住院治疗由卫生行政管理机关实行监督。对实施救护性非自愿住院治疗的情况，精神卫生医疗机构应向卫生行政管理机关备案。救护性非自愿住院治疗的费用应由精神障碍者的家属、监护人或者单位（享受公费医疗的）承担；精神障碍者的家属、监护人或者单位不能承担的，或者精神障碍者没有家属、监护人或者单位的，或者找不到其家属、监护人或者单位的，由国家支付。对经法定程序实施的救护性非自愿住院治疗所引起的医患纠纷，当事人及其家属、监护人可申请卫生行政管理机关处理或通过民事诉讼解决。

救护性非自愿住院治疗不同于日本、韩国和我国台湾地区精神卫生法所规定和我国实际实行的"医疗保护住院治疗"。医疗保护住院治疗实际上是一种由精神卫生医疗机构决定、精神障碍者的家属或者"保护人"（"医疗看护人"）配合的强制住院治疗模式，由于缺乏有效制约和监督，弊病较多，容易导致精神正常者或不需要住院治疗的精神障碍者被强制住院治疗。医疗保护住院治疗的医学标准比较宽松和模糊，精神科医师裁量权很大，一名接诊精神科医师就可以决定强制住院治疗，即使可能实际上没有这个必要。这种模式要求精神障碍者的家属或者保护人服从精神科医师的决定，他们不能起到对精神卫生医疗机构的制约作用，不能充分维护精神障碍者的权益。另一方面，精神障碍者的家属或保护人也有可能出于不良动机，把精神正常者强行送入精神卫生医疗机构，而精神科医师如果把关不严或者与对方串通，就会造成非法拘禁。另外，医疗保护住院治疗一般不适用于身份不明、无支付能力的精神障碍者。而我提出的救护性非自愿住院治疗方案，既具有较大的开放性而可以使需要救治的精神障碍者（包括身份不明、无人看护的精神障碍者）尽可能得到救治，又具有较强的制约性而有助于防止精神正常者或不需要住院治疗的精神障碍者被强制住院治疗，既立足于国情，又最大化地与国际标准接轨。

不论适用哪种非自愿住院治疗措施，对被强制住院治疗的精神障碍者的精神状况都要进行定期（应明确规定）复查。如果精神障碍者经治疗痊愈或者病情明显缓解，具备出院条件，应安排出院。非自愿住院治疗的精神障碍者及其家属或监护人有权在一定周期内向主管机关（保安性强制住院治疗为公安机关，救护性非自愿住院治疗为卫生行政管理机关）提出解除强制住院治疗的申诉。

对已经违法犯罪的精神障碍者的处置，主要应依据《刑法》《刑事诉讼法》《治安管理处罚法》等法律解决。有关法律应当进一步完善关于精神障碍者问题的规定。对经法定程序鉴定确认为无责任能力、不负法律责任但具有社会危险性的精神障碍者，应当实行强制住院治疗，而不宜交由其家属或者监护人看管和医疗，更不能一放了之。对经法定程序鉴定确认为限制责任能力、被从轻或者减轻处罚的精神障碍者，在其执行处罚期间，也应当给予强制治疗。对违法、犯罪的精神障碍者住院、治疗所涉及的精神卫生问题，精神卫生法也应有相应规定。

除规定精神障碍者的权利以及强制住院治疗问题外，精神卫生法的另一重要内容，是精神障碍的防治。精神卫生法应当明确规定政府及其职能部门的有关职责，确立精神障碍综合防治体系，制定突发公共精神卫生事件（例如发生集体性癔症）的应对机制，明确精神障碍者在治疗时的权利（如知情权、隐私权、最小限度约束权、通讯权、会见权等），规范各类精神卫生医疗机构的任务、条件和工作准则、医疗手段（例如，不得对精神障碍者实施阉割绝育手术，没有精神障碍者的知情同意不得对其实施精神外科手术和其他不可逆的治疗），公正合理地调整医患关系。

多年来，国务院及其有关部门在精神卫生立法方面做了大量的工作，已经为精神卫生立法打下比较好的基础。但政府及其部门起草的法案难免存在局限性。为了推动精神卫生立法的速度和便于从多方面角度考虑问题，在更广泛的范围里征求意见，现在应当提升制定工作的层次。党的十五大和十六大都提出在 2010 年形成中国特色社会主义法律体系的总体目标和要求。而在中国特色社会主义法律体系中，不应缺少一部既符合中国国情又符合国际基本准则的精神卫生法。距离 2010 年还有不到 5 年时间，必须适当加快精神卫生立法步伐。因此，郑重建议全国人民代表大会常务委员会将精神卫生法列入"十一五"立法规划，争取在 2010 年甚至 2008 年以前颁布《中华人民共和国精神卫生法》。

[复函摘要]

卫生部（卫提函〔2006〕645 号，2006 年 8 月 8 日）：

随着我国社会经济的发展，精神疾病和心理行为问题日益突出，严重影响到人民的身心健康，已经成为严重的公共卫生和社会问题。

精神疾病患者是社会最弱势群体，很容易或者很可能受到虐待或者权益遭受侵害，通过立法来保护弱势群体，反映了一个社会对其个体的尊重和关爱，而且还可以作为保证获得精神卫生服务，保护合法权益，促进和改善公民的生活和心理健康有效的工具。

我部十分重视精神卫生法规建设，1985 年开始组织专家起草了有关的法律条文，现有的一系列法规为精神卫生立法创造了有利的条件。近年来，在社会各界的积极关怀下，精神卫生立法进度不断加快，卫生部将精神卫生立法列入立法计划，建立了立法领导小组和工作组，开始在全国范围内对精神卫生工作现状，尤其是一些重大问题和立法难点进行系统的研究。人大教科文卫委员会和国务院法制办也多次组织或派人参加立法调研和法文的修改。目前精神卫生法已征求了有关部委和各省市意见，基本完成了法文的修改和相关立法资料的编制工作。

《精神卫生法（送审稿）》分为总则、健康教育与预防、精神疾病的诊断与治疗、精神疾病的康复、保障措施、法律责任和附则等 7 章，六十一条。以提高公民精神健康水平，预防精神障碍的发生，规范精神卫生服务，保障精神障碍患者的合法权益为出发点。明确了各级政府的职责、加强健康教育与宣传、采取保障措施和如何保护医患双方合法权益等，规范了诊断程序、出入院、知情同意、约束与隔离、隐私保密等问题。我部已将《精神卫生法》上报国务院，争取列入 2007 年国务院立法计划。

[阐述]

1985 年，国家卫生部发出 75 号文，指定四川省卫生厅牵头，湖南省卫生厅协同起草《精神卫生法（草案）》。1990 年刘协和教授主持完成草案第十稿并送卫生部。1999 年 12 月以后由卫生部主持草案修改工作。2004 年 2 月，卫生部形成《精神卫生法（草案）》第十五稿。其缺点主要是，"医疗保护住院治疗"以"严重精神障碍且必须住院治疗"为标准，过于宽泛，也没有明确决定程序，是对现状的认可，极易被滥用；"医疗看护人"没有民法依据，且不合理；"强制住院治疗"以危害性而不是危险性为标准，基本上属于刑事性非自愿住院，不能充分达到事先预防精神障碍者违法犯罪的目的。我认为，政府及其部门起草的法案难免存在"部门立法"的局限性，为了推动精神卫生立法的速度和便于从多方面考虑问题，在更广泛的范围里征求意见，应当提升制定工作的层次。

我希望这个提案由全国人大常委会法制工作委员会答复，但后来安排卫生部答复。

将《精神卫生法》列入全国人大"十一五"立法规划，其实只是提案的由头。我认为，精神障碍患者的人权保护，是精神卫生法的核心问题。而住院权、治疗权是精神障碍患者最重要的权利。提案的主要内容是界定了精神卫生法范畴的两种非自愿住院治疗制度，即保安性非自愿住院和救护性非自愿住院，并提出基本构想。

非自愿住院是指未经精神障碍患者或者被视为精神障碍患者的人的知情同意，而将其收住精神病院或其他精神卫生医疗机构。简而言之，非自愿住院就是非知情同意的住院。非自愿住院的对应英文是 involuntary hospitalization 或者 involuntary admission。后者为联合国《保护精神病患者和改善精神保健的原则》和世界卫生组织的一些文献所采用。由于历史、法律传统等方面的差异，在各国，非自愿住院可能有不同的具体称谓，例如美国习惯称之为 involuntary commitment，欧洲一些国家习惯称之为 involuntary placement。

所谓"未经精神障碍患者或者被视为精神障碍患者的人的知情同意"，包括两种情况。第一，精神障碍患者或者被视为精神障碍患者的人通过语言或者文字、肢体等其他方式表示拒绝住院。这种情况下的非自愿住院，由于精神障碍患者或者被视为精神障碍患者的人的拒绝甚至反抗，通常都需要使用强制手段，有时还需要警方介入，因而也被称为"强制住院"（compulsory admission）。第二，精神障碍患者既没有表示拒绝住院，也没有表示同意住院。这种状况一般是精神障碍造成的行为能力、认识能力的丧失所导致的。这类既没有表示拒绝住院，也没有表示同意住院的精神障碍患者被称为"不主张权利"（non-protesting）患者，或者"非正式"（informal）患者。不主张权利的患者入院，主要适用"需要治疗"标准或者"严重失能"标准。他们住院治疗，通常由其近亲属、监护人或其他关心其利益的人提出申请，类似于未成年患者。

常用的非自愿住院分类，是根据实施的目的和程序的性质作出的。最基本的是将非自愿住院分为刑事性非自愿住院和民事性非自愿住院两大类。刑事性非自愿住院主要由刑事法律所规定。所谓"民事性",不是一个十分严谨的说法,它是相对"刑事性"而言的,更准确的说法是"非刑事性"。"非刑事性"的非自愿住院,一般由精神卫生法规定,而精神卫生法在有的国家被归为民法范畴(部门),在有的国家被归为行政法或社会法范畴。同时,对非自愿住院如此分类过于笼统,未能反映出"非刑事性"非自愿住院的复杂性。为便于考察和研究,我将"非刑事性"非自愿住院进一步分为保安性非自愿住院(保安性强制住院)和救护性非自愿住院两类。于是也可以说,非自愿住院分为刑事性非自愿住院、保安性非自愿住院和救护性非自愿住院三类。这主要是一个学术性的分类。各国的精神卫生法和刑法一般没有清晰地对非自愿住院加以分类。但是这种分类是重要的,因为它们的作用、标准和程序有很大差异。常见有人将它们混为一谈,或者指东说西,令人不知所云。例如,混淆刑法和精神卫生法上的非自愿住院制度各自的发展历史,或者以刑法的角度衡量以至批评精神卫生法有关非自愿住院的规定。

"刑事性非自愿住院"是指对已经发生违反刑法的行为但是无刑事责任能力或仅有部分(限制、减轻)刑事责任能力的精神障碍患者实施的强制住院。这种非自愿住院最根本的法律依据是刑法关于无刑事责任能力或部分刑事责任能力的精神障碍犯罪人(或称"精神病犯罪人")减免刑事责任的规定,这是其法律属性被归结为"刑事性"的主要原因。在我国刑法和刑事诉讼法上,刑事性非自愿住院被称为"强制医疗"。

"保安性非自愿住院"是对可能即将发生危害行为的精神障碍患者实施的非自愿住院。因其无须精神障碍患者近亲属或监护人同意,并往往由公权力人员实行,强制性比较明显,我也称之为"保安性强制住院"。所谓"保安性",是我借用"保安处分"的说法,意在强调这种非自愿住院对于犯罪的预防作用。应当承认,"保安性"不是一个很恰当的用词,容易与刑法范畴里的"保安处分"概念混淆,但自从我提出"保安性非自愿住院"概念之后,由于它在精神卫生法范畴里比较清晰地区别于"救护性非自愿住院"，被一些学者引用。

"救护性非自愿住院"也是我提出的概念。我不愿意使用已经存在的、精神病学界喜欢使用的"医疗保护住院"等掩盖"非自愿"性质的概念。救护性非自愿住院是对精神科医生认为需要照顾和治疗的严重精神障碍患者，经其近亲属或监护人的请求或同意而实施的非自愿住院。

刑事性和保安性非自愿住院主要基于对社会利益的保护，防止患者发生危害行为，而救护性非自愿住院主要基于对患者的救护，防止患者因病情恶化或生活不能自理而出现生命的危险。

2006年4月下旬，《检察日报》召开非自愿住院问题座谈会，我受到邀请，但因单位有事未能参加，我提交了一篇书面发言，综合了《关于将〈精神卫生法〉列入全国人大"十一五"立法规划的提案》和其他几个有关提案的主要内容。2006年4月28日《检察日报》刊登了座谈会纪要，将我的观点编入其中。主要为（略有删节）：

> 住院权、治疗权是精神障碍者最重要的权利。一方面，精神障碍者有权获得治疗和护理；另一方面，精神障碍不同于躯体疾病，如果精神障碍者自己不感到痛苦，所患精神障碍没有损害其身体健康或者不会导致其死亡，也无可能伤害自己或者他人，可以不治疗、不住院，外人不宜干涉。目前，在国际上，精神障碍者的住院权、治疗权得到普遍的承认。联合国《保护患精神疾病的人和改善精神卫生保健的原则》也明确规定了精神障碍者的住院权、治疗权。
>
> 但是，精神障碍者的住院权、治疗权也不是绝对的。我认为，在特别情况下，为保护社会、公众利益和精神障碍者的根本利益，也可以对精神障碍者实施非自愿住院治疗。一种是保安性强制住院治疗。基于社会公众利益对有社会危险性的精神障碍者和基于人道主义对于有可能自杀、自残的精神障碍者，应当给予强制住院治疗。这种保安性的强制住院治疗制度，是国际人权保护准则所允许的，并为世界各国普遍采用，但在我国尚未建立。另一种是救护性非自愿住院治疗。为保护精神障碍者的根本利益，对病情严重、不住院治疗就可能发生

生存危险的，或者生活不能自理或不能自我保护且身份不明、无人看护的精神障碍者，应当收住精神卫生医疗机构进行治疗。

我设想的两种非自愿住院制度的相关程序是这样的：

（1）在保安性强制住院治疗中，公安机关接到任何人报告后，经审查认为有必要，并经两名以上独立的司法精神医学专家形成一致意见，方可强制精神病人入院。在紧急情况下，为阻止精神障碍者可能立即实施危害行为，公安机关可以对疑似精神障碍者实施临时性（不超过24小时）的约束，公安机关也可以将疑似精神障碍者移送精神卫生医疗机构，由精神卫生医疗机构对疑似精神障碍者实施临时性（不超过3日，必要时可延长至7日）的强制观察和治疗。

（2）在救护性非自愿住院治疗中，精神障碍者的家属、监护人、公安机关和民政机关等向精神卫生医疗机构提出住院治疗的请求，接诊精神卫生医疗机构应向当地卫生行政管理机关提出申请，由卫生行政管理机关指定两名以上接诊精神卫生医疗机构外的精神医学专家进行评估。精神卫生医疗机构可在评估前对精神障碍者或疑似精神障碍者实施临时性（不超过3日，必要时可延长至7日）的强制观察和治疗。

不论适用哪种非自愿住院治疗措施，对被强制住院治疗的精神障碍者的精神状况都要进行定期（应明确规定）复查。非自愿住院治疗的精神障碍者及其家属或监护人有权在一定周期内向主管机关（保安性强制住院治疗为公安机关，救护性非自愿住院治疗为卫生行政管理机关）提出解除强制住院治疗的申诉。[①]

2006年6月28日《检察日报》又介绍了我的观点。[②] 此后，"保安性非自愿住院"和"救护性非自愿住院"的概念逐渐为人们所接受。

---

① 刘卉：《"精神病人"非自愿住院亟待立法规范》，《检察日报》2006年4月28日。
② 刘金林：《谁有权把我送进精神病院》，《检察日报》2006年6月28日。

第五节　应当废止卫生部关于"精神病人入院收治指征"的规定

📚 提案

关于建议废止卫生部关于"精神病人入院收治指征"规定的提案

（政协十届全国委员会第五次会议第 0508 号/

政治法律类 066 号，2007 年 3 月）

2001 年 11 月 23 日，卫生部发出一个《关于加强对精神病院管理的通知》。这个通知的基本精神和原则是正确的，对于加强精神病医院管理，减少精神病患者对家庭及社会造成的不良影响，维护社会稳定，促进经济发展及精神文明建设具有积极意义。但是，这个通知带着一个附件，叫做"精神病人入院收治指征"，却存在违反我国宪法和社会主义法治原则的内容，应予坚决废止。

"精神病人入院收治指征"内容如下：1. 临床症状严重，对自己和（或）周围构成危害者；2. 拒绝接受治疗或门诊治疗困难者；3. 严重不能适应社会生活者；4. 伴有严重躯体疾病的精神病人应视躯体疾病的情况协调解决收治问题；原则上应视当时的主要疾病决定收治医院和科室；5. 其中对出现严重自伤、自杀、拒食或严重兴奋、冲动伤人、外跑等，可危及生命或危害社会治安者应属紧急收治范围，并应给予特级护理。

"精神病人入院收治指征"虽然没有非自愿住院治疗或者强制住院治疗的词句，但针对的是非自愿住院治疗者，实际上是以部门规范性文件的形式，规定了非自愿住院治疗的标准和依据。即：对所谓"临床症状严重，对自己和（或）周围构成危害者"、"拒绝接受治疗或门诊治疗困难者"和"严重不能适应社会生活者"，精神病院可以实行强制住院治疗。"精神病人入院收治指征"的执行，虽有一定积极效果，但也带来比较严重的问题。时有发生的精神正常者被强制住院治疗的侵犯公民权利的事情，在客观上，与之有直接的关系。有些精神病院在发生此类问题时，正是强调它们是以"精神病人入院收治指征"为依据的。特别是,"精神病人入院收治指征"规定对"拒绝接受治疗者"也可以实行强制住院治疗,这更是错误的。"拒绝接受治疗"根本就不是医学标准。"拒绝接受治疗者"恰恰可能是精神正常的、不需要治疗的人。精神正常者拒绝接受治疗,是合法维护自己的权益,并不是"丧失自知力"。诚然,许多精神障碍者是"丧失自知力"的,不知道或者不认为自己患有精神疾病,但是,所有精神正常者也都不会承认自己患有精神疾病。从根本上说,"丧失自知力"不能成为非自愿住院治疗的医学标准。以"丧失自知力"作为非自愿住院治疗的医学标准,实际是彻底剥夺了被非法送入精神病院的精神正常者维护自身利益的最后权利。

对精神病人实行非自愿住院治疗,并不是一个单纯的精神医学问题,而还是一个事关公民基本人权的问题。它是否可由一个行政机关以一个通知的附件来规定?是否可以像"精神病人入院收治指征"那样规定?

20世纪50年代以来,在世界范围内,以保护精神病人的人权为宗旨的精神卫生运动蓬勃发展,关于精神病人的人权观念也在不断进步,并且影响到法律、司法领域。根据当代精神卫生理念,精神病人虽然可能缺失理智,但也是人。作为自然人和社会人,精神病人也有其尊严,享有与其他公民同等的基本人权,包括人身自由。关于精神病人权利的国际人权法律、准则,也都宣布精神病人享有人身自由。1991年12月17日联合国大会第46/119号决议通过的《保护精神病患者和改善精神保健的原则》规定:"每个精神病患者均有权行使《世界人权宣言》、《经济、社会、文化权利国际公约》、《公民权利和政治权利国际公约》以及《残疾人权利宣言》和《保护所有遭受任何形式拘留或监禁的人的原则》等其他有关文书承认的所有公民、政治、经济、社会和文化权利。"这里所说的权利,当然包括人身自由。也就是说,我国签署加入的《公民权利和政治权利国际公约》第九条所规定的"人人享有人身自由和安全","除非依照法律所规定的根据和程序,任何人不得被剥夺自由",也适用于精神病人,更适用于没有精神病而被当作精神病人的人。

《中华人民共和国宪法》第三十七条中规定,"禁止非法拘禁和以其他方法非法剥夺或者限制公民的人身自由"。精神病人作为公民，应当享有受到宪法保护的人身自由，非经法律不得剥夺或者限制。根据法治精神和宪法原则，如果没有相反的法律规定，每个人都享有决定是否治疗以及如何治疗自己所患疾病的权利。当然，精神病人的住院权、治疗权也不是绝对的。在特别情况下，例如当精神病人有伤害他人、自己的行为或者危险性，或者病情严重，不住院治疗就可能发生生存危险的时候，为保护社会、公众利益和精神病人的根本利益，也应当对他们实施强制住院治疗。但是许多事例说明，非自愿住院治疗如果没有法律加以约束、规范，很有可能被滥用，在客观上成为某些人、某些单位牟取私利的工具。有许多报道揭示，一些被家人、单位强行送入精神病院的人，实际是精神正常的，只是因为与家人、单位发生利益冲突、纠纷而被送入精神病院。

需要强调指出，《中华人民共和国立法法》已经明确规定，对限制人身自由的强制措施的事项，只能由全国人民代表大会和全国人民代表大会常务委员会制定法律。而"精神病人入院收治指征"并不是全国人民代表大会或者全国人民代表大会常务委员会制定的法律。它连作为一个部门规章都很勉强。有人可能认为非自愿住院治疗不属于限制人身自由的强制措施，但这是没有法律根据的。限制人身自由的强制措施是否不包括非自愿住院治疗，只能由全国人民代表大会常务委员会对《立法法》的有关规定作出解释，而不能由一个行政机关自行解释。卫生部通过一个通知的附件来规定强制住院治疗这样一个关涉公民基本人权的问题，不仅是违反《立法法》的，而且也是不严肃的。有人可能辩称，"精神病人入院收治指征"只是非自愿住院治疗的医学标准。但是，在非自愿住院治疗本身尚未得到法律认可、规范的情况下，非自愿住院治疗的医学标准又从何谈起？

任何行业、部门都不能以自身的特点、习惯来规避社会主义法治。建议国务院对卫生部制定的"精神病人入院收治指征"的合法性进行审查，予以废止。关于精神病人非自愿住院治疗问题，国家应当尽快通过制定《精神卫生法》加以规范。为了防止强制住院治疗被滥用，尤其是为了防止精神正常者被强制住院治疗，《精神卫生法》应当公正合理地规范非自愿住院治疗的条件、程序和监督、责任。

[复函摘要]

卫生部（卫提函〔2007〕220 号，2007 年 7 月 2 日）：

随着我国社会经济的发展，精神疾病和心理行为问题日益突出，严重影响到人民的身心健康，已经成为严重的公共卫生和社会问题。而住院权、治疗权是精神障碍者享有的重要权利，联合国《保护患精神疾病的人和改善精神卫生保健的原则》也明确规定了精神障碍者的住院权、治疗权。

2001 年 11 月 23 日，我部制定下发了《关于加强对精神病院管理的通知》，从业务管理和精神医学的角度，对精神病院提供的医疗服务和质量进行规范，其中对"精神病人入院收治指征"作出了较为明确的规定。从实施情况来看，"精神病人入院收治指征"的基本精神和原则是正确的，对保障精神疾病患者的住院权、治疗权等合法权益具有积极意义，客观上减少了精神疾病患者对家庭及社会造成的不良影响，维护了社会和谐稳定，促进了经济社会发展和精神文明建设。随着经济社会的发展和医学科技的进步以及法制的完善，"精神病人入院收治指征"需要作出适应性改进。

如您所言，精神疾病患者作为社会弱势群体，其权益很容易或者很可能遭受侵害。您所提到的精神正常者被冠以"精神疾病患者"名义遭到强制住院治疗的问题，正是因为没有认真落实"精神病人入院收治指征"提出的标准和要求。通过制定《精神卫生法》来保护精神疾病患者的正当权益，反映了社会对精神疾病患者的尊重和关爱，也是促进和改善公民生活和心理健康有效的工具。但由于精神卫生工作的复杂性，我国《精神卫生法》的调研和起草工作历时 10 余年而仍未出台。目前，该法已列入 2007 年国务院立法计划，我部拟争取今年上半年上报国务院审定。在《精神卫生法（草案）》相关条款中，对精神障碍的诊断与治疗、精神障碍者的权益等作出了明确规定，对精神疾病患者的诊断标准、出入院流程、约束与隔离程序等进行了规范，以保障精神疾病患者的知情同意和隐私保密等合法权益。

鉴于《精神卫生法》尚未出台，精神卫生工作的开展仍缺乏针对性的法律依据和支持。从当前实际情况考虑，立即废止"精神病人入院收治指征"的条件尚未成熟，而应进一步加强其规范落实和执行力度。今后，我部将进一步加强与法制、公安、民政等部门的协调和合作，积极制定《精神卫生法》及相关配套政策。同时，我部将认真考虑您提出的意见，并听取有关专家（尤其是法律专家）、学者及社会各界的建议，起草收治的有关规定，以进一步规范精神卫生机构的诊疗行为，保障精神障碍患者和正常人群的合法权益。

[阐述]

一 精神病人的人身自由与强制住院

《关于建议废止卫生部关于"精神病人入院收治指征"规定的提案》是提给国务院法制办公室的，却由提案意见的针对者卫生部来答复。这次卫生部的答复是以"卫生部"的名义作出的，复函盖着国徽章，比以往"卫生部办公厅"的名义更显郑重。卫生部自然要为"精神病人入院收治指征"做些辩护。不过，我以为，与我的意见相比，卫生部的辩护似乎不够有力。

这个提案是对我在"学术观察论坛"发表的一篇文章《精神病人的人身自由与强制住院》（2007 年 2 月 5 日，署名法正居士，被多人转载）的缩编。该文的论证更为充分，措辞也更为激烈：

> 强制一个精神病人住院，在客观上使该精神病人的人身自由在一定时间里受到限制或者剥夺。然而，我国有学者认为，强制住院"只是对自然的人限制其生物学上的活动范围，而不是限制其社会学上的人身自由"，因而对强制住院只能适用医疗规范，而不能适用法律规范。① 这种观点是错误的，有害的。姑且不论精神病人是否只是自然

① 陈甦：《处理医患纠纷应把握医与法的区别》，《人民法院报》2004 年 4 月 30 日。

的人，而不是社会的人，也不论"生物学上的活动范围"与"社会学上的人身自由"有什么不同，这种观点无视这样一个事实：被强制住院的人有不少并不是精神病人。

精神病学在整体上仍然是经验科学。精神病是由人来判断的，因而可能发生误诊。尤其对于非器质性的精神障碍，目前的诊断主要还是根据自述、观察和调查，没有更科学的方法，出现误诊和意见分歧是平常之事。美国学者萨斯指出："区别患精神疾病的人和精神健康的人的科学方法根本是不存在的。这一事实——至少在目前——从精神病学文献中看来，是很明显的。……实际上，在能提出精神病学证据的任何案件中，都一定能得出与这一证据相反的精神病学证据。""精神疾病不是这种现象：其存在或不存在可以——至少根据当前的实践——用不偏不倚的科学方法轻易地加以验明。既然没有科学上公认的精神健康之道德和社会标准，就不可能有科学上公认的精神疾病之标准。"① 此话虽然极端，但也充满道理。

精神病学的误诊有两类。一类是在进行符合医学规范的检查之后的误诊，这类误诊是难以完全避免的，也可以说是正常的。因为这样的误诊而将一个精神正常者强制住院，的确不可以说精神病院侵犯了那个人的人身自由，并因此承担法律责任。另一类误诊，是因为违规操作。因为这类误诊而过失地将精神正常者强制住院，属于医疗事故，是应当也是可以避免的，因而精神病院应当承担法律责任。但是，对这类过失性误诊，也不能归结为侵犯人身自由。精神病院主要应承担民事、行政法律责任。个别严重不负责任并造成严重后果的误诊，须承担刑事责任，但也不是从侵犯人身自由这个角度来追究。

同时，精神病学诊断的不确定性容易被居心不良者所利用。《牛津精神病学教科书》指出："在 20 世纪，精神病学曾被个别精神科医生误用，更严重的是有的精神科医生和雇佣他们的机构出于政治或商

---

① 〔美〕托马斯·S. 萨斯：《刑事责任和精神病学》，载〔美〕汉斯·托奇主编《司法和犯罪心理学》，周嘉桂译，群众出版社，1986。

业目的滥用精神病学。例如，对持不同政见者及其支持者滥用精神病学，一些西方精神科医生滥用诊断和强制治疗。"① 在我国也存在滥用诊断和强制治疗的问题。我国实际实行的强制住院制度是一种由精神卫生医疗机构决定、精神障碍者的家属等配合的强制住院治疗模式，由于缺乏有效制约和监督，容易导致精神正常者或不需要住院治疗的精神病人被强制住院。强制住院的医学标准也比较宽松和模糊，精神科医生裁量权很大，一名接诊精神科医师就可以决定强制住院，即使实际上没有这个必要。这种模式要求精神病人的家属等服从精神科医生的决定，他们不能起到对精神病院的制约作用，不能充分维护精神病人的权益。另一方面，有些家属也有可能出于不良动机，把精神正常者强行送入精神病院，而有的精神病院为谋求经济利益，根本不在乎被送来的人是否有精神病，只要其亲属能够支付治疗费、住院费，就会把人留下，所谓检查要么不做，要么走走形式。最严重的情况是，精神科医生出于某种私利或者迫于某种压力，明知就诊者（通常是被家属、单位强制就诊的）没有精神病，而故意诊断为有精神病，继而将其强制住院。这是彻头彻尾的侵犯人身自由，在刑法上构成非法拘禁罪。

当然，在现实中，要想区分误诊的强制住院和非法拘禁的强制住院是十分困难的。从人权保护的角度看，这种区分也不是特别有意义。误诊的强制住院和非法拘禁的强制住院对当事人的影响是一样的，只是法律评价不同，精神病院的责任不同。而且，正是因为区分误诊的强制住院和非法拘禁的强制住院是十分困难的，预防非法拘禁的强制住院的措施，必须作用于强制住院制度的整体。

强制住院本身是医疗措施，理应适用医学规范，并且应当避免和减少来自医学领域之外的干预，包括法律的干预。但是，至少已经有一百多年的历史证明，医学规范并不能有效地阻止强制住院制度被滥

---

① 〔英〕格尔德等：《牛津精神病学教科书》，刘协和、袁德基主译，四川大学出版社，2004，第72页。

用。一是因为医学领域并非净土,它不具备天生的免疫力可以抑制私欲、腐败。二是因为医学领域依靠自身力量难以抵御外界的不当干预甚至支配。例如在德国,医学尤其是精神病学曾经被纳粹利用,甚至成为纳粹迫害犹太人和精神病人的得力帮凶。因而,法律的介入是必需和必然的。法律对精神病学的介入,具有规范和保障的双重意义。法律当然不会对纯粹的医学问题发生兴趣,它的出发点和功能是调整医患关系,保护医患双方的利益。精神病学不能也没有必要规避法律。更何况,非法拘禁的强制住院构成对公民人身自由的侵犯,已经成为一个法律问题,而不是一个单纯的医学问题。

更应看到,20世纪50年代以来,在世界范围内,以保护精神病人的人权为宗旨的精神卫生运动蓬勃发展,关于精神病人的人权观念也在不断进步,并且影响到法律、司法领域。根据当代精神卫生理念,精神病人虽然可能缺失理智,但也是人——不仅是自然的人,而且是社会的人,而不是野兽。作为人,精神病人也有其尊严,享有与其他公民同等的基本人权,包括人身自由。基于社会利益和精神病人的根本利益,可以在一定时间内限制精神病人的某些权利,但这种限制必须保持最低限度,并且必须依照法律进行。根据上述理念,强制住院就是一定时间内限制精神病人的人身自由,不仅是"对自然的人限制其生物学上的活动范围",而且也是"限制其社会学上的人身自由",应当受到法律主要是公法的调整、规范。

有些学者囿于传统的民法理论,认为丧失行为能力的精神病人只是"自然的人",而不是"社会的人",是落后于时代的,不仅不符合当代精神卫生理念,而且已经被西方现代民法及其理论所摒弃。近几十年来,随着对精神障碍者人权的更加重视,传统的禁治产人制度受到越来越激烈的批评,人们认为宣告某人为禁治产人的做法具有歧视性的效果,因此,许多国家的民法都进行了修改。1992年,《德国民法典》废除了禁治产人宣告制度,对无民事行为能力的监护被修改为照管,而且照管人不得擅自对被照管人实施剥夺自由的安置措施。现行《法国民法典》不仅废除禁治产人监护制度,代之以精神紊乱成年人的保护制度，而且明确宣布："采取何种医疗方式，尤其是住院治疗还是在家庭内治疗，与适用于民事利益的保护制度无关。"《日本民法典》也在1999年废除禁治产人制度而代之以新型的成年人监护制度，原有的"禁治产人的监护人，应根据禁治产人的资力，尽力予以治疗护养"、"将禁治产人送入精神病院或其他类似场所，应经家庭法院许可"规定，被"成年监护人在料理成年被监护的生活、疗养、看护以及财产管理事务时，须尊重成年被监护人的意思，而且须照顾到其身心状态和生活状况"这一新的规定取而代之。①

为了保护人人享有的人身自由，为了避免精神病人遭受不适当、不必要的强制住院，也为了避免精神正常者被当作精神病人而被强制住院，许多国家都制定了精神卫生法，并在其中规定了强制住院的标准、程序、司法救济。关于精神病人权利的国际人权法律、准则，也都宣布精神病人也享有人身自由。1991年12月17日联合国大会第46/119号决议通过的《保护精神病患者和改善精神保健的原则》规定："每个精神病患者均有权行使《世界人权宣言》《经济、社会、文化权利国际公约》《公民权利和政治权利国际公约》以及《残疾人权利宣言》和《保护所有遭受任何形式拘留或监禁的人的原则》等其他有关文书承认的所有公民、政治、经济、社会和文化权利。"这里所说的权利，当然包括人身自由。也就是说，《公民权利和政治权利国际公约》第九条所规定的"人人享有人身自由和安全"，"除非依照法律所规定的根据和程序，任何人不得被剥夺自由"，也适用于精神病人，更适用于没有精神病而被当作精神病人的人。

《保护精神病患者和改善精神保健的原则》还规定，唯有在下述情况下，一个人才可作为患者非自愿地住入精神病院；或作为患者自愿住入精神病院后，作为非自愿患者在医院中留医，即：法律为此目的授权的合格精神保健工作者确定该人患有精神病，并认为：（a）因患有精神病，很有可能即时或即将对他本人或他人造成伤

---

① 《最新日本民法》，渠涛编译，法律出版社，2006。

害；或（b）一个人精神病严重，判断力受到损害，不接受入院或留医可能导致其病情的严重恶化，或无法给予根据限制性最少的治疗方法原则，只有住入精神病院才可给予的治疗。在（b）项所述情况下，如有可能应找独立于第一位的另一位此类精神保健工作者诊治；如果接受这种诊治，除非第二位诊治医生同意，否则不得安排非自愿住院或留医。非自愿住院或留医应先在国内法规定的短期限内进行观察和初步治疗，然后由复查机构对住院或留医进行复查。住院或留医理由应不事迟缓地通知患者，同时，住院或留医之情事及理由应立即详细通知复查机构、患者私人代表（如有代表），如患者不反对，还应通知患者亲属。精神病院仅在经国内法规定的主管部门加以指定之后方可接纳非自愿住院的患者。

有人也许会说，这些文件还是允许剥夺精神病人的人身自由的，这可以成为我国实施强制住院制度的依据。但是请注意，《公民权利和政治权利国际公约》强调，剥夺自由必须"依照法律所规定的根据和程序"；《保护精神病患者和改善精神保健的原则》更具体强调，非自愿住院的实行必须依照国内法。请问，我国有这样的法律吗？只有地方性法规，如北京、上海、杭州、宁波以及台湾地区。全国性的法律还没有。甚至全国性的行政法规也没有。很遗憾，认为现在对精神病人实行强制住院有法律依据的人士，只拿出一个"精神病人入院收治指征"来吓唬人。这个"精神病人入院收治指征"算是个什么法律？它只是卫生部在2001年11月23日发出的《关于加强对精神病院管理的通知》的一个附件！它连作为一个部门规章都很勉强。就拿这么一个东西来对抗国际人权公约或准则，分量是不是太轻了一些？有人也许不屑于理睬《公民权利和政治权利国际公约》以及《保护精神病患者和改善精神保健的原则》，但是不要忘记，《中华人民共和国宪法》也规定"禁止非法拘禁和以其他方法非法剥夺或者限制公民的人身自由"。精神病人作为公民，当然应当享有受到宪法保护的人身自由，非经法律不得剥夺或者限制。另外，《中华人民共和国立法法》已经明确规定，对限制人身自由的强制措施的事项，只能由全国人民代表大会和全国人民代表大会常务委员会制定法律。卫生部可能认为强制住院不属于限制人身自由的强制措施，或者如某些学者所说，强制住院"只是对自然的人限制其生物学上的活动范围，而不是限制其社会学上的人身自由"，但这种说法是没有法律依据的。限制人身自由的强制措施是否不包括强制住院，只能由全国人民代表大会常务委员会对《立法法》的有关规定作出解释，而不能由一个行政机关自行解释，学者的解释更没有法律效力。

态度更为鲜明的是《欧洲人权公约》（European Convention on Human Rights，ECHR）。《欧洲人权公约》第五条规定，"人人享有人身自由与安全的权利。任何人都不应当被剥夺其自由，除了在以下各种情况中并且依照法律所规定的程序"。"以下各种情况"的 e 项与强制住院有关："为防止传染病蔓延而对人们的合法监禁，或者对精神失常者、酗酒者、吸毒成瘾者或游民的合法监禁。"首先，精神病人也享有人身自由。欧洲人权法院认为，根据精神卫生法而将某人强制住院，"构成了一种对自由的持续性剥夺"。其次，对自由的剥夺必须是合法的，并且是"依照法律所规定的程序"进行的。欧洲人权法院对"合法性"的要求很高：（1）必须是依照国内法律的程序性和实体性规则进行。（2）规则必须明确而可行。（3）国内法律如果允许专断或过度的监禁，那么对自由的剥夺也不会是"合法的"。

对哪些精神病人可以合法监禁？欧洲人权法院确立了三项标准。第一，"精神失常"的存在必须通过客观医学证据来确定；第二，有关的精神病必须导致某种状况，这种状况使监禁为保护该患者或他人所必需；第三，有关的监禁必须在一种持续的基础上被证明为合理。同时，欧洲人权法院认识到，由于对专家技术的需求，以及难以评价医学证据，因而对程序"合法性"的要求尤其重要。由此可以看出，欧洲人权法院主要通过对程序的审查，来认定监禁的合法性。有一个案件，根据当事人所在国家的法律，强制住院应经过听证，但实际上没有进行听证，欧洲人权法院就认定该项强制住院违法。还有一个案件，法院听证时没有书记员，结果导致有关强制住院违法。

另外，为保护被剥夺自由者的利益，《欧洲人权公约》还赋予他们得到定期审查的权利，即"由于逮捕或监禁而被剥夺自由的每个人都应当被赋予权利提起一些程序；通过这些程序，某法院应当立即决定对他的监禁的合法性，并且在监禁不合法的情况下命令其释放"。这个规定对精神病人具有极大重要性。这是因为，精神病人被强制住院通常是不定期限的，而他们的病情有可能好转，不再需要强制住院。[①]

再看一个欧盟国家的情况。在法国，有两类强制住院：（1）行政性强制住院。这是一种安全主导型措施。行政机关（一般为省长，紧急情况为市长，巴黎在紧急情况下为警察局长）根据接诊医院以外的一位精神病专家开出的规范的意见书，决定对可能危害公共秩序或他人人身安全的精神错乱者实施强制住院。如果情况紧急，而且精神错乱者是众所周知的，可不必有医生的意见书，但在这种情况下的强制在48小时后即告失效，除非行政机关在24小时内依照法定程序作出强制住院的裁决。住院15天之内、以后每月一次根据精神病医生对患者的检查，作出是否延期的决定。（2）医疗性强制住院。这是一种治疗主导型措施。医疗性强制住院是由第三人提议的，因而被称为"应第三人请求的住院"。第三人可以是患者的家属，也可以是为精神病人利益而作为的人，但不包括在接诊医院工作的医护人员。医院院长根据第三人的请求作出决定。决定必须附具两份意见一致的医生证明。第一份证明必须是院外医生作出。两名医生之间，两名医生与第三人和医院院长之间应无血缘、亲属关系。决定医疗性强制住院还必须有两个明确的实质条件：精神病已使患者的同意成为不可能，患者确需在住院环境中立即治疗和辅以经常性的监护。为了避免出现不适当强制住院的情况，法国司法机构对强制住院给予了监督。对行政性强制住院的决定，可以向行政法院提出复议。大审法院的院长可以根据患

[①] 关于欧洲人权公约和欧洲人权法院对强制住院问题的态度，我的叙述摘编自〔英〕克莱尔·奥维、罗宾·怀特《欧洲人权法原则与判例》（第三版），何志鹏、孙璐译，北京大学出版社，2006。

者、患者的代理人或其他一切为精神病人利益而作为的人的请求，或者自己直接立案，裁决结束住院。各省还建立了由法官、精神病医生、知名人士和精神病人家属代表组织的成员组成的精神病住院委员会，负责审查所有住院精神病人的状况，以尊重个人自由和人格尊严。①

二 "拒绝接受治疗者"恰恰可能是精神正常的人

《关于建议废止卫生部关于"精神病人入院收治指征"规定的提案》在2007年3月提出后，没有媒体进行报道。当时，外界了解卫生部存在这样一个"指征"文件的还不多。到了2009年"两会"前，接受《中国新闻周刊》的采访，我借机提到"指征"：②

> "拒绝接受治疗者"恰恰可能是精神正常的、不需要治疗的人。精神正常者拒绝接受治疗，是维护自己的合法权益。虽然，许多精神病人"丧失自知力"，不知道或者不认为自己患病，但是，所有精神正常者都不会承认自己患有精神疾病，包括精神科医生自己。以"拒绝接受治疗"作为强制住院治疗的标准，遵循的是一种比"第22条军规"③更荒唐的逻辑，实际是彻底剥夺了被非法送入精神病院的精神正常者维护自身利益的最后权利。
>
> 精神病学在整体上仍然是经验科学。精神病是由人来判断的，因而可能发生误诊。另外，医生可能先入为主，既然亲属说有病，那就

---

① 参见〔法〕米海依尔·戴尔玛斯－马蒂《刑事政策的主要体系》，卢建平译，法律出版社，2000。
② 王婧：《刘白驹："拒绝接受治疗者"恰恰可能是精神正常》，《中国新闻周刊》2009年第10期。
③ 参见〔美〕约瑟夫·赫勒《第二十二条军规》，南文、赵守垠、王德明译，上海译文出版社，1981。在这部以第二次世界大战期间美国空军一支飞行大队为题材的黑色幽默的小说中，第二十二条军规（Catch－22）说的是：只有疯子才能获准停止飞行；一个人如果疯了，可以提出停止飞行的要求；但是，一个人对自身安全表示关注，要求停止飞行，被视为头脑理性活动的结果，因而他不是疯子，必须继续执行飞行任务。

很可能有病。一个精神正常的人被强行送入精神病院很可能会一再声明自己没病，而不承认有病恰恰被医生认为是"缺乏自知力"，越说自己没病就越是有病，精神病人都说自己没病；这个人还可能会进行反抗甚或使用暴力，而这种表现也恰恰会被医生视为躁狂的特征；他可能还会诉说遭到了亲属的迫害，对此家属自然是彻底否认，而医生会认为这个人病得不轻，已经有妄想、幻觉了。有些家属有可能出于不良动机，把精神正常者强行送入精神病院，而有的精神病院为谋求经济利益，根本不在乎被送来的人是否有精神病，只要其亲属能够支付治疗费、住院费，就会把人留下，所谓检查要么不做，要么走走形式。最严重的情况是，精神科医生出于某种私利或者迫于某种压力，明知就诊者（通常是被家属、单位强制就诊的）没有精神病，而故意诊断为有精神病，继而将其强制住院。这是彻头彻尾的侵犯人身自由，在刑法上构成非法拘禁罪。

《民法通则》上规定了精神病人的监护人的权利，只是被这些家属滥用了。《民法通则》和有关司法解释并没有规定监护人可以强制精神病人住院。从现代人权与法治的立场考察，强制精神病人住院，构成对其人身自由的限制，并有可能对其身心健康造成伤害，是事关公民基本人权的问题，本质上主要属于公法范畴。禁止非法剥夺或者限制公民的人身自由，是公认的人权基本原则。精神病人作为公民，应当享有受到宪法规定和保护的人身自由，非经法律不得剥夺或者限制。如果确有必要限制甚至取消某些精神病人的住院权，国家应当通过公法加以明确规定。在多数国家，对强制精神病人住院的问题，一般是由精神卫生法加以规定的，这些国家的民法都没有授权监护人或者家属可以强制精神病人住院。精神病不同于躯体疾病。如果精神病人自己不感到痛苦，所患精神病没有损害其身体健康或者不会导致其死亡，也无可能伤害自己或者他人，可以不治疗、不住院，外人不宜干涉。目前，在国际上，精神病人的住院权得到普遍的承认。联合国《保护患精神疾病的人和改善精神卫生保健的原则》也明确规定了精神病人的住院权。在国内，精神病人的住院权没有得到法律的承认。

2009 年"两会"后，在接受《检察日报》关于邹宜均案的采访时，我再次批评了"指征"。[①] 2011 年 5 月，对《新京报》记者也说过类似言论。[②]

第六节 《精神卫生法》非自愿住院条款建议稿

📚 提案

关于《精神卫生法》应当如何规定非自愿
住院治疗问题的提案

（政协十一届全国委员会第三次会议第 1218 号／

医药卫体类 439 号，2010 年 3 月）

我国《精神卫生法》的起草制定工作已经进入关键阶段。而如何规定非自愿住院治疗，是其中最重要问题之一。

精神疾病患者有权获得治疗，国家应尽其所能使所有需要治疗的精神疾病患者得到治疗，包括住院治疗。但是，精神疾病不同于躯体疾病，患者可能不感到痛苦，甚至不认为自己有病，因而不会主动求医，不愿意住院。传统精神卫生理念认为，精神疾病患者没有自知力，因而完全应由精神病院、家庭来决定是否住院治疗。而现代精神卫生理念则认为，精神疾病患者享有人身自由，有权利决定自己是否治疗、住院，"如患者需要在精神病院接受治疗，应尽一切努力避免非自愿住院"（1991 年联合国《保护患精神疾病的人和改善精神卫生保健的原则》）。另一方面，精神疾病患者的住院、治疗自主权也不是绝对的。在特别情况下，例如精神疾病可能危害患者生命，或者精神疾病可能致患者伤害自己或者他人，为保护精神疾病患者的根本利益和社会、公众利益，也可以对精神疾病患者实施非自愿住院治疗。

---

① 郑赫南：《"邹宜均案"引发精神卫生立法话题》，《检察日报》2009 年 3 月 30 日。
② 钱昊平：《"被精神病"背后的收治乱局：精神卫生法 26 年呼之不出》，《新京报》2011 年 5 月 31 日。

为使真正需要住院治疗的精神疾病患者得到住院治疗，也为防止非自愿住院治疗措施被滥用，避免精神正常者被强制住院治疗，我国《精神卫生法》应当立足于当前国情，而又遵循国际公认的精神卫生基本准则，并且兼顾精神疾病患者、家庭、医疗机构和社会等各方面的利益，公正、合理地规范非自愿住院治疗问题。首先，我国《精神卫生法》应当确立自愿住院、治疗的基本原则。在此前提下，建立两种非自愿住院治疗制度，即救护性非自愿住院治疗和保安性非自愿住院治疗。非自愿住院治疗的实施，构成对公民人身自由的限制，《精神卫生法》应对其适用的条件、程序和责任作出明确、严格的规定，并且引入社会、司法的干预、监督。

建议《精神卫生法》对非自愿住院治疗问题作出如下规定：

一 （基本原则）

精神疾病患者的住院、治疗实行自愿原则。除本法或者其他法律规定的情况外，不得实施非自愿的住院、治疗。

二 （地区精神卫生伦理委员会）

直辖市的区县、各省（自治区）设区的市（自治州）应当设立有医学、心理学、法学、社会学等方面的专家组成的精神卫生伦理委员会，没有精神卫生医疗机构的地区除外。

地区精神卫生伦理委员会依据本法受理、审查在本地区医疗机构接受治疗者或者其监护人、近亲属关于住院、治疗的申诉。

地区精神卫生伦理委员会的委员，由本地区卫生行政部门提名，报请同级人民政府批准。

地区精神卫生伦理委员会的工作办法由国务院卫生行政部门制定。

三 （监护人和近亲属）

精神疾病患者的监护人应当依法维护精神疾病患者的合法权益。

精神疾病患者的监护人按照民法通则和民事诉讼法规定的办法确定。

尚未确定监护人的，由精神疾病患者的近亲属依据本法处理精神疾病患者的相关事务。

本法所称"近亲属"包括配偶、父母、子女、兄弟姐妹、祖父母、外祖父母、孙子女、外孙子女。

四 （自愿住院）

接诊的精神专科执业医师认为精神疾病患者需要住院治疗的，应当向精神疾病患者说明住院的目的、治疗方法、约束措施和各项权利，并取得精神疾病患者对住院治疗的书面知情同意。

不满十周岁的未成年精神疾病患者住院，应当取得其监护人对住院治疗的书面知情同意。已满十周岁的未成年精神疾病患者住院，应当取得本人和其监护人对住院治疗的书面知情同意。

自愿住院的患者和未成年住院患者的监护人有权自行决定出院。

患者病情不宜出院而本人或者其监护人要求出院的，由本人或者监护人办理出院手续。出院前精神专科执业医师应当告知患者或者监护人不宜出院的理由，并在病例中详细记录；必要时，应当提出出院后的医学建议。

五 （救护性非自愿住院）

精神疾病患者或者疑似精神疾病患者经精神专科执业医师当面检查评估，认为临床症状严重，危及生命或者身体健康，或者生活不能自理，或者发生伤害自身行为，确认应当住院治疗，而本人没有能力办理住院手续的，其监护人应当办理住院手续；在紧急情况下，没有监护人的，由其近亲属办理住院手续；必要时，民政部门予以协助。

六 （保安性非自愿住院）

精神疾病患者或者疑似精神疾病患者发生或者将要发生危害他人或者危害公共安全的行为的，经精神专科执业医师当面检查评估，认为临床症状严重，需要住院治疗，其监护人或者近亲属应当为其办理住院手续；必要时，公安机关予以协助，或者责令其监护人、近亲属为其办理住院手续。

在紧急情况下，为阻止精神疾病患者或者疑似精神疾病患者可能立即实施危害行为，公安机关可以对精神疾病患者或者疑似精神疾病患者实施临时约束，并在 24 小时内将精神疾病患者或者疑似精神疾病患者移送至专业医疗机构，同时通知其监护人或者近亲属。

精神疾病患者或者疑似精神疾病患者的行为违反刑法的，由公安机关依据刑法、刑事诉讼法的有关规定处理。

七 （生活无着、流浪乞讨的精神疾病患者的住院治疗）

民政部门、公安机关的工作人员在执行职务时，发现生活无着、流浪乞讨的精神疾病患者或者疑似精神疾病患者，应当将其护送至当地的专业医疗机构进行检查评估、治疗。

八 （非自愿住院的住院复诊）

医疗机构应当在非自愿住院治疗者住院之日起 3 日内，组织原诊断医师以外的 2 名精神科执业医师进行复诊。

经复诊不属于精神疾病患者的，由本人办理出院手续；由其监护人或者近亲属办理住院手续的，医疗机构应当将出院情况通知其监护人或者近亲属。

经复诊属于精神疾病患者但不需要住院治疗的，由其监护人或者近亲属办理出院手续。

对生活无着、流浪乞讨的精神疾病患者，经复诊不需要住院治疗的，应当通知其监护人或者近亲属办理出院手续；监护人、近亲属不明或者监护人、近亲属无力接回的，由流入地民政部门护送至原居住地的医疗机构。

九 （地区精神卫生伦理委员会审查）

非自愿住院治疗者或者其监护人、近亲属不服住院复诊结论的，可以在接到复诊结论后的 10 日内向医疗机构所在地区精神卫生伦理委员会提出审查申诉。精神卫生伦理委员会应当在接到申诉后 15 日内进行审查，并作出是否继续住院治疗的裁定。

十 （非自愿住院的定期复诊）

对非自愿住院治疗者，医疗机构应当在其住院后的 3 年内每 6 个月组织精神专科执业医师进行一次复诊，以后每年进行一次复诊；经复诊确认康复可以出院的，或者虽未康复但不需要继续住院治疗的，由其监护人或者近亲属办理出院手续。

十一 （诉讼权利）

非自愿住院治疗者或者其监护人对非自愿住院治疗的实施或者解除有异议的，可以向人民法院提起诉讼，并且不受是否已向地区精神卫生伦理委员会申诉以及地区精神卫生伦理委员会作出何种裁决的限制。

非自愿住院治疗者或者其监护人可以依据民事诉讼法的有关规定委托他人作为诉讼代理人。

十二 （法律责任）

违反本法规定实施非自愿住院治疗的，县级以上人民政府卫生行政部门对负有责任的主管人员和直接责任人员依法给予降级、撤职、开除、吊销执业证书等处分。给住院治疗者造成损害的，应当依法承担民事责任；构成犯罪的，依法追究刑事责任。

以上意见谨供立法部门参考。

[复函摘要]

国务院法制办公室（国法函〔2010〕214 号，2010 年 7 月 6 日）：

制定《精神卫生法（草案）》是国务院 2010 年立法工作计划中力争年内完成的项目。目前，我们已经完成征求意见、实地调研、专家论证、修改草案稿等多项工作。下一步，我们将根据重点问题的研究及部门协调情况，对法律草案作进一步修改、完善，争取尽快报请国务院常务会议审议。

您在提案中提到的非自愿住院治疗问题，是整个精神卫生立法中最敏感、也最难处理的一个问题，各方关注度高。近期，我们就这一问题召开了多次专家论证会及部门研讨会，特别是对由谁决定实施非自愿住院治疗、决定的程序以及救济途径的可及性和便捷性，作了充分的研究、论证。我们总的考虑是，在借鉴国际经验的同时要立足国情，通过制度设计，特别是程序性的制度设计，使患者、患者监护人、医院、行政机关、法院这几方主体形成相互配合、相互制约、最终相互平衡的关系，适当发挥强制措施在控制患者病情方面的作用，同时把滥用强制措施的可能性降到最低。

您在提案中提出的关于非自愿住院治疗的程序要求、各级精神卫生伦理委员会的设置、生活无着患者的住院治疗、住院患者的定期复诊和评估等具体建议，在目前的精神卫生法草案中均已有所体现。在下阶段进一步完善草案重点制度的工作中，我们将继续认真研究您的建议，审慎处理好强制住院治疗的制度设计，切实保障患者合法权益。

[阐述]

那几年，随着人们权利意识的增强和新闻监督的增强，精神卫生工作的一些原有的制度性缺陷愈来愈凸显出来。精神障碍患者在收容机构受到虐待和一些精神正常的人被当作精神病人强制收入精神病院的事件（至迟自 2009 年起，有人将这种现象称为"被精神病"[①]）屡有发生并被报道，引起社会非议，精神病院和精神科医生开始得到负面的评价。改革非自愿住院制度，制定《精神卫生法》的呼声日益强烈。2007 年 12 月，卫生部报请国务院审议《精神卫生法（草案送审稿）》。国务院法制办公室将该稿发送有关部门征求意见。对卫生部的《精神卫生法（草案送审稿）》，国务院法制办公室做了修改，形成《精神卫生法（征求意见稿）》，并于 2009 年 3 月征求有关单位意见。随之，法学界、社会学界和其他领域的人士更

---

① 参见《王敏：皮革大王"被精神病"》（未署作者），《竞争力》2009 年第 9 期。

多地参与了精神卫生法问题的讨论。社会各界在应当尽快制定《精神卫生法》、保护精神障碍患者基本权利、国家加大对精神卫生的财政投入等问题上，观点是一致的，但在如何规定非自愿住院的问题上则有严重分歧意见，并且形成精神病学界与其他各界特别是法学界对峙的大致格局。争论的主要焦点是，非自愿住院（精神卫生法范畴的）的标准、应当由谁决定以及决定程序。法学界多主张非自愿住院司法化，由法院决定。①

对《精神卫生法（征求意见稿）》，我通过中国社会科学院，向国务院法制办公室报送了修改意见。之后，我将我的意见中有关非自愿住院的部分进行梳理和加工，形成一个《〈精神卫生法〉非自愿住院规定的建议稿》。"建议稿"只涉及精神卫生法范畴的非自愿住院本身，不包括一般治疗问题和非自愿住院之后的非自愿治疗以及精神卫生法的其他问题，也不包括应主要由刑法、刑事诉讼法规定的违反刑法的精神疾病患者的强制医疗问题（包括诉讼程序问题）。在草拟时，借鉴、吸收了《精神卫生法（征求意见稿）》的合理内容，同时还参考了联合国、一些国家或地区的有关文件和法律。我先将"建议稿"发表在互联网听取意见（2009 年 6 月19 日），并征求了法学界、精神病学界、新闻界一些学者、律师、记者的意见。②

这个"建议稿"力图立足于国情，不追求超前，以尽可能让精神病学界接受。例如，没有提出非自愿住院治疗事先必经司法审查（即司法前置），也没有提出住院诊断应由收治医院之外的中立医生做出。我提出，建立中立性的地区精神卫生伦理委员会，其职责是受理、审查在本地区医疗机构接受治疗者或者其监护人、近亲属关于住院、治疗的申诉。设立地区精神卫生伦理委员会，不但可以监督、制约医疗机构，而且有助于化解、缓解医患纠纷，减少诉讼。但同时我认为，在住院后，非自愿住院治疗者或者其监护人对非自愿住院治疗的实施有异议的，可以向人民法院提

---

① 参见《中国新闻周刊》2009 年第 10 期"封面故事"栏目《谁被送进精神病院?》等几篇被广泛转载并引起风波的专题报道。

② 参见《刘白驹:〈精神卫生法〉非自愿住院规定的建议稿》（2009 年 6 月 20 日），黄雪涛新浪博客，http://blog.sina.com.cn/s/blog_608a961a0100ea6t.html。

起诉讼，并且不受是否已向地区精神卫生伦理委员会申诉以及地区精神卫生伦理委员会作出何种裁决的限制。关于监护人和近亲属的作用问题，我主张，精神疾病患者的监护人应当按照《民法通则》和《民事诉讼法》①规定的办法确定；尚未确定监护人的，由精神疾病患者的近亲属依据本法处理精神疾病患者的相关事务。对自愿住院、救护性非自愿住院、保安性非自愿住院、流浪精神疾病患者的住院的标准、诊断程序、复诊程序、异议程序和有关法律责任等问题，"建议稿"也进行了设计。

后在 2010 年 3 月全国政协会议上，我将《〈精神卫生法〉非自愿住院规定的建议稿》作为《关于〈精神卫生法〉应当如何规定非自愿住院治疗问题的提案》的主要内容，提交有关部门参考。我还在一些报刊上撰文或者接受采访，阐述我的观点。②

第七节　救护性非自愿住院治疗制度的构建

📚 提案

关于《精神卫生法》应妥善规定救护性
非自愿住院治疗的提案

（政协十一届全国委员会第四次会议第 4623 号/

政治法律类 497 号，2011 年 3 月）

现代精神卫生法的三大作用，一是预防精神障碍并且使精神障碍患者获得可以得到的最好的治疗和护理，二是预防精神障碍者发生危害行为，

---

① 《中华人民共和国民事诉讼法》，1991 年 4 月 9 日第七届全国人民代表大会第四次会议通过，根据 2007 年 10 月 28 日第十届全国人民代表大会常务委员会第三十次会议《关于修改〈中华人民共和国民事诉讼法〉的决定》第一次修正，根据 2012 年 8 月 31 日第十一届全国人民代表大会常务委员会第二十八次会议《关于修改〈中华人民共和国民事诉讼法〉的决定》第二次修正，根据 2017 年 6 月 27 日第十二届全国人民代表大会常务委员会第二十八次会议《关于修改〈中华人民共和国民事诉讼法〉和〈中华人民共和国行政诉讼法〉的决定》第三次修正。

② 刘白驹：《我们需要什么样的〈精神卫生法〉》，《中国社会科学报》2010 年 4 月 6 日；刘白驹：《精神卫生法应当对非自愿住院治疗进行规范》，《人民政协报》2010 年 8 月 9 日；申欣旺：《难产的〈精神卫生法〉》，《中国新闻周刊》2010 年第 20 期。

三是防止精神医学手段被滥用甚至恶意使用，特别是应避免没有精神障碍的人被强制住院治疗。其中，第三个作用更是当代精神卫生法发展、完善的一个重点。

综观世界各国或者地区，精神障碍患者的住院治疗主要存在四种制度。第一，针对有违反刑法行为的严重精神障碍患者实施的强制医疗，即刑事性强制住院治疗；第二，患者自愿住院治疗；第三，针对将要发生危害行为的严重精神障碍患者实施的强制住院治疗，即保安性强制住院治疗；第四，监护人、近亲属等送诊并根据医疗机构的诊断办理住院手续的，对严重精神障碍患者实施的住院治疗，即救护性非自愿住院治疗，或称医疗保护非自愿住院治疗。第一种制度，主要由刑法、刑事诉讼法等法律加以规范；后三种制度，应由精神卫生法加以规范。其中，保安性强制住院治疗和救护性非自愿住院治疗都是强制性的，都构成对公民人身自由的限制甚至剥夺。联合国《保护精神病患者和改善精神保健的原则》原则16明确将保安性强制住院与救护性非自愿住院列在一起，统称"非自愿住院"。根据法治原则，限制人身自由的强制措施只能由法律规定（我国《立法法》第八条）。因而，我国《精神卫生法》应当对保安性强制住院治疗和救护性非自愿住院治疗的适用标准、程序等问题加以明确规定。

目前我国实际存在的救护性非自愿住院治疗做法，最大的问题是缺乏有效制约和监督。一方面，家庭的"权力"很大，一个家庭成员可以把另一个家庭成员送入精神病院。另一方面，精神病院的"权力"也很大，甚至未经当面诊断就可以决定强行收治。精神病院和家庭两者之间，虽然可以形成互相制约的关系，从而阻止精神病院或者家庭单方面把未患精神疾病的人强行住院，但也可能形成主观或者客观上的利益同盟，分别通过救护性非自愿住院治疗获取不当利益。如果精神病院把关不严或者与某一方家庭成员串通，就会造成不必要的救护性非自愿住院治疗，甚至使精神正常者遭到非法拘禁。因而，救护性非自愿住院治疗的适用过程必须有精神病院、家庭和当事人之外的中立方——社会或者司法的干预、监督。

但是，一个令人担忧的突出问题是，长期以来，我国精神医疗界否认救护性非自愿住院治疗构成对人身自由的限制，并在实践中将救护性非自愿住院治疗按照自愿治疗对待。一些地方的精神卫生条例对救护性非自愿住院治疗，采取了模糊处理：实际上规定和实施了救护性住院治疗的强制性——即通过家属和医院实施强制住院治疗，但又不承认救护性住院治疗的强制性。一方面，它所规定的救护性住院实际具有强制性，然而又不给予救护性住院患者类似于强制住院患者那样的权利保护；另一方面，它将救护性住院混同于自愿住院，然而又像对待强制住院患者那样限制、剥夺救护性住院患者的人身自由。这种处理，既不合理，也不公正，而且也不符合法治、人权原则和有关国际准则。这种情况不应以任何形式在我国《精神卫生法》上得到延续。

精神障碍的治疗应当切实实行自愿原则。在很大程度上可以说，自愿治疗原则就是针对救护性非自愿住院治疗而言的。根据自愿治疗原则，精神障碍患者如果没有违法犯罪行为，以及没有社会危险性，一般就没有必要强迫他们接受治疗。只有对临床症状严重，危及生命或者身体健康，或者生活不能自理的严重精神障碍患者，才可以基于人道主义和患者的最大利益，在患者不同意住院治疗的情况下实施非自愿的住院治疗。

建议进一步将救护性非自愿住院治疗划分为两类，制定不同的政策。第一种，患者表示拒绝住院治疗的。第二种是患者没有同意但也没有表示拒绝住院治疗的。对第二种，基本上可以按照自愿住院治疗对待，一般不会引发纠纷、争议。现实中发生侵权纠纷、诉讼的，主要是第一种。表示拒绝住院治疗，可能是患者缺乏"自知力"，但也很可能是精神正常者的理性意思表示并且符合实际。为避免精神正常者被强制住院治疗，对当事人表示拒绝住院治疗应给予足够的尊重和考虑。对表示拒绝住院治疗的人实行救护性非自愿住院治疗，应有更严格的条件和程序。

关于对表示拒绝住院治疗的人实施救护性非自愿住院治疗，《精神卫生法》应有以下基本规定：

（1）适用救护性非自愿住院治疗的基本标准。《精神卫生法》应当明确规定救护性非自愿住院治疗的基本标准，并进而在精神卫生法实施细则中尽可能详细规定非自愿住院治疗的具体指标。

（2）适用救护性非自愿住院治疗的基本程序。包括监护人、近亲属送诊，医疗机构收诊，医师诊断、复诊等。还应规定，诊断结论表明被送诊者不是精神障碍患者的，有权自行离开医疗机构。

（3）救护性非自愿住院治疗的司法监督、救济程序。《精神卫生法》应当规定，疑似精神障碍患者、精神障碍患者或者其监护人对救护性非自愿住院治疗措施有异议的，有权随时直接向人民法院起诉。这种事中司法监督、司法救济对于保护当事人合法权益具有十分重要的意义。

（4）《精神卫生法》还应规定近亲属、监护人以及其他人将非精神障碍患者送入医疗机构以及医疗机构收治非精神障碍患者的侵权责任，并明确规定：构成犯罪的，依法追究刑事责任。

［复函摘要］

国务院法制办公室（国法函〔2011〕255 号，2011 年 7 月 22 日）：略

［阐述］

2010 年 12 月，国务院法制办公室提出《精神卫生法（草案）》第三次征求意见稿，并征求有关单位意见。在提交给国务院法制办公室的对草案第三次征求意见稿的意见中，我着重论述了关于救护性非自愿住院的意见。为平衡各方利益，解决诸多难题，我建议进一步将救护性非自愿住院划分为两类，制定不同的政策。第一种，患者表示拒绝住院治疗的。第二种是患者没有同意但也没有表示拒绝住院治疗的。对第二种，基本上可以按照自愿住院治疗对待，一般不会引发纠纷、争议。现实中发生侵权纠纷、诉讼的，主要是第一种。表示拒绝住院治疗，可能是患者缺乏"自知力"，但也很可能是精神正常者的理性意思表示并且符合实际。为避免精神正常者被强制住院，对当事人表示拒绝住院治疗应给予足够的尊重和考虑。对表示拒绝住院治疗的人实行救护性非自愿住院，应有更严格的条件和程序。

到 2011 年 3 月"两会"时，我将关于救护性非自愿住院的基本意见整理为《关于〈精神卫生法〉应妥善规定救护性非自愿住院治疗的提案》。2011 年 6 月，国务院法制办公室公布《精神卫生法（草案）》（征求社会

意见稿）。7 月，国务院法制办公室对我的提案作出答复。复函比较详细地介绍了围绕《精神卫生法》进行的调研工作，对我的一些意见也表示肯定。不过，国务院法制办公室没有同意公开该复函的内容。

随着对非自愿住院问题研究的深入，我越来越深切地认识到，在我国，《精神卫生法》制定的真正焦点是救护性非自愿住院。这是因为如何规定救护性非自愿住院，关系到精神病院的生存和发展。精神病学界更重视救护性非自愿住院，而在一定程度上将保安性非自愿住院看作主要是公安机关等部门的事情。精神病学界可以接受对保安性非自愿住院的更严格的限制，而不愿意接受对既有的"医疗保护住院"的任何改变。2011 年，为了避免《精神卫生法》最终采取草案的这一做法，除了向国务院法制办公室报送我的意见和提出政协提案，我还以祥林嫂式的执着，通过媒体一再提请人们注意救护性非自愿住院的问题。

在《健康时报》的报道中，[①] 我将非自愿住院实践中存在的主要问题归纳为：该进未进，该出不出，不该进却"被进"。针对这三大问题，我提出，要建立完善的精神卫生防治体系，国家加大精神卫生事业的投入，保证让该住院的病人能住院，住了院的得到妥善治疗护理，该出院的病人能出院，出了院的病人能得到社区、家庭等单位的照护；建立保安性强制住院治疗制度，通过法定程序，把将要发生危害行为的严重精神疾病患者送进医院治疗；改变目前实行的由家庭（或者单位）、医疗机构两方面就能将人强送进医院的做法，建立起有医疗机构、家庭（或者单位）和当事人之外的中立方可以监督、干预的现代救护性非自愿住院治疗制度，从而尽可能避免把不该送去医院的病人和精神正常者强送进去。我认为，应当尽快出台符合现代精神卫生理念和原则的《精神卫生法》，不仅能保护精神病人，而且能保护所有人。

在《新京报》的专访中，[②] 我对《精神卫生法（草案）》（征求社会意见稿）设计的保安性非自愿住院制度表示基本肯定。从征求社会意见稿来

---

① 余易安、刘永晓：《精神病人管理三大怪》，《健康时报》2011 年 3 月 14 日。
② 钱昊平：《对话：精神卫生法有望确立司法救济》，《新京报》2011 年 5 月 31 日。

看，关于保安性非自愿住院的规定与我说的有些差异，与西方国家的精神卫生法也有所不同。第一，它不仅针对"可能发生危害行为"的患者，也针对正在发生或已发生危害行为的患者，甚至似乎是主要针对后者。而"保安性"应该针对前者。第二，在针对"可能发生危害"行为的住院治疗问题上，征求意见稿更强调监护人或近亲属的义务。只有在"已经发生"后，并且在监护人或近亲属不履行相关义务时，公安机关才走上前台。而我认为，在防止"可能发生"方面，公安机关应承担更大责任。为防止这种制度被不当利用，其适用标准和程序必须非常严格。尤其是要规定司法监督、救济程序。各国做法不尽相同。英国、法国规定已被强制住院的患者，有权向法院申诉解除。美国的一些州则规定在开始决定强制住院时就应经过法庭听证。征求社会意见稿对"强制住院治疗"也有相应的司法救济规定。不仅规定了复诊程序，而且规定了司法救济程序。被送治人或其监护人如果对强制住院治疗有异议，可以随时向法院起诉。

关于救护性非自愿住院，我对地方制定的精神卫生条例有关"医学保护性住院"的规定提出批评。地方精神卫生条例大多将住院分三类：自愿住院、医学保护性住院和强制住院。虽然没有使用"救护性非自愿"的概念，但是将其暗含于"医学保护性住院"之中。例如某地规定，诊断患有重性精神疾病的患者，诊断医师应当提出医学保护性住院的建议，由患者监护人或者近亲属办理住院手续。字面上没提到自愿或非自愿，实际上包括了"非自愿"。地方条例的实际意思是，重性精神障碍患者无辨认能力，由监护人、近亲属代为行使决定权，由此办理住院等于"自愿"，不属于对人身自由的限制。根据这些规定，即使患者拒绝，但如医生认为需要，只要监护人或近亲属办理手续，就可实施。对患者而言，其实是非自愿。这种模式缺乏有效制约和监督。精神病院的"权力"很大，家庭的"权力"也很大。一旦精神病院把关不严，或与某一方家庭成员串通，甚至会造成精神正常者遭非法拘禁的后果。如果有人"被精神病"，但"条例"不承认其人身自由受到了限制，他就无法主张和维护权利，也难以追究有关方面的侵权责任。这种做法不应以任何形式在我国精神卫生法上得到延续。实际上，我们所说的精神卫生立法的焦点，是非自愿住院治疗，主要就是指"救护性非自愿住院治疗"。目前看，争议不小，悬而未决。长期以来，我国精神医疗界认为"救护性"是单纯的医学问题，不涉及法律意义上的人身自由问题，无须执行法律上关于保护人身自由的原则和规定。但法学界的一般观点则相反，认为"救护性"也是强制性的，构成对人身自由的限制甚至剥夺，而且可能被滥用，必须由法律规范，必须有司法干预。医学专业问题当然主要应由精神医学专家来判断。社会、司法对救护性非自愿住院治疗的监督，主要针对的是其适用的程序。

第八节 《精神卫生法（草案）》的修改意见

提案

关于《精神卫生法（草案）》应进一步完善
非自愿住院规定的提案

（政协十一届全国委员会第五次会议第 1610 号/

政治法律类 126 号，2012 年 3 月）

《精神卫生法》的核心问题之一是规范非自愿住院。一方面，应当保障所有确实需要住院治疗的精神障碍患者都得到住院治疗。另一方面，应当防止精神正常的人和不需要住院治疗的精神障碍患者被实施非自愿住院治疗。

2011 年 6 月 10 日，国务院法制办公室公布《精神卫生法（草案）》，征求社会各界意见。该草案总体是好的，但存在一些严重缺点和不足，主要集中在非自愿住院规定方面。第一，没有规定救护性非自愿住院。这引发两种反对意见。一种意见认为这是将救护性非自愿住院混同于自愿住院，可能导致有些"被精神病"情况（精神正常者被亲属强制送院）的"合法化"。另一种意见认为不允许实施救护性非自愿住院，将导致大量没有自知力的严重精神障碍患者得不到治疗。第二，保安性非自愿住院的标准和适用范围过宽，实施起来将有滥用之虞。第三，没有规定当事人就非自愿住院的合法性提起诉讼的权利，监督措施不够有力、有效。针对这些问题，我曾向国务院法制办公室提出意见和建议。后来，国务院在吸收社会意见的基础上，进一步修改《精神卫生法（草案）》，并于 2011 年 9 月 20 日提请全国人大常委会审议。

全国人大常委会审议的《精神卫生法（草案）》（以下简称"人大审议草案"）第 25 条规定了两种非自愿住院。第一，救护性非自愿住院，即对"已经发生伤害自身的行为，或者有伤害自身的危险，或者不住院不利于其治疗的"的严重精神障碍患者，经有监护职责的亲属同意，可以实施非自愿（不经本人同意）住院。第二，保安性非自愿住院，即对"已经发生危害他人安全的行为，或者有危害他人安全的危险的"严重精神障碍患者，可以实施非自愿（既可不经本人同意，也可不经其近亲属同意）住院。

现就"人大审议草案"有关非自愿住院规定的进一步完善，提出几点建议和意见：

第一，关于救护性非自愿住院

"人大审议草案"明确了救护性非自愿住院的"非自愿"性质，并且规定了异议复诊、鉴定程序。这是值得肯定的。但它受到精神医学界一些人士的质疑和抵触。他们认为救护性非自愿住院是一个单纯的医学问题，严格的标准和复杂的程序会妨碍需要住院治疗的精神障碍患者得到住院治疗。这是一种错误的、落后的认识，其中也有误解或者不必要的担忧。

从法律和事实上说，非自愿住院包括救护性非自愿住院构成对公民人身自由的限制或剥夺。因此，它不是单纯的医学问题。而对公民包括精神障碍患者人身自由的限制或剥夺，必须根据法律进行。这是法治和人权保障的基本准则，并为各国《精神卫生法》非自愿住院制度所遵守。退一步说，对真正的精神障碍患者，究竟是在医院中治疗，还是在社区、家庭中治疗，从医学角度而言只是治疗模式的差异，但是，如果把精神正常者当作精神障碍患者，实施非自愿住院，则是彻头彻尾的侵犯人权，法律和司法必须干预。将非自愿住院法治化，给非自愿住院设置比较严格的标准和程序，主要是为了防止精神正常者因故意或者误诊而被实施非自愿住院，而不是针对真正的精神障碍患者。

据调查（潘忠德、谢斌、郑瞻培，2003），我国住院治疗的精神障碍患者中约有 60% 属于医疗保护住院（即救护性非自愿住院）。那么，是不是这 60% 的救护性非自愿住院者都要经过异议复诊、鉴定程序？不是。被实施救护性非自愿住院治疗的人对住院治疗有两种态度或反应：一种是没有表示同意但也没有表示异议；一种是不仅没有表示同意，而且明确表示拒绝。前者的绝大多数都是真正需要住院治疗的严重精神障碍患者。由于他们没有对住院提出异议，因而基本上可以当作自愿住院者看待。后者构成则比较复杂，既有不承认自己罹患精神障碍的精神障碍患者，也有承认自己罹患精神障碍但不愿意住院治疗的精神障碍者，也有症状轻微、不需要住院治疗的精神障碍患者，还有因精神障碍之外的原因被强行送诊的精神正常者。现实中发生侵权纠纷、诉讼的，主要是这些住院者。他们表示拒绝住院医疗，可能是因为缺乏"自知力"，但也很可能是正常、理性的意思表示。为避免精神正常者和不需要住院医疗的精神障碍患者被实施非自愿住院医疗，对当事人表示拒绝住院医疗的意思表示应给予足够的尊重和考虑。救护性非自愿住院的异议复诊、鉴定程序只有可能发生于这些人身上。也就是说，"人大审议草案"规定的异议复诊、鉴定是一种特别程序，发生于部分救护性非自愿住院者，其所导致的精神卫生机构负担和有关社会成本的增加是有限的，不像一些人估计和渲染的那么多。而这些付出，有利于避免救护性非自愿住院的误用、滥用，有利于和谐社会建设和社会稳定，是值得的。如果精神卫生机构严格掌握住院标准，会使可能提出异议的救护性非自愿住院者的人数比例降至更低。

因此，"人大审议草案"确认救护性非自愿住院的"非自愿"性质，并且规定了异议复诊、鉴定程序，是正确的，应当坚持。

然而，"人大审议草案"关于救护性非自愿住院规定也确实存在严重问题，这就是把"不住院不利于其治疗"作为救护性非自愿住院的重要条件之一。这个条件过于宽泛、含糊，任何精神障碍患者都可以依此被送入精神病院。1991 年联合国《保护患精神障碍的人和改善精神卫生保健的原则》明确指出："如患者需要在精神病院接受治疗，应尽一切努力避免非自愿住院。"该文件为救护性非自愿住院规定了比较严格的标准："一个人精神病严重，判断力受到损害，不接受入院或留医可能导致其病情的严重恶化，或无法给予根据限制性最少的治疗方法原则，只有住入精神病院才可给予的治疗。"根据该原则和世界卫生组织的主张（参见世界卫生组织：《精神卫生、人权与立法资源手册》《国际人权在国家精神卫生立法方面的作用》），住院治疗是精神卫生的最后手段，只有当精神障碍患者不能在精神病院外获得适当有效的精神卫生服务，且不住院治疗可能导致其病情严重恶化时，才可考虑住院治疗。

因此，建议将第二十五条第二款第一项修改为："已经发生伤害自身的行为，或者有伤害自身的危险，或者不住院治疗将导致病情严重恶化，危及生命或严重削弱生活自理能力，只有住院才可给予适当治疗的"。

另外，"人大审议草案"没有规定救护性非自愿住院应有几名医生诊断、在多长时间内诊断，需要弥补。建议将第二十四条第二款规定也应适用于救护性非自愿住院。

第二，应当赋予当事人就非自愿住院的合法性提起诉讼的权利

防止非自愿住院的滥用、误用，必须有精神病院、家庭、单位和当事人之外的权威中立方——司法的监督、干预。"人大审议草案"没有规定非自愿住院必须经法院裁定（即司法前置），符合目前中国国情，是可行的，但是没有规定当事人有权就非自愿住院的合法性提起诉讼，则是重大缺陷。相对于国务院法制办公室2010年10月第三次征求意见稿（该稿第三十一条规定："精神障碍患者或者其监护人对实施强制住院治疗措施有异议的，有权随时直接向人民法院起诉"），这是一个明显的倒退。根据《民法通则》《侵权责任法》等民事法律，当事人虽然可以在出院后追究医院和相关责任人的侵权责任，但损害已经造成，无法挽回。因此，《精神卫生法》应当赋予当事人在住院期间就非自愿住院的合法性和中止非自愿住院提起诉讼的权利。我国《精神卫生法》如果不规定非自愿住院过程中的司法救济，就远低于国际水平。

"人大审议草案"第二十七条第三款、第四款（以及第二十八条、第二十九条）规定的精神障碍司法鉴定，虽然可以缓解矛盾，甚至解决一些问题，但对于公正、有效地保障非自愿住院者的合法权益，防止精神正常

者被实施非自愿住院，是远远不够的。

精神障碍司法鉴定虽然称为"司法鉴定"，但由于它没有进入诉讼程序，实质上不具有司法性质，而是医疗体制内的一种纠错机制，不具有中立性，公正性容易受到质疑。鉴定结论只有作为有关诉讼的证据，并由法院认定之后方具有法律效力。

非自愿住院如果是违法实施的，应当立即中止，有关机构和人员应承担法律责任。违法实施非自愿住院包括两种情况：（1）实体性违法，例如没有按照法定标准收治；（2）程序性违法，例如未在法定时间内复诊，未向当事人宣布权利。而精神障碍司法鉴定就其"鉴定"的性质和功能而言，是对病情的诊断和对是否需要收治的判断，而不是对非自愿住院程序的合法性进行审查。非自愿住院程序性违法，只能由法律权威机关——法院和法律授权的其他权威机关裁定。考察西方国家的情况，法院认定非自愿住院治疗的是否合法，很重要的是通过对程序的审查。例如欧洲人权法院有一个案件，根据当事人所在国家的法律，强制住院应经过听证，但实际上没有进行听证，欧洲人权法院就认定该项强制住院违法。

特别是，保安性非自愿住院往往有公安机关的介入，具有一定的治安行政管理强制措施性质，更应保障当事人的异议诉讼权利。

因此，《精神卫生法》应当规定："精神障碍患者或者其监护人、近亲属对非自愿住院治疗有异议的，可以向人民法院起诉。"

或者在精神障碍司法鉴定机构与法院之间作出分工：对非自愿住院医学标准的适用有异议的，即不认为自己有精神障碍或者不需要住院的，可以要求复诊、鉴定和重新鉴定；对非自愿住院确定程序的适用有异议的，可以向法院起诉。

第三，对"人大审议草案"的其他意见和建议

（1）针对目前存在着的没有面见患者而只根据他人陈述就作出诊断、决定非自愿住院和隐瞒精神科医生身份进行诊断、侵犯当事人知情权的恶劣情况，建议增加一项规定："精神障碍的诊断应当面见、讯问患者，不得隐瞒精神科医务人员身份。"

（2）第三章各条款特别是第二十三条至第三十一条以及后面有关出院的规定之间的逻辑关系不清，不易掌握，建议按照自愿住院、保安性非自愿住院、救护性非自愿住院、复诊程序、鉴定程序、住院手续、出院手续的顺序加以调整。然后再规定治疗规范、精神障碍患者权益。

（3）第三十三条："医疗机构及其医务人员应当将精神障碍患者享有的权利，告知患者及其监护人。"此款应只针对住院患者，并须明列应告知的主要权利，规定告知的时间（住院 24 小时之内）。未在规定时间内告知主要权利，应视为程序性违法。

（4）第四十一条关于"为了实施治疗措施而限制精神障碍患者的通讯权和会见探访者等权利的除外"的规定，可能使有关权利形同虚设。至少应当对什么是"为了实施治疗措施"做进一步说明、限定。

（5）"负有监护职责的近亲属"的概念，没有民法根据，且含义不清，不宜使用。

（6）对适用于实施暴力行为的精神病人的强制医疗应有原则规定。虽然强制医疗具有特殊性，但《精神卫生法》作为精神障碍患者权益和治疗问题的基本法，不能回避这个问题。国务院法制办公室第三次征求意见稿曾经对强制医疗问题作出规定（它规定强制医疗由公安机关决定是不正确的），但后来向社会公开的"征求意见稿"和"人大审议草案"完全没有提到强制医疗，这是不妥当的，可能让人产生《精神卫生法》完全适用或者完全不适用于强制医疗的误解。为避免国务院以后将要制定的《强制医疗管理条例》与《精神卫生法》发生不必要的冲突，《精神卫生法》应当对强制医疗问题作出原则规定。

（7）为防止监护人、近亲属滥用权利，《精神卫生法》有必要对监护人、近亲属问题作出原则性规定。建议增加一条："精神障碍患者的监护人应当依照本法和其他法律、法规维护精神障碍患者的合法权益。精神障碍患者的监护人按照民法和民事诉讼法规定的办法确定。尚未确定监护人的，由精神障碍患者的近亲属依据本法处理精神障碍患者的相关事务。"

[复函摘要]

全国人大常委会法制工作委员会（法工委议〔2012〕54号，2012年6月12日）：略

[阐述]

一 《精神卫生法》的审议与通过

随着国务院法制办公室于2011年6月10日公布《精神卫生法（草案）》，征求社会各界意见，精神卫生立法速度明显加快。2011年9月15日，我到全国人大会议中心参加了全国人大教科文卫委员会召开的精神卫生立法座谈会。① 我作了发言，但由于时间限制，没有多谈（提交了近万字的发言稿）。《精神卫生法（草案）》由国务院法制办公室进一步修改后，于2011年9月19日经国务院第172次常务会议讨论通过，提请全国人民代表大会常务委员会审议。2011年10月24日，第十一届全国人民代表大会常务委员会第二十三次会议对《精神卫生法（草案一次审议稿）》进行了初次审议。

当时，我接受《新京报》的专访，强调精神卫生法是人权保障法，对非自愿住院应有司法监督。②

> 新京报：精神卫生立法的核心是什么？
> 刘白驹：考察精神卫生法的历史，就可以知道，精神卫生法的产生主要就是为了规范非自愿住院问题。大家都认可的全世界第一部的精神卫生法是法国的，叫做"1838年6月30日关于精神错乱的7443号法律"，主要就是针对非自愿住院的，40多条中30多条都是规定这个。
> 新京报：有人认为非自愿住院问题只是立法的一个方面，防治精

---

① 《教科文卫委员会在京召开精神卫生立法座谈会》，中国人大网，2011年9月16日，http://www.npc.gov.cn/npc/bmzz/jkww/2011-09/16/content_1670700.htm。

② 杨华云：《精神卫生法是人权保障法》，《新京报》2011年10月25日。

神病才是更重要的，你怎么看？

刘白驹：从医学角度看，精神病防治并没有特殊到要单独立法。单独立法的以前只有传染病，为什么？因为有隔离，限制自由必须要有国家法律。

新京报：那精神卫生单独立法的依据也是这个？

刘白驹：限制人身自由就必须依据法律，这是一个基本的道理。

新京报：精神卫生立法中，医学界和法学界一直有很大的分歧，主要的分歧在哪里？

刘白驹：主要是在救护性非自愿住院方面，也就是没有社会危险性的病人本身不同意住院，他的家属可以同意并强行送去住院的规定上。

医学界不认为这种强制住院是限制了自由。他们认为病人没有能力决定，应由亲属决定，这是为病人好。但是，我们不能排除有的家庭里会利用这个把精神正常的人送进去的问题。

医学界认为，经过诊断医生认为有必要，就可以决定非自愿住院。但我认为必须要有监督，要有程序，可以进行区别。如果保安性强制治疗需要司法前置，这种救护性强制治疗可以不要司法前置，有司法救济就可以。

新京报：什么样的司法救济？

刘白驹：住院或者出去后可以起诉那个送他进去的人和失职的医院。

新京报：必须要有这个？

刘白驹：必须。他不见得要走，但一定要给他一条司法救济途径。

新京报：有人说亲属把正常人送入精神病院的很少。

刘白驹：这不是多少的问题，如果我们法律能做到，就是一起也要避免。这个必须要有个标准和程序去控制。当然这是目标，有法律也不一定完全避免。

近十年来，我经常接到电话，被亲属送进去的人出来后打电话咨询，有些人还见面了。我不能说这些人都不是精神病人，但通过交谈看，他们也没什么危害性，对别人不构成威胁，为什么一定要把他送进去呢？

新京报：什么样的人送进医院治疗需要特别严格的程序？

刘白驹：主要是自己坚决表示不住院的。

新京报：关于保安性强制住院，从草案看，发生了危害他人行为的精神病人谁处理很明确，但有危害他人危险的不太明确。

刘白驹：这里需要强化公安机关的责任，现在问题主要是他们不愿意去惹这么多事。可能发生危险不好判断，判断错了怎么办？对有危险性的，目前立法倾向于由亲属来管，但可能亲属没有能力和不愿意管他们，将来可能会出些问题。

新京报：有没有更好的做法？

刘白驹：如果有司法前置是最理想的，就是由法院来决定强制住院，这是美国一些州的做法，多数国家是在住院过程中有权向法院申诉。

新京报：现在对强制住院的异议引入了司法鉴定程序。

刘白驹：司法鉴定也是精神病专家在做，还是行业内部的监督。而且，司法鉴定只是提供一种证据，而不是司法结论。因而，法律应规定被强制住院的人有权起诉，要求解除强制住院。

新京报：有的医生也说司法裁决好，医院只做诊断，剩下的事法院去做。

刘白驹：目前恐怕法院接受不了这个方案，所以司法不是前置，是出了问题后救济。

新京报：法学界的人士什么时候开始关注和介入立法的？

刘白驹：2000 年前基本上没有，主要都是医学界的在做。我是因为研究精神病人犯罪，涉及精神病人怎么管理的问题，对于一些有危险的精神病人要提前收治，这就涉及怎么收治的问题，才开始研究这个问题。

新京报：医学界和法学界在精神卫生立法的问题上是共识越来越多还是依然各执所见？

刘白驹：在某些方面有些共识。只是不少人受旧的观念的影响，认为精神病人没有辨认和行为能力，不是社会意义上的人，形同一个动物。我们只是照顾，他们没有权利。

新京报：或者说精神卫生法根本上是一部权利法？

刘白驹：这种法律最开始主要是治安功能，后来又有救治功能，再后来就是国家如何支持精神卫生，怎样保护被关进精神病院的人的权利、防止正常的人被关进去，变成病人和正常人共同的人权保护法。

新京报：那你看来这部法起草这么多年，为什么？

刘白驹：主要是非自愿住院和政府对于精神卫生的责任问题不容易规定。根本的是没有把它从人权保障法的角度去看。当然也有部门、行业利益问题。

2011年10月29日，全国人民代表大会常务委员会法制工作委员会将草案全文公布在中国人大网站，向社会征求意见。我向法工委报送了我的修改意见。

2012年"两会"时，我将修改意见整理为《关于〈精神卫生法（草案）〉应进一步完善非自愿住院规定的提案》。[①] 当时《检察日报》的报道以及人民网、新浪网、搜狐网、凤凰网、和讯网等媒体的转载重点介绍了"精神障碍患者或者其监护人、近亲属对非自愿住院治疗有异议的，可以向人民法院起诉"的意见。[②]

---

① 贾娜：《刘白驹委员：赋予当事人起诉权 避免"被精神病"上演》，《检察日报》2012年3月11日。

② 《精神卫生法（草案二次审议稿）》增加第七十八条："精神障碍患者或者其监护人、近亲属认为行政机关、医疗机构或者其他有关单位和个人违反本法规定侵害患者合法权益的，可以依法提起诉讼。"后形成草案三次审议稿，该条变更为第八十二条。2012年10月24日，全国人大法律委员会召开会议，对草案三次审议稿进行再次审议。针对有的常委会组成人员提出的非自愿住院治疗的严重精神障碍患者对需要住院治疗的诊断结论或者鉴定报告有异议的，应当有救济手段的意见，法律委员会经研究认为，患者或者其监护人对需要住院治疗的诊断结论或者鉴定报告有异议的，可以依据第八十二条规定向人民法院提起诉讼。参见《全国人民代表大会法律委员会关于〈中华人民共和国精神卫生法（草案第二次审议稿）〉修改情况的汇报》《全国人民代表大会法律委员会关于〈中华人民共和国精神卫生法（草案三次审议稿）〉修改情况的报告》，载信春鹰主编《中华人民共和国精神卫生法解读》，中国法制出版社，2012。

对这个提案，可能因《精神卫生法（草案）》正在审议之中，法工委不同意公开复函内容。复函列举了我提出的"不住院不利于其治疗"条件过于宽泛，应予严格限定；精神障碍司法鉴定机构的鉴定不具有司法性质，公正性容易遭受质疑；应当赋予当事人对非自愿住院治疗申请司法救济的权利；进行初次诊断的医师应当面见、询问患者，不得隐瞒身份；限制精神障碍患者通讯会见权利的条件需要进一步限定；监护人按照民法和民事诉讼法的规定确定，尚未确定的，由患者近亲属依法处理相关事务等建议，并且表示"我们将对此认真研究，进一步完善非自愿住院治疗有关规定及草案其他规定"。

2012 年 8 月 28 日，第十一届全国人民代表大会常务委员会第二十八次会议对《精神卫生法（草案二次审议稿)》进行了审议。对草案二次审议稿，我也曾提出意见并报法工委。接着，全国人民代表大会法律委员会形成《精神卫生法（草案三次审议稿)》。2012 年 10 月 23 日，第十一届全国全国人民代表大会常务委员会第二十八次会议对草案三次审议稿进行了审议。2012 年 10 月 26 日，第十一届全国人民代表大会常务委员会第二十九次会议表决通过《精神卫生法》，并决定自 2013 年 5 月 1 日起施行。

2012 年 10 月 27 日《新京报》报道了我对《精神卫生法》的几点解读：

> 《精神卫生法》将有利于制约"不该收治的被收治"。解决"被精神病"问题，立法关键在于三个环节：非自愿住院标准；精神障碍诊断和复诊；监督、救济程序。非自愿住院的一些条款，比以前的地方精神卫生条例严格，是一个进步。例如，救护性非自愿住院的标准，严重精神障碍患者如果没有危害他人或没有危害他人危险，那么只有在有伤害自身行为或危险的情况下，监护人或家属才可以将其送诊，经医生确诊后住院。而根据以前的地方精神卫生条例，只要医生诊断有严重精神障碍，家属同意，就住院治疗，叫做医疗保护住院。《精神卫生法》规定当事人可以向法院起诉，是一个亮点，但稍显含糊，是出院后提起诉讼，还是在住院过程就可以提起诉讼，没有明

确。如果是住院过程中，就是司法监督；如果是出院后，就是司法救济。《精神卫生法》既要保障正常人不"被精神病"，同时还要保证精神障碍患者获得有效救治，防止个别的精神障碍患者发生危害行为，三个方面如何平衡，是个难题，其中一些权利相互矛盾。正因如此，《精神卫生法》历经近30年才出台。这部法律是不是有效平衡了三个方面？有待于实践检验。①

2013年5月7日，在《精神卫生法》开始施行之际，《人民政协报》刊载了一篇对我的专访：

中国第一部精神卫生法5月1日起正式实施。研究精神卫生立法问题十多年的全国政协委员、中国社会科学院科研局研究员刘白驹表示，精神卫生法不单单是一部关于精神障碍患者治疗的卫生法，它还涉及到如何保障精神障碍患者权利和如何防止正常人被当做精神病人关进精神病院，因而是精神障碍患者和正常人共同的人权保护法，关系到全社会每一个人。

一壶清茶，两把藤椅。在这样一个幽静的小茶馆里，研究了精神卫生立法问题十多年的刘白驹，对记者讲述起了精神卫生法的重要性。"我是从上个世纪90年代开始研究的。以前是医学界在做，法学界没有太多关注。因为研究精神病人犯罪，涉及对一些有危险性的精神病人要提前收治，我才开始研究这个问题。2003年以来，几乎每年都有与精神卫生法有关的提案，从不同角度提出立法建议。"已经成为精神卫生立法方面专家的刘白驹向记者介绍他研究精神卫生立法的初衷。

刘白驹表示，中国有那么多精神障碍患者，却没有制定精神卫生法是非常不合适的。"立法就是要确保精神障碍患者不因贫困得不到救治，确保有实施危害行为危险的精神障碍患者不因疏于管理而伤害

---

① 王姝：《精神卫生法通过　明年5月1日起实施》，《新京报》2012年10月27日。

自身或危害他人，确保无需住院治疗的公民不因程序、制度缺失而被强制收治。"刘白驹说，"精神卫生立法涉及的问题都很重要，但核心是非自愿住院标准和程序。从法律角度看，非自愿住院实际是对人身自由的剥夺或限制。在精神卫生范畴，精神障碍患者住院分为自愿住院和非自愿住院。非自愿住院中又分为保安性非自愿住院和救护性非自愿住院两种情况。第一种情况的精神病人是有危险性的，而第二种情况，是病人没有什么危险性，但家属和医生认为他需要住院治疗。两种非自愿住院在本质上讲都是出于好的动机，但有被滥用的可能。所以起草者在非自愿住院的医学判断和限制人身自由的法学判断上反复掂量。"

刘白驹介绍说，精神障碍分为器质性和非器质性的，对非器质性的精神障碍的诊断目前还无法借助科学仪器，主要根据观察和经验，有些人很难断定他是否有精神障碍，不同医生也可能有不同的诊断。这就造成精神病学很可能被误用、滥用。从历史上来看，有些国家曾发生过把政敌判定为精神病人而加以迫害的事情。而救护性非自愿住院的滥用，是指有些人没有精神障碍，但在财产、婚姻等方面与家人发生冲突，被家人强制送入精神病院。"精神卫生法要防止这两种情况。精神卫生法实施以后，'被精神病'的情况有可能减少。因为这方面的限制是比较严的，只有对已经发生伤害自身或者危害他人安全的行为，或者有发生这些行为危险的严重精神障碍患者，才可以实施非自愿住院。"刘白驹说。

历经 26 年才正式出炉的精神卫生法，虽然解决了这一领域内的法律空白。但在刘白驹看来，精神卫生法的效果还需要实践检验。刘白驹指出，"在救护性非自愿住院方面，精神卫生法的有关规定比较模糊，只是规定亲属可以将疑似精神障碍患者送往精神病院，而没有规定标准和诊断的期限。家属可以将一个人强制送往精神病院，有病没病先关一段时间再说。另外，对伤害自身行为或伤害自身危险这个非自愿住院标准，有可能被扩大解释为'需要住院'，并且没有规定复诊、鉴定程序，有滥用的危险。"

"精神卫生法规定，因有危害他人行为或有危害他人危险而被实施非自愿住院的人，可以要求鉴定，这对防止滥用有一定好处。但鉴定实际是医疗体制内的一种纠错机制，虽然可以解决一些问题，但公正性容易受到质疑。如果再设立一个有医生、法学家、社会工作者等参加的中立的地区精神卫生伦理委员会可能更好一些。"刘白驹说。他还指出，精神卫生法规定当事人如果认为被侵权可以向法院起诉，追究侵权责任，但没有说明何时可以起诉。如果只能在出院后起诉，损害已经造成，无法挽回。如果可以在入院时或者在住院期间起诉，受到诸多条件的限制，需要进一步细化保障措施。

"有了精神卫生法已经是个进步，存在这样那样的不足也可以理解。它的实际效果如何，需要实践检验。只有不断实践，才能发现问题，才能改正。"刘白驹说。[①]

二 《精神卫生法》对非自愿住院的规制

最终通过的《精神卫生法》没有出现"非自愿"或者"强制"之词。一般认为，《精神卫生法》第三十条规定了非自愿住院。该条有两款。第一款："精神障碍的住院治疗实行自愿原则。"这是住院治疗的基本原则，适用于大多数精神障碍患者。自愿是指知情同意。第二款："诊断结论、病情评估表明，就诊者为严重精神障碍患者并有下列情形之一的，应当对其实施住院治疗：（一）已经发生伤害自身的行为，或者有伤害自身的危险的；（二）已经发生危害他人安全的行为，或者有危害他人安全的危险的。"这是基本原则的例外情况，相对于知情同意的自愿住院即为非自愿住院。

（一）保安性非自愿住院

在其他一些国家，根据危险性标准实施的非自愿住院，其决定者，

---

① 张晶：《精神卫生法关系到我们每一个人——专访全国政协委员刘白驹》，《人民政协报》2013 年 5 月 7 日；中国政协新闻网 - 人民网，2013 年 5 月 7 日，http://cppcc. people. com. cn/n/2013/0507/c34948 - 21386016. html。

一般没有因为伤害自身和危害他人的不同而不同。但是我国《精神卫生法》将伤害自身和危害他人区别对待——有伤害自身行为或者危险的精神障碍患者的非自愿住院须经监护人同意，有危害他人安全行为或者危险的精神障碍患者的非自愿住院由医疗机构决定，并规定了不同的决定程序。因此，我将前者归入"救护性非自愿住院"，将后者定性为"保安性非自愿住院"。保安性非自愿住院是指对已经发生危害他人安全行为或者有危害他人安全危险的严重精神障碍患者实施的、未经其本人同意亦无须经其监护人同意的住院。如果精神障碍患者有发生危害他人安全行为包括继续、再次发生危害他人安全行为的可能，并且这种危险性确为严重精神障碍所导致，即符合保安性非自愿住院的基本条件。

与其他一些国家的非自愿住院危险性标准仅指即将发生危害行为的可能性不同，《精神卫生法》第三十条既包括可能发生危害行为，也包括已经发生危害行为，是危险性与危害性的综合。"已经发生危害他人安全的行为"作为非自愿住院的危害性标准，是比较清晰的。而"有危害他人安全的危险"作为非自愿住院的危险性标准，似乎还不够严格。危险性标准缺少实际发生的危害行为作为依据，必须严格限定。作为一种强制性的、可能对患者造成损害、成本也比较高的非常措施，保安性非自愿住院应当只适用于危险征兆明显、符合联合国《保护精神病患者和改善精神保健的原则》危险性定义的"很有可能即时或即将"发生危害的情形。

《精神卫生法》对危险性的精神障碍患者或者疑似精神障碍患者的非自愿住院实施程序，从紧急处置和送诊、紧急留院诊断、再次诊断和鉴定、住院手续的办理、出院、住院期间的医学评估和行政检查等几个方面作出规定（主要有第二十八条第二款，第二十九条第二款，第三十二条，第三十三条，第三十四条，第三十五条，第三十六条，第四十四条第四款、第五款，第四十五条）。虽然总的来看有关规定基本可行，但其中有不少不合理、不严谨之处，容易导致不规范的非自愿住院，引发诉讼，例如 2015 年在洛阳发生的大学生被强制关住精神病院 134 天一案（2018 年

10月二审时报道)①。

如果不能按照法定程序实施非自愿住院，即可认定存在侵权的故意或过失，非自愿住院的实施者——医疗机构、监护人等，须承担民事侵权责任。情节或者后果严重的，直接责任人可能构成非法拘禁罪。《刑法》第二百三十八条规定："非法拘禁他人或者以其他方法非法剥夺他人人身自由的，处三年以下有期徒刑、拘役、管制或者剥夺政治权利。具有殴打、侮辱情节的，从重处罚。""犯前款罪，致人重伤的，处三年以上十年以下有期徒刑；致人死亡的，处十年以上有期徒刑。使用暴力致人伤残、死亡的，依照本法第二百三十四条、第二百三十二条的规定定罪处罚。"

（二）救护性非自愿住院

在《精神卫生法》中，还有另外三种情形的非自愿住院，都可以归为救护性非自愿住院。它们的共同特征是没有获得被送诊者的知情同意。但是，其中只有一种，《精神卫生法》承认其具有非自愿性。对于其他两种，《精神卫生法》回避了它们是否非自愿的问题。对这些实质上属于非自愿的住院，如果连其非自愿性也不予承认，就无法规定切实的标准和程序，适用者的合法权益就难以得到有效保护。相对于保安性非自愿住院，救护性非自愿住院将可能是《精神卫生法》施行过程中出现问题较多的一个方面。

1. 有伤害自身行为或危险的严重精神障碍患者的非自愿住院

《精神卫生法》实际上承认其具有非自愿性，但没有明示。根据《精神卫生法》第二十八条第二款、第二十九条第二款、第三十条（主要是第二款第一项）诸规定，疑似精神障碍患者发生伤害自身的行为，或者有伤害自身的危险的，其近亲属、所在单位和当地公安机关应当立即采取措施予以制止，并将其送往医疗机构进行精神障碍诊断。医疗机构接到属于前述情形的疑似精神障碍患者，应当将其留院，立即指派精神科执业医师进

---

① 李涛、张月朦：《大学生被强制关精神病院134天？》，《北京青年报》2018年10月16日；魏晞：《大学生"被精神病"134天》，《中国青年报》2018年10月18日；段彦超、罗中艺：《大学生"被精神病"涉事医院将申请司法鉴定，当事人称愿配合》，澎湃新闻，2018年10月20日，https://www.thepaper.cn/newsDetail_forward_2546459；段彦超、罗中艺：《大学生"被精神病"调查："逃离疯人院"后花光积蓄打官司》，澎湃新闻，2018年10月23日，https://www.thepaper.cn/newsDetail_forward_2555219。

行诊断。诊断结论、病情评估报告表明，被送诊者为严重精神障碍患者，并且已经发生伤害自身的行为，或者有伤害自身的危险的，应当对其实施住院治疗。这一制度与前述保安性非自愿住院有两点不同，一是对有伤害自身行为或者危险的严重精神障碍患者实施非自愿住院，须经其监护人同意；二是有伤害自身行为或者伤害自身危险的严重精神障碍患者对于医疗机构关于需要住院治疗的诊断和其监护人同意住院治疗的决定，没有异议权利，不能要求再次诊断和鉴定。

2. 由近亲属送诊的无危险性的严重精神障碍患者的非自愿住院

关于这种非自愿住院，《精神卫生法》的直接规定只有三句话，即第二十八条第一款的第一句："除个人自行到医疗机构进行精神障碍诊断外，疑似精神障碍患者的近亲属可以将其送往医疗机构进行精神障碍诊断。"第三十六条的第一句："诊断结论表明需要住院治疗的精神障碍患者，本人没有能力办理住院手续的，由其监护人办理住院手续。"以及第四十五条："精神障碍患者出院，本人没有能力办理出院手续的，监护人应当为其办理出院手续。"

除个人自行就医外，近亲属将疑似精神障碍患者送诊，大体有四种情况，一是患者主动求医但因病情严重、行动不便等原因不能自行去医院，而由其近亲属护送到院；二是患者不愿意看病，但经近亲属说服、劝导同意看病，并由近亲属陪同到院；三是患者对治疗既没有表示拒绝也没有表示同意而由近亲属做主送诊；四是患者拒绝治疗但其近亲属强行送诊。第一种送诊导致的住院属于自愿住院。第二种送诊导致的住院也可以视为自愿住院，但必须排除通过虐待、威胁、诱骗等不正当手段使患者同意看病的"伪自愿"情况。需要重点考察的是第三种和第四种送诊导致的住院。

发生第三种送诊之后，医疗机构可能认为被送诊者需要住院治疗，而被送诊者既没有表示拒绝也没有表示同意，便由其近亲属办理住院手续。但是，《精神卫生法》没有规定这种住院的基本标准和设置专门的决定、异议程序。我认为，对无能力、无拒绝、无危险性的精神障碍患者实施非自愿住院，不设置异议程序大体可以，但不规定基本标准和决定程序则甚为不妥，有被不当利用的危险。

发生第四种送诊——患者拒绝治疗但其近亲属强行送诊，可能有三种结果：（1）医疗机构经诊断认为被送诊者不符合《精神卫生法》第三十条第二款规定的非自愿住院标准，不予以住院治疗；（2）医疗机构经诊断认为被送诊者符合《精神卫生法》第三十条第二款规定的非自愿住院标准，继而启动非自愿住院程序；（3）医疗机构认为被送诊者虽然无危险性但需要住院治疗，且近亲属也同意住院，而被送诊者拒绝住院，医疗机构根据《精神卫生法》第三十六条第一句"诊断结论表明需要住院治疗的精神障碍患者，本人没有能力办理住院手续的，由其监护人办理住院手续"的规定，以被送诊者"没有能力办理住院手续"为由，要求近亲属办理住院手续。这种住院无疑属于非自愿住院，但《精神卫生法》没有视为非自愿住院。实际上，《精神卫生法》在明确规定非自愿住院的第三十条之外，又隐晦地规定一种非自愿住院。这种非自愿住院实质上就是以前的"医疗保护住院"。它由医疗机构为主并在监护人配合之下共同决定，但既没有具体标准，也没有决定和救济的具体程序，一旦出了问题，医疗机构和监护人就互相推卸责任。这种住院制度遭到误用或者滥用的可能性很大。我认为，立法机关应当作出解释，说明第三十六条第一句规定不能适用于第三十条规定的被送诊者之外的拒绝住院的被送诊者。同时，医疗机构不能对"本人没有能力办理住院手续"做扩大性理解，将第三十条规定的被送诊者之外的被送诊者拒绝办理住院手续也视为"本人没有能力办理住院手续"。对第三十条规定的被送诊者之外的被送诊者"本人没有能力办理住院手续"，只能理解为，被送诊者对住院决定没有表示拒绝，但由于精神障碍的影响，没有能力办理住院手续。2013年5月我在《人民政协报》的专访中，特别表达了对上述问题的担忧。

3. 查找不到近亲属的流浪乞讨精神障碍患者的非自愿住院

在这个问题上，《精神卫生法》的有关规定过于原则、笼统，且有不合理之处。针对有关问题，我在2014年提交了《关于完善城市流浪乞讨精神障碍患者救助制度，制定〈城市流浪乞讨精神障碍患者救助管理细则〉的提案》。

第九节　精神障碍鉴定的整合与立法

📚 提案

关于制定《精神障碍鉴定法（条例)》的提案

（政协十二届全国委员会第一次会议第 1513 号/

政治法律类 139 号，2013 年 3 月)

2012 年，全国人大或其常委会先后通过了《精神卫生法》和《刑事诉讼法》、《民事诉讼法》修正案。这三个法律基本上含括了主要类型的精神障碍鉴定：精神障碍刑事鉴定、精神障碍民事鉴定和精神障碍住院鉴定。这三类鉴定在相关领域都具有十分重要的作用，关系到公民权利的保障和司法、执法的公正。然而，三个法律关于鉴定的规定都比较简略、原则，不足以规范、指导相关鉴定实践。另一方面，虽然三类鉴定的法律性质不同，《刑事诉讼法》《民事诉讼法》的鉴定是司法鉴定，《精神卫生法》的鉴定是非司法鉴定；在启动机制与法律效力等方面也存在诸多不同，但本质上都是医学鉴定，依据的是精神医学，依靠的是同一支鉴定队伍。从科学和公正角度而言，这三类鉴定在鉴定机构资质、鉴定人资格、鉴定的基本程序和精神障碍的医学标准等方面不应有过大的差异，而应有基本一致的规范。

1989 年，最高人民法院、最高人民检察院、公安部、司法部、卫生部联合制定了《精神疾病司法鉴定暂行规定》，但它已经在多方面不符合新《刑事诉讼法》《民事诉讼法》。2000 年，司法部出台《司法鉴定执业分类规定（试行)》，2001 年司法部出台《司法鉴定许可证管理规定》，试图统一规范司法鉴定，但效果不佳。2005 年，全国人大常委会颁布《关于司法鉴定管理问题的决定》，之后司法部又陆续出台《司法鉴定程序通则》《司法鉴定人登记管理办法》等规章。但是，这些司法鉴定文件均不是精神障碍鉴定的专门规定，未能充分反映精神障碍鉴定的特殊性和实践需求。而且，这些文件规定的是司法鉴定，原则上不能适用于《精神卫生法》的医学鉴定。另外，司法部规章的法律位阶较低，权威性不够。

因此，建议全国人大常委会制定专门的《精神障碍鉴定法》，对《精神卫生法》和《刑事诉讼法》《民事诉讼法》等法律中的精神障碍鉴定加以整合，在已有法律和有关法规、司法解释的基础上，统一基本规范，保证精神障碍鉴定公正、科学进行，以便于鉴定人员遵守，并有利于公民了解、监督。

《精神障碍鉴定法》应包括以下基本内容：（1）精神障碍鉴定机构的资质和管理；（2）精神障碍鉴定人的资格和权利义务；（3）精神障碍鉴定程序和鉴定意见；（4）精神障碍刑事鉴定；（5）精神障碍民事鉴定；（6）精神障碍住院鉴定；（7）精神障碍其他鉴定；（8）法律责任。

鉴于立法难度较大，建议分步骤进行。在全国人大常委会制定《精神障碍鉴定法》之前，可先由国务院（商最高人民法院、最高人民检察院）制定颁布《精神障碍鉴定条例》，经过一段实践检验之后再由全国人大常委会立法。

[复函摘要]

司法部（司发函〔2013〕75号，2013年6月6日）：

一 关于诉讼活动中涉及的法医精神病鉴定问题

根据《刑事诉讼法》《民事诉讼法》规定，诉讼案件中涉及的精神疾病司法鉴定应当由符合条件的鉴定机构和鉴定人按照法律规定的程序进行。2005年颁布实施的全国人大常委会《关于司法鉴定管理问题的决定》（以下简称《决定》）规定，国家对从事法医类鉴定（含法医精神病鉴定）、物证类鉴定、声像资料类鉴定业务的鉴定机构和鉴定人实行登记管理制度，国务院司法行政部门主管司法鉴定登记管理工作，省级人民政府司法行政部门负责登记、名册编制和公告。2005年以来，司法部依据法律规定，制定了《司法鉴定机构登记管理办法》《司法鉴定人登记管理办法》《司法鉴定程序通则》《司法鉴定执业活动投诉处理办法》等部颁规章和30多部规范性文件，确保包括法医精神病鉴定在内的司法鉴定工作规范有序开展。

法医精神病鉴定是对涉及与法律有关的精神状态、法定能力、精神损伤程度、智能障碍等问题进行的鉴定，是一项重要的司法鉴定业务，属于法医类鉴定，由经司法行政机关审核登记的法医精神病鉴定机构实施。截至目前，经司法行政机关审核登记的从事法医精神病鉴定的司法鉴定机构有233个，司法鉴定人2175人，基本满足了司法审判的需要。

为进一步完善法医精神病鉴定制度，在《决定》和规章的基础上，我部正会同有关部门共同研究制定《精神疾病司法鉴定实施办法》，拟与最高人民法院、最高人民检察院、公安部、国家卫生和计划生育委员会等部门联合印发，统一鉴定规范，保障精神障碍鉴定公正、科学进行。

二 关于精神障碍医学鉴定问题

《精神卫生法》第三十二条规定，对有危害他人安全行为或者危险的严重精神障碍患者实施强制住院治疗，但要遵循严格的条件和程序。患者或者其监护人对需要住院治疗的诊断结论、再次诊断有异议的，可以自主委托经司法行政部门审核登记，依法取得精神障碍鉴定执业资质的司法鉴定机构进行精神障碍医学鉴定。

精神障碍医学鉴定属于医学判断问题。司法鉴定机构作为具有独立第三方法律地位的鉴定机构实施的精神障碍医学鉴定，是维护患者合法权益的重要救济手段，对于确保有肇事肇祸危险的严重精神障碍患者得到有效救治和管理，确保无须住院治疗的公民不被强制收治，具有重要意义。做好精神障碍医学鉴定工作，既是《精神卫生法》赋予司法行政机关的一项新的管理职能，也是对司法鉴定管理工作提出的新要求。

为配合已经实施的《精神卫生法》，确保精神障碍医学鉴定工作顺利开展，我部已经起草完成有关规范性文件，对精神障碍医学鉴定的委托、受理、回避、实施、管理等作出规定，并已征求了相关部门的意见，即将印发执行。

综上，我部认为，《精神卫生法》刚刚出台，许多问题需要在实践中探索，目前制定《精神障碍鉴定法（条例）》的条件并不成熟。我们将认真考虑您的意见，进一步加大精神障碍鉴定的制度建设，规范鉴定行为，提高鉴定公信力，更好地为保护公民合法权益、维护司法公正作出贡献。

[阐述]

这个提案首先由《法制日报》报道，题目强调了"精神障碍鉴定当前仍较混乱"。① 后来人民政协网和人民网也全文刊登了这个提案。②

司法部在给我答复的同时，下发了《关于认真贯彻落实精神卫生法做好精神障碍医学鉴定工作的通知》（2013 年 6 月 6 日，司发通〔2013〕104号，以下简称《通知》）。《通知》指出，做好精神障碍医学鉴定工作，既是精神卫生法赋予司法行政机关的一项新的管理职能，也是对司法鉴定管理工作提出的新要求。精神障碍医学鉴定以被鉴定人的精神健康为依据，属于医学判断的问题，是一项独立的鉴定类别。精神障碍医学鉴定的鉴定内容主要是被鉴定人是否患有严重精神障碍；被鉴定人是否需要住院治疗。精神卫生法关于由鉴定机构进行精神障碍医学鉴定的规定，目的是维护精神障碍患者的合法权益，防止非自愿住院治疗措施的滥用。

《通知》规定，从事精神障碍医学鉴定的鉴定机构，除应当具备《全国人大常委会关于司法鉴定管理问题的决定》《司法鉴定机构登记管理办法》等法律法规和规章规定的条件外，还应当具有副高级以上专业技术职称的精神科执业医师作为鉴定人。从事精神障碍医学鉴定的鉴定人，应当具备《全国人民代表大会常务委员会关于司法鉴定管理问题的决定》《司法鉴定人登记管理办法》等法律法规和规章规定的条件。未经省级司法行政机关登记并取得精神障碍医学鉴定执业资质的鉴定机构和鉴定人不得开展精神障碍医学鉴定活动。

《通知》规定，精神障碍医学鉴定活动，应当参照《司法鉴定程序通则》执行，并遵守以下要求。1. 对于精神障碍医学鉴定委托，应当由

---

① 周斌：《精神障碍鉴定当前仍较混乱　刘白驹委员提建议立法遏制被精神病》，《法制日报》2013 年 3 月 5 日。

② 《建议制定〈精神障碍鉴定法〉》，中国政协新闻网－人民网，2013 年 8 月 5 日，http://cppcc.people.com.cn/n/2013/0805/c34948－22438811.html。

被鉴定人本人或者其监护人向精神障碍医学鉴定机构提出书面申请。鉴定机构根据需要，可以要求申请人提供病史和治疗资料、诊断结论、再次诊断结论等鉴定必需的材料。2. 对于符合精神障碍医学鉴定受理条件的鉴定委托，鉴定机构应当接受委托并签订《精神障碍医学鉴定委托协议书》。对于申请人不能提供必要资料，导致鉴定无法进行的，鉴定机构可以不受理鉴定委托。3. 对于鉴定机构、鉴定人或其近亲属与鉴定事项有利害关系的，或者鉴定机构、鉴定人曾参与被鉴定人住院治疗诊断或再次诊断的，以及其他可能影响其独立、客观、公正进行鉴定的情形，应当回避。4. 接受委托的鉴定机构应当指定本机构二名以上鉴定人共同进行鉴定，包括具有副高级以上专业技术职称的精神科执业医师。对于疑难复杂的鉴定，应当指定三名或者三名以上鉴定人共同进行，包括具有正高级专业技术职称的精神科执业医师。鉴定人应当到收治被鉴定人的医疗机构面见、询问被鉴定人，医疗机构应当予以协助、配合。5. 鉴定机构、鉴定人应当遵守有关法律、法规、规章的规定，尊重科学，恪守职业道德，依法独立进行鉴定。鉴定人应当对鉴定过程进行实时记录并签名。记录的内容应当真实、客观、准确、完整，记录的文本或者声像载体应当妥善保存。必要时，鉴定机构可以在有关部门配合下开展听证活动。6. 精神障碍医学鉴定的技术标准适用国家卫生计生行政部门组织制定的分类、诊断标准和诊疗规范。7. 鉴定过程中，因医疗机构、被鉴定人或其近亲属的原因无法面见被鉴定人，或者被鉴定人拒绝配合，以及有其他导致无法继续鉴定行为的，鉴定机构可以中止鉴定。8. 司法鉴定机构应当在与委托人签订协议书之日起十个工作日内完成委托事项的鉴定。复杂、疑难、特殊的技术问题或者检验过程需要较长时间的，完成鉴定的时间可以延长，延长时间一般不得超过二十个工作日（不含面见所需的旅途时间）。鉴定报告应当对被鉴定人是否患有严重精神障碍，被鉴定人是否需要住院治疗作出客观公正的判断。鉴定报告由鉴定人签名并加盖鉴定机构印章后，应统一按照本通知规定的文书格式出具。鉴定报告一式三份，一份交委托人收执，一份交收治被鉴定人的医疗机构收执，一份存档。9. 在精神障碍医学鉴定收费标准制定颁布前，可以参照司法鉴定相关业务的收费项目和收费标准执行，也可由当事双方协商确定。收费内容包括鉴定费和鉴定人面见被鉴定人所发生的交通、住宿、生活和出庭误工等相关费用。

在给我的提案答复中，司法部说其正会同有关部门共同研究制定《精神疾病司法鉴定实施办法》，拟与最高人民法院、最高人民检察院、公安部、国家卫生和计划生育委员会等部门联合印发。上述《通知》的主要内容应是《精神疾病司法鉴定实施办法》雏形的一部分。然而，《精神疾病司法鉴定实施办法》迄今尚未出台。互联网上流传的所谓《精神疾病司法鉴定管理办法》，实际是卫生部在1998年提出的草案推荐稿，未正式发布施行。

第十节　完善城市流浪乞讨精神障碍患者救助制度

提案

关于完善城市流浪乞讨精神障碍患者救助制度，制定《城市流浪乞讨精神障碍患者救助管理细则》的提案

（2014年3月提交，未立案）

我国在20世纪50年代初，建立了城市游民和贫民的救济收容制度。1982年，国务院发布《城市流浪乞讨人员收容遣送办法》。收容遣送的对象包括流浪乞讨的精神障碍患者。应当说，收容遣送制度在保护流浪乞讨精神障碍患者利益方面，起到了很大的积极作用。但是，由于制度本身存在严重缺陷和一些收容遣送站、福利院管理混乱，精神正常者被当作流浪乞讨精神障碍患者收容和被收容的流浪乞讨精神障碍患者遭受侵害的事情时有发生。例如，1984年在佛山市收容人员欧星锦等在被遣送途中将同车的精神不正常女收容人员轮奸，1996年至1999年乌鲁木齐市精神病福利院院长王益民等遗弃收容精神障碍患者，1999年苏萍（化名）在广州被当作精神病人收容到增城市康宁医院后遭到其他收容人员轮奸，2013年3月孙志刚在广州的收容待遣所被殴打致死（他曾被与精神病收容人员安置在一个房间）。而且，收容遣送构成对公民人身自由的限制，而《中华人民共和国立法法》第八条规定，限制人身自由的强制措施和处罚事项，只能制定法律加以规定。鉴于上述原因，2003年6月20日，国务院总理温家宝签署国务院令，公布《城市生活无着的流浪乞讨人员救助管理办法》，《城市流浪乞讨人员收容遣送办法》同时被废止。2003年7月21日，民政部公布《城市生活无着的流浪乞讨人员救助管理办法实施细则》。

救助管理制度与收容遣送制度的最大不同在于：收容遣送是强制的，而救助管理是自愿的；收容遣送对被收容者强制遣送，而救助管理实行救助者自愿离站，期满出站，其中残疾人、未成年人、老年人由其亲属或者所在单位领回，无家可归的由政府妥善安置。从收容遣送制度转变为救助管理制度，是我国法治建设、人权保障和社会保障的重要进步。然而另一方面，由于救助管理实行自愿的原则，它难以适用于因病情严重而不能主动求助的流浪乞讨精神障碍患者。为解决流浪乞讨精神障碍患者以及危重病人的救助问题，民政部提出了先救治后救助的原则，建立民政、卫生、财政、公安、城管等有关部门的协调机制，明确对危重病人、精神病人救助、救治程序中各个环节的部门责任。2006年1月4日，民政部、公安部、财政部、劳动保障部、建设部、卫生部联合下发《关于进一步做好城市流浪乞讨人员中危重病人、精神病人救治工作的指导意见》。这个指导意见对解决在危重病人、精神病人救治方面部门职责不清、费用不落实的问题有一定推动作用。在能否非自愿救治危重病人、精神病人的问题上，它规定，紧急救治对象限定在必须抢救的有生命危险的流浪乞讨危重病人和危及他人生命安全或严重影响社会秩序和形象的精神病人范围内。这实际上允许对有生命危险的流浪乞讨危重病人和危及他人生命安全或严重影响社会秩序和形象的精神病人实施非自愿的紧急救治。这样做显然超出《城市生活无着的流浪乞讨人员救助管理办法》的授权范围，有变相恢复强制性收容遣送制度之嫌。而根据"先救治后救助"的原则，实际意味对精神病人可以先收容，然后再看是否符合救助条件，虽然有利于救助和避免有关部门推卸责任，但也容易导致不当的强制收容（例如2008年辽宁猪贩刘刚因为上访"被救助")。

2012年10月26日,全国人民代表大会常务委员会表决通过《中华人民共和国精神卫生法》(自2013年5月1日起施行)。《精神卫生法》对查找不到亲属的流浪乞讨精神障碍患者的送诊、住院问题作出了规定。《精神卫生法》第二十八条第一款第二句规定:"对查找不到近亲属的流浪乞讨疑似精神障碍患者,由当地民政等有关部门按照职责分工,帮助送往医疗机构进行精神障碍诊断。"第三十六条第一款规定:"诊断结论表明需要住院治疗的精神障碍患者,本人没有能力办理住院手续的,由其监护人办理住院手续;患者属于查找不到监护人的流浪乞讨人员的,由送诊的有关部门办理住院手续。"可以说,对于流浪乞讨的精神障碍患者,只要查找不到其近亲属,就可以实施住院治疗,由送诊的有关部门办理住院手续。

《精神卫生法》的上述规定使得有关部门非自愿救助流浪乞讨精神障碍患者的做法有了法律依据。但是,《精神卫生法》没有明确承认第二十八条、第三十六条所规定的流浪乞讨疑似精神障碍患者的送诊、住院属于"非自愿住院",因此,《精神卫生法》关于非自愿住院治疗的有关规定(例如再次诊断、鉴定等)不能适用于流浪乞讨精神障碍患者,而《精神卫生法》关于流浪乞讨精神障碍患者的直接规定又过于原则、简单,不足以规范流浪乞讨精神障碍患者非自愿救助住院的实际工作,这使得对流浪乞讨精神障碍患者的非自愿救助容易发生问题,甚至有滥用之虞,类似苏萍、孙志刚事件那样的情况可能再次发生。因此,建议民政部会同有关部门,根据《精神卫生法》和《城市生活无着的流浪乞讨人员救助管理办法》,制定《城市流浪乞讨精神障碍患者救助管理细则》,规范流浪乞讨精神障碍患者自愿和非自愿救助住院的标准(法律标准和医学标准)、适用程序、住院待遇、出院条件和手续办理等具体问题。

[阐述]

2014年3月8日,全国政协会议临近结束的时候,我被书面告知,我的这个提案"经审查未予立案",大会秘书处提案组将其转为"意见和建议"送卫生计生委、民政部"参阅"。当时民政部有一位同志打电话,向我作出解释,并介绍民政部正在制定有关工作规程。我说这个提案并不敏感,也不难答复。同时,我对不答复也表示理解。鉴于凤凰网全文刊载了这个提案,① 其他媒体也有报道,② 本书还是将它收进。

2014 年 6 月 22 日,民政部发布《生活无着的流浪乞讨人员救助管理机构工作规程》。其中第三十六条规定:"由公安、城管等单位公务人员直接护送疑似精神障碍患者、危重病人或有明显外伤人员到医疗机构救治的,救助管理机构应当在接到通知后及时到医疗机构甄别和确认病人身份。经甄别符合生活无着的流浪、乞讨人员救助条件的,救助管理机构应当及时为其办理救助登记手续。"第三十八条规定:"受助人员属于诊断结论表明需要住院治疗的精神障碍患者的,由送诊的有关部门办理住院治疗手续。"

我在提案中列举了 1984 年欧星锦案③、1996～1999 年王益民案④、1999 年苏萍案⑤、2013 年孙志刚案⑥和 2008 年刘刚案。其中,刘刚案直到 2014 年 7 月才解决。拙著《非自愿住院的规制:精神卫生法与刑法》引述

① 《刘白驹:建议制定〈城市流浪乞讨救助管理细则〉》,凤凰网,2014 年 3 月 12 日,http://news.ifeng.com/mainland/special/2014lianghui/tianyian/detail_2014_03/12/34707591_0.shtml。

② 王晓雁:《刘白驹委员认为救助流浪乞讨精神病人须出台细则,明确自愿非自愿法律医学双重标准》,《法制日报》2014 年 3 月 5 日。

③ 《民政部关于佛山市收容站遣送车里发生轮奸女收容人员问题的通报》,载民政部法规办公室编《中华人民共和国民政工作文件汇编(1949－1999)》(下),中国法制出版社,2001。

④ 《乌鲁木齐精神病福利院遗弃数十名精神病人》,中国新闻网,2000 年 11 月 28 日,http://www.chinanews.com/2000－11－27/26/58146.html;《遗弃病人 乌鲁木齐精神病院有关人员受惩处》,中国新闻网,2000 年 12 月 11 日,http://www.chinanews.com/2000－12－11/26/60642.html;陈兴良:《非家庭成员间遗弃行为之定性研究——王益民等遗弃案之分析》,《法学评论》2005 年第 4 期。

⑤ 林炜、游春亮、黄少焕:《谁制造了惨绝人寰的轮奸案》,《中国青年报》2000 年 7 月 26日;刘平清:《收容中心男女混关 苏萍遭轮奸案回放》,《广州日报》2002 年 7 月 21日;刘平清:《"苏萍事件"震动广州警方》,《广州日报》2000 年 9 月 20 日。

⑥ 陈峰:《被收容者孙志刚之死》,《南方都市报》2003 年 4 月 25 日;唐建光:《孙志刚死亡真相》,《新闻周刊》2003 年 6 月 16 日。

了这几个案例并加以评析。① 由于该书在 2014 年 5 月之前就已基本截稿，未能说到《生活无着的流浪乞讨人员救助管理机构工作规程》和刘刚案的最终解决。

刘刚案基本情况如下。2008 年，辽宁猪贩刘刚贩猪崽经临沂郯城县检查站，被要求交钱重检，回辽后猪崽死光。2008 年 9 月 19 日，刘刚到原临沂市委、市政府机关反映情况，派出所将他送往临沂市救助管理站，该站将刘刚送往收治精神病患者的荣军医院。该院"诊断"刘刚患"癔症"。10 月 8 日出院。2009 年 1 月 6 日，刘刚到临沂市民政局上访。民警将其送往救助管理站。后刘刚被再次送往荣军医院收治，"诊断"为"癔症"。2月 11 日，刘刚出院。后刘刚提起行政诉讼，要求判决临沂市民政局、市卫生局、市救助管理站、兰山公安分局非法限制他人身自由，强制将其送入精神病院，索赔 200 万元。2013 年 10 月 31 日，辽宁省北镇市法院宣布行政裁定书，驳回原告刘刚的起诉。法院认为，临沂市民政局在接待刘刚上访期间，认为原告刘刚有精神异常表现，打电话报警将原告刘刚护送到被告临沂救助管理站，并联系临沂荣军医院对刘刚诊治，并无不当；被告临沂救助管理站认为原告刘刚精神异常，将其送到医院履行救助职责，符合先救治后救助的原则。没有证据证明救助管理站在实施救助过程中限制了刘刚的人身自由。②

在该案中，刘刚是一个上访者，而不是来历不明、生活无着的流浪乞讨人员，不论他有无精神病，都不适用《城市生活无着的流浪乞讨人员救助管理办法》，不属于救助管理站的救助对象。他不是主动到救助管理站救助的，而是被警察"护送"去的，他也不是主动到荣军医院寻求治疗的，而是被救助管理站"送到"的。面对这些事实，法院竟然认定临沂市民政局"并无不当"，"没有证据证明救助管理站在实施救助过程中限制了刘刚的人身自由"。在该法院的行政裁定书中，我们只看到"先救治后救

---

① 刘白驹：《非自愿住院的规制：精神卫生法与刑法》，社会科学文献出版社，2015，第 593 ~ 613、682 ~ 683 页。

② 孟祥超：《两次"被精神病"诉四部门索赔 200 万》，《新京报》2013 年 6 月 21 日；王瑞峰、徐欧露：《访民两次"被精神病"起诉政府被驳》，《新京报》2013 年 11 月 1 日。

助"的原则，而"依法行政"和"以事实为根据，以法律为准绳"①的原则荡然无存。

2014 年 7 月底，刘刚从辽宁锦州中院收到撤诉裁定书，临沂五部门以救济名义支付刘刚人民币 40 万元，双方达成和解。然而，此事见诸《新京报》后，临沂市有关方面在接受一家媒体采访时称，临沂方面从未就该案提出和解。有关方面负责人说，临沂五部门未向刘刚支付"救济"40 万元，也未与刘刚"达成和解"；临沂市无任何单位或个人就此与刘刚签署协议。对临沂方面的此番表态，刘刚感到不可理解，向《新京报》记者出示了一个收条："刘刚补助款肆拾万圆由行政庭代领。8 月 1 日送到北镇刘刚处。"②

我估计，刘刚案能够得到解决，与《精神卫生法》的施行、民政部在 2014 年 6 月发布《生活无着的流浪乞讨人员救助管理机构工作规程》有关。我在提案中提及该案似乎也起到一点点作用。

2014 年底在河南信阳又发生何正果案。据报道，12 月 4 日，17 岁的湖南少年何正果随父亲何文返回老家时，独自在信阳火车站下车后失踪。自 10 月起，患有生殖细胞瘤和尿崩症的何正果由父亲带着在北京看病。12 月 5 日凌晨，何正果在一家医院被怀疑偷婴儿。医院报警后，警察到来，并排除偷婴儿嫌疑。随后，何正果被带入派出所。当日，派出所根据《城市生活无着的流浪乞讨人员救助管理办法》，送何正果到救助站。派出所未将此事向公安局指挥中心报告，通过指挥中心通报全市公安局。对于接收何正果，后来信阳市民政局承认，救助站救助的是流浪乞讨人员，救助方式是自愿救助，"何正果拒绝提供家庭详细地址，只能算走失人员，严格意义来说并不属于救助站救助的范围"。他们表示，如果工作人员按照规定办事，当时值班人员不应该接收何正果。到

---

① 《中华人民共和国行政诉讼法》第四条规定："人民法院审理行政案件，以事实为根据，以法律为准绳。"

② 王瑞锋、杨怿：《辽宁猪贩被精神病获赔 40 万》，《新京报》2014 年 7 月 31 日；《山东临沂：猪贩上访被精神病案不存在付 40 万和解》，齐鲁网，2014 年 7 月 31 日；王瑞锋：《猪贩被精神病案政府否认和解　当事人出示收条》，新京报网，2014 年 7 月 31 日。

救助站几个小时后，即 12 月 5 日中午，何正果又被救助站送往精神病院。对于移送何正果到精神病院，事后有救助站工作人员告诉何家人，救助站里的这种移送并没有什么具体标准可供遵循。"只是觉得疑似"，"乱抢别人东西，情绪不稳定，行为异常"。除此之外，何正果大量喝水的行为也被认为是一种异常表现。但是，救助站的工作人员没有对何正果进行询问。到精神病院后，医生填写了《信阳市精神病医院流浪乞讨精神病人救助登记表》，称"我站一流浪无名氏"，"精神异常，有狂躁举止"。但据何正果父亲何文提供的一份何正果于 12 月 3 日从北京出院的记录显示，他彼时"神志清楚"，心跳、心率、肝功能等都正常。由于何正果未确诊为精神病患者，医院未对何正果进行精神病方面的具体治疗，只是开了小剂量的盐酸丁螺环酮片和齐拉西酮等，用于缓解情感性精神障碍的药。每晚给他口服一片艾司唑仑片帮助睡眠。12 月 9 日早晨，护士查房，发现何正果失去生命体征。经医生检查，确认何正果死亡（死亡时间为 12 月 8 日）。当日下午，何正果尸体以"无名氏"的身份火化。自 12 月 5 日天亮后，何正果的父亲何文就开始寻找失踪的儿子，并向派出所报告和登记儿子失踪的情况，留下何正果的照片和自己的联系方式，但此后几天均未得到回复。12 月 6 日早上，何文还到过救助站。直到 12 月 12 日，何文获知，何正果被送往救助站后，又被转送到精神病医院，在精神病医院猝死，并已被火化。此事经媒体报道后，引起强烈的社会反响，相关责任人被处理。①

此案更说明，精神障碍患者非自愿救助工作中存在的问题，不是仅靠制定《生活无着的流浪乞讨人员救助管理机构工作规程》以及《关于进一步做好城市流浪乞讨人员中危重病人、精神病人救治工作的指导意见》就可解决的。

---

① 熊晓辉：《从"何正果"到"无名氏"》，《河南商报》2014 年 12 月 16 日；熊晓辉：《17 岁男孩猝死事件疑点重重》，《河南商报》2014 年 12 月 17 日；何正权、李鑫：《17 岁重病男孩之死引发关注 信阳相关部门启动调查程序》，《大河报》2014 年 12 月 19 日；何正权、李鑫：《因救助走失少年何正果不力 救助站站长被停职》，《大河报》2014 年 12 月 20 日；王晓芳：《少年以无名氏身份猝死精神病院 火化后死因成谜》，《北京青年报》2014 年 12 月 30 日。

第十一节 《精神卫生法》实施过程中的问题与对策

📑 提案

关于完善精神卫生法非自愿住院制度的提案

（政协十二届全国委员会第五次会议第 1518 号/
医疗体育类 193 号，2017 年 3 月）

2012 年 10 月 26 日，全国人大常委会审议通过了《精神卫生法》。自 2013 年 5 月 1 日施行以来，《精神卫生法》对于推动我国精神卫生事业的发展、保障精神障碍患者的合法权益、提高精神障碍患者的救治救助水平，产生了积极的作用。但是，《精神卫生法》在实施过程中也暴露出一些问题，在非自愿住院治疗方面的问题尤为突出，需要研究对策，予以解决。

一 完善保安性非自愿住院制度，有效预防严重精神障碍患者发生危害行为

《精神卫生法》确立了精神障碍患者住院治疗实行自愿的基本原则，同时针对一些特别情况，设置了非自愿住院治疗制度。对《精神卫生法》上的非自愿住院，可以分为依据第三十条第二款第一项规定实施的救护性非自愿住院和依据第三十条第二款第二项规定实施的保安性非自愿住院。救护性非自愿住院是指对已经发生伤害自身行为或者有伤害自身危险的严重精神障碍患者实施的、未经其本人同意但经其监护人同意的住院。保安性非自愿住院是指对已经发生危害他人安全行为或者有危害他人安全危险的严重精神障碍患者实施的、未经其本人同意亦无须经其监护人同意的住院。根据《精神卫生法》，精神障碍患者或者疑似精神障碍患者发生危害他人安全行为或者有危害他人安全危险的，其近亲属、监护人、所在单位、当地公安机关应当立即采取措施予以制止，并将其送往医疗机构进行诊断评估，确认患有严重精神障碍并具有危险性的，应当实施住院治疗。监护人阻碍实施住院治疗的，可以由公安机关协助医疗机构采取措施对患

者实施住院治疗。患者监护人不办理住院手续的，由患者所在单位、村民委员会或者居民委员会办理住院手续。实施这种保安性非自愿住院，有利于防止严重精神障碍患者发生或者继续发生危害行为。

然而，从施行几年的情况看，《精神卫生法》防止严重精神障碍患者发生危害行为的功能没有充分体现，精神障碍患者肇事肇祸事件仍然时有发生。其中有些患者在案发前已经明显呈现发生危害行为的可能，有关方面如果能够及时将他们送诊，实施住院治疗，本可避免他们造成危害后果。但由于《精神卫生法》没有规定保安性非自愿住院治疗的费用由政府承担，有些患者家庭无力或者不愿意承担住院治疗费用，住院治疗便无法实施。此外，有的公安机关认为精神障碍患者危险性不易认定，担心引起"被精神病"纠纷，避免介入保安性非自愿住院实施过程。

为确保严重精神障碍患者不因疏于管理而危害他人，建议《精神卫生法》增加两项规定。第一，实施保安性非自愿住院治疗，患者家庭支付住院治疗费用确有困难的，应当减免住院治疗费用，由当地政府补贴保障。第二，强化公安机关在保安性非自愿住院实施中的作用。发现或者知道严重精神障碍患者发生危害他人安全行为或者有危害他人安全危险，公安机关应当送诊而没有送诊，患者发生严重危害行为的，应当追究有关人员的行政责任。

二 进一步做好《精神卫生法》与刑事法律的衔接

《精神卫生法》第五十三条规定，精神障碍患者触犯刑法的，依照有关法律的规定处理。但是，《刑法》和《刑事诉讼法》并没有对触刑精神障碍患者的处遇问题给予兜底性解决。根据《刑事诉讼法》，精神障碍患者在无刑事责任能力状态下发生的触刑行为，如果不属于危害公共安全或者严重危害公民人身安全的暴力行为，而是其他触刑行为，即使这些行为也具有比较严重的危害性，而且他们有继续实施类似行为的可能，也不能对其强制医疗。那么，应当如何处置不负刑事责任也不适用强制医疗的触刑精神障碍患者？《刑法》的规定是，应当责令他们的家属或者监护人严加看管和医疗。但是，看管和医疗是否包括非自愿送诊和住院治疗？家属或者监护人是否有权利实施或者拒绝实施对患者的非自愿送诊和住院治疗？在司法机关作出不予强制医疗的决定后，公安机关是否可以将已经根据《刑事诉讼法》采取临时保护性约束措施的触刑精神障碍患者一放了之？《刑法》《刑事诉讼法》和《精神卫生法》均无相应规定。

这样，在《精神卫生法》范畴，就形成了尚未触刑而仅有触刑可能的精神障碍患者被实施非自愿住院，而已经触刑并造成危害后果的精神障碍患者未被实施非自愿住院的失衡局面。建议《精神卫生法》增加规定：对于不负刑事责任也不适用强制医疗、但由司法机关或者公安机关责令家属或者监护人严加看管和医疗的触刑精神障碍患者，家属或者监护人应当将其送往医疗机构，进行住院治疗必要性的评估；评估结果表明符合非自愿住院治疗条件的，应当实施住院治疗；家属或者监护人拒不同意将患者送往医疗机构和办理住院手续的，以及没有家属或者监护人的，由患者所在单位或者公安机关将患者送往医疗机构，患者所在单位、村民委员会或者居民委员会办理住院手续；患者或者其监护人对需要住院治疗的评估结果有异议，不同意住院治疗的，可以要求再次评估和鉴定。

三 改进非自愿住院患者出院程序，解决"出院难"问题

《精神卫生法》施行以后，曾经饱受诟病的"被精神病"现象不再成为舆论热点，取而代之的是非自愿住院患者"出院难"问题。大量不需要继续住院的患者因其监护人不接走而无限期滞留在医疗机构，正常生活权利遭到限制，而且占用宝贵的卫生资源。典型事例是被媒体称为"精神卫生法第一案"的徐立新（媒体报道时化名"徐为"）诉上海青春精神病康复院案。[①] 徐认为自己经过十余年住院治疗，已经康复，没有危险性，要求出院，但精神病康复院以徐系因为患有精神分裂症、有殴打父亲等表现而被实施非自愿住院，目前尚未痊愈，如果出院须由其监护人办理出院手

---

① 《徐立新诉上海青春精神病康复院等人身自由权纠纷一案二审民事判决书》《徐立新与上海青春精神病康复院、徐灿兴人身自由权纠纷审判监督民事裁定书》，中国裁判文书网。

续，而监护人拒绝办理出院手续为由，不准徐出院。该案经过 2013 年一审、2015 年二审、2016 年再审，徐败诉。[①]

"出院难"的形成原因是多方面的。一个重要原因是《精神卫生法》关于非自愿住院患者出院程序和监护人权利的规定存在比较多的缺陷。

《精神卫生法》没有明示非自愿住院患者出院的实质性条件，而只是在第四十四条中原则规定：医疗机构应当根据精神障碍患者病情，及时组织精神科执业医师对被实施非自愿住院治疗的患者进行检查评估；评估结果表明患者不需要继续住院治疗的，医疗机构应当立即通知患者及其监护人。《精神卫生法》草案三次审议稿曾以"无危害他人安全危险"作为保安性非自愿住院患者出院的条件，但最终没有纳入。《精神卫生法》没有明确禁止但实际上不允许非自愿住院患者自己决定出院。救护性非自愿住院患者出院由监护人决定，监护人可以随时向医疗机构要求患者出院，医疗机构应当同意。保安性非自愿住院患者出院以医疗机构认为"可以出院"作为前提，现实中依然采取"谁送治谁接走"的习惯做法，监护人是最终的决定者。《精神卫生法》还在第四十八条规定，精神障碍患者出院，本人没有能力办理出院手续的，监护人应当为其办理出院手续。这一规定也不够严谨合理。《精神卫生法》没有列出办理出院手续能力的认定标准和程序，难以克服认定的随意性，使得患者能否出院取决于监护人是否愿意为其办理出院手续。

《精神卫生法》赋予监护人的权利过大，并且缺少制约。《民法通则》设有宣告被监护人恢复民事行为能力的制度：被法院宣告为无民事行为能力人或者限制民事行为能力人的，根据他健康恢复的状况，经本人或者利害关系人申请，法院可以宣告他为限制民事行为能力人或者完全民事行为能力人（《民法总则》草案的表述有所调整）。然而，《精神卫生法》上的"监护人"不等同于民法上的"监护人"。《精神卫生法》上的监护人，其

---

① 2017 年 7 月，在司法部司法鉴定中心作出"患有精神分裂症，目前病情缓解，应评定为具有完全民事行为能力"的鉴定后，徐立新被准许自行办理出院手续。谢煜楠、王景烁：《"精神卫生法第一案"当事人获准自行办理出院手续》，《中国青年报》2017 年 8 月 8 日。

产生不以患者经法院宣告为无民事行为能力人或者限制民事行为能力人为前提条件,监护自就诊者被诊断患有严重精神障碍之时开始。而对监护的终止,《精神卫生法》没有作出任何规定。因此,一个人一旦被诊断患有严重精神障碍,就有可能陷入终身无法摘掉"精神障碍患者"帽子和摆脱"监护人"管控的"绝境"。为改变这一状况,《精神卫生法》应当参照《民法通则》(《民法总则》)有关原则,建立一种使曾经被诊断患有严重精神障碍因而被限制权利、施以监护的人恢复正常权利的机制。建议《精神卫生法》补充规定:非自愿住院患者有权通过民事诉讼要求医疗机构确认其严重精神障碍已经痊愈或者明显缓解,依据《精神卫生法》形成的监护关系可以终止;无即将伤害自身危险的,或者无即将危害他人安全危险的,可以自行办理手续出院。

四 构建新型精神障碍患者管护模式,设立非自愿社区治疗制度

为促进精神障碍患者康复,尽早回归社会,缓解卫生资源紧张和"出院难"问题,有必要根据中国实际并借鉴一些国家的院外强制治疗做法,在《精神卫生法》中设立非自愿社区治疗制度,以非自愿社区治疗作为非自愿住院治疗的替代或者补充。当尚未痊愈或者难以认定痊愈的非自愿住院患者出院时,医疗机构经本机构伦理委员会批准,可以决定在一定期间内对出院患者实施非自愿社区治疗:在社区居住的患者应当定期门诊治疗,根据医嘱按时按量服药;监护人应当协助出院患者接受门诊治疗,并对患者加以必要的照护和看管。对于不能按要求门诊治疗和服药的患者,医疗机构经本机构伦理委员会批准,可以实施临时住院观察。曾经发生危害他人安全行为的出院患者再次发生危害他人安全行为的,医疗机构可以根据简化程序对他们再次实施非自愿住院治疗。

[复函摘要]

国家卫生和计划生育委员会(国卫提函〔2017〕67 号,2017 年 8 月 29 日):略

[阐述]

一 提案的背景

2013 年 5 月以后的几年里,我一直关注着《精神卫生法》的施行状况。总的感觉是,"被精神病"和滥用非自愿住院的现象得到比较明显的遏制,而对严重精神障碍患者发生危害行为的预防做得还不够严密,"出院难"问题也没有得到很好解决。有的问题是《精神卫生法》实施过程中新遇到的,有的则是《精神卫生法》原有缺陷造成的。

2015 年 6 月,国务院办公厅转发卫生计生委、中央综治办、发展改革委、教育部、公安部、民政部、司法部、财政部、人力资源和社会保障部、中国残联联合制定的《全国精神卫生工作规划(2015—2020 年)》(以下简称《规划》)。《规划》阐明:加强精神卫生工作,是深化医药卫生体制改革、维护和增进人民群众身心健康的重要内容,是全面推进依法治国、创新社会治理、促进社会和谐稳定的必然要求,对于建设健康中国、法治中国、平安中国具有重要意义。《规划》在总结精神卫生工作在"十二五"期间取得的成绩之后指出:随着经济社会快速发展,生活节奏明显加快,心理应激因素日益增加,焦虑症、抑郁症等常见精神障碍及心理行为问题逐年增多,心理应激事件及精神障碍患者肇事肇祸案(事)件时有发生,老年痴呆症、儿童孤独症等特定人群疾病干预亟须加强,我国精神卫生工作仍然面临严峻挑战。《规划》提出新的发展目标:到 2020 年,普遍形成政府组织领导、各部门齐抓共管、社会组织广泛参与、家庭和单位尽力尽责的精神卫生综合服务管理机制。健全完善与经济社会发展水平相适应的精神卫生预防、治疗、康复服务体系,基本满足人民群众的精神卫生服务需求。健全精神障碍患者救治救助保障制度,显著减少患者重大肇事肇祸案(事)件发生。积极营造理解、接纳、关爱精神障碍患者的社会氛围,提高全社会对精神卫生重要性的认识,促进公众心理健康,推动社会和谐发展。《规划》根据总体发展目标,提出了一系列具体目标、策略、措施和保障。①

《全国精神卫生工作规划（2015—2020 年）》内容全面，具有重要指导意义。有关部门应对《规划》设定的发展目标、各项措施进一步加以细化，落实到位。《规划》没有提及《精神卫生法》的完善问题。这是可以理解的，因为《精神卫生法》施行不久。

2016 年 12 月，根据对《精神卫生法》施行状况的观察和各种媒体反映的公众对精神卫生工作的意见，我在《中国社会科学报》发表短文《完善非自愿住院制度——〈精神卫生法〉实施中的问题与对策》。2017 年"两会"时，我在该文基础上形成《关于完善精神卫生法非自愿住院制度的提案》。这是我履行政协委员职责的最后一个提案。

我的这个提案是向全国人大常委会法制工作委员会提出的，但后来由国家卫生和计划生育委员会负责答复。

国家卫生和计划生育委员会经商全国人大常委会法工委，对我的提案给予了长篇答复，但不同意公开内容。其中说，今后要加强《精神卫生法》等相关法律法规政策的落实，研究制定疑似精神障碍患者送诊、住院等环节中公安、民政、卫生计生相关部门职责、工作流程、政策保障等配套文件；在总结国内外成功经验的基础上，评估实际工作中社区非自愿治疗等必须通过法律手段解决而当前法律未明确或未涉及的问题，适时启动《精神卫生法》修订工作。通过法律修订，进一步完善精神卫生相关法律制度。

答复之前，国家卫生和计划生育委员会疾病预防控制局精神卫生处的同志打电话与我沟通。我对他们认真、坦诚的态度没有怀疑和意见，并且感谢他们的答复，同时指出，我提出的一些问题，尤其是精神障碍患者发生危害行为的防治问题，不是国家卫生和计划生育委员会一个部门就可以解决的。

---

① 《国务院办公厅关于转发卫生计生委等部门全国精神卫生工作规划（2015—2020 年）的通知》，国家卫生计生委疾病预防控制局网，2015 年 6 月 18 日，http://www.moh.gov.cn/jkj/s5888/201506/1e7c77dcfeb4440892b7dfd19fa82bdd.shtml。

二 解决"出院难"问题的思路

提案讲到的非自愿住院患者"出院难"问题，确实不容易解决。我认为《精神卫生法》应当建立一种使曾经被诊断患有严重精神障碍因而被限制权利、施以监护的人恢复正常权利的机制。由于篇幅限制，我的意见没有在《关于完善精神卫生法非自愿住院制度的提案》以及《完善非自愿住院制度——〈精神卫生法〉实施中的问题与对策》一文中更多展开。现在略加补充。

《精神卫生法》还应设立一项免责条款：医疗机构依照法定程序，对患者精神健康状况作出评估，认为患者无即将伤害自身危险，或者无即将危害他人安全危险，符合法定出院条件，同意其出院，但其出院后发生了伤害自身或者危害他人安全的行为，医疗机构不承担法律责任。没有这种具有合法性前提的免责机制，医疗机构便难以允许非自愿住院患者出院，患者将被终身禁闭。美国精神病学会 1982 年制定的《成年人精神科住院立法指南》就设定了责任豁免条款：如果不存在故意或重大过失，官员、主管、职员或治疗机构的雇员无须对职责范围内并依照本法实施的入院、评估、护理、拒绝入院、转院、解除约束、准许出院等方面的行为或不作为承担责任；除本法另有规定，警察、官员、主管、职员或治疗机构的雇员，或其他实际执行本法的人，不对患者从治疗机构经准许出院或擅自出院之后的行为承担责任。

由于曾经发生危害他人安全行为或者有危害他人安全危险的患者不是一般的患者，如果医疗机构认定他们已经痊愈，无危害他人安全危险，可以同意他们出院并自行办理出院手续，但应当通知曾经办理住院手续的患者所在单位、村民委员会或者居民委员会和监护人。对于无危害他人危险但尚未痊愈和没有能力办理出院手续的患者，如果监护人可以履行监护职责，医疗机构也可以同意出院，出院手续一般由监护人办理，但医疗机构应当通知曾经办理住院手续的患者所在单位、村民委员会或者居民委员会。曾经发生危害他人安全行为并且由当地公安机关送诊的患者出院时，医疗机构还应当通知当地公安机关。

那么，对于无危害他人危险但没有能力办理出院手续的患者，医疗机构同意出院，而应当办理出院手续的人拒不办理出院手续，造成患者长期留滞医疗机构，应当如何处理？拒不办理出院手续的情况主要见于作为监护人的近亲属。首先应当说，办理出院手续并对出院的患者给予必要的监护，是监护人的职责。其次，监护人拒不办理出院手续，说明其不能履行监护职责。患者可以向法院申请撤销其监护人资格和变更监护人。患者的其他近亲属、朋友、所在单位、村民委员会或者居民委员会以及民政部门等，根据患者的意愿，也可以提出这种申请。患者还可以根据《民法总则》第三十四条"监护人不履行监护职责或者侵害被监护人合法权益的，应当承担责任"的规定，追究该监护人的民事责任甚至刑事责任。

日本也曾面对类似的问题。在日本，被措置入院（强制住院）的患者出院由都道府县知事决定，条件是确认患者即使不继续住院其精神障碍也不会有导致自伤或者伤及他人之虞。都道府县知事应事前听取使其住院之精神科病院或者指定医院管理者的意见。对于确认患者即使不继续住院其精神障碍也不会有导致自伤或者伤及他人之虞，必须以诊察结果为依据。日本《精神保健福祉法》在 2006 年修正时，增加了一条关于保护人对符合规定的出院患者的领回义务（保護者の引取義務）的规定（第四十一条）。① 根据该规定，保护者必须领回未经都道府县知事批准的不符合措置入院条件的患者和符合出院条件并经都道府县知事决定出院的患者，以及假出院（临时出院）的患者，同时对于假出院的患者的保护，必须遵从该精神科病院或指定病院管理者的指示。

三 成年人监护制度的发展与问题

2017 年"两会"期间，中国法制建设发生一件大事，第十二届全国人民代表大会第五次会议通过《民法总则》（2017 年 3 月 15 日）。《民法总

---

① 《精神病院の用語の整理等のための関係法律の一部を改正する法律一条による改正》（平成 18 年 6 月 23 日号外法律第 94 号）。

则》与精神障碍患者有密切关系。其中一些规定，也属于精神卫生法律的范畴。

与 1986 年《民法通则》相比，《民法总则》完善了成年人监护制度。它以家庭监护为基础，社会监护为补充，国家监护为兜底，并就监护人的确定、监护职责的履行、撤销监护等制度作出明确规定。第二十一条第一款："不能辨认自己行为的成年人为无民事行为能力人，由其法定代理人代理实施民事法律行为。"① 第二十一条第二款："八周岁以上的未成年人不能辨认自己行为的，适用前款规定。"第二十二条："不能完全辨认自己行为的成年人为限制民事行为能力人，实施民事法律行为由其法定代理人代理或者经其法定代理人同意、追认，但是可以独立实施纯获利益的民事法律行为或者与其智力、精神健康状况相适应的民事法律行为。"② 第二十三条："无民事行为能力人、限制民事行为能力人的监护人是其法定代理人。"第二十四条第一款："不能辨认或者不能完全辨认自己行为的成年人，其利害关系人或者有关组织，可以向人民法院申请认定该成年人为无民事行为能力人或者限制民事行为能力人。"③ 第二十四条第二款："被人民法院认定为无民事行为能力人或者限制民事行为能力人的，经本人、利害关系人或者有关组织申请，人民法院可以根据其智力、精神健康恢复的状况，认定该成年人恢复为限制民事行为能力人或者完全民事行为能力人。"④ 第二十四条第三款："本条规定的有关组织包括：居民委员会、村民委员会、学校、医疗机构、妇女联合会、残疾人联合会、依法设立的老

---

① 《民法通则》第十三条第一款为："不能辨认自己行为的精神病人是无民事行为能力人，由他的法定代理人代理民事活动。"《民法总则》改"精神病人"为"成年人"。

② 《民法通则》第十三条第二款为："不能完全辨认自己行为的精神病人是限制民事行为能力人，可以进行与他的精神健康状况相适应的民事活动；其他民事活动由他的法定代理人代理，或者征得他的法定代理人的同意。"

③ 《民法通则》第十九条第一款为："精神病人的利害关系人，可以向人民法院申请宣告精神病人为无民事行为能力人或者限制民事行为能力人"。《民法总则》改"宣告"为"认定"。

④ 《民法通则》第十九条第二款为："被人民法院宣告为无民事行为能力人或者限制民事行为能力人的，根据他健康恢复的状况，经本人或者利害关系人申请，人民法院可以宣告他为限制民事行为能力人或者完全民事行为能力人。"

年人组织、民政部门等。"第三十一条第三款："依照本条第一款规定指定监护人前，被监护人的人身权利、财产权利以及其他合法权益处于无人保护状态的，由被监护人住所地的居民委员会、村民委员会、法律规定的有关组织或者民政部门担任临时监护人。"第三十二条："没有依法具有监护资格的人的，监护人由民政部门担任，也可以由具备条件的被监护人住所地的居民委员会、村民委员会担任。"第三十四条第三款："监护人不履行监护职责或者侵害被监护人合法权益的，应当承担法律责任。"第三十五条第一款："监护人应当按照最有利于被监护人的原则履行监护职责。监护人除为维护被监护人利益外，不得处分被监护人的财产。"第三十五条第三款："成年人的监护人履行监护职责，应当最大程度地尊重被监护人的真实意愿，保障并协助被监护人实施与其智力、精神健康状况相适应的民事法律行为。对被监护人有能力独立处理的事务，监护人不得干涉。"第三十六条第一款："监护人有下列情形之一的，人民法院根据有关个人或者组织的申请，撤销其监护人资格，安排必要的临时监护措施，并按照最有利于被监护人的原则依法指定监护人：（一）实施严重损害被监护人身心健康行为的；（二）怠于履行监护职责，或者无法履行监护职责并且拒绝将监护职责部分或者全部委托给他人，导致被监护人处于危困状态的；（三）实施严重侵害被监护人合法权益的其他行为的。"第三十六条第二款："本条规定的有关个人和组织包括：其他依法具有监护资格的人，居民委员会、村民委员会、学校、医疗机构、妇女联合会、残疾人联合会、未成年人保护组织、依法设立的老年人组织、民政部门等。"第三十六条第三款："前款规定的个人和民政部门以外的组织未及时向人民法院申请撤销监护人资格的，民政部门应当向人民法院申请。"

对《民法总则》所确定的成年人监护制度的基本原则，应当予以充分肯定。但是，其中也有个别具体规定似值得商榷。

《民法总则》第二十四条第一款规定："不能辨认或者不能完全辨认自己行为的成年人，其利害关系人或者有关组织，可以向人民法院申请认定该成年人为无民事行为能力人或者限制民事行为能力人。"其中的"或者有关组织"原《民法通则》没有，草案一至三审稿也没有，是提交大会审议的草案增加的（草案第二十五条）。认定不能辨认或者不能完全辨认自己行为的成年人为无民事行为能力人或者限制民事行为能力人，是为他们确定监护人的前提。不能辨认或者不能完全辨认自己行为的成年人主要是精神障碍患者和生理、心理机能衰退者。对他们实施监护，主要是使他们获得必要的照护，但也使他们的民事权利受到限制，并可能使他们被实施非自愿住院治疗，导致自由受到限制。因之，有关规定应当公正、合理、严谨。

根据原《民法通则》和民法总则草案一至三审稿，只有成年人的近亲属或其他利害关系人（均为自然人）可以作为申请主体，有权向人民法院申请认定该成年人为无民事行为能力人或者限制民事行为能力人。这是自然人之间的一个民事法律关系问题。《民法总则》第二十四条第一款规定有关组织也可以向法院提出申请认定成年人的民事行为能力，本意是出于避免以下问题：当成年人发生不能辨认或者不能完全辨认自己行为的情况，其近亲属或其他利害关系人没有提出申请认定该成年人为无民事行为能力人或者限制民事行为能力人，而使该成年人的监护人不能确定，处于无监护状态。根据《民法总则》第二十四条第一款，如果近亲属或其他利害关系人没有提出认定申请，居民委员会、村民委员会、学校、医疗机构、妇女联合会、残疾人联合会、依法设立的老年人组织、民政部门等有关组织可以绕开近亲属或其他利害关系人提出认定申请。这样的设置虽然有一定积极意义，但法理根据不足，并且有可能被误用、滥用，造成侵害该成年人合法权益的后果。

第一，居民委员会、村民委员会、学校、医疗机构、妇女联合会、残疾人联合会、依法设立的老年人组织、民政部门等有关组织，其中有政府机构、公立机构，或者具有一定官方背景的机构、组织。而公权力直接介入民事法律关系，成为一方，并不利于公平公正处理有关民事法律关系。当发生认定民事行为能力的诉讼时，该成年人面对的不再是有利害关系的自然人，而是具有公权力的有关组织，双方不是平等主体。这种关系实际上具有行政色彩。法院对该成年人的民事行为能力进行认定，可能受到公权力的影响，难以公正作出裁决。

第二，成年人可能在平时工作中或者治疗中，由居民委员会、村民委员会、学校、医疗机构管理，双方可能存在各种利益矛盾和冲突。居民委员会、村民委员会、学校、医疗机构向法院申请认定该成年人为无民事行为能力人或者限制民事行为能力人，可能不是为了维护该成年人的权利，而是为了谋取不当利益。

第三，法院在认定民事行为能力时，一般根据医疗机构提供的该成年人的精神状态的鉴定意见，而如果该医疗机构也可以作为认定民事行为能力的申请者，其鉴定意见的公正性几乎丧失。

第四，根据《民法总则》第三十一条第三款规定，有关组织可以成为临时监护人。第三十二条更是规定，没有依法具有监护资格的人的，监护人由民政部门担任，也可以由具备条件的被监护人住所地的居民委员会、村民委员会担任。也就是说，民政部门、居民委员会、村民委员会可能同时兼具认定成年人民事行为能力的申请者和成年人监护人这两种身份。不能排除，民政部门、居民委员会、村民委员会的某些个人为谋取私利，以单位的名义申请认定成年人为无民事行为能力人或者限制民事行为能力人，进而成为其监护人。

第五，《民法总则》第二十四条第三款规定的有关组织仅是列举，后面的"等"字意味其没有限制，可以是任何公权力组织或者机构。

总之，《民法总则》第二十四条第一款的"有关组织"，增加虽有道理，但有漏洞，可导致一系列问题，应当在司法解释中加以进一步规范。如果认为个别组织（例如民政部门）可以申请，必须对在什么情况下可以提出申请作出严格限定。而且，可能有利益冲突或者可以从中获益的组织不能成为申请者。申请者也不能成为监护人。

在全国人大会议审议民法总则草案的同时，全国政协会议也对民法总则草案进行了讨论。我在3月9日小组会议上，提出了上述意见。[①] 经请

---

① 赵琳等：《委员建言民法总则草案第25条——要考虑"被精神病"这种可能》，《大众日报》2017年3月10日；杨芳：《10岁下调至6岁，是不是快了点？》，《山东商报》2017年3月10日；王磊、赵洪栋：《要防"被精神病"，民法总则草案中"有关组织"引委员担忧》，大众网，2017年3月9日，http://2017lh.dzwww.com/lhsd/201703/t20170310_15646590.htm。

教和征求全国人大代表、民法学专家、中国社会科学院法学研究所孙宪忠研究员的意见，第二天我还通过住地政协办事组经全国政协机关向全国人大有关机构转报了我的书面意见，但对立法没有产生作用。不过，有关方面似乎也注意到这个问题。由全国人大常委会法制工作委员会主任李适时主编的《中华人民共和国民法总则释义》在阐释第二十四条第一款申请主体中的"有关组织"时指出：民法总则草案一审稿、二审稿以及三审稿中，均只是在第二款的申请主体中规定了"有关组织"，第一款的申请主体没有规定"有关组织"，仍然限于利害关系人。对此，有的意见提出，在现实生活中，有些老人、有精神疾病的人可能没有利害关系人，这就有可能产生因没有人提出民事行为能力认定申请而造成这部分人员虽然已经处于无民事行为能力或者限制民事行为能力的状态，但不能依法设立监护、确定监护人的情况，建议在第一款的申请主体中也增加"有关组织"。本条规定吸收了该意见，在第一款的申请主体中增加了"有关组织"。但应当注意的是，认定成年人为无民事行为能力或者限制民事行为能力，对成年人的行为自由影响重大，原则上应当由利害关系人提出，对于"有关组织"向法院提出申请宜作严格掌握，必须是基于保护该成年人合法权益的迫切需要。①

---

① 李适时主编《中华人民共和国民法总则释义》，法律出版社，2017，第72～73页。

第七章

治安管理与社会治理

对于我国法律体系，国家立法机关一般分为宪法及宪法相关法、民法商法、行政法、经济法、社会法、刑法、诉讼与非诉讼程序法等七个法律部门。① 另外还有民事立法、经济立法、行政立法、刑事立法、社会立法等划分。社会立法亦称"社会领域立法"，它既包括归入社会法部门的法律，如调整劳动关系、社会保障、社会福利和特殊群体权益保障等方面关系的法律，也包括被归入行政法部门的一些法律，如治安管理、社会事业、社会组织等方面的法律。② 本章所列提案都属于社会领域立法方面的建议。

社会领域立法中的一部分规范，在过去被称为"社会管理"，现在称为"社会治理"。根据《中共中央关于全面深化改革若干重大问题的决定》《中共中央关于全面推进依法治国若干重大问题的决定》提出的"创新社会治理""提高社会治理水平""推进社会治理体制创新法律制度建设"

---

① 参见全国人民代表大会常务委员会法制工作委员会编《中华人民共和国法律（2013 年版）》，人民出版社，2013。

② 参见沈春耀《关于加强社会领域立法的若干问题》（十一届全国人大常委会专题讲座第九讲），中国人大网，2009 年 9 月 24 日，http://www.npc.gov.cn/npc/xinwen/2009 – 04/24/content_1499768.htm。

"提高社会治理法治化水平"的要求和理念①，社会领域立法是社会治理法
治化的重要路径和社会治理体制的重要内容。

第一节　从《治安管理处罚条例》
到《治安管理处罚法》

一　修改《治安管理处罚条例》的建议

📚 提案

关于修改《中华人民共和国治安管理处罚条例》的提案

（政协十届全国委员会第一次会议第 0129 号/

政治法律类 10 号，2003 年 3 月）

《中华人民共和国治安管理处罚条例》（1986 年 9 月 5 日第六届全国人
民代表大会常务委员会第十七次会议通过，1994 年 5 月 12 日第八届全国
人民代表大会常务委员会第七次会议修改。以下简称《治安管理处罚条
例》）是一部关于治安管理的基本法律。它对于维护社会秩序和公共安全，
保护公民的合法权益，保障社会主义现代化建设的顺利进行，具有重要的
意义。多年来，各级公安机关和广大公安干警严格执法，不怕牺牲，在维

---

① 中国共产党第十八届中央委员会第三次全体会议通过的《中共中央关于全面深化改革若
干重大问题的决定》提出："紧紧围绕更好保障和改善民生、促进社会公平正义深化社会
体制改革，改革收入分配制度，促进共同富裕，推进社会领域制度创新，推进基本公共
服务均等化，加快形成科学有效的社会治理体制，确保社会既充满活力又和谐有序。"
"创新社会治理，必须着眼于维护最广大人民根本利益，最大限度增加和谐因素，增强社
会发展活力，提高社会治理水平，全面推进平安中国建设，维护国家安全，确保人民安
居乐业、社会安定有序。"中国共产党第十八届中央委员会第四次全体会议通过的《中共
中央关于全面推进依法治国若干重大问题的决定》提出："加快保障和改善民生、推进社
会治理体制创新法律制度建设。依法加强和规范公共服务，完善教育、就业、收入分配、
社会保障、医疗卫生、食品安全、扶贫、慈善、社会救助和妇女儿童、老年人、残疾人
合法权益保护等方面的法律法规。加强社会组织立法，规范和引导各类社会组织健康发
展。制定社区矫正法。""推进多层次多领域依法治理。坚持系统治理、依法治理、综合
治理、源头治理，提高社会治理法治化水平。深入开展多层次多形式法治创建活动，深
化基层组织和部门、行业依法治理，支持各类社会主体自我约束、自我管理。发挥市民
公约、乡规民约、行业规章、团体章程等社会规范在社会治理中的积极作用。"

护治安、预防犯罪、打击社会丑恶现象方面做出了突出的成就。但是，随着我国经济、政治、社会和治安形势的变化，特别是在党中央提出建设社会主义政治文明和建设社会主义法治国家的战略任务之后，《治安管理处罚条例》也显现出多方面的不足。因此，建议全国人民代表大会常务委员会尽快对《治安管理处罚条例》进行修改。主要理由如下：

一、《治安管理处罚条例》应当进一步理顺与《刑法》的关系。《治安管理处罚条例》虽然是一部行政法律，但它与《刑法》有密切的联系。扰乱社会秩序，妨害公共安全，侵犯公民人身权利，侵犯公私财产，依照刑法规定构成犯罪的，依法追究刑事责任；尚不够刑事处罚，应当给予治安管理处罚。但是，《刑法》已经在1997年进行了修改，而《治安管理处罚条例》并没有随之进行必要的调整，因而不可避免地造成若干衔接上的冲突。还有一些行为，虽然刑法没有规定为犯罪，但也有一定程度的社会危害性，应由《治安管理处罚条例》加以填补。例如，在成年人双方自愿发生同性性行为不构成犯罪以及刑法没有将强制同性性行为列为犯罪的情况下，如何处理强制同性性行为就成为法律上的空白。

二、近些年社会治安中出现了一些新情况、新问题，而治安管理对策相对滞后。对于一些新形式的危害治安的行为例如利用高新技术设备偷拍他人隐私行为，《治安管理处罚条例》没有规定，出现了治安管理的死角。有些问题以前就存在，但目前表现得更为复杂和多样，而《治安管理处罚条例》的规定不明确、不具体，因而难以给予有效的防治。当前，单位违反治安管理的情况比较突出，但《治安管理处罚条例》规定只能处罚个人，不能处罚单位，这是一个严重的缺陷。

三、《治安管理处罚条例》的一些条文比较笼统，给执法人员的自由裁量留有过大的空间，这与法治精神不符。例如，根据第三十条规定，对于介绍或者容留卖淫、嫖娼和一般性卖淫、嫖娼，都可以处5000元罚款，而两者的社会危害性显然不在一个层次，给予同样处罚没有体现惩罚与违法程度相适应的法治原则。建议《治安管理处罚条例》对违法行为和处罚幅度作出更细致的规定。过去公安部曾对《治安管理处罚条例》的一些条文进行解释，但基本属于内部规定，群众知者不多。建议在修改《治安管理处罚条例》之后，公安部制定和公开发布《治安管理处罚条例实施细则》（需经国务院批准）。

四、《治安管理处罚条例》中关于执法程序和定案证据的规定过于简单，离法治的要求尚有一定距离。这不利于对涉案的当事人合法权益的保护，不利于有效地防止冤假错案的发生，也不利于防止个别执法人员以权谋私。近年来，执法人员在治安管理过程中侵犯公民合法权益或者以权谋私的事情时有报道。虽系极个别现象，但影响很坏，玷污了公安机关和广大公安干警的荣誉，破坏了党和政府的形象。这些现象的发生，固然主要归咎于责任人的品质道德，但也与制度的不完善有重要关系。必须建立公正、严谨的具有中国特色的社会主义治安管理处罚程序和治安管理处罚证据制度。

五、为保护公民合法权益，促进公安机关依法行政，应当建立更为公正有效的治安管理处罚监督和制约机制。建议在人民法院设立治安法庭。对于应给予3天以上拘留或者2000元以上罚款的治安案件，通过简易诉讼程序由治安法官决定是否给予处罚。如果建立治安法庭的条件不成熟，应当进一步完善听证制度。并且规定，在有关治安管理处罚的行政诉讼中，实行"举证责任倒置"原则，首先由公安机关提出被处罚人违法的证据。

附件：关于修改《治安管理处罚条例》的具体意见

一、第十条修改为："精神病人在不能辨认或者不能控制自己行为的时候违反治安管理的，经法定程序确认的，不予处罚，但是应当责令其家属或者监护人严加看管和治疗；在必要时候，由政府强制治疗。间歇性的精神病人在精神正常的时候违反治安管理的，应予处罚。"修改要点是：精神病人的责任能力须经法定程序确认；把实践中已经存在对违反治安管理的精神病人强制治疗的做法加以明确规定。

二、第十五条修改为："公司、企业、事业单位、机关、团体违反治安管理的，对单位处以罚款，并处罚直接负责的主管人员和其他直接责任人员。"单位违反治安管理是客观存在，应给予处罚。鉴于单位违反治安管理多以营利为目的，应加大罚款力度，最高应可达3万元。

三、对违反治安管理行为的处罚，除警告、罚款、拘留外，还应增加三种形式：（1）没收违法所得、没收非法财物；（2）责令停产停业；（3）暂扣或者吊销许可证、暂扣或者吊销执照。关于罚款，应当规定：当场罚款不超过五十元；对单位可给予三万元以下罚款。

四、第十九条（六）应增加谎报疫情的内容，修改为："谎报险情、疫情，制造混乱的"。

五、鉴于我国刑法已经取消流氓罪和将侮辱妇女行为归入"侵犯公民人身权利、民主权利罪"，建议把第十九条（四）中"侮辱妇女或者进行其他流氓活动的"的内容抽出，单独列一条（加在现第二十二条和第二十三条之间），并补充其他行为。该条内容应包括以下行为：（1）强制猥亵、侮辱妇女，尚不够刑事处罚的；（2）猥亵儿童，尚不够刑事处罚的；（3）聚众淫乱，尚不够刑事处罚的；（4）强制实施同性性行为；（5）偷窥、偷拍他人隐私行为或者身体隐私部位（对传播他人隐私照片、录像者应重罚）；（6）利用计算机、移动通讯设备、电话等工具或者以写信等方法对他人进行性骚扰（告诉的才处理）；（7）在非私人场合暴露下体。

六、第二十条应增加三项：（1）非法生产、销售、放置禁止使用的灭鼠药、杀虫剂等有毒药物；（2）不听劝阻在乘坐飞机时使用影响飞行安全的移动通讯设备；（3）盗窃、非法收购和故意损坏下水道井盖。

七、第二十二条（二）所列"非法限制他人人身自由"和"非法侵入他人住宅"是两种不同性质的行为，应分开单列。

八、第二十二条（六）修改为："胁迫他人或者诱骗不满十八岁的人表演恐怖、残忍、色情节目，摧残其身心健康的"。修改要点为：对于被胁迫者不应有年龄要求；增加表演色情节目内容，以反映当前实际情况。

九、第二十四条（四）应增加邪教的内容，修改为"组织和利用会道门、邪教或者利用迷信扰乱社会秩序、危害公共利益、损害他人身体健康或者骗取财物，尚不够刑事处罚的"。

十、第二十四条应增加两项：（1）非法生产和销售军服、警服和警具；（2）非法生产和销售监听、偷拍设备。

十一、第二十五条应增加两项：（1）在公共建筑、设备上和居民楼中涂写、张贴广告；（2）夜间施工，噪音过大，影响周围居民休息，不听制止的。

十二、对于第二十六条所规定的违反消防管理行为，应按 1998 年制定的《中华人民共和国消防法》处理，《治安管理处罚条例》无需再作规定。

十三、对于第二十七条和第二十八条所规定的违反交通管理行为，应按 1988 年制定的《道路交通管理条例》处理，《治安管理处罚条例》无需再作规定。

十四、对第三十条禁止卖淫、嫖娼问题的规定应作较大修改。首先，应当把组织、强迫、引诱、容留、介绍卖淫和卖淫、嫖娼区别开。打击重点应当是组织、强迫、引诱、容留、介绍卖淫。违者应重罚。对单位违法的应可处三万元以下罚款，并可处罚主管人员和直接责任人。对卖淫、嫖娼者可处十五日以下拘留、警告、责令具结悔过或者依照规定实行劳动教养，可以并处罚款。但对卖淫、嫖娼者罚款不宜过高，卖淫者罚款不超过一千元，嫖娼者罚款不超过三千元。对卖淫、嫖娼者的处罚，应区分初犯与屡教不改者和卖淫嫖娼的不同过程。对卖淫者与嫖客的勾引、结识、讲价不宜按卖淫嫖娼处理。另外，现第三十条的第二款"嫖宿不满十四岁幼女的，依照刑法第一百三十九条的规定，以强奸罪论处"与《刑法》不符，应改为"嫖宿不满十四岁幼女的，依照刑法第三百六十条第二款的规定，以嫖宿幼女罪论处"。①

十五、对于违反政府禁令，吸食鸦片、注射吗啡等毒品问题，《治安管理处罚条例》应单独列一条。条文拟为："严禁吸食、注射毒品，违者处十五日以下拘留、二百元以下罚款或者警告，并可根据《强制戒毒办法》实行强制戒毒。个人非法持有毒品，尚不够刑事处罚的，处十五日以下拘留、五千元以下罚款。"

十六、对于贩卖、制造毒品等行为，《治安管理处罚条例》应按刑法有关规定进行重新梳理，并确定相应处罚。

十七、第三十二条应增加一项：组织进行淫秽表演。

十八、关于治安管理处罚的程序，在保留原有合理规定的同时，应根

---

① 提案这里主要讲的是与《刑法》有关规定的协调，无关"嫖宿幼女罪"存废。

据法治原则和《行政处罚法》有关规定，增加以下内容：

（1）治安管理处罚应遵循公正、公开的原则。决定和实施处罚必须以事实为依据，与违法行为的事实、性质、情节以及社会危害程度相当。

（2）对违反治安管理的刑法给予处罚，公安机关必须查明事实；违法事实不清的，不得给予处罚。

（3）公安机关在作出处罚决定之前，应当告知当事人作出处罚决定的事实、理由及依据，并告知当事人依法享有的权利。公安机关及其执法人员在作出处罚决定之前，不依照规定向当事人告知给予处罚的事实、理由和依据，或者拒绝听取当事人的陈述、申辩，处罚决定不能成立；当事人放弃陈述或者申辩权利的除外。

（4）当事人有权进行陈述和申辩。公安机关必须充分听取当事人的意见，对当事人提出的事实、理由和证据，应当进行复核；当事人提出的事实、理由或者证据成立的，公安机关应当采纳。公安机关不得因当事人申辩而加重处罚。

（5）执法人员根据规定当场作出处罚决定的，应当向当事人出示执法身份证件，填写预定格式、编有号码的处罚决定书。处罚决定书应当当场交付当事人。处罚决定书应当载明当事人的违法行为、处罚依据、罚款数额、时间、地点以及公安机关名称，并由执法人员签名或者盖章。

（6）公安机关及其执法人员当场收缴罚款的，必须向当事人出具省、自治区、直辖市财政部门统一制发的罚款收据；不出具财政部门统一制发的罚款收据的，当事人有权拒绝缴纳罚款。执法人员当场收缴的罚款，应当在规定期限内，交至行政机关；行政机关应当在2日内将罚款缴付指定的银行。

（7）除可以当场作出的处罚外，公安机关发现公民、法人或者其他组织有依法应当给予处罚的行为的，必须全面、客观、公正地调查，收集有关证据；必要时，依照法律、法规的规定，可以进行检查。在调查或者进行检查时，执法人员不得少于二人，并应当向当事人或者有关人员出示证件。当事人或者有关人员应当如实回答询问，并协助调查或者检查，不得阻挠。询问或者检查应当制作笔录。

（8）公安机关作出责令停产停业、吊销许可证或者执照、较大数额罚款等处罚决定之前，应当告知当事人有要求举行听证的权利；当事人要求听证的，公安机关应当组织听证。当事人不承担公安机关组织听证的费用。

（9）对违反治安管理的人给予拘留处罚的，应当在拘留开始后的二十四小时内，将处罚决定通知其家属或者监护人。

（10）当事人应当自收到罚款处罚决定书之日起十五日内，到指定的银行缴纳罚款。银行应当收受罚款，并将罚款直接上缴国库。除依照规定当场收缴的罚款外，公安机关及其执法人员不得自行收缴罚款。

（11）对当事人的同一个违法行为，不得给予两次以上罚款的处罚。

（12）已经对当事人作出拘留处罚的，不得以罚款代替拘留。

（13）因当事人对处罚决定不服提起的行政诉讼，公安机关就当事人违反治安管理承担举证责任。

（14）执法人员玩忽职守，对应当予以制止和处罚的违法行为不予制止、处罚，致使公民、法人或者其他组织的合法权益、公共利益和社会秩序遭受损害的，对直接负责的主管人员和其他直接责任人员依法给予行政处分；情节严重构成犯罪的，依法追究刑事责任。

（15）应根据《行政处罚法》，对公安机关及其执法人员在决定和执行处罚过程中的违法责任加以细化。

以上意见谨供参考。

[复函摘要]

国务院法制办公室（国法函〔2003〕96号，2003年5月14日）：

2002年4月，公安部向国务院报送了《中华人民共和国治安管理处罚法（送审稿）》。该法已经列入国务院2003年立法计划。目前，我们已经就公安部的送审稿广泛征求了意见，并就治安管理处罚立法进行专题研究。鉴于将要制定的《治安管理处罚法》情况复杂、涉及面广，立法需要积极、慎重，做大量的研究论证工作。您提出的关于加强执法程序和定案证据的规范，完善听证程序，实现该法与刑法等法律的衔接等建议，也是我们目前研究的重点。非常感谢您针对具体条文提出详细而具体的修改建议。对这些修改建议，我们将在研究该法草案的过程中认真加以考虑。

[阐述]

治安管理是治安行政管理的简称，是社会治安综合治理的一个重要方面，指政府具体为公安机关依法运用行政手段，维护社会治安秩序的活动。

我的提案，是在《治安管理处罚条例》的基础和框架下提出修改意见。而公安部的修改计划，是将《治安管理处罚条例》推倒重来，制定《治安管理处罚法》。《治安管理处罚条例》虽称"条例"，但系全国人民代表大会常务委员会制定（1957 年 10 月 22 日第一届全国人民代表大会常务委员第 81 次会议通过，1986 年 9 月 5 日第六届全国人民代表大会常务委员会第 17 次会议修正），属于"法律"。当时还没有《立法法》，法律法规名称还不规范。根据《立法法》和立法实践，全国人民代表大会或其常务委员会制定的法律，一般称"法"，国务院制定的行政法规一般称"条例"。我的提案没有提到《治安管理处罚条例》的名称应改为《治安处罚管理法》。对这一疏漏，我在与媒体的访谈时作了弥补。①

这个提案，附件更为重要，但媒体没有看到，它们主要报道了提案中关于利用高新技术设备偷拍他人隐私、同性性侵犯方面的建议。② 在接受人民网记者的采访时，我还谈道：《治安管理处罚条例》的一些条文比较笼统，给执法人员的自由裁量留有过大的空间，这与法治精神不符。例如，对于介绍或者容留卖淫嫖娼和一般性卖淫嫖娼，都可以处五千元罚款。但两者的社会危害性显然不在一个层次，给予同样处罚没有体现惩罚与违法程度相适应的规定。相比卖淫者，对卖淫嫖娼的组织者更应该重点

---

① 陈洁：《治安管理处罚条例亟待修改》（访谈），《北京法制报》2003 年 3 月 18 日。

② 万学忠：《偷拍他人隐私应受治安处罚　刘白驹委员建议修改治安管理处罚条例》，《法制日报》2003 年 3 月 10 日；彭宇：《刘白驹委员呼吁修改〈治安管理处罚条例〉》，《人民政协报》2003 年 3 月 17 日；张娓、姜璐璐：《〈治安管理处罚条例〉是不是该改了》，《北京晚报》2003 年 3 月 19 日。

打击。①

"两会"期间，人民网就监督警察执法问题组织了一个"三人谈"（采访），我和另两位代表、委员参加。我主要根据提案谈了看法。警察在行政执法过程中行为不端，其原因不外乎以下三点：第一是法律监督不力；第二是法律法规不够完善；第三是警察素质还需要进一步提高。目前关于公安工作的法律法规虽然不少，但有些条文比较笼统，对执法程序也不够重视。像《治安管理处罚条例》就给执法人员的自由裁量留有过大的空间，对证据和程序的规定也不是很清晰，造成警察权力很大。在这种情况下，难免发生极个别警察徇私舞弊的问题。所以应当尽快修改《治安管理处罚条例》。为加强对警察执法的监督，我们也可以借鉴外国的经验，在法院建立治安法庭，由法官决定拘留和罚款较多的治安管理处罚。让警察去一趟法院，治安管理方面的冤假错案就会减少许多。同时，我们也应当允许律师介入治安案件。此外，人民检察院也应当加强对警察的监督，尤其应当加强对警察治安管理工作的监督。根据法律，公民或者组织对人民警察的违法、违纪行为，有权向人民检察院检举、控告，人民检察院应当及时查处。但遗憾的是，老百姓很少有人知道在被警察侵害时还可以获得这样的法律援助。②

2004 年 10 月 25 日，第十届全国人民代表大会常务委员会第十二次会议首次审议《治安管理处罚法（草案）》。中国国际广播电台采访了我。报道称：

中国社会科学院科研局研究员、法学专家刘白驹先生一直关注着《条例》的修改工作，他对日前提请审议的草案给予了较高的评价。他说："这次全国人大常委会会议审议的这个草案，它的内容更为完整更为系统，相对于过去的《治安管理处罚条例》来说，有着明显的

① 周贺：《刘白驹：应重点打击卖淫嫖娼的组织者》，人民网，2003 年 3 月 3 日，http：//www.people.com.cn/GB/shizheng/252/10307/10401/20030303/934803.html。

② 周贺、杨菲、王东政：《热点三人谈：我们怎样监督警察执法》，人民网，2003 年 3 月 8 日，http：//www.people.com.cn/GB/shizheng/252/10307/10333/20030308/938841.html。

进步，这是值得肯定的。希望全国人大进一步讨论这个法律草案，使它更加完善，并且及时得到通过。"他表示相信，该法的最终实施将对维护社会秩序和公共安全，保护公民的合法权益，保障社会主义现代化建设的顺利进行，具有重要的意义。①

2005 年 8 月 28 日，第十届全国人民代表大会常务委员会第十七次会议通过《治安管理处罚法》。将我的提案及其附件与《治安管理处罚法》对照，可以说，我的不少建议被部分地吸收了，或者说与立法机构"所见略同"。例如，《治安管理处罚法》规定了对偷窥偷拍他人隐私、猥亵他人（包括同性猥亵）、在公共场所故意裸露身体、组织或者进行淫秽表演等行为的处罚。

二 修改《治安管理处罚法》的建议

◈ 提案

关于修改《中华人民共和国治安管理处罚法》的提案

（政协十二届全国委员会第二次会议第 1590 号/
政治法律类 171 号，2014 年 3 月）

《治安管理处罚法》（前身是《治安管理处罚条例》）在 2005 年颁布后，对于维护社会秩序和公共安全，保护公民的合法权益，促进社会主义和谐社会建设，保障社会主义现代化建设的顺利进行，发挥了十分重要的作用。近 10 年来，我国社会治安状况发生了一些新的变化，出现了一些新的问题，或者有的问题变得更为突出，人权法治建设对治安管理执法也提出了更高的要求，有必要适时对《治安管理处罚法》进行修订（此前仅在 2012 年 10 月对第六十条第四项做了修改），使之更为完善，提高社会治安管理水平。根据中国共产党十八届三中全会提出的"完善人权司法保障制度"、"坚持依法治理，加强法治保障，运用法治思维和法治方式化解社会

---

① 《中国完善治安管理法律制度 进一步维护社会秩序》，国际在线，2004 年 10 月 26 日，http://news. cri. cn/gb/3821/2004/10/26/1245@340029. htm。

矛盾"、"加强社会治安综合治理，创新立体化社会治安防控体系"的精神和要求，现提出几点修订意见，供有关部门参考。

（一）删除与劳动教养制度有关的条款。在党的十八届三中全会提出废止劳动教养制度后，2013年12月28日第十二届全国人民代表大会常务委员会第六次会议正式废止了劳动教养制度。但是《治安管理处罚法》还残留与劳动教养有关的规定。第七十六条规定："有本法第六十七条、第六十八条、第七十条的行为，屡教不改的，可以按照国家规定采取强制性教育措施。"《治安管理处罚法》第六十七条、第六十八条、第七十条的行为是指"引诱、容留、介绍他人卖淫"，"制作、运输、复制、出售、出租淫秽的书刊、图片、影片、音像制品等淫秽物品或者利用计算机信息网络、电话以及其他通讯工具传播淫秽信息"，"以营利为目的，为赌博提供条件的，或者参与赌博赌资较大的"行为。而公安部《公安机关执行〈中华人民共和国治安管理处罚法〉有关问题的解释》（2006）第七条指出：第七十六条中的"强制性教育措施"，目前是指劳动教养。为防止第七十六条被个别地方单位用来作为变相恢复劳动教养的根据，建议将其删除。

（二）将"社区服务"增列为治安管理处罚的种类。为促使违法者悔悟，减少行政拘留和罚款的处罚的适用，降低治安处罚的成本，可以借鉴刑法中社区矫正的做法，对某些违反治安管理应当给予治安管理处罚的人，由公安机关责令其在一定期限内到指定公益场所（如公立福利院、养老院、公共汽车站等）完成一定量的有益于社会的无偿劳动。派出所负责对违法者社区服务执行情况进行监督与考察。

（三）将一些危害比较大、社会反映比较强烈的危害行为纳入治安管理范畴。（1）第二十七条增加："（三）组织、教唆、胁迫、诱骗他人参与传销活动的；（四）教唆、挑动他人自杀或者传授自杀方法的。"（2）第四十五条（一）修改为："虐待七十五周岁以上和十二周岁以下家庭成员的；虐待其他家庭成员，被虐待人要求处理的"。（3）第四十五条增加一项："（三）虐待有义务照护的人的。"（4）增加一条："在计算机信息网络中进行地域攻击，情节恶劣的，处五日以下拘留或者警告，可以并处五百元以下罚款"，作为第四十七条之一。（5）增加"未取得医生执业资格的人非法行医，处五日以下拘留，并处五百元以上一千元以下罚款"，作为第五十四条之一。（6）增加一条："在公共场所、公共设施大量张贴、喷涂、散发广告损害市容市貌、环境卫生或者妨碍交通的，处二百元以上五百元以下罚款；对组织者，处五日以下拘留，并处五百元以上一千元以下罚款"，作为第五十八条之一。（7）增加一条："残忍虐待动物的，处警告；情节严重的，处五日以下拘留，并处五百元以上一千元以下罚款"，作为第七十五条之一。

（四）完善治安管理处罚程序。原《治安管理处罚条例》第三十九条规定，被处罚人或者被侵害人对治安管理处罚不服，可以依法申请行政复议。而《治安管理处罚法》第一百零二条只规定被处罚人而没有规定被侵害人对治安管理处罚不服，可以依法申请行政复议或提起行政诉讼。后来，公安部《公安机关执行〈中华人民共和国治安管理处罚法〉有关问题的解释（二）》（2007 年），才明确被侵害人可以依法申请行政复议。但这是行政解释而不是法律规定和司法解释，其效力比较低。另外，对被侵害人对治安管理处罚不服，是否可以提起行政诉讼的问题也应加以明确。因此，建议将第一百零二条"被处罚人对治安管理处罚决定不服的，可以依法申请行政复议或者提起行政诉讼"修改为"被处罚人和被侵害人对治安管理处罚决定不服的，可以依法申请行政复议或者提起行政诉讼"。

（五）为完善人权司法保障制度，保护公民合法权益，促进公安机关依法行政，建立更为公正有效的治安管理处罚监督和制约机制，应当以治安管理处罚的司法化作为改革方向。建议研究在人民法院设立治安法庭，对于给予超过 72 小时的拘留处罚的治安案件，通过简易诉讼程序由治安法官决定是否给予处罚。人民检察院实施监督。

［复函摘要］

公安部（公提字〔2014〕56 号，2014 年 6 月 30 日）：

经商最高人民法院、最高人民检察院，现答复如下：

您提出的修改治安管理处罚法建议，顺应了我国社会形势发展和民主法治建设进程的需要，充分体现了促进社会公平正义、坚持依法治理、加强社会治安综合治理的精神和要求，具有重要的借鉴和研究价值。

一、关于删除劳动教养制度有关条款。在十二届全国人大常委会第六次会议审议决定废止劳动教养制度时，我部常务副部长受国务院委托所作的《关于提请废止〈国务院关于劳动教养问题的决定〉和〈国务院关于劳动教养的补充规定〉的议案的说明》中，提到"需要对相关法律、法规、司法解释、规章和规范性文件依照法定程序进行清理"。经工作，涉及我部制发的有关劳动教养规范性文件已基本清理完毕，结果将于近期发布。

二、关于将"社区服务"增列为治安管理处罚的种类。1972年，英国在《刑事司法条例》中创设了"社区服务令"刑种。"社区服务令"作为行刑社会化、轻罚化以及恢复性司法的产物，在美国、澳大利亚、韩国等国家和我国香港、台湾地区被广泛使用。从实行效果看，社区服务令不但可以协助违法者改过自新，也具有补偿社会的功能。相对于监禁，其不但让违法者继续在社区内生活，也可避免影响他们的学业和工作。治安管理处罚法是否增设"社区服务令"的处罚种类，尚需进行调研论证，我部将对此进行认真研究，并积极配合立法机关在修改治安管理处罚法时做好相关工作。

三、关于进一步扩大治安管理处罚适用范围。当前，我国政治、经济、社会生活发生了很大变化，社会治安面临的各种情况和问题日趋复杂，面对新情况、新问题，有必要通过修改完善法律，及时将一些社会危害较大，群众反映强烈的属于治安管理范畴的违法行为纳入治安管理处罚法的调整范围。你提出的关于增加对传销、非法行医、张贴散发小广告、虐待动物等行为予以治安管理处罚的建议，我部将认真进行研究，对属于违反治安管理范畴的行为，建议立法机关通过修订治安管理处罚法予以增加。

四、关于明确被侵害人的救济权。治安管理处罚法相关规定虽未明确被侵害人不服处罚决定的救济权，但依照行政复议法、行政诉讼法规定，当事人对公安机关具体行政行为不服的，可以依法申请行政复议或者提起行政诉讼。为保障当事人合法权益，我部规范性文件明确规定，治安案件的被侵害人认为公安机关依据治安管理处罚法作出的具体行政行为侵犯其合法权益的，可以依法申请行政复议或者提起行政诉讼，有效保障了被侵害人救济权。但是，治安管理处罚法只规定被处罚人的救济权，确实容易引起不同理解，我部将建议立法机关予以进一步明确。

五、关于设立治安法庭，由法官决定行政拘留。您提出的关于在人民法院设立治安法庭，对需要给予超过 72 小时行政拘留处罚的治安案件由法庭决定拘留处罚的建议，涉及司法体制改革问题，尚需根据我国的国情和法律制度，按照司法体制改革的总体安排，进行充分的调研论证和评估。对此，我部将积极配合中央有关部门做好相关工作。

[阐述]

有媒体注意到我提出的删除劳动教养制度有关条款和将责令进行"社区服务"增列为治安管理处罚种类的意见，[①] 但无人提及设立治安法庭之事。2003 年我曾在《关于修改〈中华人民共和国治安管理处罚条例〉的提案》中建议设立治安法庭，确实早了些。十年之后再次提出，看起来仍然过于理想化和超前。

2017 年 1 月，公安部公布《中华人民共和国治安管理处罚法（修订公开征求意见稿)》，向社会征求意见。[②] 我提出的意见主要有以下方面。

（1）第十二条"精神病人在不能辨认或者不能控制自己行为的时候违反治安管理的，不予处罚，但是应当责令其监护人严加看管和治疗"，建议在"监护人"之前增加"家属或者"。因为精神病人并不一定有符合法律规定的"监护人"，在这种情况下，"严加看管和治疗"的责任应由其家属承担。《刑法》的规定也是"家属或者监护人"。

（2）建议将第四十九条（一）"恐吓、威胁他人人身安全的"修改为"恐吓、威胁他人的"。这样，保护的范围更大一些，包括公民财产安全和名誉安全。另外从语法修辞角度看，说"威胁他人人身安全"可以，而

---

① 王殿学、王安琪：《政协委员刘白驹：删除"强制教育"避免变相劳教》，《南方都市报》2014 年 3 月 4 日；莫嫚：《全国政协委员刘白驹：将责令进行社区服务增列为治安管理处罚种类》，《人民公安报》2014 年 3 月 11 日。

② 《公安部关于〈中华人民共和国治安管理处罚法（修订公开征求意见稿)〉公开征求意见的公告》，公安部网站，2017 年 1 月 16 日，http://www.mps.gov.cn/n2254536/n4904355/c5604357/content.html。

"恐吓他人人身安全"似不太顺。

（3）第四十九条（二）"滋扰、干扰他人正常生活，不听劝阻的"中的"滋扰""干扰"词义基本相同，不宜并列。规定"不听劝阻的"的条件，也使保护力度不够。可以参照刑法寻衅滋事罪的规定，列出滋扰的主要方式，并以"干扰他人正常生活"作为滋扰的后果。建议将第四十九条（二）改为"以纠缠、追逐、拦截、辱骂、发送淫秽信息等方式对他人进行滋扰，干扰他人正常生活的"。

（4）第四十九条（三）"非法获取、散布他人隐私的"的"获取"意思是"得到"，难以包括没有同时进行记录的偷窥、窃听的行为，仅仅进行偷窥、窃听不能称为"获取"。如此修改将使处罚单纯的偷窥、窃听隐私的行为失去明确法律根据，只能等到拍摄、录音之后才可处罚。建议修改为"非法观听、获取、散布他人隐私的"。其实，现行规定"偷窥、偷拍、窃听、散布他人隐私"没有问题，各类行为的非法性不言自明，可以沿用。或可改为"窥视、窃照、窃听、散布他人隐私的"。

（5）建议将"性骚扰"纳入第五十四条，以回应社会特别是妇女的呼声。具体意见是，将"猥亵他人的"改为"猥亵他人，或者多次对他人进行性骚扰的"。

（6）第五十五条"（一）虐待家庭成员，被虐待人要求处理的"没有考虑到被虐待人没有能力或者不敢要求处理的情况。建议参照《刑法》第二百六十条第三款，将第五十五条（一）改为"虐待家庭成员，被虐待人要求处理的；被虐待人没有能力提出要求，或者因受到强制、威吓无法提出要求的，也可以处理"。

（7）第五十八条"冒领、隐匿、毁弃、私自开拆或者非法检查他人寄递物品的"，没有明确提到"信件"或者"邮件"，没有突出保护通信自由。建议修改为"冒领、隐匿、毁弃、私自开拆或者非法检查他人邮件或者其他寄递物品的"。

（8）第七十五条"以牟利为目的，非法使用、提供、出售窃听、窃照、跟踪定位等器材的"中的"以牟利为目的"的限制没有道理，比《刑法》第二百八十四条的处罚范围还窄，应予删除。

（9）第一百一十二条"为确定违反治安管理行为人、被侵害人的某些特征、伤害情况或者生理状态，经公安机关办案部门负责人批准，可以对人身进行检查，可以提取或者采集肖像、指纹、虹膜图像等人体生物识别信息和血液、尿液、毛发、脱落细胞等生物样本"。公民个人生物识别信息和生物样本，是公民重要隐私或关涉公民重大利益。对所有确定违反治安管理行为人和被侵害人，经公安机关办案部门负责人批准，就可以采集这些信息和样本，对公民权利干扰过大。对这一问题需要慎重规定。第一，应当收缩采集对象的范围，仅适用于有比较严重违法情节的人员。第二，进一步严格批准手续，不能只是"经公安机关办案部门负责人批准"，应规定公安机关级别和"书面"形式以及批准程序。第三，应明确规定，采集被侵害人的信息和样本，应经其知情同意，必须告知其有权拒绝。第四，还应当规定，经调查，认为没有违反治安管理的，公安机关应当销毁采集的信息和样本。第五，进一步严格保密措施。不能只原则性规定"应采取严格保密措施"，还应当在第一百四十五条"人民警察办理治安案件，有下列行为之一的，依法给予行政处分；构成犯罪的，依法追究刑事责任"中明列"泄露违反治安管理行为人、被侵害人的指纹、虹膜图像等人体生物识别信息和血液、尿液、毛发、脱落细胞等生物样本的"。

（10）建议规定被侵害人可以申请行政复议。原《治安管理处罚条例》第三十九条规定，被处罚人或者被侵害人对治安管理处罚不服，可以依法申请行政复议。而现行《治安管理处罚法》第一百零二条只规定被处罚人而没有规定被侵害人对治安管理处罚不服，可以依法申请行政复议或提起行政诉讼。后来在 2007 年，公安部《公安机关执行〈中华人民共和国治安管理处罚法〉有关问题的解释（二）》，才明确被侵害人可以依法申请行政复议。但这一原则未被此次征求意见稿采纳，似有不足。被侵害人与处罚结果有直接关系。规定被侵害人可以申请行政复议，有利于对治安执法的监督。因此，建议在第一百二十九条中增加一款作为第二款："被侵害人对治安管理处罚决定不服的，可以依法申请行政复议。"

另外，2017 年公开征求意见稿还有一些修订，我基本赞成，当时没有提出意见。然而，有一条的修订，现在考虑，似应进一步斟酌。2005 年

《治安管理处罚法》第二十一条规定："违反治安管理行为人有下列情形之一，依照本法应当给予行政拘留处罚的，不执行行政拘留处罚：（一）已满十四周岁不满十六周岁的；（二）已满十六周岁不满十八周岁，初次违反治安管理的；（三）七十周岁以上的；（四）怀孕或者哺乳自己不满一周岁婴儿的。"① 这一规定是 1986 年《治安管理处罚条例》所没有的。根据这一规定，对违反治安管理的已满十四周岁未成年人可以依法作出行政拘留处罚决定，但其执行即送达拘留所有严格限制：已满十四周岁不满十六周岁的未成年人，一律不执行行政拘留处罚；已满十六周岁不满十八周岁的未成年人，如果是初次违反治安管理的，② 也不执行行政拘留处罚。如此规定，应是对违法未成年人的行政处罚采取了教育为主、惩罚为辅的原则。但是，这一规定失之过宽，不能对违法未成年人形成足够的警戒作用，社会反映也不好。例如，一些未成年人在学校欺凌同学，情节相当恶劣，但由于不满十六周岁，不能得到行政拘留的处罚，导致互联网上骂声一片。2017 年公开征求意见稿考虑到这一问题，将第二十一条修订为："违反治安管理行为人有下列情形之一，依照本法应当给予行政拘留处罚的，不执行行政拘留处罚：（一）已满十四周岁不满十八周岁，初次违反治安管理的；（二）七十周岁以上的，但是二年内曾因违反治安管理受过行政拘留处罚或者曾受过刑事处罚、免予刑事处罚的除外；（三）怀孕或者哺乳自己婴儿的。"不执行行政拘留处罚的条件更为严格。已满十四周岁不满十六周岁未成年人违反治安管理，不是一律不执行行政拘留，而是

---

① 根据 2006 年《公安机关执行〈中华人民共和国治安管理处罚法〉有关问题的解释》，对不执行行政拘留处罚的被处罚人，居住地公安派出所应当会同被处罚人所在单位、学校、家庭、居（村）民委员会、未成年人保护组织和有关社会团体进行帮教。

② 根据 2007 年《公安机关执行〈中华人民共和国治安管理处罚法〉有关问题的解释（二）》，《治安管理处罚法》第二十一条第二项规定的"初次违反治安管理"，是指行为人的违反治安管理行为第一次被公安机关发现或者查处。但具有下列情形之一的，不属于"初次违反治安管理"：（一）曾违反治安管理，虽未被公安机关发现或者查处，但仍在法定追究时效内的；（二）曾因不满十六周岁违反治安管理，不执行行政拘留的；（三）曾违反治安管理，经公安机关调解结案的；（四）曾被收容教养、劳动教养的；（五）曾因实施扰乱公共秩序，妨害公共安全，侵犯人身权利、财产权利，妨害社会管理的行为被人民法院判处刑罚或者免除刑事处罚的。

只有初次违反治安管理的，才可以不执行行政拘留。但是，收紧的程度还不够，建议进一步修改。已满十六周岁不满十八周岁的未成年人违反治安管理，应当给予行政拘留处罚的，不论是否初次违反治安管理，均应执行行政拘留处罚。同时《治安管理处罚法》应当明确规定，对未成年违法者应与成年违法者分别羁押和管理。①

第二节　全国人大应加强对公安工作的监督

◈ 提案

关于全国人民代表大会加强对公安工作监督的提案

（政协十届全国委员会第一次会议第 0350 号/

政治法律类 026 号，2003 年 3 月）

公安工作既是政府行政工作的组成部分，也是法制工作的重要环节。公安机关处于打击犯罪、维护社会治安的第一线，具有十分重要的地位。公安工作做得如何，关系到社会治安及其综合治理的全局。多年来，在党和政府的领导下，各级公安机关和广大公安干警依法行政，严格执法，维护社会稳定，为改革开放和社会主义现代化建设保驾护航，取得了突出的成绩，得到全国人民的好评。我们相信，在新的形势下，经过公安战线全体同志的努力，我国公安工作一定可以迈上新的台阶。但是也应当指出，公安工作还有不尽如人意之处。突出表现为：治安管理制度滞后，改革的步子不大，政务不够公开；公安人员的整体素质、法治意识和执法水平需要进一步提高；个别执法人员粗暴执法、侵犯人权、徇私舞弊、违法乱纪，影响恶劣。鉴于公安工作的重要性和特殊性，为推动公安机关更好地开展工作，应当加强对公安工作的监督，特别是全国人民代表大会应当加强对公安工作的监督。

全国人民代表大会加强对公安工作的监督，也是社会主义法制建设的需

---

① 《拘留所条例》（2012 年 2 月 15 日国务院第 192 次常务会议通过）第十五条："拘留所应当根据被拘留人的性别、是否成年以及其他管理的需要，对被拘留人实行分别拘押和管理。"这个内容，应写入《治安管理处罚法》。

要。公安机关不仅是行政机关，还是刑事侦查机关。《宪法》第一百三十五条规定："人民法院、人民检察院和公安机关办理刑事案件，应当分工负责，互相配合，互相制约，以保证准确有效地执行法律。"全国人民代表大会对公安工作和公安机关的监督，虽然不同于对最高人民法院和最高人民检察院的监督，但三者之间有密切的联系。全国人民代表大会如果不能对公安工作实施有效的监督，就难以保证人民法院、人民检察院和公安机关在办理刑事案件时，分工负责，互相配合，互相制约，准确有效地执行法律。根据《宪法》，最高人民法院和最高人民检察院应当向全国人民代表大会汇报工作，全国人民代表大会对最高人民法院和最高人民检察院的报告进行审议并形成决议。事实证明，这种监督体制是行之有效的，有力地促进了最高人民法院和最高人民检察院的工作和自身建设。如果全国人民代表大会加强对公安工作的监督，必将从整体上进一步推动社会主义法制建设。

目前，全国人民代表大会对公安工作的监督主要有三种方式。第一，大会监督。根据宪法，公安部直接对国务院总理负责，不直接向全国人民代表大会汇报工作。全国人民代表大会对公安工作的了解，主要来自于国务院总理所作的《政府工作报告》。每年的《政府工作报告》虽然都谈到公安工作，但比较简单，不能反映公安工作的全貌和具体内容。在这种情况下，虽然全国人民代表大会也可以对公安工作实施监督，但这种监督是间接的，不具体的，因而作用也是有限的。第二，质询监督。《宪法》第七十三条规定："全国人民代表大会代表在全国人民代表大会开会期间，全国人民代表大会常务委员会组成人员在常务委员会开会期间，有权依照法律规定的程序提出对国务院或者国务院各部、各委员会的质询案。受质询的机关必须负责答复。"这种监督虽然是直接的，但也有局限性。首先，质询案往往针对具体问题。其次，大会议程紧张，可能无法安排答复。再次，公安部可能没有时间作充分准备。第三，视察监督。根据《全国人民代表大会和地方各级人民代表大会代表法》①，各级人民代表大会的代表可

---

① 《中华人民共和国全国人民代表大会和地方各级人民代表大会代表法》，1992 年 4 月 3 日第七届全国人民代表大会第五次会议通过。

以根据本级人民代表大会常务委员会的统一安排，对公安机关的工作进行视察并提出建议、批评和意见。但是这种监督是局部的和没有约束力的。

应当进一步完善这三种已有的监督方式，使之切实发挥作用。同时应当根据宪法基本原则，建立新的监督方式。建议全国人民代表大会或者全国人民代表大会常务委员会作出决议，要求公安部每年在全国人民代表大会召开期间，向会议提出书面的工作报告。全国人民代表大会的代表可以对公安部工作报告提出意见或者建议。但全国人民代表大会不对其作出决议。地方人民代表大会对本地方公安工作也可以采取这种方式进行监督。

[复函摘要]

一、全国人大常委会办公厅（常办秘字〔2003〕134 号，2003 年 8 月20 日）：

全国人大及其常委会十分重视对公安工作的监督。全国人大常委会多次对《关于加强社会治安综合治理的决定》《关于禁毒的决定》的实施情况进行检查。在全国人民代表大会上向代表们印发关于社会治安情况的专题报告。八届全国人大期间，常委会会议听取和审议了公安部关于禁毒工作情况的专题报告。九届全国人大常委会第十三次会议听取和审议了"关于近年来公安队伍建设情况和下一步加强公安队伍建设意见的报告"。2002 年全国人大常委会委员对公安队伍建设情况进行了视察。对推动和加强公安队伍建设起到了积极的作用。今后，全国人大及其常委会将继续加强和改进对公安机关工作的监督。

二、国务院研究室（〔2003〕国研函字第 8 号，2003 年 4 月 24 日）：

您提出的"建议全国人民代表大会加强对公安工作的监督"的提案，全国政协提案办公室已转到我室。提案中反映"每年的《政府工作报告》虽然都谈到公安工作，但比较简单，不能反映公安工作的全貌和内容"的问题，我们在今后《政府工作报告》的起草中会注意吸收这一意见，尽量多写进一些这方面的内容。关于加强全国人大对公安工作的监督问题由全国人大办公厅答复。在此，就近年来公安系统内部监督情况及今年的新举

措答复如下：（略）①

［阐述］

2003 年这个提案主要建议全国人民代表大会或者全国人民代表大会常务委员会作出决议，要求公安部每年在全国人民代表大会召开期间，向会议提出书面的工作报告。全国人大常委会办公厅和国务院研究室作出答复，但意见没有被采纳。这是意料之中的。而我一直不死心。十年之后，2014 年 3 月全国政协会议期间，在小组讨论"两高"报告时，我旧话重提。② 2015 年全国政协会议，我再次提出《关于建议全国人民代表大会及其常务委员会加强对公安工作的监督的提案》。我从十八届四中全会《关于全面推进依法治国若干重大问题的决定》和经中央全面深化改革领导小组会议、中央政治局常委会议审议通过的《关于全面深化公安改革若干重大问题的框架意见》中找到新的理由，进行了新的论证。2015 年 3 月 10日，我接到大会秘书处提案组的书面通知，这个提案不立案，将作为"意见和建议"送全国人大常委会办公厅、公安部"参阅"。后来，我利用小组讨论"两高"报告的机会，发言表达了提案中的意见。《中国青年报》报道："全国政协委员、中国社会科学院研究员刘白驹也希望能够看到公安部的报告。他今年的一个提案是加强全国人大常委会对公安机关的监督。2003 年第一年当政协委员，他就提了这个意见。"③

2015 年《关于建议全国人民代表大会及其常务委员会加强对公安工作的监督的提案》内容如下：

公安机关不是一般的行政部门，既有行政执法职能，又有刑事侦查职能。公安行政工作是政府行政工作的组成部分，公安侦查工作是国家刑事司法的重要环节。长期以来，在党中央和国务院的领导下，各级公安机关和广大公安干警依法行政，严格执法，维护人民利益和社会稳定，为和谐

---

① 对此复函，国务院研究室并未表示不能公开，而是我认为不便于全文公开。

② 王殿学：《全国政协委员、中国社科院研究员刘白驹：公安部也应作年度报告》，《南方都市报》2014 年 3 月 12 日。

③ 原春琳、张国：《纠正冤假错案不能靠"亡者归来"》，《中国青年报》2015 年 3 月 13 日。

社会建设保驾护航，做出了突出的贡献。但是也应当看到，公安工作还有不尽如人意之处，突出表现为：治安管理防控制度还不能适应需要；公安人员的整体素质、法治意识和执法规范化水平需要进一步提高；个别公安人员粗暴执法、徇私舞弊、违法乱纪，影响恶劣。鉴于公安工作的重要性和特殊性，为使公安工作水平和公安机关公信力获得较大提升，根据党的十八届四中全会《关于全面推进依法治国若干重大问题的决定》和经中央全面深化改革领导小组会议、中央政治局常委会议审议通过的《关于全面深化公安改革若干重大问题的框架意见》，建议全国人民代表大会及其常务委员会进一步加强对公安工作的监督。同时，中国人民政治协商会议全国委员会对公安工作的监督也应得到加强。

　　加强对公安工作的监督，是加快建设公正高效权威的社会主义司法制度的需要。公安机关不是司法机关，但它是刑事侦查机关，具有侦查权，在刑事案件办理方面，与作为司法机关的人民法院、人民检察院的工作有紧密的联系，影响着司法能否公正。刑事性的冤假错案，症结往往发生在侦查阶段。《中华人民共和国宪法》第一百三十五条规定："人民法院、人民检察院和公安机关办理刑事案件，应当分工负责，互相配合，互相制约，以保证准确有效地执行法律。"中国共产党十八届四中全会《关于全面推进依法治国若干重大问题的决定》强调"优化司法职权配置"，并且将公安机关和侦查权纳入"司法职权"范畴，它指出："健全公安机关、检察机关、审判机关、司法行政机关各司其职，侦查权、检察权、审判权、执行权相互配合、相互制约的体制机制。"《关于全面深化公安改革若干重大问题的框架意见》也将"完善与推进国家治理体系和治理能力现代化、建设中国特色社会主义法治体系相适应的现代警务运行机制和执法权力运行机制"作为全面深化公安改革的总体目标的主要内容。全国人民代表大会及其常务委员会以及全国政协如果可以进一步加强对公安机关侦查权的监督，必将更好地保证人民法院、人民检察院和公安机关分工负责，互相配合，互相制约，准确有效地执行法律，保证司法公正。

　　加强对公安工作的监督，也是推进依法行政，加快建设法治政府的要求。《关于全面推进依法治国若干重大问题的决定》指出，应当"强化对行政权力的制约和监督。加强党内监督、人大监督、民主监督、行政监督、司法监督、审计监督、社会监督、舆论监督制度建设，努力形成科学有效的权力运行制约和监督体系，增强监督合力和实效"。公安机关是政府中涉及公民权益最广泛、行政权力比较集中的部门，社会关注的许多热点问题都与公安机关的行政执法工作有关。公安机关的行政执法工作是否做好，直接并且突出影响着政府的形象。全国人民代表大会及其常务委员会以及全国政协如果可以进一步加强对公安工作的监督，将会促使公安机关不断加强公安队伍建设，提高行政执法水平和公信力，提升人民群众的安全感、满意度，对于建设职能科学、权责法定、执法严明、公开公正、廉洁高效、守法诚信的法治政府具有重要意义。

目前，全国人民代表大会及其常务委员会对最高人民法院和最高人民检察院工作的监督是比较有力的。其中一项重要的监督形式是，根据《中华人民共和国宪法》第一百二十八条和第一百三十三条关于最高人民法院和最高人民检察院对全国人民代表大会和全国人民代表大会常务委员会负责的规定，最高人民法院和最高人民检察院每年在全国人民代表大会开会期间，向全国人民代表大会报告工作，全国人民代表大会加以审议并形成决议。另外，在每年两会期间，全国政协委员也可以对"两高"的报告提出意见。实践证明，这种监督机制是比较有效的，促进了人民法院和人民检察院的工作和自身建设，推动了司法工作的健康发展。而公安机关的侦查权和刑事侦查工作，目前还没有得到这种层面的监督。全国人大的代表对公安工作的了解，主要来自国务院总理所作的《政府工作报告》。每年的《政府工作报告》虽然都谈到公安工作，但比较简单，不能反映公安工作的全貌和具体内容。近年来，全国人民代表大会常务委员会多次听取和审议国务院关于公安工作的专项报告或者公安部关于某一问题的专项报告，效果也比较好。但是，此种专项报告一般局限于一个具体问题，不能全面地反映公安工作的整体情况。而且，全国政协没有参与这项工作。全国政协的委员主要是通过提案的方式对公安工作提出意见和建议。虽然公安部对全国政协委员的提案非常重视，认真办理，加强沟通，但是由于缺少更高层次的措施，全国政协及其委员对公安工作实施民主监督的作用还没有充分体现。

根据《宪法》和《全国人民代表大会和地方各级人民代表大会代表法》、《各级人民代表大会常务委员会监督法》[①] 等法律，各级人民代表大会和各级人民代表大会常务委员会对政府、法院和检察院的监督有多种形式。今后应当进一步完善已有的监督形式，使之切实发挥作用。同时，应当根据宪法基本原则，在坚持中国共产党领导的前提下，建立新的监督形式。建议全国人民代表大会常务委员会进一步完善听取和审议专项工作报告制度，每年至少听取和审议一次国务院关于公安全面工作的专项报告，使之制度化。更好的形式是，全国人民代表大会常务委员会要求公安部每年在全国人民代表大会召开期间，向大会提出书面的专项工作报告，总结公安工作的成绩和不足，制定完善和改进的措施。该报告可作为《政府工作报告》的专项工作附件，全国人民代表大会在审议《政府工作报告》时一并审议，一般不单独对其作出决议。在两会期间，全国政协委员可以对公安部专项工作报告提出意见。

第三节 制定《性病防治法》的建议

提案

关于制定《性病防治法》的提案

（政协十届全国委员会第二次会议第 850 号/

医药卫体类 45 号，2004 年 3 月）

性病是一种危害严重的传染病。自 20 世纪 70 年代末性病在我国死灰复燃后，性病患者不断增加。特别是最近十多年，性观念发生迅猛变化，同时人员流动活跃，单身在外人员增多，国内国际旅游兴旺，娱乐休闲场所红火，并且随着通讯工具的进步和计算机的普及，人际交流十分方便，在这种情况下，非婚性行为尤其是陌生人之间的非婚性行为更多发生。这

---

① 《中华人民共和国各级人民代表大会常务委员会监督法》，2006 年 8 月 27 日第十届全国人民代表大会常务委员会第二十三次会议通过。

在客观上为性病的进一步传播蔓延提供了条件。虽然根据中国疾病预防控制中心统计，性病发病率在近几年有所下降，但是仍然位居各类传染病的前10位之内。某些地区性病疫情仍在增长，有的省份增长幅度较大。同时应当认识到，性病发病率统计数据的下降，也有疫情漏报瞒报方面的原因。总的看，我国性病疫情形势仍然十分严峻。

性病并非难治之症（不包括艾滋病），更非不治之症。性病疫情之所以长期得不到有效控制，除有复杂的客观原因外，与防治工作存在种种薄弱环节有着密切关系。一个突出的问题是立法滞后。

一、现有的性病防治工作的规范散见于一系列法律、行政法规和部门规章中，没有加以必要的整合，不能发挥整体、系统的作用。我国《刑法》《治安处罚管理条例》《传染病防治法》[①]《婚姻法》[②]《母婴保健法》，全国人大常委会《关于严禁卖淫嫖娼的决定》，国务院《婚姻登记条例》《公共场所卫生管理条例》《关于坚决取缔卖淫活动和制止性病蔓延的通知》，卫生部、公安部《关于对卖淫嫖娼人员强制进行性病检查治疗有关问题的通知》，卫生部《性病防治管理办法》《婚前保健工作规范》《关于加强性病防治宣传工作的通知》等等法律、法规、规章，都规定或者涉及性病防治工作，但是没有一部是综合性的，既不便于公众了解掌握，也不便于执行。其中，卫生部的《性病防治管理办法》虽然专门规定了性病防治管理，但实际上只涉及卫生机构的工作，没有全面的指导作用。

二、法律规范的分散化，妨碍了相关部门的有机配合，司法、公安、卫生、民政、教育、旅游、新闻等机关或者部门在防治性病工作中，基本是各自为政，彼此缺乏协作，没有真正形成综合治理、齐抓共管的局面。

---

① 《中华人民共和国传染病防治法》，1989年2月21日第七届全国人民代表大会常务委员会第六次会议通过，2004年8月28日第十届全国人民代表大会常务委员会第十一次会议修订，根据2013年6月29日第十二届全国人民代表大会常务委员会第三次会议《关于修改〈中华人民共和国文物保护法〉等十二部法律的决定》修正。

② 《中华人民共和国婚姻法》，1980年9月10日第五届全国人民代表大会第三次会议通过，根据2001年4月28日第九届全国人民代表大会常务委员会第二十一次会议《关于修改〈中华人民共和国婚姻法〉的决定》修正。1950年5月1日颁行的《中华人民共和国婚姻法》自1980年《中华人民共和国婚姻法》施行之日起废止。

例如，对非法性病诊所的查处，如果没有公安、工商管理部门的配合，卫生行政部门单兵作战，且缺乏强制手段，效果必然不好。

三、上述法律、行政法规、部门规章多数不是专门针对性病防治制定的，它们的规定不能完全适应性病防治的特殊性，不具有很好的操作性。例如《执业医师法》和《医疗机构管理条例》就没有规定个体医生从事专科性病诊断治疗业务的具体条件。

四、有些关于性病防治工作的规范属于部门规章，而部门规章有明显局限，难以起到理想的作用。

（1）法律效力不高，专责机关在执行过程难以得到相关部门的配合。例如，卫生部、公安部《关于对卖淫嫖娼人员强制进行性病检查治疗有关问题的通知》规定，对卖淫嫖娼人员强制性病检查治疗的费用，本人或家属确实无力负担的，由公安、卫生部门提出意见，由当地财政部门负责解决。但是由于这个通知对其他部门没有约束力，公安、卫生部门提出的意见很可能没有结果。

（2）部门规章实施得好坏只能靠自检自查，由于缺乏外在的监督，很有可能得不到认真的执行。例如，有些基层公安人员在查处卖淫嫖娼人员时，不通知防疫部门进行体检，而是一罚了之，即使在事后受到追究，根据有关规定，也只是内部的经济、行政处罚。

（3）有些部门规章虽然对性病防治工作有明确的要求，但缺乏相应的强制措施作为保障。例如，卫生部《性病防治管理办法》虽然规定了为患者保守秘密的原则，[①] 但却没有说医院及其医生泄露患者秘密应承担什么责任，会受到什么处罚。这实际上只是一种医德性质的自我约束，不具有法律的强制性。患者在患病隐私被泄露后无法获得有效救济。

五、由于没有性病防治的基本法律，有的政府部门在制定规章时不能考虑到性病防治的需要。典型的例子就是1989年国家工商行政管理总局下发的《关于严禁刊播有关性生活产品广告的规定》，它对避孕套广告采取

---

① 1991年《性病防治管理办法》第十七条："性病防治机构和从事性病诊断治疗业务的个体医生在诊治性病患者时，必须采取保护性医疗措施，严格为患者保守秘密。"

一律封杀的对策，不利于性病的防治。

六、为防治性病，许多省市制定了本地区的性病防治条例，这是应当肯定的。但是由于我国没有性病防治的基本法，各地方的性病防治条例差别比较大。尤其是对性病患者权利的限制，各地宽严不一，这造成一国公民基本权利的不平等，有悖于法制统一的原则。还应指出，有些地方条例对性病患者的某些权利所作出的限制，如规定性病患者不得入学，没有国家法律作为依据，是不合法的，应当取消。

鉴于上述情况，建议尽快制定性病防治基本法——《性病防治法》。制定《性病防治法》，不仅具有紧迫性，而且条件已经基本成熟。我国新时期的性病防治工作已经开展20多年，已经积累相当经验，有关规范也出台许多。而且，艾滋病防治法律正在制定，作为配套法律，《性病防治法》不可或缺。因为利用法律手段防治性病，对于防治艾滋病具有重要的支持和辅助作用。同时需要指出，艾滋病防治虽然与性病防治有许多相同之处，但是艾滋病与一般性病性质不同，在传播方式、流行人群、防治方法等方面也有较大差异，艾滋病防治并不能涵盖性病防治，艾滋病防治法律不能替代性病防治法律，性病防治法律和艾滋病防治法律也不宜合二为一。

《性病防治法》的主要内容应当包括：性病防治工作的基本任务，有关部门的职责，性病防治机构的条件和功能，性病的预防，性病的监测，性病的治疗，性病患者的管理，性病防治工作监督，相关法律责任。《性病防治法》应当确立以下基本原则：

一、综合治理原则。防治性病是全社会的责任，是一项系统工程。《性病防治法》应当明确规定司法机关、行政机关、卫生机构、学校、企业、群众组织等方面在防治性病工作中的责任，尤其是要在政府有关部门之间建立一种既有分工又相互配合的运作机制。

二、预防为主原则。根据道德来规范人们的性关系虽然是必要的，但不是性病预防工作的重点。性病预防工作重在宣传科学的预防性病知识，提醒人们以卫生安全的方式进行性行为，强化公共场所卫生，加强卫生专业预防。

三、强制治疗原则。全国人大常委会《关于严禁卖淫嫖娼的决定》规定对患有性病的卖淫嫖娼人员实施强制治疗，但这是不够的。强制治疗应当扩展到所有性病患者。对一般性病患者的强制治疗，并非以直接强力约束其接受治疗，而是规定性病患者有自行治疗性病的法律义务。建议《性病防治法》明确规定，对明知自己患有性病且有经济能力治疗而不治疗的人应给予处罚。同时，《性病防治法》应当对性病患者的性行为给予限制。《刑法》第三百五十九条所规定的"传播性病罪"，只是涉及卖淫嫖娼时传播性病的情况，有其局限性。《性病防治法》应当规定，对明知自己患有性病而与他人发生性关系的，给予处罚。[①]

四、为性病患者保密原则。性病是一种"难言之隐"。性病患者顾虑太多，是他们不积极主动寻求治疗或者只敢找个体、非法行医者治疗的重要原因。《性病防治法》应当规定性病防治机构为患者保密的具体措施和性病防治机构泄露患者秘密的法律责任。《性病防治法》还应处理好打击卖淫嫖娼和防治性病的关系。为了促使卖淫嫖娼者主动检查治疗性病，《性病防治法》应当明确宣布：除发现犯罪事实，性病防治机构不向公安机关报告患者卖淫嫖娼的情况，检查治疗性病过程中患者陈述的卖淫嫖娼事实不得作为公安机关处罚的根据。

五、反对歧视性病患者原则。卖淫嫖娼等非婚性行为不是感染性病的唯一途径，许多人罹患性病是没有过错的，在道德方面不具有可谴责性。即使是因在卖淫嫖娼等非婚性行为中感染性病的人，其应有的合法权益也不容侵犯。为了防止性病的传播，有必要对性病患者的某些权利进行限制，但应当保持在最低限度，并且应当在性病治愈后立即恢复。

立法步骤可分为两步。国务院先制定《性病防治条例》，统合、完善已有制度和规范，实施一个时期后，加以补充完善，再提请全国人大常委会制定《性病防治法》。

---

① 参见本书第三章第二节。

［复函摘要］

卫生部办公厅（卫办提函〔2004〕206 号，2004 年 6 月 21 日）：

我们同意您关于加强性病防治法制化建设的建议，当前我国艾滋病问题已引起全社会高度重视，艾滋病的性传播问题日益突出。为了加强性病的防治工作，1995 年，我部制订下发了《性病防治管理办法》，对性病的预防与治疗做了相应的规定，但因只涉及卫生系统内部的工作，没有全面的指导作用。目前，根据国务院领导的指示，我们已经开始组织专家起草制订《预防与控制艾滋病管理条例》，计划年内提交国务院常务会议讨论。

关于性病立法问题，我部将认真考虑您提出的建议，协调组织有关部门进行深入研究。

［阐述］

2004 年，我正在写作《性犯罪：精神病理与控制》（第一版），对我国防治性病的法律法规和存在的问题进行了梳理分析。当时有报道说，有关部门正在制定《艾滋病防治条例》。我想到，在我国对于性病防治的法律法规，主要还是那个内容陈旧的卫生部《性病防治管理办法》。于是，我建议制定《性病防治条例》，进而制定《性病防治法》。

2006 年 1 月 18 日，国务院常务会议通过《艾滋病防治条例》。该条例是根据《传染病防治法》制定的。2012 年 11 月 23 日，卫生部部务会议通过新的《性病防治管理办法》，同时废止 1991 年《性病防治管理办法》。该管理办法是根据《传染病防治法》和《艾滋病防治条例》制定的。《艾滋病防治条例》属于行政法规，《性病防治管理办法》属于部门规章。后者的法律位阶低于前者。

新《性病防治管理办法》比旧的管理办法有所进步和完善。例如，删除原有的"性病防治机构要积极协助配合公安、司法部门对查禁的卖淫、嫖娼人员，进行性病检查"的规定；增加第八条"任何单位和个人不得歧视性病患者及其家属。性病患者就医、入学、就业、婚育等合法权益受法律保护"的规定；增加第二十三条"性病患者应当采取必要的防护措施，防止感染他人，不得以任何方式故意传播性病"和第五十三条"性病患者违反规定，导致性病传播扩散，给他人人身、财产造成损害的，应当依法承担民事赔偿责任；构成犯罪的，依法追究刑事责任"的规定；不仅在第三十六条规定"医疗卫生机构不得泄露性病患者涉及个人隐私的有关信息、资料"，而且在第五十条规定"医师在性病诊疗活动中违反本办法规定，有下列情形之一的，由县级以上卫生行政部门按照《执业医师法》第三十七条的有关规定进行处理：……（二）泄露患者隐私，造成严重后果的……"，还在第五十一条规定"护士在性病诊疗活动中违反本办法规定泄露患者隐私或者发现医嘱违反法律、法规、规章、诊疗技术规范未按照规定提出或者报告的，按照《护士条例》第三十一条的有关规定进行处理"。其中一些修改，我的提案提出过建议。

然而，让人不明白的是，为什么没有能够制定《性病防治条例》——更遑论《性病防治法》，而只是修改《性病防治管理办法》？作为部门规章，《性病防治管理办法》的法律效力不够高。

第四节　坚持自由婚检制度，重点加强
孕后、分娩保健工作

📑 提案

关于坚持自由婚检制度，重点加强孕后、
分娩保健工作的提案

（政协十届全国委员会第四次会议第 3072 号/

医药卫体类 260 号，2006 年 3 月）

修订后的《婚姻登记条例》①取消原有的强制性婚前医学检查制度，受到欢迎，也引起争议。一些人士主张恢复强制性婚检。我认为，强制性

---

① 《婚姻登记条例》，2003 年 7 月 30 日国务院第 16 次常务会议通过，自 2003 年 10 月 1 日起施行。1994 年 1 月 12 日国务院批准、1994 年 2 月 1 日民政部发布的《婚姻登记管理条例》同时废止。

婚检制度不应恢复，而应当在坚持自由婚检制度的同时，以孕后保健、分娩保健作为母婴保健工作的重点，保障母亲和婴儿健康，提高出生人口素质。

原来的强制性婚检并不是一种单纯的医疗卫生制度，由于它被与婚姻登记捆绑在一起，成为婚姻登记的一个条件（不进行医学检查就不能登记婚姻），因而事实上它也是婚姻制度的组成部分。但是，强制性婚检制度并不符合《婚姻法》。这个制度并不是全国人大制定的《婚姻法》规定的，而是由国务院的《婚姻登记条例》规定的。根据法治原则，国务院及其部委在制定行政法规时，如果限制公民的权利，规定公民的义务，不能超出它所依据的全国人大制定的基本法的范畴。也就是说，如果《婚姻法》没有规定婚前医学检查是婚姻的必须条件，《婚姻登记条例》就无权规定。《婚姻法》虽然禁止"患有医学上认为不应当结婚的疾病"的人结婚，但这不能成为强制性婚检合法性的根据。第一，"患有医学上认为不应当结婚的疾病"可以被理解为已知的疾病，是通过与结婚无关的医学检查确认的（如在未到结婚年龄就经医学检查确认的），或者是不通过医学检查也可判断的（如重度、极重度智力低下）。第二，"患有医学上认为不应当结婚的疾病"主要是指导致民事行为能力丧失的疾病（如重度、极重度智力低下和重型精神病），与生育问题无直接关系。之所以禁止丧失民事行为能力的病人结婚，主要是因为无法确认其结婚的意思表示是否真实，以及他们无法适应婚姻生活，禁止结婚的目的是为了保护他们的根本利益。除此之外，以患其他疾病为由，剥夺公民的婚姻权利是不人道的。第三，实际上，强制性婚检并非仅仅检查"患有医学上认为不应当结婚的疾病"，而且还检查"患有医学上认为不应当生育的疾病"，而"患有医学上认为不应当生育的疾病"与"患有医学上认为不应当结婚的疾病"不完全是一回事。不应以"患有医学上认为不应当生育的疾病"为由阻止公民结婚。例如，艾滋病患者虽然不宜生育，但有权利结婚，只是结婚时不得向对方隐瞒病情而已。第四，"患有医学上认为不应当生育的疾病"并不一定可以通过一般婚检查出，在医疗条件落后的地区更是如此。

从根本上说，以没有进行医学检查为由不给予婚姻登记，是对公民婚姻权利的剥夺，有悖于《婚姻法》关于婚姻权利的基本原则。这种做法也不符合国际人权法律。《公民权利和政治权利国际公约》规定："已达结婚年龄的男女缔婚和成立家庭的权利应被承认"。在各国，已达结婚年龄的男女只要出于自由的和完全的同意，并且不属于某种近亲，就可以结婚。总之，《婚姻登记条例》取消强制性婚检，符合法治原则，体现了对人权的尊重，是一种不应倒退的进步。

取消强制性婚检后的婚姻法律，也不是不能起到促进优生优育的作用。《婚姻法》规定"结婚必须男女双方完全自愿"，而自愿必须建立在对对方的知情了解之上。根据这一原则，一方婚前故意隐瞒自己影响婚姻生活、生育的重大病情，导致婚后感情破裂，另一方提出离婚，如果调解无效，应准予离婚。如果是故意隐瞒"患有医学上认为不应当结婚的疾病"，应认定婚姻无效。

一些同志主张恢复强制性婚检，有一个理由，他们认为由全国人大制定的《母婴保健法》还有强制性婚检的规定，《婚姻登记条例》作为行政法规应当遵守《母婴保健法》。还有人认为，因为全国人大制定的《母婴保健法》还有强制性婚检规定，因而在作为行政法规的《婚姻登记条例》取消强制性婚检之后，仍然可以实施强制性婚检，婚姻登记机关应当服从《母婴保健法》。这些观点似是而非。前面说过，由于强制性婚检是与结婚联系在一起的，属于婚姻法律制度的一部分，而由《母婴保健法》来规定婚姻的条件是超越了其职能，不符合法治和立法原则。既然是婚姻的问题，就必须适用关于婚姻的基本法，也就是《婚姻法》，而不是《母婴保健法》。结婚和生育是人生的两个阶段。《婚姻法》和《母婴保健法》虽有联系，但各管一段。况且结婚并不一定生育。不要孩子的婚姻和无性婚姻都存在着。以后还可能有同性婚姻。另外，还存在不婚或未婚生育。在强制性婚检问题上，《婚姻法》和《母婴保健法》目前的确存在冲突。但解决这种冲突，不是修改《婚姻法》或者《婚姻登记条例》，而是修改《母婴保健法》。

强制性婚检以前的阻力很大，多数人并不情愿，这是有原因的。第一，缺乏对医院和婚检的信任。这种信任不能靠强制取得。据国务院联合调查组调查，婚前检查的确比较严重地存在走过场，或者只收钱不检查的现象。第二，婚检虽然是强制的、收费的，但医院并不承担相应的法律责任。应当或者可以检查出来的影响婚姻、生育的疾病，如果医院没有检查出来，或者作出错误判断，没有疾病被当成有疾病的，造成公民经济损失和精神伤害，医院往往以种种理由推卸责任。第三，对于贫困人口而言，强制性婚检增加了经济负担。第四，强制性婚检不符合多数人结婚时的喜庆心态。

虽然应当承认婚检在减少出生缺陷，促进优生优育方面是有积极作用的，并且应当大力提倡自由婚检，但是也不能对婚检在减少出生缺陷、促进优生优育方面的作用估计过高和夸大。第一，目前晚育比较普遍，如果生育和结婚相隔较远，多年以前的婚检对优生优育已经没有太大意义。第二，结婚之后以及生育第二胎之前，也有可能罹患影响生育的疾病，这是婚检无能为力的。一些主张恢复强制性婚检的人士，拿出取消强制婚检后出生缺陷上升的数字作为依据，但是他们没有说明造成出生缺陷的那些疾病是在结婚前得的，还是在结婚后得的，因而没有说服力。第三，出生缺陷也有很多是孕后缺乏保健，或者分娩发生事故、意外造成的。如果把这样的出生缺陷归咎于取消强制性婚检，有推卸和转移责任之嫌。

母婴保健对于优生优育确实十分重要。但是强制性婚检并不是母婴保健、促进优生优育的最直接、最有效、最经济的手段。把医学检查和婚姻登记捆绑在一起，在一定程度上只是为了便于强制。我认为，母婴保健工作应当切实抓住重点。认真做好孕后产前医学检查和安全分娩工作，是母婴保健、促进优生优育更可取也更人性化的措施。我国的实际情况是，在仍然实施强制性婚检的2003年，全国孕产妇系统管理率为75.47%；住院分娩率城市为89.9%，农村为72.6%；孕产妇死亡的主要原因是产科出血、妊高症、羊水栓塞、心脏病、肝病、产褥感染；婴儿死亡率城市为11.3‰，农村为28.7‰（引自国务院妇女儿童工作委员会办公室等《中国妇女儿童发展状况监测统计资料》）。这些情况说明，母婴保健工作特别是农村地区的母婴保健工作应当大力加强。而在母婴保健工作中，孕后检查和安全分娩是重中之重。与其建立免费的强制婚检制度，不如减免计划内生育的妇女孕后检查、住院分娩的费用。如果解决费用问题，经过必要的母婴保健知识普及，孕后检查和住院分娩是不需强制的。在现阶段，至少应当免除农村的家庭贫困的符合计划生育的妇女孕后检查、住院分娩的费用。农村地区孕后检查率和住院分娩率不高的一个重要原因是费用问题。几百元在城市可能不算什么，但对贫困的农村人口来说就是一个不小的负担。国家应当进一步加大对农村医疗卫生事业的投入。这也是建设社会主义新农村的一个重要举措。

退一步说，如果由于国家财力有限，不能在全国建立计划内生育的妇女免费孕后检查、住院分娩的制度，另一种选择是，建立免费的强制性孕前医学检查制度。即把医学检查与计划生育工作结合起来，由《母婴保健法》或者《人口与计划生育法》，或者有关行政法规规定，已婚者在领取生育指标前，夫妻双方应进行医学检查。这比强制性婚前检查更有效，而且不存在与《婚姻法》的冲突。

[复函摘要]

卫生部（卫提函〔2006〕299号，2006年7月31日）：

经商民政部、财政部、国家人口计生委、中国科协，现答复如下：

经过多年的努力，婚前保健已在全国基本普及，成为保护公民健康和提高出生人口素质十分关键和有效的手段。广大婚检医务人员在实际工作中为新人进行健康检查、指导和咨询，保护了新婚人群的健康，为家庭幸福打下了很好的基础。2003年10月，全国开始实施新的《婚姻登记条例》，新的《婚姻登记条例》未将婚检作为结婚登记的必要条件，导致全国范围内婚前医学检查人数急剧减少，引发许多健康问题。面对新问题，卫生部积极联合有关部门采取相关措施提高婚检率。

一 关于加强宣传教育，提高社会对医学检查重要性的认识的问题

2005年，卫生部与国务院妇儿工委等共同策划开展了"尊重生命尊重爱——'婚前医学检查'知识宣传教育普及活动"，该活动由妇儿工委办

公室牵头，民政部、司法部、人口计生委、广电总局组织，通过召开新闻发布会、编写"婚检知识130问"，在报刊上组织"婚检知识"竞赛，举办婚检研讨会，向全国下发婚检宣传画，开辟媒体宣传专栏、组织宣传周活动、与中央电视台合作拍摄婚检宣传片等多种形式的宣传教育活动，取得了一定的宣传效果，使公民对开展婚前保健工作的目的、意义以及内容有了更深的了解。下一步卫生部将继续加强与相关部门合作，采取多种方式，加大对婚前保健工作目的、意义及内容等方面的宣传力度，启发和引导公民增强婚前保健的自觉意识、责任意识。

二　关于加强婚前医学检查管理，规范婚检内容，提高婚检质量的问题

婚前医学检查承载了《婚姻法》和《母婴保健法》两部法律的法定责任。2001年6月，颁布实施的《中华人民共和国母婴保健法实施办法》，对婚前保健服务内容、机构设置、医学意见等提出了具体要求。这些法律法规为开展以婚前医学检查为主要内容的婚前保健工作奠定了法律基础。卫生部多次明确要求各地卫生部门，要按照《母婴保健法》和《母婴保健法实施办法》的规定，严格婚前医学检查机构和人员的资质审批并加强监督管理，为群众提供优质服务；严格检查疾病范围，执行卫生部《婚前保健工作规范》规定的检查项目；改进服务模式，做好婚检结果的保密工作。2002年，卫生部组织重新修订了《婚前保健工作规范》，对这项工作提出了更高的要求。从2005年开始，卫生部多次组织专家就2002年重新修订的《婚前保健工作规范》中婚检项目的设置及"医学上认为不应当结婚的疾病"等问题进行论证，并加强完善婚前保健咨询内容，进一步修订《婚前保健工作规范》，以使婚前保健工作更加科学规范地开展。

三　关于修改完善相关法律法规，恢复强制婚检工作

关于此项建议，由于不同部门之间存在较大分歧。卫生部一直坚持积极与有关部门协调，开展和参与多部门婚检问题研讨会，提出有关政策建议，以推动婚检工作尽快突破。同时广泛收集各省婚检信息，积极开展和

参与婚前保健现状与对策调研。2005 年 1~2 月，完成全国婚前保健工作专题调查问卷函调及现场典型调研和专题研究工作。2005 年 4~5 月参加国务院组织的婚检工作调研。此后一直不断跟踪了解各地婚检工作现状和试点经验。我们会认真分析调研结果，向各地积极推广好的经验和做法。目前，卫生部正在积极参加国务院组织的婚检问题研究，与相关部门共同研究婚检困境解决之策。

四 关于将婚检纳入公共卫生财政，实施免费婚检问题

2004 年 8 月，卫生部下发《卫生部关于免费开展婚前保健咨询和指导的通知》，文件下发后各地也都在积极贯彻执行。一些地区的政府也开始尝试免费婚前医学检查和咨询指导的新政策。如云南省个旧市民政局与市妇幼保健院联合推出婚前医学检查免费咨询服务，市妇幼保健院在民政局婚姻登记处对门开设婚前医学检查免费咨询门诊，受到新人欢迎，婚检率开始上升。浙江省舟山市普陀区卫生局、计生局联合印发《关于切实做好免费为婚期健康体检服务工作的通知》，推行免费婚检政策。同时由区政府出资，区妇保所选派专职婚检宣传咨询员常驻婚姻登记处，婚检率得到进一步的提高，专职婚检宣教员上任后的 3 个月，婚检率已升至 50%。其后，山东省青岛市崂山区、湖北省武汉市武昌区、重庆市渝中区均开始实行免费婚检。免费婚检在一定程度上减轻了服务对象的经济压力，提高了自愿婚检率，但还不能从根本上解决问题。

在目前的政策环境下，婚检工作仍处于困境。婚检的"缺位"，长远来看将给公众、后代以及社会带来严重的健康隐患。有关部门认为，婚检项目的公共卫生属性还有待于进一步界定，需要对现行婚检制度及执行情况进行深入调研，合理界定婚检项目中公共卫生服务内容，才能考虑利用公共财政资金予以免费。艾滋病流行地区的地方政府可以将艾滋病免费自愿咨询检测、乙肝疫苗计划免疫和婚检结合起来，达到资源有效利用的目的。有条件的地方，可以探索实行婚前医学检查费用由政府财政给予补助或负担的做法。另外，实行免费婚检与现行《母婴保健法》有关规定不符。因此，下一步，卫生部将积极开展调查研究，加强与有关部门的沟通

协调，争取形成共识，完善有关法律规定，推动婚检工作开展。

五 关于建立免费的强制性孕前医学检查制度的问题

我们认为，应该提倡和鼓励已婚育龄夫妇在孕前参加医学检查。一方面通过大力宣传孕前医学检查的重要性和必要性，引导已婚育龄夫妇自觉参加孕前医学检查，同时如果能够实施免费的孕前医学检查，将会促进广大婚育龄夫妇自觉参加孕前医学检查，减少出生缺陷的发生，提高出生人口素质。目前，卫生部正在组织专家制定"孕前保健工作指南"，明确孕前保健的工作流程、内容，要求各省市在今后工作中根据实际情况规划、组织、开展规范化的孕前保健服务。但是进行强制孕前医学检查制度，需要认真研究论证。对于有关建议的可行性，我们将积极协调有关部门，认真努力，努力推动群众接受的、人性化的孕前医学检查制度的建立。

六 关于将婚前医学检查纳入城镇低保和新型农村合作医疗保障范围的问题

有关部门认为，第一，根据《城市居民最低生活保障条例》规定，城市居民最低生活保障制度遵循保障城市居民基本生活的原则，保障标准按照当地维持城市居民基本生活所必须的衣、食、住、行费用，并适当考虑水电燃煤（燃气）费用以及未成年人的义务教育费用确定。由于婚检不属于城市居民基本生活范围，因此不宜将其纳入城市低保制度保障范围。第二，根据《中共中央、国务院关于进一步加强农村卫生工作的决定》（中发〔2002〕13号），新型农村合作医疗制度重点是解决农民因患传染病、地方病等大病而出现的因病致贫、返贫问题。婚检不宜纳入其保障范围。卫生部将对该建议认真研究，进一步加强与相关部门的沟通，对该问题统筹考虑。

七 关于加强孕后、分娩保健，全面开展出生缺陷防治工作

全国妇幼卫生三网监测结果表明，我国出生缺陷发生率在逐年上升。一些疾病如先心病、神经管缺陷、唐氏综合征、脑积水、总唇裂、肢体短

缩、地中海贫血等连续几年成为我国出生缺陷的主要疾病。出生缺陷的发生是遗传、环境、生活方式、卫生保健等多因素综合的结果，预防出生缺陷是一项十分复杂、艰巨的工作。我们在积极寻求"婚检"滑坡解决之道的同时，全面推进预防出生缺陷的综合措施：一级预防措施——婚前和孕前保健，二级预防措施——产前保健和产前诊断，三级预防措施——新生儿疾病筛查等系统工作。通过有针对性地补充贫困地区育龄妇女的叶酸食入，预防神经管畸形；对贫困地区孕后、分娩保健给予支持；培训医务人员提高产前诊断水平；扩大新生儿疾病筛查范围；不断加大财政投入等措施，努力减少我国出生缺陷，提高出生人口素质。

［阐述］

这是一个"另类"提案，主要篇幅用于论辩。我提出这个提案，不是心血来潮。之前一年，我参加全国政协的一个考察团到云南省调研农村卫生工作。结束时与云南省方面座谈交流，因我年轻，同小组的其他委员推荐我作为小组代表发言。我借机以农村卫生状况为根据，谈了婚检和孕后保健、分娩保健问题，反驳了主张恢复强制婚检的论调。

卫生部的复函不太能够让人接受。这不是说它的内容，而是说它的答复方式。复函并不是针对我一个人的提案，甚至主要不是针对我的提案。卫生部将十四名委员的十四份个人提案打包，给了一个统一的答复，正文前列有一串提案编号和一串委员姓名。而且，从复函内容分析，其他委员的提案似乎多是主张恢复强制婚检的。从技术上讲，即使为了方便，要对众多类似提案作出统一答复，也不应将各委员笼而统之列在一起——除非是联名提案，何况其中的委员的意见并不一致。如果作为给我的提案的答复，复函基本属于"文不对提"。

揣摩当时卫生部的真实立场，似乎倾向恢复强制婚检，这是意料之中的。不过，强制婚检在后来一直没有恢复。①

---

① 在 2019 年"两会"上又有全国人大代表建议通过修改《婚姻法》推行强制性的免费婚检。参见林平《方燕代表：建议推行强制免费婚检制度，严惩遗弃残疾儿童行为》，澎湃新闻，2019 年 3 月 2 日，https://www.thepaper.cn/newsDetail_forward_3064388。

第五节 "性保健用品"及其市场的管理

提案

关于健全法律法规，加强对"性保健用品"及其市场管理的提案

（政协十届全国委员会第四次会议第1290号／
医药卫体类109号，2006年3月）

目前存在的"性用品"主要有以下几类：（1）治疗性功能障碍的药品和器具；（2）治疗性病的药品和器具；（3）计划生育药品和器具；（4）被宣传为可以增强性欲、性功能的"性保健食品"；（5）性辅助器具。前三类，有相应法律法规如《药品管理法》《计划生育技术服务管理条例》《医疗器械监督管理条例》加以规范，管理比较严格，问题相对较少。后两类性用品，可概括地称之为"性保健用品"。对"性保健用品"，我国尚无专门的法律法规加以规范，管理对策不明确，因而生产无标准，市场混乱，消费者权益被侵犯的事情屡屡发生，一些销售方式还违背公序良俗，影响恶劣。具体说，主要问题是：

（1）违法生产，逃避监管。保健食品的生产应经卫生部批准，而卫生部从来没有批准过"性保健食品"。但有些厂家利欲熏心，伪造、冒用卫生部门批文或批号，生产明示或者暗示可以改善性功能的食品，或者钻法律和地方管理的漏洞，以消毒品或者其他名目生产明示或者暗示可以改善性功能的用品。还有一些厂家在获得卫食准字、特卫食字、卫食健字、食试字的批准文号后，违法在其生产的食品中添加西地那非等可能影响性功能的药物成分。

（2）违法销售，市场混乱。有些厂家、商家进行虚假宣传，把根本不具有改善性功能作用的食品、化妆品、消毒品甚至内裤等用品违法宣传为性用品，或者明示或暗示其具有改善性功能的作用。性用品广告或变相的性用品广告泛滥，不分场合、时间、对象。有些广告编造功效案例，误导欺骗消费者。有些广告表述或图像色情挑逗。有些性用品商店与中、小学

校近在咫尺。有的性用品商店竟然向未成年人出售"性保健用品"。还有许多性用品商店公开销售无产地、厂家、使用说明的"三无"产品和所谓进口货。互联网上的性用品市场更为混乱。

（3）监督不力，管理无序。性用品的管理涉及卫生、计划生育，食品药品监管、中医药管理，质量监督检验、工商行政管理、公安以及新闻出版、信息管理等多个政府部门。应当说，有关部门在性用品的管理上都做了一些工作，但也存在责任不明、作为消极、互相推诿、缺乏配合的情况。在有关行政许可过程中也存在审批不严、越权审批、违法审批等问题。管理对策缺乏战略性、稳定性、前瞻性。管理工作基本处于头疼医头、脚疼医脚，疲于应付的被动状态。这里以"性保健用品"管理为例。1996年卫生部发布的《保健食品管理办法》没有对性保健食品问题作出规定。1997年国家技术监督局发布的《保健（功能）食品通用标准》将改善性功能列为保健食品功能。卫生部在同年发出的《关于保健食品管理中若干问题的通知》强调严格掌握改善性功能保健食品的受理和审批。到2000年初，卫生部在《关于调整保健食品功能受理和审批范围的通知》中将改善性功能从保健食品功能中取消。同时，国家工商管理局和卫生部联合发出《关于加强保健食品广告监督管理的通知》，禁止在保健食品广告中宣传改善和增强性功能的作用。这种只适用于保健食品范畴的禁令并没有阻止住"性保健用品"以其他面目存在和新增。2005年卫生部面对"性保健用品"泛滥的严峻形势，不得不又一次发出《关于开展违法宣传改善性功能专项检查的通知》。但是，由于界限不清和执法能力的局限，这次检查是雷声不大、雨点更小。许多被宣传为"性保健用品"的"健康相关产品"仍然在销售，明示或暗示改善性功能的"性保健用品"广告仍然大量存在于报刊、互联网，甚至在电视台滚动播出。而且，卫生部的整治重点是禁止宣传改善性功能，没有触及问题的根本。那些用品究竟能否改善性功能，是否会对性功能造成损害？那些用品经厂家、商家改换说明或广告后是否可以继续存在？卫生部没有给出答案。另外，对于个别"性保健用品"是否属于刑法禁止的淫秽物品，公安和司法部门也没有规范性意见。这种混乱情况使消费者搞不清"性保健用品"是好是坏。

（4）法不健全，漏洞不少。关于"性保健用品"管理的具体措施虽然也陆续出台了一些，但多散见于非专门规范"性保健用品"的行政法规和部门规章中，显得杂乱，不够严谨，既不便于执行也不便于公众了解。而且在"性保健用品"的管理上还存在许多空白。食品之外的"性保健用品"处于无法、无人管理的状态。这里以性辅助器具为例。性辅助器具主要包括被宣传为可以增强性乐或性功能的辅助器具，以及自慰器具、同性性生活器具、虐恋器具等。性辅助器具适应了一些人的性生活需要，本身并不属于《刑法》禁止的淫秽物品（除专用于违法性活动的器具外），应允许其在一定范围内存在。公民在不违法的性关系中使用性辅助器具，属于私生活和个人隐私，不宜干涉。但是，性辅助器具如果设计不科学或者使用不当，也会危害身体健康或造成不健康的性生活习惯，有必要对其生产和销售加以管理。对此，有关部门的反应对策严重滞后。国家食品药品监督管理局认为"性辅助器具不作为医疗器械管理"，这是正确的，但是它计划制定的《性辅助器具管理办法》却迟迟没有出台，以至于性辅助用品的生产和市场近乎完全失控。据报道，目前欧美市场上70%的性辅助器具产自中国，近3年来国内的需求量也迅速增加。然而因为没有明确的法律规范，这个每年销售额增长30%的行业，其产品的生产和销售只能靠厂家、商家自律。

（5）正规渠道不畅，难以满足需求。对治疗性功能障碍、性病的药品和医疗器具、计划生育用品的管理虽然比较好，但又过于严格，使用者合法获得这些用品的途径还不够畅通、方便。有些药品的价格也过于昂贵。而对与性有关的保健用品，目前的政策是一律加以禁止（但屡禁不止），没有合法的"性保健用品"。这在客观上为非法"性保健用品"和非法性诊所提供了可乘之机，是非法"性保健用品"和非法性诊所屡禁不止的一个重要原因。另外，违反科学或者虚假的性用品宣传满天飞，而科学严肃的性生理卫生知识的普及和咨询工作比较薄弱，甚至处于"失语"状态。

上述问题都说明，应当大力加强对"性保健用品"及其市场的管理。但是对"性保健用品"及其市场的管理不能延续过去的老路。首先，应当正视人们对"性保健用品"的需求，对这种需求应当加以科学的引导，而不能一概排斥和压制。因而在整体上，对"性保健用品"及其市场应当是疏而不堵，管而不禁，以科学化、规范化管理促使其健康发展，满足人们的正当需求。其次，为了对"性保健用品"及其市场实施更有效的管理，并且提高管理对策的稳定性、周密性，应当按照依法治国和建设法治政府的要求，建立健全有关法律法规，做到立法科学、有法可依、有法必依，防止管理中的随意性和个别人以权谋私。

"性保健用品"是一种既不同于一般药品、食品、医疗器具、计生用品，也不同于一般生活用品的与健康和性生活相关的特殊生活用品，对其进行管理应有专门的法律法规。为改变或者避免在"性保健用品"管理上各职能部门权限不清、各行其是、推卸责任、孤军作战的状况，应改变单纯由职能部门立法的做法。应当建立一个作为有机整体的由"基本法"和若干互相协调的"专门法"构成的"性保健用品"管理法规体系。因此，建议先由国务院制定一个综合性的《保健用品管理条例》，明确管理的指导思想、基本原则、基本任务，对有关管理权责加以整合、梳理，规范有关部门的分工和责任，确认消费者或使用者的权利。"保健用品"是指药品和医疗计生器具之外的具有或声称具有保健功能的所有用品，包括食品、化妆品、消毒品、器具和其他物品。《保健用品管理条例》应当对"性保健用品"的管理作出一般规定。然后，再由有关部门根据《保健用品管理条例》制定具体的"性保健用品"管理办法，例如《性保健食品管理办法》《性保健辅助器具管理办法》《性保健用品广告管理办法》。在条件成熟时，应由全国人大常委会制定《保健用品管理法》，与《食品卫生法》①《药品管理法》② 相配套。

---

① 《中华人民共和国食品安全法》，2009 年 2 月 28 日第十一届全国人民代表大会常务委员会第七次会议通过，2015 年 4 月 24 日第十二届全国人民代表大会常务委员会第十四次会议修订。

② 《中华人民共和国药品管理法》，1984 年 9 月 20 日第六届全国人民代表大会常务委员会第七次会议通过，2001 年 2 月 28 日第九届全国人民代表大会常务委员会第二十次会议修订，根据 2013 年 12 月 28 日第十二届全国人民代表大会常务委员会第六次会议《关于修改〈中华人民共和国海洋环境保护法〉等七部法律的决定》第一次修正，根据 2015 年 4 月 24 日第十二届全国人民代表大会常务委员会第十四次会议《关于修改〈中华人民共和国药品管理法〉的决定》第二次修正。

[复函摘要]

国家食品药品监督管理局（国食药监办函〔2006〕235号，2006年7月7日）：

一、为加强对保健食品的监管，我局已于2005年制定了《保健食品注册管理办法》（国家食品药品监督管理局令第19号）、《保健食品广告审查暂行规定》（国食药监市〔2005〕211号），并严格掌握保健食品功能和保健食品广告的审批，未批准过任何具有性保健功能的保健食品或其广告。对于市场上出现的保健食品违法添加药物、其他食品假冒保健食品批准文号、擅自宣传保健功能等问题，我局积极支持卫生等主管部门依法进行查处。

今后，随着我国《食品安全法》立法进程的加快以及《食品安全法》有关配套法规的出台，保健食品管理的法律法规体系将更加完善和成熟。我局将进一步依法管理和严格要求。

二、人口和计划生育部门将利用遍布城乡的计划生育服务网络，进一步广泛开展包括性生理卫生知识在内的计划生育、生殖健康科普知识宣传，提高育龄群众对相关知识的知晓率，增强群众自我保护的意识和能力，不给"非法性保健品"提供可乘之机。

同时，人口和计生部门还将加强对"计划供应、免费发放"的计划生育药具的管理、咨询和指导，提高其可及性和可接受性，保证育龄夫妇能够及时方便地从正规渠道获得计生药具，安全有效地使用计生药具。

三、严格广告管理对于遏制"非法性保健品"、保护消费者权益具有重要意义。长期以来，工商行政管理机关一直重视对有悖于社会主义精神文明的广告的治理。1989年，国家工商局在《关于严禁刊播有关性生活产品广告的通知》（工商广字〔1989〕第284号）中明确规定，"无论这类产品是否允许生产，在广告宣传上都应当严格禁止"。但是一些生产厂家或者商家，在经济利益驱动下，违反规定，不但对性生活用品进行广告宣传，甚至无中生有地将一些普通食品、化妆品及生活用品宣传为增强性功能的产品。

近年来，工商行政管理机关采取措施，加强对有关性生活产品广告及性生活广告的管理。一是和宣传部门共同开展对含有不良文化内容的广告的清理。二是对"性生活保健热线"电话广告进行清理。三是对宣传性功能的保健食品、药品广告进行重点查处。四是禁止发布含有不良内容的声讯、短信息等电信信息服务广告。五是积极准备修订现行广告法律法规，加强这类广告的监管提供法律依据。

今后，工商行政管理机关将继续做好性生活用品广告市场的治理，加大公益广告的宣传力度，充分发挥公益广告对社会主义精神文明建设的促进作用。

[阐述]

写作《性犯罪：精神病理与控制》第一版的时候，对性用品管理问题也有所考虑，但因为离题有些远，最终没有将有关内容列入该书。但我认为，这不是一个小问题，因而提出了《关于健全法律法规，加强对"性保健用品"及其市场管理的提案》。

2009 年 2 月 28 日，第十一届全国人民代表大会常务委员会第七次会议通过《食品安全法》。其第五十一条对保健食品作了规定："国家对声称具有特定保健功能的食品实行严格监管。有关监督管理部门应当依法履职，承担责任。具体管理办法由国务院规定。声称具有特定保健功能的食品不得对人体产生急性、亚急性或者慢性危害，其标签、说明书不得涉及疾病预防、治疗功能，内容必须真实，应当载明适宜人群、不适宜人群、功效成分或者标志性成分及其含量等；产品的功能和成分必须与标签、说明书相一致。"这一规定过于简单、原则，规范粗疏，操作性差。

2015 年 4 月 24 日，第十二届全国人民代表大会常务委员会第十四次会议修订《食品安全法》。新《食品安全法》将保健食品列为"特殊食品"，并作出比旧法详细得多的规定：国家对保健食品等特殊食品实行严格监督管理。保健食品声称保健功能，应当具有科学依据，不得对人体产生急性、亚急性或者慢性危害。保健食品原料目录和允许保健食品声称的保健功能目录，由国务院食品药品监督管理部门会同国务院卫生行政部门、国家中医药管理部门制定、调整并公布。保健食品的标签、说明书不得涉及疾病预防、治疗功能，内容应当真实，与注册或者备案的内容相一致，载明适宜人群、不适宜人群、功效成分或者标志性成分及其含量等，并声明"本品不能代替药物"。保健食品的功能和成分应当与标签、说明书相一致。保健食品广告除应当符合关于食品广告的一般规定外，还应当声明"本品不能代替药物"。2016 年 2 月 4 日，国家食品药品监督管理总局公布《保健食品注册与备案管理办法》。

迄今，对于保健食品之外的保健用品，国家还未制定基本管理法律。只有一些省出台了保健用品管理条例。

看当下性保健用品或者成人用品、情趣用品市场，已经让人理不出头绪，而管理上似乎更是"无为而治"。

第六节　公共场所视频监控系统的管理与立法

提案

关于建议国务院制定《公共安全图像信息系统管理条例》，加强对公共场所图像监控系统管理的提案

（政协十一届全国委员会第一次会议第 1488 号/

政治法律类 101 号，2008 年 3 月）

近年来，我国许多地区、城市普遍使用公共场所图像监控系统。这对于维护公共安全和社会秩序，防治灾害事故和违法犯罪，产生了积极的、不可替代的重要作用。但是由于缺乏全国性的法律规范，公共场所图像监控系统的使用和管理在整体上还处于无法可依的状况，存在一些不容忽视的问题。一个比较突出的问题是，在某些地区，部分个人隐私图像信息和其他图像信息被不当采集和公布、传播，造成消极后果和影响。

对公共场所进行监控，不可避免地要获取与公共安全无关的公民个人信息包括隐私，形成公共利益与个人隐私利益的冲突。隐私权保护的核心是避免私人生活安宁不受任意的或非法的干预。那种认为在公共场所没有隐私的观点是片面的，也是过时的。首先，在完全公开的场所也会暴露或产生个人秘密，例如妇女的裙底、妇女不慎暴露的身体隐秘部位，这些即使从传统隐私权角度看，也属于隐私。其次，有些公共场所具有半封闭性，例如公共浴室、公共厕所、医院诊室、商场试衣间、银行柜台前等，也存在隐私。第三，从根本上说，在公共场所的对社会无害的私人活动也不应受到干扰。私人生活不限于住宅之内。在公共场所，人们也进行着私人活动，也需要安宁的氛围和自感安全的心态。这是和谐社会的一个特征。人们在公共场所进行的私人活动不可避免地会被他人注意，但在以前，这种注意对私人活动的打扰是有限的。然而在信息技术高度发达的今天，人们在公共场所的私人活动，可以被隐秘地、持续性地、实时地、超近距离地跟踪观察、拍照、摄像，包括以前难以捕捉的细节。尤其是，由于互联网的存在，采集到的私人图像信息还有可能被迅速、无范围地传播。因应这种情况，国内外许多有识学者主张加强对公共场所隐私的保护。例如，美国学者安德鲁·麦克鲁格指出："隐私在公共场所确实存在。"[1] 奥地利学者曼弗雷德·诺瓦克指出："原则上，尊重隐私的权利包括在公共场合的私人行动。"[2] 从世界范围看，公共场所私人活动的部分信息，作为隐私成为法律明确规定的保护对象是必然的趋势。

因而，在对公共场所进行监控的同时，要把对公民私生活的侵扰降到最低，并有效防止图像监控系统被滥用，杜绝侵犯公民隐私权的行为发生。更何况在公共场所设置的图像监控系统，也有可能被不法分子利用来观察公民住宅等隐私场所。

有些图像信息，虽然不属于隐私，但从维护社会稳定和公序良俗的角度看，也不宜传播，例如群体性事件、凶杀暴力和性犯罪场面、精神病人疾病发作等等。还有一些图像信息，如国家领导人、军队、公安机关的活动等，关系到国家机密，也需要严格管理。

特别应当强调，目前存在的公共场所图像监控系统，不仅有政府有关部

---

① 转引自张新宝《隐私权的法律保护》，群众出版社，1997，第198页。
② 〔奥〕曼弗雷德·诺瓦克：《民权公约评注：联合国〈公民权利和政治权利国际公约〉》，毕小青、孙世彦等译，生活·读书·新知三联书店，2003，第287页。

门直接设置、管理的，大量的是由企业、学校、旅馆、饭店、小区等单位设置、管理的。而非政府单位的公共场所图像监控系统更有被不当使用的可能性。已经发生的个人隐私图像信息和其他图像信息被不当采集和公布、传播情况，多是非政府单位的公共场所图像监控系统管理无序、不严格所致。

应当说，有关部门以及一些地方已经注意到公共场所图像监控系统的管理问题，并且试图通过法律手段加以规范。北京、成都等城市先后制定了《公共安全图像信息系统管理办法》，辽宁、广州等地区也正在制定。有关办法都注意到保护公民隐私权问题。例如北京市《公共安全图像信息系统管理办法》规定："设置公共安全图像信息系统，不得侵犯公民个人隐私；对涉及公民个人隐私的图像信息，应当采取保密措施。"这是应当肯定的。但是，目前这种地方立法模式，存在明显的局限性。（1）虽然根据《中华人民共和国立法法》，对国家尚未制定法律或者行政法规的某些事项，省、自治区、直辖市和较大的市根据本地方的具体情况和实际需要，可以先制定地方性法规，但是，公共安全图像监控系统事关公民基本权益，并涉及国家机密以及其他多方面的利益，超出地方事务（在北京市还涉及中央党政军机关），不宜由地方立法。而且，地方性法规权威性不够，对违法行为惩罚手段有限，执行起来有难度。（2）公共安全图像监控系统技术和使用本身没有地方特色，应实行统一标准和规范。对计划安装公共安全图像监控系统的地区来说，如果有统一标准和规范可供执行，可以少走弯路。（3）公共安全图像监控系统已经在大中城市普遍安装，而如果有的地方立法，有的地方不立法，会造成全国范围内此地与彼地公民基本权利保护的不平等。这不符合社会主义法制统一原则。（4）即使各地方都立法，但如果彼此不同，在现在这种各地区人员、单位流动的情况下，势必造成守法认识上的混乱。例如北京、成都两地对违反本地区的《公共安全图像信息系统管理办法》的处罚力度就明显不同。（5）如果各地方分别立法，但内容基本相同，则是变相的重复立法，属于立法资源的浪费。

总之，我国应当建立统一的公共安全图像监控系统管理制度。在现阶段，应当由国务院制定《公共安全图像信息系统管理条例》。考虑到各地区经济社会发展的差异，各地区可根据国务院的《公共安全图像信息系统管理条例》，结合本地区的具体情况，制定自己的实施办法。

还需指出，由于公共场所图像监控构成对公民隐私权的限制，一旦我国民法典正式规定了保护隐私权这一属于民事基本制度范畴的事项，必然发生法律冲突。而处理这个冲突，超出政府行政职能范畴。根据《中华人民共和国立法法》，民事基本制度只能由全国人民代表大会或者全国人民代表大会常务委员会立法。因而届时，对公共场所图像监控系统的管理，应由全国人民代表大会或者全国人民代表大会常务委员会制定法律。

[复函摘要]

公安部（公提字〔2008〕第 116 号，2008 年 7 月 15 日）：

近几年来，随着我国经济社会的发展，在我国的许多地区、城市普遍使用了图像监控系统，公安部于 2004 年、2005 年先后组织全国 26 个城市，分两批进行了"城市报警与监控系统建设"的试点。正如您在提案中所说的一样，"城市报警与监控系统建设"对预防和打击违法犯罪活动，服务人民群众，处理群体性事件的发生，有效应对自然灾害事件发生，维护社会稳定等方面发挥了积极的作用。但在实践中也存在一些不尽如人意的地方，如有的不应安装监控系统的部位装上了监控摄像机，有的应当安装的部位却没有安装，有的监控信息使用不当，造成了对公民的隐私权、肖像权以及其他合法权益的侵害等消极影响。广大人民群众强烈要求国家相关部门制定法律、法规保护其合法权益。对此，公安部高度重视，认真开展了调查研究，并积极与国务院法制办加强沟通，着手起草了《安全技术防范管理条例》，希望对安全技术防范系统安装、运营和信息的管理使用等方面作出规定。我们相信随着这一法规的制定出台及执行，广大人民群众的合法权益必将得到有效的保护。我们真诚地欢迎您在百忙中对法规的起草制定工作给予指导与帮助。

[阐述]

我的提案主要从保护公民隐私权的角度，论证了加强公共安全图像（视频）监控系统管理和制定相应法规的必要性。当时，《法制日报》《人民政协报》等媒体报道或刊载了这个提案。①

对这份提案，公安部除认真答复外，还派科技信息化局的同志到我单位与我座谈，并征求我对公安部草拟的《安全技术防范管理条例（草案）》的意见。《2008 中国安全防范行业年鉴》（网络版）记载：

> 2008 年 7 月 18 日，安全技术防范工作指导处副处长宋丙干等到中国社会科学院，专门拜访全国政协委员刘白驹同志，回复其关于建议国务院制定"公共安全图像信息系统管理条例"，加强对公共场所图像监控系统管理的提案的问题，当面征求刘白驹同志对公安部起草的《安全技术防范管理条例》的意见。刘白驹同志对提案的答复非常满意，对《安全技术防范管理条例》的修改提出了建设性的意见，并明确表示积极呼吁全力支持公安部的立法工作，具体帮助做好法规的起草修改工作。②

对《安全技术防范管理条例》，我写了一个书面意见，其中建议将该条例改名为"公共安全技术防范管理条例"。由于涉及问题复杂，规范难度大，该条例迟迟未能出台。

直到 2016 年 11 月，公安部将会同有关部门起草的《公共安全视频图像信息系统管理条例（征求意见稿）》公布，向社会征求意见建议。征求意见稿规定：本条例所称公共安全视频图像信息系统，是指为了维护公共安全，利用视频图像采集设备和其他相关设备，对涉及公共安全的区域或者场所进行视频图像信息采集、传输、显示、存储和处理的系统。任何单位和个人，不得利用公共安全视频图像信息系统非法获取国家秘密、工作秘密、商业秘密或者侵犯公民个人隐私等合法权益。公共安全视频图像信息系统的建设、使用等单位，对于系统设计方案、设备类型、安装位置、

① 杨傲多：《刘白驹委员建议制定公共安全图像信息管理条例》，《法制日报》2008 年 3 月 7 日；刘白驹：《完善立法加强对公共场所图像监控系统管理》，《人民政协报》2008 年 3 月 24 日。
② 《2008 中国安全防范行业年鉴》（网络版），http://www.21csp.com.cn/njcd/2008/fl/d24z/d1j.htm。

地址码等基础信息，以及获取的涉及国家秘密、工作秘密、商业秘密的视频图像信息负有保密义务，对于获取的涉及公民个人隐私的视频图像信息不得非法泄露。社会公共区域的视频图像采集设备，应当设置提示标识，标识应当醒目。社会公共区域的视频图像采集设备的安装位置应当与居民住宅等保持合理距离。旅馆客房、集体宿舍以及公共浴室、更衣室、卫生间等可能泄露他人隐私的场所、部位，禁止安装视频图像采集设备。公共安全视频图像信息系统的建设单位、使用单位，应当将系统设计、施工、验收、维护等基础资料，以及从事上述活动的单位和专业技术人员的基本信息立卷归档，依法管理、保存。公共安全视频图像信息系统的使用单位，应当采取授权管理、控制访问等措施，控制对视频图像信息的查阅、复制和传输，保障信息不被删除、修改和非法复制、传输。视频图像信息用于公共传播时，除法律另有规定外，应当对涉及当事人的个体特征、机动车号牌等隐私信息采取保护性措施。公共安全视频图像信息系统的使用单位，应当建立信息保存、使用等管理制度。采集的视频图像信息至少留存 30 日，法律、行政法规或者相关标准规定多于 30 日的，从其规定。行使侦查、检察、审判职权的机关因司法工作需要，公安机关、国家安全机关因行政执法工作需要，或者县级以上人民政府行政主管部门因调查、处置突发事件需要，可以查阅、复制或者调取公共安全视频图像信息系统的基础信息或者采集的视频图像信息，相关单位或者个人应当予以配合。

征求意见稿还规定，任何单位和个人不得有下列行为：（1）盗窃、损坏或者擅自拆除公共安全视频图像信息系统的设施、设备；（2）破坏、擅自删改公共安全视频图像信息系统的运行程序和运行记录；（3）删改、隐匿、毁弃留存期内的公共安全视频图像信息系统采集的原始视频图像信息；（4）买卖和非法使用、复制、传播公共安全视频图像信息系统的基础信息或者采集的视频图像信息；（5）其他影响公共安全视频图像信息系统正常使用的情形。违反本条例规定，在可能泄露他人隐私的场所、部位安装视频图像采集设备的，由县级以上地方人民政府公安机关责令立即拆除；拒不拆除的，依法申请人民法院强制拆除；单位安装的，对单位处一万元以上十万元以下罚款；个人安装的，对个人处一千元以上五千元以下罚款。违反本条例规定，构成违反治安管理行为的，依照《治安管理处罚法》的规定予以处罚；构成犯罪的，依法追究刑事责任。

《公共安全视频图像信息系统管理条例（征求意见稿）》比《安全技术防范管理条例（草案）》有明显的提高。当然也有一些不足。我提出一些修改意见报送公安部。

视频信息在采集、传输、使用过程中，缺乏统一有效监管，侵犯公民个人隐私等合法权益的问题比较突出，媒体时有报道。对这个问题，公安部十分重视，征求意见稿作了专门规定。① 对于有关规定，我提出一些修改建议：（1）征求意见稿"社会公共区域的视频图像采集设备的安装位置应当与居民住宅等保持合理距离"，仅说距离似乎不够。为防止非法利用公共安全视频信息系统侵犯个人隐私，还应对视频监控和采集的范围作出规定。建议修改为："社会公共区域的公共安全视频信息设备的安装位置应当与居民住宅等保持合理距离，视频信息采集不得针对居民住宅等内部与公共安全无关的情形。"（2）征求意见稿"旅馆客房、集体宿舍以及公共浴室、更衣室、卫生间等可能泄露他人隐私的场所、部位，禁止安装视频图像采集设备"中的"视频图像采集设备"不明确。民用手机、照相机、摄像机、计算机摄像头、平板电脑等都是"视频图像采集设备"。个人能否在这些场所安装（例如集体宿舍成员集体同意自行在宿舍中安装）、使用这些民用设备，以及是否侵犯个人隐私，不属于本条例调整的范围，需由民法、刑法和治安管理处罚法等加以规制。本条例只能管到"公共安全视频信息系统"及其设备的安装、使用。建议修改为："旅馆客房、集体宿舍以及公共浴室、更衣室、卫生间等可能泄露他人隐私的场所、部位，禁止安装公共安全视频信息设备。"（3）"视频图像信息用于公共传播时，除法律另有规定外，应当对涉及当事人的个体特征、机动车号牌等隐私信息采取保护性措施"中的"视频图像信息"指向不明确，应为"公共安全视频信息"。其他视频图像信息的公共传播，

---

① 《关于〈公共安全视频图像信息系统管理条例（征求意见稿）〉的说明》，公安部网站，2016 年 11 月 28 日，http://www.mps.gov.cn/n2254536/n4904355/c5556267/content.html。

无须本条例规定。对"用于公共传播"也应有所限制。这一条可修改为："依照法律或者本条例将公共安全视频信息用于公共传播时，除法律另有规定外，应当对涉及当事人的个体特征、机动车号牌等隐私信息采取保护性措施。"

另外，征求意见稿使用的"视频"与"图像"两词，含义似有重复。"视频"包括了"图像"。在美国，有关的系统一般称为视频监控系统（video surveillance system）。本条例题目及其条文中的"视频""图像"不宜并用或者连用，"图像"可以删除。"公共安全视频图像信息系统"似应改为"公共安全视频信息系统"。《公共安全视频图像信息系统管理条例》似应改为《公共安全视频信息系统管理条例》。

第七节　《劳动法》应明确规定用人单位
防治性骚扰的责任

◈ 提案

关于修订《劳动法》，明确规定用人单位
防治职场性骚扰的责任的提案

（政协十一届全国委员会第一次会议第 2124 号／
政治法律类 169 号，2008 年 3 月）

职场即工作场所，是性骚扰的高发区。职场性骚扰，不仅侵犯劳动者的性尊严、性权利，而且侵犯了劳动者的劳动权、就业平等权等权利，应是性骚扰防治工作的重点。

防治职场性骚扰，最有效的办法莫过于促使用人单位在预防和制止性骚扰方面发挥作用。许多国家和地区通过立法和司法判例明确用人单位防治性骚扰的义务和责任。在一些国家，用人单位如果没有采取必要的防治性骚扰措施，致使劳动者在求职或执行职务过程中遭受性骚扰的，用人单位承担连带赔偿责任，甚至会承担惩罚性赔偿。例如，1994 年 9 月，美国旧金山的一个法院审理一位妇女指控她原先所在的公司未能制止其同事对她实施性骚扰一案，法官判该公司向这位妇女支付 710 万美元的惩罚性赔

偿。1996 年 4 月，美国公平就业机会委员会状告日本三菱公司设在美国伊利诺伊州的一家工厂纵容性骚扰，要求公司向被害人予以赔偿。1998 年 6 月，三菱公司同意赔偿 3400 万美元，约有 350 名女雇员获得赔偿。

近年来在我国，性骚扰问题包括职场性骚扰问题受到重视。2005 年《中华人民共和国妇女权益保障法》首次将性骚扰问题入法，明确规定："禁止对妇女实施性骚扰。受害妇女有权向单位和有关机关投诉。"这对于创造两性和谐相处、共同发展，推动社会文明进步，具有深远意义。但是，《妇女权益保障法》的有关规定过于原则，缺乏可操作性。而且，《妇女权益保障法》只涉及对妇女的性骚扰，不够全面。特别是，《妇女权益保障法》不是调整劳动关系的专门法律，不便于具体规定用人单位在防治性骚扰方面的义务与责任，妇女组织对用人单位防治性骚扰工作也缺乏有效的监督手段。

防治性骚扰，不是一部《妇女权益保障法》就可解决的，应当建立一整套由相关部门法或其条款构成的法律体系。防治职场性骚扰，也是对劳动关系的规范，劳动法责无旁贷。1994 年 7 月 5 日第八届全国人民代表大会常务委员会第八次会议通过的《中华人民共和国劳动法》① 是调整劳动关系的基本法。由于时代的局限，《劳动法》没有规定防治性骚扰问题。但是，防治职场性骚扰，保护劳动者不遭受性骚扰，是符合《劳动法》关于劳动者享有平等就业、获得劳动安全卫生保护的权利，以及对女职工实行特殊保护等基本原则的，是《劳动法》应有之义。当然，现行《劳动法》没有规定用人单位在防治性骚扰的责任和义务，仍然是其一大缺陷。

随着《中华人民共和国劳动合同法》② 的制定和实施，以及因为其他原因，《劳动法》面临大幅度修订。这是《劳动法》增加防治性骚扰内容的契机。为适应劳动关系的新情况，提高对劳动者权利保护的水平，《劳

---

① 《中华人民共和国劳动法》，1994 年 7 月 5 日第八届全国人民代表大会常务委员会第八次会议通过，根据 2009 年 8 月 27 日第十一届全国人民代表大会常务委员会第十次会议通过的《全国人民代表大会常务委员会关于修改部分法律的决定》修正。

② 《中华人民共和国劳动合同法》，2007 年 6 月 29 日第十届全国人民代表大会常务委员会第二十八次会议通过，根据 2012 年 12 月 28 日《全国人民代表大会常务委员会关于修改〈中华人民共和国劳动合同法〉的决定》修正。

动法》应当与时俱进，明确规定用人单位在防治性骚扰的义务与责任。

防治性骚扰虽然会给用人单位带来一定的负担，但用人单位采取防治性骚扰措施的成本，要远远小于性骚扰发生后给用人单位带来的经济损失和声望损失。如果用人单位依法采取了防治性骚扰措施，就不对本单位个人实施的性骚扰行为承担责任。因此，规定用人单位防治性骚扰的义务与责任，不仅是为了维护劳动者的权益，而且也符合用人单位的根本利益。

另外，规定用人单位防治性骚扰的责任，实际上也是建立一种性骚扰纠纷的非诉讼解决机制，可以使一些性骚扰纠纷在单位内部获得解决，有助于减少诉讼，降低性骚扰的救济成本。

建议在修订《劳动法》时增加以下内容：

（一）职场性骚扰的定义。性骚扰是指违背他人意愿，以肢体行为、语言、文字、音像、电子信息等方式实施的与性有关的侵权行为。有下列情形之一的为职场性骚扰：（1）雇主或者上级等对劳动者、求职者实施性骚扰，并以此作为劳动关系成立、存续、变更、岗位分配、报酬、考核、晋升、降职、调动、奖惩等条件的；（2）在单位中，任何人在劳动者执行职务时，对其实施性骚扰，造成敌意性工作环境的。

（二）用人单位预防性骚扰的责任，主要是：（1）制定性骚扰防治对策、投诉处理办法，并在工作场所公示；（2）设立专门机构或人员，负责性骚扰的投诉与处理；（3）开展预防和制止性骚扰政策的宣传和教育培训。

（三）用人单位处理性骚扰的责任，主要是：（1）用人单位在接到性骚扰投诉后，应当及时调查，不得对投诉设置任何障碍；（2）经调查证实确有性骚扰事件发生的，用人单位应当对加害人予以惩处；（3）受害人因拒绝性骚扰被调岗、调换工作地点、降低待遇、降级、撤职等的，用人单位应该予以纠正。因拒绝性骚扰而被解雇、开除、辞退或被迫辞职的，受害人要求复职的，用人单位应予以复职。

（本建议吸收了中国法学会反对家庭暴力网络、中国社会科学院法学研究所性别与法律研究中心和相关专家的研究成果）

[复函摘要]

人力资源和社会保障部（〔2008〕人社提字第 015 号，2008 年 5 月 29 日）：

正如您所言，近年来，防治性骚扰包括职场性骚扰问题越来越受到社会的重视。2005 年，《妇女权益保障法》首次将性骚扰问题写入法律。这对于推动社会文明进步，维护劳动者的劳动权、就业平等权都有积极的意义。我们非常赞同您的观点，工作场所防治性骚扰，应该是性骚扰防治工作的重点，符合《劳动法》关于劳动者享有平等就业、获得劳动安全尾声保护以及女职工特殊劳动保护等基本原则。规定用人单位预防、处理性骚扰的义务责任，有利于维护劳动者的合法权益，符合用人单位的根本利益。我们将在今后起草相关法律法规和制定有关政策时，认真研究吸收您的建议。

关于修改《劳动法》的问题。1994 年出台的《劳动法》，是我国建国以来第一部劳动法律，它对于保护劳动者的合法权益，推动劳动保障法制建设，促进我国社会主义市场经济体制的建立发挥了十分重要的作用。但正如您所提到的，《劳动法》的一些规定还比较原则、笼统，且操作性不强。对此，近年来社会各界纷纷建议修改《劳动法》，提出了完善《劳动法》的两种思路：一是全面修改《劳动法》，即将《劳动法》适用中存在的问题，通过修改予以全部解决，二是针对《劳动法》适用中的有关问题，通过制定新的专门法解决，同时，对一些比较原则的规定进行细化。比如去年出台的《劳动合同法》，就对《劳动法》中有关劳动的订立、履行、解除、终止等事项作出具体明确的规定。

目前，全国人大尚未将修改《劳动法》列入立法计划。我们将和社会各界一起，对《劳动法》的修改问题提出建议。一旦全国人大决定对《劳动法》进行修改，我们将积极配合有关方面，认真做好草案的起草工作。您在建议中对《劳动法》修改提出了很好的建议，我们将认真研究，并建议立法机关在草案中加以吸收和借鉴。

[阐述]

性骚扰（sexual harassment）是指具有性内容、性色彩的不受欢迎的言行，多发生在工作或教学关系之中。性骚扰不仅构成对被害人人格的侮辱，而且制造了一种敌意的环境，使受害人无法正常工作和学习。由于性骚扰多是由雇主、上级或者教师利用职务而对下级或者学生实施的，因而性骚扰被认为是通过性行为滥用权力。① 而且，因为性骚扰多由男性对女性实施，反映了男女的不平等，所以性骚扰也被视为一种性别歧视（sex discrimination）。

不能将性骚扰与猥亵混为一谈。性骚扰问题在被人们认识并重视之前，在整体上未有法律对策。而猥亵行为，大多早已被法律所禁止，在中国是由《刑法》和《治安管理处罚法》及其前身《治安管理处罚条例》所禁止，在整体上超出了性骚扰的范畴。国内媒体在讨论性骚扰问题时，往往混淆性骚扰和猥亵，针对性不够明确。

性骚扰成为社会关注的问题，最早是在美国，其背景是女权主义运动的高涨。1975 年，美国康奈尔大学一位物理学家的女秘书卡因为不能忍受物理学家不断向她提出性要求而辞职，并要求赔偿。这个事件引起康奈尔大学的教师林·法利（Lin Farley）的研究兴趣。法利当时教授的课程正在讨论女雇员为躲避老板非分的性要求而不得不辞职的现象。法利和她的同事将这种现象称为"性骚扰"。同年，纽约人权委员会就女雇员的问题举行了一系列听证会，法利被要求做证。8 月 19 日，《纽约时报》刊登了记者伊尼德·尼梅（Enid Nemy）撰写的一篇题为《妇女开始公开反对工作场所的性骚扰》的文章，报道这次听证会。此后，"性骚扰"一词传播开来，并被编入词典。法利也在 1978 年发表《性敲诈：对工作妇女的性骚扰》一书。首先把"性骚扰"作为法学意义上的概念加以定义的是法学家凯瑟琳·A. 麦金农（Catharine Alice MacKinnon）。1979 年，凯瑟琳·麦金农发表《对工作妇女的性骚扰：一个性别歧视的案例》一书。她将性骚扰定义为，在不平等权力关系中，对他人施加违背意愿的性要求。性骚扰实质上是某一社会阶层利用权力获取另一社会阶层的利益或使其遭受损害。

---

① 参见谭兢嫦、信春鹰编《英汉妇女与法律词汇释义》，中国对外翻译出版公司、联合国教育科学及文化组织，1995，第 281 页。

她认为性骚扰是一种性别歧视，因为妇女在社会上附属于男性，当其受到性骚扰时，事实上是因性别而受到歧视。她还区分了两类性骚扰，一是"交换利益性"（quid pro quo，亦译"补偿性""对价性"）的性骚扰，即以性服从作为交换或者被建议交换而获取一个就业机会；二是构成一种持续的工作条件的性骚扰。凯瑟琳·麦金农的这些观点后来在美国得到普遍承认，并产生国际性影响。

美国人之所以把性骚扰归结为性别歧视，有一个现实的动机，即为了解决禁止性骚扰的法律依据问题。这个法律依据就是1964年《民权法》（Civil Rights Act of 1964）。1964年《民权法》第7章第703条（a）规定，雇主如果有下列行为，是非法的："（1）因为个人的种族、肤色、宗教、性别或者民族而不雇佣或者拒绝解雇，或者拒绝雇佣或者解雇某个个人，或在有关于赔偿金、期限、条件或者雇佣权利方面歧视某个个人。（2）因为个人的种族、肤色、宗教、性别或者民族，以某种剥夺或者倾向于剥夺个人的工作机会或者影响其作为雇员的地位的方式，限制、隔离或者将他的雇员或者应聘者分等。"第703条的（b）项和（c）项规定，职业介绍所和劳工组织有类似行为也是非法的。① 实际上，1964年《民权法》只是规定了禁止性别歧视的基本原则，而没有说清哪些行为构成性别歧视。1980年，根据1964年《民权法》创设的就业机会平等委员会（Equal Employment Opportunity Commission，EEOC）发布修正的"关于性别歧视的指导方针"（EEOC's Guidelines on Discrimination Because of Sex），该文件确认基于性的骚扰违反1964年《民权法》，构成性别歧视。EEOC定义的性骚扰是："不受欢迎的性表示（sexual advances）、性好处要求（requests for sexual favors），以及其他的性性质的言辞或肢体行为（physical conduct），如果它们是在下述情形中发生的：（1）明示或者暗示接受这种行为是个人雇用的期限或条件；（2）个人接受或拒绝这种行为被用作影响雇用该人决定的基础；（3）这种行为的意图或效果在于不合理地干预个人工作表现或

---

① 〔美〕凯思琳·内维尔：《内幕：职场权力滥用与性骚扰》，董煜韬译，中央编译出版社，2004，附录。

制造一种威胁性的（intimidating）、敌意的或冒犯性的工作环境。"前两种情形属于"利益交换性性骚扰"，第三种情形属于"敌意工作环境性骚扰"（hostile work environment sexual harassment）。1986 年，美国联邦最高法院在裁决 Meritor Savings Bank v. Vinson 一案时，将性骚扰纳入性别歧视范畴，确认敌意环境性骚扰是一种可诉性的性别歧视，并且认为雇主应当对工作场所的性骚扰行为承担法律责任。① 1993 年，最高法院在 Harris v. Forklift Systems，Inc. 一案裁决中认为，可诉性的恶劣环境性骚扰无须以原告心理健康受到严重影响或者导致原告受到损害为条件；确认一个客观的敌意或者恶劣环境的标准是，一个理性的个人可以发觉敌意或者恶劣，以及受害人主观感受到环境是恶劣的。②

在 20 世纪 90 年代，性骚扰成为国际人权法上的重要问题。在国际人权法中，性骚扰既是性别歧视问题，也是性暴力问题。1992 年，联合国消除对妇女歧视委员会发布关于《消除对妇女一切形式歧视公约》（The Convention on the Elimination of All Forms of Discrimination against Women，CEDAW）中对妇女暴力行为问题的第 19 号一般性建议，把性骚扰纳入性别歧视和对妇女的暴力之中。该建议指出，如果妇女遭受基于性别的暴力，例如在工作单位遭受性骚扰时，就业平等权利也会严重减损。该建议认为，性骚扰包括不受欢迎的具有性动机的行为，如身体接触和求爱动作，带黄色的字眼，出示淫秽书画和提出性要求，不论是以词语还是用行动来表示。这类行为可以是侮辱人的，构成健康和安全的问题。如果妇女有合理理由相信，如她拒绝便在工作包括征聘或升级方面对她很不利或者会造成不友善的工作环境，则这类行为就是歧视性的。该建议要求，缔约国应采取一切必要的法律及其他措施，有效地保护妇女不受基于性别的暴力，这种措施除其他外，包括：有效的法律措施，包括刑事处罚、民事补救和赔偿措施，以保护妇女不受各种暴力其中包括家庭暴力和虐待、工作单位

---

① Meritor Savings Bank v. Vinson, 477 U. S. 57 (1986), https://supreme. justia. com/cases/federal/us/477/57/case. html.

② Harris v. Forklift Systems Inc. , 510 U. S. 17 (1993), https://supreme. justia. com/cases/federal/us/510/17/.

的性攻击和性骚扰；预防措施，包括新闻和教育方案，以改变人们对男女角色和地位的观念；保护措施，包括为身为暴力受害者或易遭受暴力的妇女提供收容所、咨询、康复和支助服务。1993 年 12 月 20 日联合国大会通过的《消除对妇女的暴力行为宣言》（Declaration on the Elimination of Violence against Women）更明确指出，对妇女的暴力不仅包括在家庭内发生的身心方面和性方面的暴力行为，还包括在社会上发生的身心方面和性方面的暴力行为，包括强奸、性凌虐，在工作场所、教育机构和其他场所的性骚扰和恫吓、贩卖妇女和强迫卖淫。

各国（地区）在开始重视性骚扰问题之后，所采取的对策并不一致。这固然与各国（地区）的法律传统的差异有关，但也说明各国对性骚扰性质的认识有所不同。各国（地区）所采取的对策，或者是单一的，或者是偏重某一法律，或者是综合的。在一些国家和地区，像美国那样，性骚扰问题是由人权法如反对性别歧视法、平等就业机会法和劳动法来规定的。日本主要通过《男女雇用机会均等法》处置职场性骚扰的责任。还有一些国家或地区制定了专门的反性骚扰法，如菲律宾、乌拉圭和中国台湾地区。有一些国家在刑法中设立了性骚扰罪，以刑罚惩治性骚扰行为，如法国[1]、西班牙、瑞士、葡萄牙、墨西哥、斯里兰卡等。

在中国，性骚扰问题在二十多年前也开始受到关注。1995 年一项调查显示，有 42% 的被调查者遭遇过性骚扰，性骚扰的方式主要是挑逗性语言、动手动脚、要求发生性关系。[2] 从全国妇联反映的情况看，妇女受性骚扰正呈上升趋势。性骚扰现象不同程度地存在于机关、事业单位和企业中，在女性从业人员较多的医疗卫生、饭店、服务行业及文艺界尤为突出，外资和私营企业老板对雇员、上司对下属的性骚扰也屡见不鲜。针对

---

[1] 《法国刑法典》除已有性骚扰罪之外，还根据《2018 年 8 月 3 日第 2018－703 号关于加强打击性暴力和基于性别的暴力的法律》，将构成侮辱的性别歧视列入违警罪（第 621－1 条）：将任何侮辱人格和尊严的具有性或性别歧视含义的语言或行为强加给他人，对他人造成恐吓、敌意或冒犯的，可受到罚金的处罚，或者被要求自费学习反性别歧视课程、执行社区服务。

[2] 陆峥等：《性骚扰问题的初步研究——附 42 例资料分析》，《中国心理卫生杂志》1995 年第 2 期。

这种情况，一些全国人大代表、全国政协委员建议制定《反性骚扰法》。

2005 年 8 月 28 日第十届全国人民代表大会常务委员会第十七次会议对《妇女权益保障法》进行修正。修正后的《妇女权益保障法》第四十条规定："禁止对妇女实施性骚扰。受害妇女有权向单位和有关机关投诉。"这是中国法律首次规定"性骚扰"问题。此外，该法第五十七条和第五十八条还分别规定："违反本法规定，对侵害妇女权益的申诉、控告、检举，推诿、拖延、压制不予查处，或者对提出申诉、控告、检举的人进行打击报复的，由其所在单位、主管部门或者上级机关责令改正，并依法对直接负责的主管人员和其他直接责任人员给予行政处分。国家机关及其工作人员未依法履行职责，对侵害妇女权益的行为未及时制止或者未给予受害妇女必要帮助，造成严重后果的，由其所在单位或者上级机关依法对直接负责的主管人员和其他直接责任人员给予行政处分。违反本法规定，侵害妇女文化教育权益、劳动和社会保障权益、人身和财产权益以及婚姻家庭权益的，由其所在单位、主管部门或者上级机关责令改正，直接负责的主管人员和其他直接责任人员属于国家工作人员的，由其所在单位或者上级机关依法给予行政处分。""违反本法规定，对妇女实施性骚扰或者家庭暴力，构成违反治安管理行为的，受害人可以提请公安机关对违法行为人依法给予行政处罚，也可以依法向人民法院提起民事诉讼。"

但是，该法没有界定什么是性骚扰。而且由于该法的宗旨是保护妇女权益，它没有涉及女性对男性、男性对男性进行性骚扰的问题。特别是，《妇女权益保障法》不是调整劳动关系的专门法律，不便于具体规定用人单位在防治性骚扰方面的义务与责任，妇女组织对用人单位防治性骚扰工作也缺乏有效的监督手段。

2008 年"两会"前夕，中国社会科学院法学研究所陈明侠研究员邀请我参加中国法学会反对家庭暴力网络、中国社会科学院法学研究所性别与法律研究中心在中国法学会召开的"反对工作场所性骚扰课题成果发布暨司法解释研讨会"（2008 年 2 月 29 日）。中国法学会反对家庭暴力网络、中国社会科学院法学研究所性别与法律研究中心的诸位学者，鉴于《妇女权益保障法》关于性骚扰的规定过于原则，缺乏可操作性，研究起草了一个《关于人民法院审理性骚扰案件的若干规定（专家建议稿）》。他们希望全国人大代表和全国政协委员就此问题提出议案、提案。他们还草拟了一份建议书供全国人大代表和全国政协委员参考。因为有事，我没有参加这个会议，但专家建议稿起草小组给我寄来有关资料。此前，对性骚扰问题，我有粗浅的研究，已经写入《性犯罪：精神病理与控制》一书。[①] 因而，我愿意就性骚扰问题递交一个提案。这是义不容辞的。[②]

我赞同《关于人民法院审理性骚扰案件的若干规定（专家建议稿）》的内容，但同时觉得，仅凭《妇女权益保障法》的规定，还不足以使最高人民法院出台有关司法解释，还须有更充分的法律依据。我认为，性骚扰突出表现于工作场所和工作关系中，作为调整劳动关系基本法的《劳动法》应当对性骚扰问题作出基本规定。于是，我撰写并递交了《关于修订〈劳动法〉，明确规定用人单位防治职场性骚扰的责任的提案》。这个提案吸收了中国法学会反对家庭暴力网络、中国社会科学院法学研究所性别与法律研究中心和相关专家的研究成果，提案中对此也作了说明。

十年过去，《劳动法》没有修改，《关于人民法院审理性骚扰案件的若干规定》也没有出台。

2018年9月，民法典各分编草案公开征求意见，人格权编草案第二章对禁止性骚扰问题作出规定。[③] 一俟民法典人格权编颁布，关于审理性骚扰案件的司法解释应会出台。[④]

---

① 刘白驹：《性犯罪：精神病理与控制》（第一版），社会科学文献出版社，2006，第228～236页。2017年底，《性犯罪：精神病理与控制》出版了增订版，我进一步充实了性骚扰内容。

② 徐春柳：《"防止性骚扰"司法解释建议稿将提交两会讨论》，《新京报》2008年3月2日。

③ http://www.npc.gov.cn/COBRS_LFYJNEW/user/UserIndex.jsp? ID=10051883.

④ 2018年12月12日，最高人民法院发布《关于增加民事案件案由的通知》（法〔2018〕344号），将"性骚扰损害责任纠纷"列为新增案由。
2019年8月21日，全国人大常委会法制工作委员会发言人臧铁伟在记者会上介绍：对人格权编草案二次审议稿细化了有关性骚扰的规定。经研究，发生在用人单位中性骚扰的主要表现之一是利用职权关系从事性骚扰，并且实施该行为不限于在工作场合。现在的法律草案对此已有体现。《全文实录：全国人大常委会法制工作委员会发言人记者会》，人大新闻网，2019年8月21日，http://npc.people.com.cn/GB/429296/429297/index.html。
（2019年8月23日校稿时补记）

附　录

关于研究制定《哲学社会科学事业促进法》的提案（节录）

（政协十届全国委员会第二次会议第 1335 号/

政治法律类 129 号，2004 年 3 月）

2004 年 1 月，中共中央在《关于进一步繁荣发展哲学社会科学的意见》中指出："要重视哲学社会科学领域的立法工作。"这是中共中央第一次正式提出哲学社会科学领域要立法，具有十分重要的意义。这一决策是中国共产党关于哲学社会科学工作的方针政策在新时期的发展，是党的依法治国方略在哲学社会科学领域的具体体现，反映和代表了哲学社会科学领域广大知识分子的意志。

多年以来，全国人民代表大会常务委员会、国务院和国务院有关部委制定了一系列关于自然科学技术事业的法律、法规、规章，尤其是全国人民代表大会常务委员会于 1993 年通过了《中华人民共和国科学技术进步法》。在我国，一个以《科技进步法》为核心，保障和促进科技进步的科技法律体系已经基本形成。实践证明，科技法律对于推动我国科学技术事业的发展与繁荣具有十分积极和突出的作用。遗憾的是，从科技法律的具体内容和实际运作来看，我国的科技法律的调整对象是自然科学技术领域，基本上不适用于哲学社会科学。相比于自然科学技术领域，哲学社会科学领域的立法不仅滞后，甚至可以说处于空白状态，迄今我国尚没有一部哲学社会科学专门法律。这严重地不适应党和国家大力发展哲学社会科学事业的要求，不适应哲学社会科学事业自身进步的需要。

哲学社会科学也是科学。哲学社会科学与自然科学同样重要。不仅自然科学技术领域需要立法，而且哲学社会科学领域也需要立法。中国特色社会主义的法律体系应当包括哲学社会科学立法。哲学社会科学立法有利于中国共产党加强和完善对哲学社会科学工作的领导，有利于哲学社会科学在稳定的不因个人意志的改变而改变的法治环境中健康发展，有利于哲学社会科学工作得到各级政府和全社会的支持，有利于协调和整合分布于社会科学院、高校、党校、实际工作部门和军队等系统的哲学社会科学研究力量，有利于进一步提高全民族的哲学社会科学素质。

因此，建议国家立法机关将哲学社会科学法律列入立法规划。从重要性和立法条件来看，首先应当研究制定哲学社会科学基本法——《中华人民共和国哲学社会科学事业促进法》。

作为哲学社会科学基本法，《哲学社会科学事业促进法》应当是一部纲领性规范，集中规定国家发展哲学社会科学的基本原则和基本政策。应当把中国共产党和我国政府实行的被实践证明是科学正确的发展哲学社会科学的方针政策以法律的形式确定下来，使之具有稳定性和强制性，进而得到切实、普遍的贯彻和遵守；明确宣布由我国宪法保障的科学研究、言论、出版、结社、集会等自由适用于哲学社会科学领域；明确规定发展哲学社会科学事业的保障措施；确立符合哲学社会科学发展规律和我国基本国情的哲学社会科学基本管理制度；制定符合哲学社会科学发展规律的基本学术规范。

《哲学社会科学事业促进法》的具体内容应当包括：国家发展哲学社会科学的基本方针；哲学社会科学的地位和任务；哲学社会科学管理体制；哲学社会科学研究、教学机构和学术组织；哲学社会科学工作者的职责和权利义务；哲学社会科学发展的保障措施；哲学社会科学奖励制度。

虽然制定《哲学社会科学事业促进法》的条件和时机已经基本成熟，

但具体的制定工作应稳步进行。建议由全国人民代表大会教育科学文化卫生委员会牵头，成立由中国社会科学院、国家教委、中央党校等单位有关负责人参加的立法领导小组，组织包括管理工作者在内的专家学者进行调研、论证，提出立法方案，并经广泛征求意见，之后再正式提交全国人民代表大会常务委员会审议，用四至五年的时间完成整个立法工作。

修订《中华人民共和国科学技术进步法》，增加哲学社会科学方面的内容，也是一种立法思路，但许多方面不易协调，难度更大，是为下策。

[说明]

自 1982 年从中国人民大学毕业后，我长期在中国社会科学院科研局从事科研管理工作。社会科学研究和管理中的法律问题，是我的研究方向之一。1989 年，我在《当代法学》杂志发表论文《社会科学立法问题初探》。① 虽然十分幼稚浅薄，但它可能是我国最早的、迄今也是为数不多的探讨社会科学立法问题的文章。

那时做得更多的是社会科学领域的著作权问题研究。1986~1990 年，受中国社会科学院委派，作为单位代表，我参与了《中华人民共和国著作权法》的讨论、制定过程。20 世纪 90 年代，在《著作权法》颁布施行后，我根据著作权法原理，结合科研管理实际，着重研究了社会科学研究与著作权法的关系，发表一系列论文或文章。② 1996 年 11 月，我主持完成的国

① 刘白驹：《社会科学立法问题初探》，《当代法学》1989 年第 2 期。

② 独著论文或文章主要有：《〈著作权法〉与社会科学事业的发展与繁荣》，《著作权》1991 年第 3 期；《社会科学研究中的著作权问题》，《社会科学管理》1991 年第 3 期；《私人书信的著作权问题》，《法学家》1992 年第 1 期；《我国即将加入〈伯尔尼公约〉对科研工作可能产生的影响》，《科研情况反映》1992 年 2 月 11 日；《关于"整理"》，《著作权》1996 年第 1 期；《社会科学领域的剽窃认定及其防治》，《社会科学管理》1996 年第 2 期；《主编的著作权地位》，《新闻出版报》1997 年 8 月 7 日、10 月 21 日连载；《评点作品的著作权保护》，《新闻出版报》1997 年 11 月 10 日；《主编的著作权法律地位》，《中国社会科学院院报》2000 年 9 月 19 日；《报刊转载文章的著作权问题》，《中国社会科学院院报》2003 年 1 月 28 日；《课题主持人与成果作者》，《中国社会科学院院报》2003 年 3 月 13 日。另有独著《成果管理与著作权法》（么大中主编《社会科学成果管理》之第九章，黑龙江人民出版社，1995）；《课题制项目成果的著作权问题》（黄浩涛、王延中主编《课题制研究》之第九章，社会科学文献出版社，2009）。

家社会科学基金青年课题最终成果《社会科学领域的著作权问题》（31万字，我主编并撰写 23 万字），在通过以郑成思先生[①]为首的专家组的鉴定后出版。该书根据著作权基本理论和我国著作权法律，分析我国社会科学领域的一系列著作权实际问题，为社会科学研究工作者处理著作权实务提供有效的帮助；同时，结合我国社会科学领域的著作权实践，探讨著作权基本理论问题，并就我国著作权法律的完善发表意见。[②] 我还曾承担处理中国社会科学院内部或者与外单位有关的一些著作权纠纷或者学风问题。1992 年 4 月，领导安排我处理钱钟书、杨绛先生著作权被侵犯一事。我撰写的与当事出版社和个人严正交涉的公函获得两位先生的首肯。最终，几经周折但未通过民事诉讼即迫令对方销毁和不再印行侵权图书，并且登报道歉，赔偿损失。此事解决后，我与领导、同事登门拜见钱钟书、杨绛先生，两位先生与我们亲切叙谈，鼓励再三，并赠亲笔题签的作品几册。

2004 年 1 月，中共中央下发《关于进一步繁荣发展哲学社会科学的意见》，其中指出 "要重视哲学社会科学领域的立法工作"。受这一指示的鼓舞，在这年全国政协会议上，我提交了《关于研究制定〈哲学社会科学事业促进法〉的提案》，并建议由全国人大常委会法工委答复。但谁知，这个提案被全国政协提案委员会交由中国社会科学院承办。由于在我国中央政府，没有一个类似主管国家自然科学技术工作的科学技术部那样的主管国家社会科学工作的社会科学部，关于社会科学的提案，通常分配给中国社会科学院办理。而中国社会科学院只是国务院下属的事业单位，并无管理国家社会科学工作的职责，对有关社会科学的提案大多爱莫能助。我的提案到了中国社会科学院，具体的承办单位竟是我所在的科研局，执笔者是我的同事。2004 年 5 月 28 日，中国社会科学院向全国政协提案委员会报送了《关于全国政协十届二次会议第 1335 号提案答复情况的说明》

---

① 2006 年 9 月郑成思先生去世后，我曾撰写一篇怀念文章，后被周林教授以 "我深为郑成思同志的严谨学风所感动" 为题收入其主编的《不偷懒 不灰心——郑成思纪念文集》一书（知识产权出版社，2007）。

② 刘白驹主编《社会科学领域的著作权问题》，社会科学文献出版社，1996。

（〔2004〕社科办函字 19 号），同时将该函复印给我一份。此事令我相当尴尬和沮丧。从此以后，我再也没有提出过与社会科学事业和管理有关的提案。

　　鉴于这个提案的提复过程比较特殊，且其内容与本书主题不太协调，故仅将其列入本书附录。

主要参考文献

（大致以参考引用章节为顺序）

1. （汉）郑玄注、（清）王闿运补注《尚书大传》，商务印书馆，1937。

2. （汉）郑玄注、（唐）贾公彦疏《周礼注疏》，赵伯雄整理，北京大学出版社，2000。

3. （清）薛允升：《唐明律合编》，商务印书馆，1937。

4. （唐）长孙无忌等撰《唐律疏议》，刘俊文点校，中华书局，1983。

5. （唐）房玄龄等撰《晋书》，中华书局，1974。

6. 睡虎地秦墓竹简整理小组：《睡虎地秦墓竹简》，文物出版社，1978。

7. 睡虎地秦墓竹简整理小组：《睡虎地秦墓竹简》，文物出版社，1990。

8. 武汉大学简帛研究中心、湖北省博物馆、湖北省文物考古研究所编，陈伟主编《秦简牍合集：释文注释修订本》，武汉大学出版社，2016。

9. 刘海年、杨一凡总主编，刘海年、杨升南、吴九龙分册主编《中国珍稀法律典籍集成》（甲编第一册·甲骨文金文简牍法律文献），科学出版社，1994。

10. （清）沈家本：《历代刑法考》，邓经元、骈宇骞点校，中华书局，1985。

11. （汉）班固撰、（唐）颜师古注《汉书》，中华书局，1962。

12. 张家山二四七号汉墓竹简整理小组：《张家山汉墓竹简〔二四七号墓〕》，

文物出版社，2001。

13. 张家山二四七号汉墓竹简整理小组：《张家山汉墓竹简〔二四七号墓〕：释文修订本》，文物出版社，2006。

14. （宋）窦仪等撰《宋刑统》，吴翊如点校，中华书局，1984。

15. （宋）谢深甫监修《庆元条法事类》，戴建国点校，杨一凡、田涛主编《中国珍稀法律典籍续编》第一册，黑龙江人民出版社，2002。

16. （宋）谢深甫监修《庆元条法事类》，燕京大学图书馆藏版，1948。

17. 《元代法律资料辑存》，黄时鉴辑点，浙江古籍出版社，1988。

18. 《元典章》，陈高华等点校，天津古籍出版社、中华书局，2011。

19. （明）宋濂等撰《元史》，中华书局，1976。

20. 《大明律》，怀效锋点校，法律出版社，1999。

21. 《顺治三年奏定律》，王宏治、李建渝点校，杨一凡、田涛主编《中国珍稀法律典籍续编》第五册，黑龙江人民出版社，2002。

22. 《大清律例》（乾隆五年本），田涛、郑秦点校，法律出版社，1999。

23. 《大清律例》（以道光六年本为底本），张荣铮、刘勇强、金懋初点校，天津古籍出版社，1995。

24. 高汉成主编《〈大清新刑律〉立法资料汇编》，社会科学文献出版社，2013。

25. 〔日〕冈田朝太郎口述、熊元翰编《刑法分则》（京师法律学堂笔记，1912），夏菲点校，上海人民出版社，2013。

26. 夏勤述、胡长清疏《刑法分则》（朝阳法科讲义，1925），陈新宇点校，上海人民出版社，2013。

27. 邵义：《刑律释义》，中华书局，1917。

28. 《法国刑法典》，罗结珍译，中国人民公安大学出版社，1995。

29. 《法国新刑法典》，罗结珍译，中国法制出版社，2003。

30. 《意大利刑法典》，黄风译，中国政法大学出版社，1998。

31. 《最新意大利刑法典》，黄风译注，法律出版社，2007。

32. 《德意志联邦共和国刑法典》，徐久生译，中国政法大学出版社，1991。

33.《德国刑法典》，徐久生、庄敬华译，中国方正出版社，2004。

34.《瑞典刑法典》，陈琴译，北京大学出版社，2005。

35.《西班牙刑法典》，潘灯译，中国政法大学出版社，2004。

36.《奥地利联邦共和国刑法典》（2002 年修订），徐久生译，中国方正出版社，2004。

37.《挪威一般公民刑法典》，马松建译，北京大学出版社，2005。

38.《葡萄牙刑法典》，陈志军译，中国人民公安大学出版社，2010。

39.〔加拿大〕威廉·A. 夏巴斯：《国际刑事法院导论》，黄芳译，中国人民公安大学出版社，2006。

40. 许玉秀主编《新学林分科六法·刑法》，台北新学林出版股份有限公司，2006。

41. 黄彰健编著《明代律例汇编》，"中央研究院"历史语言研究所专刊之七十五，1979。

42. 刘海年、杨一凡总主编，杨一凡、曲英杰分册主编《中国珍稀法律典籍集成》（乙编第二册·明代条例），科学出版社，1994。

43.（清）孙纶辑《定例成案合镌》，清康熙五十八年刊本，日本东京大学东洋文化研究所影印本。

44.《钦定大清现行刑律》（宣统二年），故宫博物院编，海南出版社，2000。

45.（清）吴坛原著，马建石、杨育棠主编《大清律例通考校注》，中国政法大学出版社，1992。

46.（清）薛允升原著，胡星桥、邓又天主编《读例存疑点注》，中国人民公安大学出版社，1994。

47.（清）姚雨芗原纂、胡仰山增辑《大清律例会通新纂》，台北文海出版社，1987。

48.（清）吴坤修等编撰《大清律例根原》，郭成伟主编，上海辞书出版社，2012。

49.（清）沈家本等编订《钦定大清现行新律例》（《大清现行刑律案语》《核订现行刑律》合刊），修订法律馆，宣统元年。

50. 上海商务印书馆编译所编纂《大清新法令（1901—1911）点校本》第

一卷，商务印书馆，2010。

51. 中国人民大学法律系刑法研究室、资料室编印《中华人民共和国刑法案例选编（二）》，1980。

52. 高铭暄：《中华人民共和国刑法的孕育诞生和发展完善》，北京大学出版社，2012。

53. 最高人民法院研究室编《最新刑事法律及司法解释手册》，法律出版社，1999。

54. 全国人民代表大会常务委员会法制工作委员会刑法室编审《中华人民共和国刑法》（2015年审编版），中国民主法制出版社，2015。

55. 全国人大常委会法制工作委员会刑法室编，臧铁伟、李寿伟主编《〈中华人民共和国刑法修正案（九）〉条文说明、立法理由及相关规定》，北京大学出版社，2016。

56. 《瑞士联邦刑法典》（2003年修订），徐久生、庄敬华译，中国方正出版社，2004。

57. 《奥地利联邦共和国刑法典》，徐久生译，中国方正出版社，2004。

58. 杨一凡、田涛主编《中国珍稀法律典籍续编》第一册，黑龙江人民出版社，2002。

59. 〔日〕穗积陈重：《法律进化论》，黄尊三等译，王健校勘，中国政法大学出版社，1997。

60. 《新律綱領　改定律例》，日本司法省，明治六年（1873）刻。

61. 〔日〕大桥济：《改定刑法注解》，竹冈书房，明治十三年（1880）。

62. 〔日〕佐々木英光编《改正刑法：舊刑法對照》，中央法律学馆，明治四十年（1907）。

63. 〔日〕铃木种次编《改正新刑法》，修文馆，明治四十一年（1908）。

64. 《日本六法全书》（商务印书馆编译所编译，陈承泽校订，1911年版），黄琴唐点校，上海人民出版社，2013。

65. 〔日〕牧野英一：《日本刑法通义》，陈承泽译，李克非点校，中国政法大学出版社，2003。

66. 刘海年、杨一凡总主编，郑秦、田涛点校《中国珍稀法律典籍集成》

（丙编第一册·大清律例），科学出版社，1994。

67. （清）许梿、熊莪纂辑《刑部比照加减成案》，何勤华、沈天水等点校，法律出版社，2009。

68. 杨一凡、徐立志主编《历代判例判牍》，中国社会科学出版社，2005。

69. （清）祝庆祺、鲍书芸、潘文舫、何维楷编《刑案汇览三编》，北京古籍出版社，2004。

70. 《佛蘭西法律書·刑法》，〔日〕箕作麟祥译，日本文部省，明治八年（1875）。

71. 《日本刑法草案》，日本司法省，明治十年（1877），写本。

72. 《皇國佛國刑法對比合卷》，〔日〕小山景止编纂，冈岛真七出版，明治十三年（1880）。

73. 《大理院判例解释新刑律集解》，周东白编辑，世界书局，1928。

74. 陈承泽：《中华民国暂行刑律释义（分则）》，商务印书馆，1913。

75. 《司法院解释汇编》（第三册），司法院参事处编纂、发行，1932。

76. （清）周守赤辑《刑案汇编》，程方、李明蔚、吴鲁锋点校，天津人民出版社，2018。

77. （汉）司马迁撰《史记》，中华书局，1959。

78. （汉）司马迁原著，杨燕起注译《史记全译》，贵州人民出版社，2001。

79. 韩步璋：《甲骨文常用字解释》，青岛出版社，2012。

80. 杨伯峻：《孟子译注》，中华书局，1960。

81. 《最高法院裁判要旨》，张焘编辑，会文堂新记书局，1936。

82. 《芬兰刑法典》，于志刚译，中国方正出版社，2005。

83. 〔美〕乔尔·范伯格：《刑法的道德界限·第2卷，对他人的冒犯》，方泉译，商务印书馆，2014。

84. 〔美〕克米特·L.霍尔主编《牛津美国联邦最高法院指南》，许明月、夏登峻等译，北京大学出版社，2009。

85. 美国法学会编《美国模范刑法典及其评注》，刘仁文等译，法律出版社，2005。

86. 〔美〕爱德华·A. 卡瓦佐、加斐诺·莫林：《赛博空间和法律：网上生活的权利和义务》，王月瑞译，江西教育出版社，1999。

87. 〔美〕劳拉·昆兰蒂罗：《赛博犯罪：如何防范计算机犯罪》，王涌译，江西教育出版社，1999。

88. 《加拿大刑事法典》，卞建林等译，中国政法大学出版社，1999。

89. 《丹麦刑法典与丹麦刑事执行法》，谢望原译，北京大学出版社，2005。

90. 《荷兰刑法典》，颜九红、戈玉和译，北京大学出版社，2008。

91. 沈德咏主编《〈刑法修正案（九）〉条文及配套司法解释理解与适用》，人民法院出版社，2015。

92. 郑延谱主编《〈刑法修正案（九）〉公安机关适用读本》，中国人民公安大学出版社，2016。

93. 全国政协提案委员会编《把握人民的意愿：政协第十届全国委员会提案及复函·2007 年卷》，新世界出版社，2008。

94. 〔美〕罗纳德·德沃金：《自由的法——对美国宪法的道德解读》，刘丽君译，上海人民出版社，2001。

95. 〔美〕理查德·A. 波斯纳：《性与理性》，苏力译，中国政法大学出版社，2002。

96. 〔美〕理查德·A. 波斯纳：《道德和法律理论》，苏力译，中国政法大学出版社，2002。

97. （汉）孔安国传、（唐）孔颖达正义《尚书正义》，黄怀信整理，上海古籍出版社，2007。

98. （宋）李昉等撰《太平御览》，中华书局，1960。

99. 蔡枢衡：《中国刑法史》，广西人民出版社，1983。

100. 全国政协提案委员会编《把握人民的意愿·政协第十一届全国委员会提案及办理复函选·2009 年卷》，新世界出版社，2010。

101. 高铭暄：《中华人民共和国刑法的孕育和诞生》，法律出版社，1981。

102. 全国人大常委会法制工作委员会刑法室编著《〈中华人民共和国刑事诉讼法〉释义及实用指南》，中国民主法制出版社，2012。

103. 最高人民法院研究室编《刑事诉讼法及公检法等配套规定》，人民法院出版社，2013。

104. 〔苏〕若列斯·亚·麦德维杰夫、罗伊·亚·麦德维杰夫：《谁是疯子?》，钱诚译，群众出版社，1979。

105. 林准主编《精神疾病患者刑事责任能力和医疗监护措施》，人民法院出版社，1996。

106. 〔德〕弗·梅林：《马克思传》，樊集译，人民出版社，1965。

107. 《中华人民共和国全国人民代表大会及地方各级人民代表大会选举法》，人民出版社，1953。

108. 中央人民政府法制委员会编《中央人民政府法令汇编（1953）》，法律出版社，1955。

109. 〔美〕戴维·波普诺：《社会学》，刘云德、王戈译，辽宁人民出版社，1987。

110. 〔美〕戴维·波普诺：《社会学》（第十一版），李强等译，中国人民大学出版社，2007。

111. 《中国大百科全书·心理学卷》，中国大百科全书出版社，1991。

112. 〔英〕David Pilgrim：《心理健康关键概念手册》，张庆伟等译，高等教育出版社，2006。

113. 世界卫生组织：《ICD-10精神与行为障碍分类：临床描述与诊断要点》，范肖冬等译，人民卫生出版社，1993。

114. 湖南医学院主编《精神医学基础》（精神医学丛书第一卷），湖南科学技术出版社，1981。

115. 夏镇夷主编《中国医学大百科全书·精神病学》，上海科学技术出版社，1982。

116. 〔法〕米歇尔·福柯：《疯癫与文明——理性时代的疯癫史》，刘北成、杨远婴译，生活·读书·新知三联书店，1999。

117. 中华医学会精神科学会、南京医科大学脑科医院编《CCMD-2-R·中国精神疾病分类方案与诊断标准》，东南大学出版社，1995。

118. 中华医学会精神科分会编《CCMD-3·中国精神障碍分类与诊断标

准》（第三版），山东科学技术出版社，2001。

119. 〔美〕Robert E. Hales、Stuart C. Yudofsky、Glen O. Gabbard 主编《精神病学教科书》（第 5 版），张明园、肖泽萍主译，人民卫生出版社，2010。

120. 卫生部疾病预防控制局编《精神卫生政策研究报告汇编》，人民卫生出版社，2008。

121. 许又新：《精神病理学——精神症状的分析》（第 2 版），北京大学医学出版社，2011 年。

122. 〔德〕迪特尔·梅迪库斯：《德国民法总论》，邵建东译，法律出版社，2001。

123. 《德国民法典》，郑冲、贾红梅译，法律出版社，2001。

124. 《法国民法典》，罗结珍译，中国法制出版社，1999。

125. 《日本民法典》，王书江译，中国法制出版社，2000。

126. 〔美〕汉斯·托奇主编《司法和犯罪心理学》，周嘉桂译，群众出版社，1986。

127. 〔英〕格尔德等：《牛津精神病学教科书》，刘协和、袁德基主译，四川大学出版社，2004。

128. 信春鹰主编《中华人民共和国精神卫生法解读》，中国法制出版社，2012。

129. 《最新日本民法》，渠涛编译，法律出版社，2006。

130. 李适时主编《中华人民共和国民法总则释义》，法律出版社，2017。

131. 〔英〕克莱尔·奥维、罗宾·怀特：《欧洲人权法原则与判例》（第三版），何志鹏、孙璐译，北京大学出版社，2006。

132. 〔法〕米海依尔·戴尔玛斯－马蒂：《刑事政策的主要体系》，卢建平译，法律出版社，2000。

133. 全国人民代表大会常务委员会法制工作委员会编《中华人民共和国法律（2013 年版）》，人民出版社，2013。

134. 张新宝：《隐私权的法律保护》，群众出版社，1997。

135. 〔奥〕曼弗雷德·诺瓦克：《民权公约评注：联合国〈公民权利和政

治权利国际公约〉》，毕小青、孙世彦等译，生活·读书·新知三联书店，2003。

136. 谭兢嫦、信春鹰编《英汉妇女与法律词汇释义》，中国对外翻译出版公司、联合国教育科学及文化组织，1995。

137. 〔美〕凯思琳·内维尔：《内幕：职场权力滥用与性骚扰》，董煜韬译，中央编译出版社，2004。

图书在版编目（CIP）数据

犯罪防治与社会治理 / 刘白驹著. -- 北京：社会
科学文献出版社，2019.8
ISBN 978 - 7 - 5201 - 5518 - 2

Ⅰ.①犯… Ⅱ.①刘… Ⅲ.①预防犯罪 - 研究 - 中国
Ⅳ.①D917.6

中国版本图书馆 CIP 数据核字（2019）第 191793 号

犯罪防治与社会治理

著　　者／刘白驹

出 版 人／谢寿光
责任编辑／关晶焱
文稿编辑／张　娇

出　　版／社会科学文献出版社（010）59367161
　　　　　　地址：北京市北三环中路甲 29 号院华龙大厦　邮编：100029
　　　　　　网址：www. ssap. com. cn
发　　行／市场营销中心（010）59367081　59367083
印　　装／三河市龙林印务有限公司

规　　格／开　本：787mm × 1092mm　1/16
　　　　　　印　张：27.75　字　数：426 千字
版　　次／2019 年 8 月第 1 版　2019 年 8 月第 1 次印刷
书　　号／ISBN 978 - 7 - 5201 - 5518 - 2
定　　价／138.00 元

本书如有印装质量问题，请与读者服务中心（010 - 59367028）联系